कविता की ज़मीन
और
ज़मीन की कविता

कविता की ज़मीन और ज़मीन की कविता

नामवर सिंह

संपादक
आशीष त्रिपाठी

राजकमल प्रकाशन

ISBN : 978-81-267-1894-8

मूल्य : ₹ 795

पहला संस्करण : 2010
तीसरा संस्करण : 2025

प्रकाशक : राजकमल प्रकाशन प्रा.लि.
1-बी, नेताजी सुभाष मार्ग, दरियागंज
नई दिल्ली-110 002
शाखाएँ : अशोक राजपथ, साइंस कॉलेज के सामने, पटना-800 006
पहली मंजिल, दरबारी बिल्डिंग, महात्मा गांधी मार्ग, प्रयागराज-211 001
1, अनमोल सोराबजी सन्तुक लेन, धोबी तलाव, मरीन लाइंस, मुम्बई-400 002
वेबसाइट : www.rajkamalprakashan.com
ई-मेल : info@rajkamalprakashan.com

मुद्रक : बी.के. ऑफसेट
नवीन शाहदरा, दिल्ली-110 032

KAVITA KI ZAMEEN AUR ZAMEEN KI KAVITA
by Namwar Singh
Edited by Ashis Tripathi

पहला वाक्य

'आधुनिक साहित्य की प्रवृत्तियाँ'; 'छायावाद' और 'कविता के नये प्रतिमान' जैसी कविता-केंद्रित पुस्तकों के लेखक प्रो. नामवर सिंह के अब तक असंकलित कविता-केंद्रित निबंधों का संकलन है—'कविता की ज़मीन और ज़मीन की कविता'। ये निबंध लगभग पांच दशकों की विस्तृत अवधि में लिखे गए हैं। संस्कृत कविता से लेकर प्रगतिशील काव्यधारा और नई कविता के कवियों पर केंद्रित निबंध यहाँ एक साथ संकलित हैं। साथ ही साथ कविता के प्रतिनिधि कवियों—ब्रेख़्त और विशेषतः पाब्लो नेरुदा—पर केंद्रित अनेक निबन्ध यहाँ मौजूद हैं। पुस्तक का केंद्र प्रगतिशील और नई कविता है। 'ज्ञानोदय' में 'नई कविता पर क्षण भर' शृंखला तथा उस समय के अन्य निबंधों में हमें सहज ही 'कविता के नये प्रतिमान' जैसी प्रबंधात्मक और संवादी पुस्तक के आलोचनात्मक मानस का विकास दिखाई देता है। बाद में विकसित हुई अनेक अवधारणाएँ यहाँ बीज रूप में मौजूद हैं।

नागार्जुन, शमशेर पर लिखे गए निबंधों से गुज़रते हुए हम सहज ही लक्षित कर सकते हैं कि यह निबंध 'कविता के नये प्रतिमान' पुस्तक की काव्य-दृष्टि का विस्तार और स्पष्टीकरण एक साथ है। एक हद तक उसमें छूट गए महत्वपूर्ण रचना-संसार को फोकस में लाने का एक गम्भीर प्रयास भी। एक तरह का प्रत्याख्यान। एक आलोचना-प्रयास के केंद्र में यदि मुक्तिबोध हैं तो दूसरे केंद्र में हैं नागार्जुन और त्रिलोचन। कहना न होगा कि इन शीर्ष कवियों के माध्यम से प्रगतिशील काव्यधारा का खंडित रहा परिदृश्य इस तरह नामवर जी के आलोचना संसार में रचनात्मक पूर्णता के साथ उपस्थित हो पाया है।

यह पुस्तक नामवर जी की आठ पुस्तकों की शृंखला में प्रकाशित है। इन पुस्तकों में प्रकाशित हो रही सामग्री पिछले 60 वर्षों की दीर्घ अवधि में लिखित एवं प्रकाशित परन्तु असंकलित रही है। संकलन का

यह कार्य प्रो. कमला प्रसाद जी की प्रेरणा से नामवर जी के व्याख्यानों की खोज के साथ 2005 में प्रारम्भ हुआ। निरन्तर 5 वर्षों तक पत्र-पत्रिकाओं, पुस्तकों, पुस्तकालयों, इंटरनेट एवं खासतौर पर निजी संग्रहों को खँगालने पर यह सामग्री प्राप्त हुई—लगभग 1600 पृष्ठ। उसमें नामवर जी के आलेख, व्याख्यानों के लिप्यांतरित पाठ, वाचिक टिप्पणियाँ, व्यक्तिगत साक्षात्कार एवं सामूहिक परिसंवाद शामिल हैं। इसके बावजूद अभी अनेक आलेख और व्याख्यानों के मुद्रित पाठ खोजे जाने बाकी हैं। नामवर जी ने जब स्वयं यह संग्रह देखा तो उन्हें आश्चर्य हुआ। अनेक आलेख और व्याख्यान उनकी स्मृति में नहीं थे। खैर, इस सामग्री को पुस्तकों में बाँटने की प्रमुखतः दो योजनाएँ विकल्प के रूप में सामने थीं—विषयवार पुस्तकें और लिखित-वाचिक की अलग-अलग पुस्तकें। हमने बीच का रास्ता अपनाया। सामयिक विषयों पर एक स्वतन्त्र पुस्तक के साथ प्रेमचंद पर केन्द्रित पुस्तक में आलेख, भाषण एवं वाचिक टिप्पणियाँ एक साथ मौजूद हैं। इसके अतिरिक्त वाचिक की दो पुस्तकें, लिखित की दो पुस्तकें और साक्षात्कार-संवाद की दो पुस्तकें। चार पुस्तकें आपके सामने हैं। चार और पुस्तकें शीघ्र ही आपके बीच होंगी। इन पुस्तकों से गुजरते हुए आप नामवर जी की प्रतिभा के विविध आयामों से संवाद कर सकेंगे।

सम्पूर्ण खोज-यात्रा में प्रो. कमला प्रसाद जी के साथ ही हिन्दी के वरिष्ठ कथाकार प्रो. काशीनाथ सिंह का प्रोत्साहन मेरी शक्ति रहा है। उलझन से भरे अनेक अवसरों पर इन दोनों ने मेरा मार्गदर्शन किया है और संबल बढ़ाया है। अनेक वरिष्ठों एवं मित्रों ने इस कार्य में निरन्तर दिलचस्पी ली है और बहुविध सहयोग किया है। यह सम्पूर्ण कार्य इस रूप में सामने आने में अधिक समय लेता, यदि गत एक वर्ष में युवा साथियों चन्द्रशेखर सिंह, तेजमान राम, वीरेन्द्र गौतम और विशाल विक्रम सिंह ने मेरा हाथ न बँटाया होता। आभार व्यक्त करने मात्र से इनके सहयोग का प्रतिदान नहीं किया जा सकता।

इस सम्पूर्ण यात्रा में एक बात मैं निरन्तर महसूस करता रहा कि इसके संग्रहण एवं प्रकाशन के प्रति नामवर जी में गहरी असंपृक्ति रही है। संभवतः यही कारण है कि इतनी ढेर सारी सामग्री अब तक पुस्तक रूप में संकलित-प्रकाशित नहीं हो सकी है। अनेक व्याख्यान तो उन्होंने प्रकाशित रूप में देखे भी न थे। आज के समय में, जबकि लोग आत्म-प्रदर्शन की प्रवृत्ति के शिकार हैं, नामवर जी में एक किसान का-सा

संकोच है। अपने लिखे और बोले हुए के प्रति नामवर जी की यह असंपृक्ति और उसके व्यवस्थित प्रस्तुतीकरण के प्रति उनका यह संकोच, मुझे अनेक तरह से अपरिग्रह के पुराने मूल्य का ही एक नया रूपान्तर लगता रहा है। उनके समकालीनों, हमउम्रों और उन्हें ज्यादा जानने का दावा करने वाले लोगों के विचारों के समानांतर मुझे नामवर जी में एक 'सूफियाना विराग' मिलता है। एक बार मेरे पूछने पर उन्होंने स्पष्ट रूप से कहा था कि 'चाहे निबन्ध हो या पुस्तक, मुझे उसका प्रकाशन तभी जरूरी लगता रहा है, जब वह मौजूदा परिदृश्य में हस्तक्षेप करे, उसके ठहराव को तोड़े और वाद-विवाद-संवाद की प्रक्रिया को आगे बढ़ाए। मेरी ज्यादातर पुस्तकें अपने समय की बहसों में भागीदार होकर लिखी गई हैं। इसीलिए संग्रह के लिए संग्रह निकालना मेरी प्राथमिकता नहीं रहा है।' छायावाद, इतिहास और आलोचना, कविता के नये प्रतिमान, दूसरी परम्परा की खोज और वाद-विवाद-संवाद इस कथन का साक्ष्य हैं। अपने इसी विचार के कारण उनके अनेक संग्रह पर्याप्त सामग्री के बावजूद सामने नहीं आ सके हैं। मैंने देखा था कि 'वाद-विवाद-संवाद' के साथ ही आलोचना में उनकी एक अन्य पुस्तक का विज्ञापन छपा था—'जब हिन्दी नई चाल में ढली'। वह पुस्तक नहीं आ सकी। शुरुआती दिनों में मैंने भी उनके आलोचनात्मक निबन्धों के पुस्तक रूप में प्रकाशन की जब भी बात की, उन्होंने ज्यादा रुचि नहीं ली। प्रकाशकों और मित्रों के आग्रह के बावजूद उनकी पुस्तक 'बकलम खुद' का दूसरा संस्करण प्रकाशित नहीं हो सका। कविताओं का तो पहला ही संग्रह अब तक नहीं निकल सका है। इसके बावजूद, यदि इन पुस्तकों का प्रकाशन हो रहा है, तो इसका आशय यह नहीं है कि नामवर जी का विचार बदला है। वस्तुतः अनेक मित्रों के निरंतर दबाव और उनके प्रिय रचनाकारों के निरंतर आग्रह के कारण, उन्होंने इनके प्रकाशन की अनुमति दी है। संकोच के साथ। मैं इसके लिए उनका आभारी हूँ। उम्मीद है कि इनके प्रकाशन से गत 60 वर्षों के रचनात्मकता, साहित्यिक वाद-विवाद, आलोचना-दृष्टि सामने आ सकेंगे और खासतौर पर इनमें प्रगतिशील आलोचना की प्रभावशाली एवं निर्णायक भूमिका का खुलासा हो सकेगा तथा नामवर जी की अपनी वैचारिक स्थिति स्पष्ट हो सकेगी।

—आशीष त्रिपाठी

अनुक्रम

रस : जस का तस या बस?

चिन्तन के क्षेत्र में पूर्वजों से उऋण होने का एक तरीका यह है कि उनकी मान्यताओं की पुनःप्रस्तुति स्वयं उनकी प्रस्तुति से बेहतर की जाए। इसी भाव से प्रेरित होकर प्रो. अशोक रा. केलकर ने 'प्राचीन भारतीय साहित्य मीमांसा' का यह 'आकलन' प्रस्तुत किया है। यह 'आकलन' स्वर्गीय दि.के. बेडेकर की स्मृति को समर्पित करके उन्होंने हमें भी बेडेकर को स्मरण करने का अवसर प्रदान किया, इसके लिए हम उनके कृतज्ञ हैं।

श्री बेडेकर ने आज से लगभग चालीस साल पहले 'रस सिद्धान्त का स्वरूप' शीर्षक लेखमाला के द्वारा 'प्राचीन भारतीय साहित्य मीमांसा' सम्बन्धी चिन्तन को युगान्तकारी मोड़ दिया था। लेकिन जैसा कि अशोक केलकर ने लिखा है, "अपने यहाँ के विद्वानों ने न बेडेकर के विचारों का समर्थन किया और न उनकी साधक-बाधक छानबीन की; ऐसा करने के बदले सबने मानो सामुदायिक मौन का पालन किया। इसके एकमात्र अपवाद हैं डॉ. सुरेन्द्र बारलिंगे। बेडेकर के लिए यह पहेली थी और व्यथा भी। बेडेकर की मौत के बाद भी मौन भंग नहीं हो पाया।" अशोक केलकर के लिए यह व्यथा जरूर है, लेकिन पहेली ज़रा भी नहीं। शायद इसी व्यथा ने उन्हें इस लम्बे और व्यापक मौन को भंग करने के लिए विवश किया है।

बेडेकर ने रस-विमर्श की उस प्रचलित प्रवृत्ति पर प्रहार किया था, जिसमें रस की चर्चा एक 'मनोवैज्ञानिक सिद्धान्त' के रूप में की जा रही थी। इसके विपरीत बेडेकर ने इस प्रस्थान-बिन्दु से अपनी चिन्तन-यात्रा का प्रारम्भ किया कि रस-व्यवस्था 'कलास्वरूप शास्त्रों' का भारतीय प्रमेय है और विशिष्ट सांस्कृतिक सन्दर्भ में ही उसके सच्चे स्वरूप की पहचान सम्भव है।

यही 'सत्यनिष्ठ आकलन' केलकर का भी अभीष्ट है। 'आकलन' से उनका आशय है 'यथासम्भव सुसंगत प्रस्तुति'। दूसरे शब्दों में, "प्राचीन भारतीय साहित्य-मीमांसा के भव्य विचार-शिल्प की पूर्वस्थापना (रिकंस्ट्रक्शन) को इस तरह सिद्ध करना कि वह ऐतिहासिक दृष्टि से यथार्थ हो और काल-विपर्यासादि दोषों से भी मुक्त हो।" यह एक प्रकार का भाषान्तर या परिभाषान्तर है, जिसमें "प्राचीन भारतीय साहित्य-मीमांसा को तोड़े-मरोड़े बिना इसमें उठाए गए प्रश्नों और सुझाए गए उत्तरों

का आधुनिक परिभाषा में सुनार का हाथ लगाते हुए अनुवाद'' किया जाता है।

इस लक्ष्य की सिद्धि के लिए केलकर ने लम्बी 'पूर्वतैयारी' की है। यह 'पूर्वतैयारी' सप्तपदी है, जिसके अन्तर्गत क्रमशः प्राचीन भारतीयों के वाङ्मय-विश्व, शास्त्र-पद्धति, कला-विश्व, विचारकोश, वैचारिक उपकरण, मनुष्य की प्रकृति और चिह्न-व्यापार की संक्षिप्त किन्तु सारगर्भ रूपरेखा प्रस्तुत की गई है। यह 'पूर्वतैयारी' वस्तुतः प्राचीन भारतीय साहित्य-मीमांसा का सांस्कृतिक सन्दर्भ है। इस सन्दर्भ में उन्होंने साहित्य-मीमांसा के वैचारिक उपकरणों की प्रयोग-विधि और उनके बीच की संगति खोजी है। लगभग दो हज़ार वर्षों की लम्बी अवधि के बीच फैली हुई साहित्य-मीमांसा की विभिन्न सरणियों के बीच संगति बैठाना आसान काम नहीं है। फिर भी केलकर की मेधा का यह चमत्कार है कि उन्होंने यह सम्भव कर दिखाया।

इस 'आकलन' की मुख्य उपलब्धि यह है कि चाहे वह नाट्य-प्रक्रिया हो, चाहे साहित्य-प्रक्रिया, दोनों ही में कविकर्म, प्रयोगालंकार/काव्यालंकार और आस्वादन की उपक्रियाएँ परस्पर सम्बद्ध दिखाई गई हैं। प्राचीन काव्यशास्त्र में इनका विवेचन इतना सुसंगत नहीं है। स्वयं केलकर के ही शब्दों में, ''प्रचीन भारतीय साहित्य-मीमांसा विषयक प्रस्तुत आकलन में 'रस' संज्ञा का अभिप्राय काव्यबन्ध, नाट्यवस्तु और काव्यानन्द की निष्पत्ति की प्रक्रियाओं को परिचालित करनेवाली शक्ति से है। अर्थात् कविकर्म, प्रयोगालंकार/काव्यालंकार और आस्वादन की प्रक्रियाओं को परिचालित करनेवाली शक्ति 'रस' है।'' कहने की आवश्यकता नहीं कि रचना-प्रक्रिया से आस्वाद-प्रक्रिया तक समस्त व्यापार की परस्पर-सम्बद्धता को एक ही शक्ति के दायरे में इतने सुसंगत रूप में प्रस्तुत करना अपूर्व प्रयास है।

इस विवेचन-प्रक्रिया में केलकर ने मूल्यांकन के कुछ निकष भी निर्धारित किए हैं। पहले प्रकार के निकष उन्हीं के शब्दों में इस प्रकार हैं—''अच्छे साहित्य की चढ़ती चार श्रेणियाँ कही जा सकती हैं--प्रेयस्वत् साहित्य में भावानुकीर्तन होता है परन्तु स्थायी भावों का सूचन-मात्र होता है, रसवत् साहित्य में शृंगारादि स्थायी भावों का समुदाय होता है, ऊर्जस्वी साहित्य में स्वैकगत भाव के साथ परगत भाव भी सिद्ध होते हैं और समाहित साहित्य में एकघन समुदय के होते हुए दोलाचल स्थिति प्रशमित होती है और रसिक समाराधना की ओर से चर्वणा के माध्यम से सत्त्वोद्रेक तक पहुँच जाता है।'' यह काव्य-निकष रसिक के आस्वादन के आधार पर निर्मित है।

काव्यबन्ध में ध्वनन-व्यापार के उपयोग के आधार पर एक अन्य निकष प्रस्तावित है—''काव्यबन्धों की चढ़ती तीन श्रेणियाँ मानी जा सकती हैं—ध्वनन का अभाव होनेवाला कुतक काव्य अर्थात् *चित्रकाव्य*। ध्वनन का उपयोग करनेवाला परन्तु उसे गौणता देनेवाला अर्थात् *गुणीभूत व्यंग्य काव्य*। ध्वनन को प्रधानता देनेवाला *ध्वनिकाव्य*। ध्वनिकाव्य ही सही काव्य है।'' कहने की आवश्यकता नहीं कि यह

निकष पूर्वपरिचित और पारम्परिक है।

आकलन के दौरान टिप्पणी के रूप में केलकर ने एक महत्वपूर्ण बात यह कही है कि कुछ अल्पसन्तुष्ट अध्येता ऐसा समझते हैं कि जैसे भारतीय दर्शनशास्त्र के विकास का अन्तिम चरण वेदान्त है, प्राचीन भारतीय साहित्य-मीमांसा का अन्तिम चरण रससिद्धान्त है। 'रस' संज्ञा के बोझ से साहित्य-मीमांसा को मुक्त करना इसलिए वांछनीय है कि अन्य उपादेय तत्वों की ओर आकर्षित करने की सम्भावनाएँ भी इससे बढ़ेंगी।

यहाँ प्रसंगवश यह कहना आवश्यक है कि 'टिप्पणियाँ' कई दृष्टियों से उपयोगी हैं और उनका महत्व मूल लेख से किसी तरह कम नहीं है।

अन्त में केलकर ने 'आगे क्या' शीर्षक के अन्तर्गत भविष्य में विचार करने के लिए कुछ समस्याएँ भी रखी हैं। किन्तु उन पर विचार करने से पहले प्रस्तुत 'आकलन' से ही कुछ सवाल खड़े होते हैं। समूचे आकलन को पढ़ जाने के बाद गुरुवर हजारीप्रसाद द्विवेदी का यह कथन हठात् याद आया—'असंगति में संगति लगा-लगाकर आनन्द पाने का मनोभाव इस देश में बहुत पुराना है।' यही वह मनोभाव है, जो परम्परावाद को जन्म देता है। यही वह मनोभाव है, जिसके कारण केलकर 'रस' संज्ञा के बोझ से साहित्य-मीमांसा को मुक्त करने की आकांक्षा रखते हुए भी अपने 'आकलन' की परिणति 'रस' में करने के लिए विवश होते हैं। यही नहीं, इतने परिश्रम से तैयार किए हुए 'आकलन' से जो निकष निकले, वे भी प्राचीन परम्परा से मुक्त न हो सके।

इसके अतिरिक्त इस सुसंगत 'आकलन' में कुछ ऐसी 'खामोशियाँ' हैं, जिनकी चीख़ को अनसुना करना मुश्किल है। समूचे आकलन में 'शान्त रस' का कहीं ज़िक्र नहीं है। 'शान्त रस' का ज़िक्र छिड़ते ही स्वभावतः यह प्रश्न उठता कि भरतमुनि के 'नाट्यशास्त्र' में यह प्रसंग कब जुड़ा और क्यों; इसके साथ ही शेष आठ रसों के साथ शान्त रस की संगति बैठाने की समस्या भी उठती है। 'शान्त रस' की कारिकाओं में यह स्पष्ट कहा गया है कि रस आदि भाव शान्त से ही उत्पन्न होते हैं और अन्ततः उसी में लीन भी होते हैं। इस सन्दर्भ में स्वयं अभिनवगुप्त में भी 'एक रस' और 'अनेक रस' वाले दोनों प्रकार के कथन मिलते हैं, जिनके बीच संगति बैठाने का प्रश्न करना विवादास्पद है।

केलकर इस विषय पर खामोश हैं कि भारतीय साहित्य-मीमांसा में एक क्षण ऐसा भी आया जब रस को 'आत्मा' कहा गया। यह क्षण कौन-सा है? ऐसा क्यों हुआ? भरतमुनि के जिस 'नाट्यशास्त्र' में निबद्ध 'रस सूत्र' से रस-विमर्श शुरू हुआ, स्वयं उसी में कहीं रस को 'आत्मा' नहीं कहा गया। केलकर ने ठीक ही कहा है कि प्राचीन भारत में एक समय था जब शरीर और आत्मा जैसा द्वैत न था। फिर वह द्वैत कब उत्पन्न हुआ, जिसके कारण काव्य में शरीर और आत्मा के द्वैत का विवाद चल पड़ा?

द्वैत और द्वैतहीनता की स्थितियों के बीच जो स्पष्ट असंगति है, उसके बीच संगति कैसे बैठाई जाएगी?

एक और शब्द है—'यज्ञ', जिसका ज़िक्र तक नहीं है केलकर के 'आकलन' में। इस शब्द से उनका परहेज़ इसलिए और भी अखरता है कि बेडेकर के लेख का वह केन्द्र बिन्दु है और केलकर को इसकी पूरी अवगति है। प्राचीन भारतीयों की जीवन पद्धति की जानकारी देनेवाली यह कैसी पूर्वतैयारी है, जिसमें 'यज्ञ' के लिए कोई स्थान नहीं। प्राचीन भारतीयों की अपनी संकल्पनाओं के प्रति पूर्णतः प्रतिश्रुत होते हुए भी उन्होंने माइथॉलॉजी' के लिए 'अभिचार' और 'यातु-दिव्य कथा' जैसे पदों का प्रयोग किया जबकि 'दैवत' और 'देवासुर कथा' जैसे शब्द स्वयं 'नाट्यशास्त्र' में मौजूद हैं और बेडेकर के विवेचन में वे ज्यों-के-त्यों सुरक्षित हैं! क्या इसका कारण यह है कि यज्ञबद्ध नाट्य और यज्ञोत्तर नाट्य, यज्ञबद्ध रस और यज्ञोत्तर रस के बीच ऐसी असंगति है जिसके बीच संगति लगाना टेढ़ी खीर है?

असंगति पैदा करनेवाली ये सारी बातें उस दिशा की ओर ले जाती हैं, जिसे 'इतिहास' कहते हैं और यही वह चीज़ है जिससे केलकर ने अपने 'आकलन' में बचने की कोशिश की है। उन्होंने स्पष्ट कहा है कि यहाँ ऐतिहासिक उपपत्ति के आधार पर विवेचन नहीं है। किन्तु इतिहास को उन्होंने एकदम छोड़ दिया हो, ऐसा भी नहीं। उन्होंने एक तथाकथित 'ऐक्सियल रिवोल्यूशन' की चर्चा की है, जो ई. पू. 600 से ई. पू. 300 के बीच घटित हुआ था। भारतीय साहित्य-मीमांसा का इससे क्या सम्बन्ध है, यह उतना स्पष्ट नहीं है। क्या इसलिए कि भरतमुनि के 'नाट्यशास्त्र' की रचना अथवा संकलन-सम्पादन इस अवधि के बाद माना जाता है?

कहना न होगा कि अन्य शास्त्रों की तरह साहित्य-मीमांसा में भी कुछ असंगतियाँ 'इतिहास' से पैदा होती हैं और ऐतिहासिक असंगतियों को शुद्ध तर्क से दूर नहीं किया जा सकता।

केलकर की विवशता यह है कि वे तार्किक संगति को ही काम्य मानते हैं। किन्तु यहाँ भी उनका तर्काग्रह इतना प्रबल है कि समसामयिक वैचारिक भेदों के बीच की पतली रेखा को मिटा देना चाहते हैं। उन्होंने स्पष्ट लिखा है कि भारतीय साहित्य शास्त्र में रस, अलंकार, रीति, ध्वनि, वक्रोक्ति और औचित्य के जो छह सम्प्रदाय कतिपय पाठ्यपुस्तकों में मिलते हैं, उनके मतभेदों के सम्बन्ध में व्यवस्था जुज़्बी और अनुपयुक्त है। वैसे यही बात प्रा. ग. त्र्यं. देशपांडे बहुत पहले कह चुके हैं अनेक युक्तियों के साथ। अब यदि केलकर इस मान्यता को स्वीकार करते हैं तो फिर रस को भारतीय साहित्य-मीमांसा के विकास-क्रम का अन्तिम चरण मानने पर आपत्ति क्यों करते हैं? 'रस' से बाहर जिन अन्य उपादेय तत्वों की प्राप्ति की सम्भावना वे देखते हैं, उनकी क्या सार्थकता रह जाती है? यह प्रयास आनन्दवर्धन और कुन्तक

से किस बात में भिन्न है, जिन्होंने ध्वनि और 'वक्रोक्ति' के अन्दर अलंकार, रीति, गुण, औचित्य, रस आदि को भी समेट लेने का प्रयास किया? यह अति सरलीकरण है या भिन्न मतों को हज़्म करने का कूट प्रयास?

स्पष्ट है कि संगति लगाने के पीछे भी एक 'दृष्टि' होती है, जिसे बौद्ध 'दिट्ठि' कहते थे और आज के मार्क्सवादी 'आइडियालॉजी' या 'विचार प्रणाली' कहते हैं। हर 'आकलन', हर 'रिकंस्ट्रक्शन' एक 'इतिवृत्त' है, एक कथा-विन्यास है और इस नाते वह कल्पसृष्टि है। उसमें वास्तविकता के अंश कमोबेश हो सकते हैं लेकिन अन्ततः वह होता है एक 'फ़िक्शन' ही। 'दैवत' अथवा 'मिथक' की रचना भी तत्वतः इसी तरह होती है। केलकर का 'आकलन' इससे भिन्न नहीं है। 'वस्तुनिष्ठ', 'सत्यनिष्ठ', 'विज्ञानसम्मत' आदि होने का दावा करते हुए भी अन्ततः यह 'आकलन' एक कल्पसृष्टि ही है और इसमें एक दृष्टि अन्तर्निहित है, उसी तरह जैसे भरतमुनि के 'नाट्योत्पत्ति' नामक प्रथम अध्याय में वर्णित 'मिथक', केलकर के शब्दों में 'यातु-दिव्य कथा' और बेडेकर के शब्दों में 'दैवत' अथवा देवासुर कथा। कहने की आवश्यकता नहीं कि अन्य कल्पकथाओं की तरह नाट्योत्पत्ति की इस देवासुर-कथा में भी एक 'नाट्यवेद' निहित है। नाट्यवेद अर्थात् नाट्य सिद्धान्त। इसलिए समस्या एक 'मिथक' के ऊपर दूसरा 'मिथक' गढ़ने की नहीं, बल्कि उसी 'मिथक' को उधेड़ने की है। कल्पसृष्टि एक और पुनर्निर्माण नहीं चाहती, मीमांसा माँगती है। आज की भाषा में कहें तो 'रिकंस्ट्रक्शन' नहीं, 'डिकंस्ट्रक्शन'। असंगतियों के बीच सुसंगति लगाने से कहीं ज्यादा जरूरी है सुसंगत प्रतीत होनेवाली रचना में छिपी हुई असंगतियों का उद्घाटन।

सौभाग्य से नाट्योत्पत्ति की देवासुर-कथा की सच्ची मीमांसा की दिशा में पहल बेडेकर ने ही की। वैसे कथा की आवृत्ति बहुतों ने की है, लेकिन उसके मर्म-भेदन की पैनी दृष्टि बेडेकर के ही पास थी। 'पूर्वतैयारी' की किसी लम्बी-चौड़ी चर्चा के बिना ही वे नाट्य-यज्ञ का सूत्र पकड़कर सीधे 'यज्ञ' नामक संस्था तक पहुँचे, जो अपनी समग्रता में वैदिक आर्यों की पूर्ण जीवन-पद्धति थी। उन्हीं के शब्दों में, ''यज्ञ-नाट्य ही भारतीय नाट्य की गंगोत्री है।'' प्रसंगवश उल्लेखनीय है कि भारत में विवाह-संस्था के जन्म की खोज करते हुए एक समय इतिहासाचार्य विश्वनाथ काशीनाथ राजवाड़े भी इसी यज्ञ तक पहुँचे थे।

बहरहाल यह 'यज्ञ-नाट्य' देवासुर-कथा ही है और बेडेकर ने विस्तृत विश्लेषण के द्वारा दिखला दिया कि भरत-निर्दिष्ट आठ रसों का अधिष्ठान देवासुर-द्वन्द्व में स्थित है। उन्हीं के शब्दों में, ''मनोविज्ञान को एक तरफ रखकर *स्थायित्व* का अर्थ आठ रसों के *स्थिर सम्बन्ध* ही लगाना चाहिए। इसी प्रकार इन आठ रसों के पीछे जाकर शृंगारादि रस-चतुष्टय पर ध्यान केन्द्रित करना चाहिए। शृंगारादि चतुष्टय का पुनः शृंगार-वीर और रौद्र-वीभत्स ऐसा द्वन्द्व ध्यान में रखना चाहिए। यह द्वन्द्व देव

और असुर द्वन्द्व का नाट्यमय रसात्मक स्वरूप है। यह निश्चित रूप से जान लेने पर भरत-प्रणीत रस-व्यवस्था का सब अर्थ अच्छी तरह से लग जाता है।''

इसी प्रकार 'रस-निष्पत्ति' की प्रक्रिया यज्ञ की प्रक्रिया के अनुसार समझाई गई है। 'रस-निष्पत्ति' के स्वरूप की चर्चा में अन्य विद्वान जहाँ 'षाडव रस' तथा 'पानक रस' में उलझे रहे, बेडेकर की निर्भ्रान्त दृष्टि 'नाट्यशास्त्र' की इस पंक्ति पर गई—

'शरीरं व्याप्यते तेन शुष्कं काष्ठमिवाग्निना।'

लकड़ी में सुप्त अग्नि मन्थन-प्रयोग से व्यक्त होती है और उस लकड़ी को ही व्याप्त कर लेती है। यज्ञ की अग्नि पुराकाल में (और परम्परा-निर्वाह के लिए आज भी) इसी विधि से पैदा की जाती थी। लकड़ी में सुप्त अग्नि को लकड़ी की ओखली में दूसरी लकड़ी की मथानी घुमाने से व्यक्त किया जा सकता है। यज्ञ-क्रिया में ऐसी सिद्ध अग्नि ही काम में लाते थे। एक प्रकार से देखें तो देवासुर-कथा का द्वन्द्व यहाँ भी सक्रिय है। रस-व्यवस्था के मूल में द्वन्द्व है। बेडेकर की क्रान्तिकारी खोज यही थी।

अब सरसरी तौर से उस देवासुर-कथा पर भी दृष्टिपात कर लिया जाए, जिस पर नाट्यवेद और नाट्यरस का विशाल भवन खड़ा है। 'नाट्यशास्त्र' में यह कथा एक बीते हुए युग की पुराकथा के रूप में कही गई है। घटना सतयुग की है, पर कही गई है त्रेतायुग में। गरज कि वैदिक यज्ञों का युग सम्भवतः बीत चुका था। 'नाट्यशास्त्र' के स्वर से लगता है कि जिस युग में यह कहानी कही गई थी, वह भी जैसे बहुत पहले बीत चुका है और संग्रह का कार्य जिस युग में हो रहा है वह शायद तीसरा युग यानी द्वापर है। इस प्रकार देखें तो 'मिथक' के अन्दर भी मन्वन्तर का बोध सुरक्षित है। आज की भाषा में कहें तो 'मिथक' भी एक तरह से 'इतिहास' बतलाता है।

'नाट्योत्पत्ति' अध्याय में सबसे दिलचस्प है देवासुर-संग्राम पर आधारित नाट्य-प्रयोग की घटना। नाट्य-प्रयोग के लिए अवसर चुना गया इन्द्रमह का, जो देवराज इन्द्र की असुर-विजय के उपलक्ष्य में मनाया जाता था। अवसर का चुनाव अप्रासंगिक नहीं है। प्रेक्षकों में देव भी थे और असुर भी। नाट्य-प्रयोग क्या था कि भीषण युद्ध की अनुकृति। देवों के द्वारा असुरों के पराभव की पुनः प्रस्तुति। कैसी प्रस्तुति—

सम्फेट-विद्रवकृता च्छेदभेद्याहवत्मिका।

सम्फेट=रोषग्रथित वाक्य। विद्रव=शंका-भय-त्रास के कारण पलायन आदि व्यापार। च्छेद्य=ऐसा-शस्त्रयुद्ध जिसमें छेदन हो। भेद्य=ऐसा मल्लयुद्ध जिसमें अंग-प्रत्यंग टूट-फूट जाएँ।

अभिनवगुप्त के अनुसार यह डिम, समवकार, ईहामृग में से किसी एक प्रकार का नाट्य-प्रयोग रहा होगा। बहुत सम्भव है समवकार ही रहा हो।

अब इस भयावह तथा अपमानजनक दृश्य को देखकर असुरगण प्रयोग भंग न कर दें तो क्या करें? संयोग से असुरों के साथ विरूपाक्ष आदि कुछ 'विघ्न' भी थे।

उन्होंने कहा : न क्षमिष्यामहे। हम सहन न करेंगे। उन्होंने माया का सहारा लेकर अभिनेताओं की वाणी, चेष्टा और स्मृति को स्तम्भित कर दिया। सूत्रधार का भी विध्वंसन हो गया। इन्द्र ने ध्यान लगाकर देखा और फिर रंगभूमि में आकर अपने उत्तम ध्वज से असुरों और विघ्नों को मार-मारकर जर्जर कर दिया। नाट्यशास्त्र के अनुसार प्रयोग-ध्वंस की आवृत्ति फिर हुई। इसके बाद स्थायी रंग-मंडप का निर्माण हुआ। सुरक्षा की पक्की व्यवस्था हुई। पूरी तैयारी के साथ इस बार ब्रह्मा का लिखा हुआ 'समुद्र मन्थन' नामक समवकार खेला गया। यह वही नाट्य है जिसके फल के रूप में विष्णु को लक्ष्मी, इन्द्र को रत्न, देवताओं को अमृत आदि पृथक्-पृथक् मिला। नाट्याचार्यों ने इस बात का उल्लेख करना जरूरी नहीं समझा कि बेचारे असुरों को फल के रूप में क्या मिला? नाट्यशास्त्र के ग्रन्थों से यही आभास होता है कि देवों और असुरों के बीच द्वन्द्व लक्ष्मी को पाने के लिए ही हुआ क्योंकि इस 'समवकार' की नायिका वही है। लक्षण के अनुसार समवकार में कोई एक नायक नहीं होता, इसलिए सभी चरित्रों को फल-प्राप्ति पृथक्-पृथक् होती है। प्रयोगारम्भ से पहले ब्रह्मा असुरों का मन जानकर उन्हें समझाने आए। वैसे असुरों की मरम्मत की तैयारी में कोई कमी न थी।

असुरों की शिकायत यह थी कि आपने देवों की इच्छा से जो यह नाट्यवेद बनाया है वह हमारे लिए तिरस्कारजनक है और देवों को ही प्रसन्न करने के लिए इसकी रचना हुई है। आप तो लोक-पितामह हैं, देव और असुर दोनों ही आपसे उत्पन्न हुए हैं; इसलिए आपको किसी एक के साथ पक्षपात नहीं करना चाहिए। इस प्रकार ब्रह्मा ने एक व्याख्यान दिया, जिसे 'नाट्यशास्त्र' ने पन्द्रह श्लोकों में निबद्ध किया है और अभिनवगुप्त ने विस्तृत टीका लिखी है—विशेषतः 107वें श्लोक पर। नाट्यशास्त्र और काव्यशास्त्र में ब्रह्मा की ये युक्तियाँ इतनी चर्चित हैं कि यहाँ उसके पिष्टपेषण की आवश्यकता नहीं है।

इस पूरे प्रसंग पर बेडेकर की टिप्पणी प्रासंगिक है। लिखते हैं : "किसी एक आद्य नाट्य के पहले अभिनय की रात को ही ब्रह्मा रूपी मैनेजर पर जो कठिन संकट आया था, उसके मीठे-मीठे भाषण से उसने अपने आपको कैसे बचाया और अन्त में अपने पराजय का नाट्य चटखारे ले-लेकर देखने की बात भोले असुरों ने कैसे हमेशा के लिए कबूल की, इसका यह बहुत मजेदार नाटक है। असुर और देव दोनों को एक ही निष्पक्ष प्रेम से वास करने की सलाह ब्रह्मा ने दी और नाट्य का यही विशेष मर्म बताया गया है।"

सारी युक्ति का सार यह है कि नाट्य-प्रयोग न देवों की विजय प्रदर्शित करता है, न असुरों की पराजय; वह तो त्रैलोक्य का भावानुकीर्तन है। अभिनव ने इस भावानुकीर्तन का एक लम्बा-चौड़ा दर्शन पेश कर दिया है, जिसे भारतीय साहित्य-मीमांसा का अमर सिद्धान्त समझा जाता है।

किन्तु क्या यह काव्य-सिद्धान्त 'जर्जर' का ही दूसरा रूप नहीं है? जो कार्य डंडे से न सधे, उसे साधने के लिए सिद्धान्त का सहारा लिया जाए तो उस सिद्धान्त को क्या नाम दिया जाएगा?

इस सन्दर्भ में अभिनवगुप्त के दो वाक्य उल्लेखनीय हैं। नाट्यशास्त्र के 1/70 पर अभिनवगुप्त अपनी ओर से जोड़ते हैं—

एवं राज्ञा सिद्धिविघातका दण्ड्या इति।

अर्थात् इस प्रकार राजा को नाट्य की सिद्धि में विघ्न डालनेवालों को दंड देना चाहिए।

नाट्यशास्त्र के 1/99 श्लोक में ब्रह्मा द्वारा शान्तिपूर्वक समझाने के प्रसंग पर—

नाशक्तस्य सामाङ्गीकरोति दुर्जन इति पूर्वरक्षाकरणम्।

अर्थात् अशक्त के साम को दुर्जन नहीं मानता इसलिए (साम से पहले) रक्षा-विधान दृढ़ कर लिया जाए।

तात्पर्य यह कि ब्रह्मा के मुख से कहलाया गया 'नाट्य दर्शन' 'शक्त का साम' अर्थात् ताकतवर का शान्ति-पाठ है।

इस प्रकार क्या रस का दर्शन शक्ति का प्रदर्शन नहीं लगता? आजकल जिसे 'आइडियालॉजी' कहते हैं वह और क्या होती है? क्या रस-सिद्धान्त ने शुरू से ही एक 'आइडियालॉजी' अथवा 'दिट्ठ' की भूमिका नहीं निभाई है।

फिर भी जैसा कि वाल्टर बेन्यामिन ने 'इतिहास-दर्शन' की सातवीं 'थीसिस' में कहा है, सभ्यता का ऐसा कोई भी दस्तावेज़ न हो!

रस-सिद्धान्त इसका अपवाद नहीं है। वह सभ्यता का दस्तावेज़ होने के साथ ही बर्बरता का भी दस्तावेज़ हो तो इसमें चौंकने की कोई बात नहीं है।

बेडेकर ने प्रस्तुत लेख में अपने आपको केवल भरतमुनि के 'नाट्यशास्त्र' तक ही सीमित रखा है। यदि रस-सिद्धान्त के परवर्ती इतिहास पर विचार करने के क्रम में अभिनवगुप्त पर ध्यान केन्द्रित करते तो इस सिद्धान्त के स्वायत्त करने के और भी उदाहरण सामने आते! फिलहाल इस तफसील में जाना सम्भव नहीं है कि समय-समय पर मूल रस-सिद्धान्त का संस्कार और विकास करने के नाम पर समीक्षकों ने किस प्रकार उसे अपने हित-साधन के लिए हस्तगत किया। किन्तु यह प्रश्न सर्वथा उपेक्षणीय नहीं है।

आशंका सिर्फ यही है कि नया आकलन भी कहीं इसी लम्बी शृंखला की एक कड़ी न साबित हो! बेडेकर ने शायद इसीलिए सभी सम्भाव्य संस्करणों को सन्दिग्ध समझा और रस को संग्रहालय में सुरक्षित रखने का प्रस्ताव रखा।

इसलिए आज भी यह प्रश्न है कि रस : जस का तस अथवा बस?

(आलोचना, जनवरी-मार्च, 1990)

कविता की दूसरी परम्परा

कविता की दूसरी परम्परा वह है जो लोकधर्मी है। यह लोकधर्मी काव्य-परम्परा जितनी ऊर्जस्वी है उतनी ही सुदीर्घ भी। वेदों की 'आदिम अग्नि' में इसकी चिनगारियाँ मिल जाएँगी। किन्तु पुष्कल रूप में यह विद्याकर के ग्यारहवीं सदी के 'सुभाषित रत्नकोश' और श्रीधरदास के बारहवीं सदी के 'सदुक्तिकर्णामृत' में सुरक्षित है। इस कविता का अपना काव्यशास्त्र भी है। प्रभुत्वशाली काव्यशास्त्र ने उस कविता का भी तिरस्कार किया है और काव्यशास्त्र का भी। इस ऐतिहासिक सत्य के साक्षात्कार के लिए राधावल्लभ त्रिपाठी की पुस्तिका संस्कृत कविता की लोकधर्मी परम्परा (सागर, 1986) विशेष रूप से द्रष्टव्य है। इसके साथ ही 'साक्षात्कार' 81-84 (अगस्त-नवम्बर, 1986) में प्रकाशित कमलेशदत्त त्रिपाठी का निबन्ध संस्कृत-काव्य की दूसरी धारा और कवि नागार्जुन भी विचारणीय है। स्पष्टतः दोनों ही निबन्ध नागार्जुन और त्रिलोचन की लोकधर्मी कविता से प्रेरित हैं और इसी कविता के आलोक से प्राचीन संस्कृत-काव्य की दूसरी परम्परा का प्रत्याभिज्ञान हुआ है, फिर भी संस्कृत काव्य का यह प्रत्याभिज्ञान आज की हिन्दी कविता को नया आलोक प्रदान कर सकता है।

वस्तुतः संस्कृत कविता की दूसरी परम्परा को खोज निकालने की भी अपनी परम्परा है। पंडितों की दृष्टि आगे भी इस ओर जाती रही है—विशेषतः उन पंडितों की जो लोकवादी थे। सदुक्तिकर्णामृत का सम्पादन पहले-पहल पं. रामावतार शर्मा ने 1912 में शुरू किया था। 1922 तक 'बिब्लिओथेका इंडिका' में इसकी दो पूलिकाएँ प्रकाशित हो चुकी थीं। किन्तु पूरा ग्रन्थ लाहौर से 1933 में प्रकाशित हो सका। अब यह ग्रन्थ सुरेशचन्द्र बनर्जी द्वारा सुसम्पादित और 1965 में कलकत्ता से प्रकाशित होकर सुलभ है।

इसी प्रकार सुभाषितरत्नकोश को भी डी.डी. कोसम्बी ने वी.वी. गोखले के सहयोग से सम्पादित कर 'हर्वर्ड ओरिएंटल सीरीज़' में 1955 में प्रकाशित किया था। सम्पूर्ण ग्रन्थ का सटिप्पण अंग्रेजी अनुवाद इस ग्रन्थमाला के प्रधान सम्पादक डैनियल इंगाल्स ने अपनी विस्तृत भूमिका के साथ आगे चलकर 1967 में प्रकाशित किया।

किन्तु अनुवाद से पूर्व डैनियल इंगाल्स ने 1954 में 'जर्नल ऑफ़ अमेरिकन

ओरिएंटल सोसायटी' में 'गाँव और खेतों की संस्कृत कविता : योगेश्वर और उनके साथ कवि' शीर्षक लेख लिखकर इस कविता के महत्व को उजागर करने का प्रयास किया। इस प्रकार की कविता उन्हें इतनी पसन्द आई थी कि 1967-68 में 'अडयार लाइब्रेरी बुलेटिन' में उन्होंने फिर 'योगेश्वर और उनके प्रिय कवि' शीर्षक लेख लिखा जिसमें 'सदुक्तिकर्णामृत' में संकलित कविताओं में से भी कुछ का समावेश है।

हिन्दी में इन कविताओं का प्रवेश निश्चय ही देर से हुआ। लेकिन देर आयद दुरुस्त आयद। यह देर भी अकारण नहीं है। हिन्दी में जैसी 'सुरुचि-सम्पन्न' कविता का वर्चस्व था, उसकी चकाचौंध में इस ग्रामीण कविता का अदृश्य रहना आश्चर्य की बात नहीं। यदि नागार्जुन-त्रिलोचन की कविता अपना तेज प्रकट न करती हो शायद अब भी हिन्दी के लिए वह संस्कृत कविता अपरिचित ही रहती और आज भी यदि कमलेशदत्त त्रिपाठी और राधावल्लभ त्रिपाठी जैसे प्रबुद्ध पंडितों ने इस दिशा में पहल की तो उसका एक कारण यह भी है कि ये रंगकर्म से जुड़े हैं और भरतमुनि के नाट्यशास्त्र के आधार पर विशेष रूप से लोकधर्मी नाट्य-परम्परा को पुनर्जीवित करने का साहसिक प्रयास कर रहे हैं। नाट्यशास्त्र के संस्कारवश ही राधावल्लभ के लिए यह कविता की 'दूसरी परम्परा' है और कमलेशदत्त के लिए 'दूसरी धारा' क्योंकि संस्कृत कविता की प्रमुख अभिजात धारा से यह अलग है।

सुभाषितरत्नकोश और सदुक्तिकर्णामृत—इन दोनों सुभाषित-संग्रहों का संकलन-कार्य बंगाल में सम्पन्न हुआ। एक संकलन पाल वंश के शासन काल में माल्दा जिले के जगद्दल नामक बौद्ध विहार में हुआ तो दूसरे का संकलन लक्ष्मण सेन के शासन काल में हुआ। दोनों के निर्माण में सौ साल का अन्तर है, किन्तु मूल दृष्टि लगभग एक-सी है। 'सदुक्तिकर्णामृत' बड़ा है। छन्दों की संख्या 2380 है, जबकि 'सुभाषितरत्नकोश' में केवल 1739 छन्द हैं। 'रत्नकोश' के अनेक छन्द 'कर्णामृत' में भी समाविष्ट हैं। संकलित कवि भी बहुत-से उभयनिष्ठ हैं किन्तु 'कर्णामृत' में उन कवियों की कुछ अतिरिक्त कविताएँ भी उपलब्ध हैं। संकलित कवियों में कालिदास, भवभूति, भारवि, माघ, बाण आदि सभी प्रसिद्ध कवियों की रचनाएँ हैं, किन्तु विशेष दृष्टि उन कवियों की ओर है जिनकी स्वतन्त्र कृतियाँ दुर्लभ हैं और इस नाते जो आज बहुत-कुछ अज्ञात हैं; जैसे—योगेश्वर, अभिनन्द, शरण, केशट, बागुर, लंगदत्त, धरणीधर आदि। सुपरिचित कवियों में राजशेखर, बाण और मुरारी को विशेष स्थान दिया गया है। दोनों संकलनों से दूसरी परम्परा के जिस कवि का व्यक्तित्व सर्वाधिक प्रखरता के साथ उभरकर सामने आता है, वह है योगेश्वर। कविताएँ कुल मिलाकर 66 ही उपलब्ध हैं लेकिन इन्हीं के आधार पर वह संस्कृत काव्य संसार में उच्च स्थान का अधिकारी प्रमाणित होता है।

योगेश्वर के विषय में संयोग से 'सुभाषितरत्नकोश' में एक प्रशस्ति भी मिलती

है। प्रशस्ति-लेखक है अभिनन्द। समय नवीं शताब्दी। बड़े-बड़े कवि तो कई हुए लेकिन अभिनन्द के अनुसार--"नर्मदा और विन्ध्य के पुलिन्दों और पामरों की वधुओं के आँधी-तूफान ने जो अर्थ भेजे हैं उन्हें अपनी आवाज़ में फैलाव देना यदि कोई जानता है तो योगेश्वर और सिर्फ योगेश्वर।"

रेवाविन्ध्यपुलीन्द्रपामरवधूझंझानिलप्रेषित–
प्रायेऽर्थे वचनानि पल्लवयितुं जानाति योगेश्वरः।

इस प्रशस्ति में इतनी अर्थवत्ता है कि अनुवादकों ने भिन्न-भिन्न अनुवाद किए हैं। राधावल्लभ त्रिपाठी के अनुसार–"...मजदूरों और उनकी स्त्रियों के जीवन में बहुत अन्धड़ को अन्धड़ जैसे ही शब्द देना तो योगेश्वर जानता है।" कमलेशदत्त त्रिपाठी–"...झंझानिलप्रेषित-प्रायेऽर्थे वचनानि पल्लवयितुं" का अर्थ करते हैं "आँधी ने भेजे हैं जो अर्थ उनमें अपनी आवाज़ को फैलाव देना।" इनसे एकदम भिन्न अनुवाद डैनियल इंगाल्स का है : "Yogesvara knew how to make words blossom/when he wrote of the Reva and the Vindhyas, of Pulindra and of Pamara girls, and of a message carried by the monsoon wind."

अब 'झंझानिल' को अभिधा में लिया जाए चाहे लक्षणा में, इतना निश्चित है कि योगेश्वर नर्मदा-विन्ध्य प्रदेश के पुलिन्दों, पामरों, और उनकी स्त्रियों के चित्रण का विशिष्ट कवि है।

वैसे योगेश्वर बंगाल के रहने वाले माने गए हैं–निश्चय ही पाल युग के वृहत्तर बंग के, जिसमें अंग भी शामिल था। फिर भी उल्लेखनीय है कि वे रेवा और विन्ध्य प्रदेश में रहनेवालों के चित्रण में कुशल कहे गए हैं। इसमें आश्चर्य की कोई बात नहीं। आज भी नागार्जुन की कविता में केवल मिथिला के ही चित्र नहीं हैं और न त्रिलोचन की कविता में सिर्फ अवध के। इसलिए प्रश्न प्रदेश का नहीं, लोक का है और खास बात यह है कि योगेश्वर पुलिन्दों और पामरों का अपना कवि है। आज की भाषा में दलितों का।

तो पहले पहाड़ों और जंगलों के बीच रहनेवाले बर्बर शबर का चित्र। गुफा। बाहर शिला। शिला पर कान्तार-दुर्गा की मूर्ति। बर्बर शबर दुर्गा को जीव का उपहार देते हैं। क्षेत्रपाल यानी खेत के देवता पर रुधिर के छींटे अर्पित करते हैं। तुम्बी वीणा बजा-बजाकर गाते और नाचते हैं। बेल के पुष्पों में भरी पुरानी हाला सकोरों में ढाल-ढाल करके पीते हैं। इस क्रिया में शबर-युवतियाँ भी साथ देती हैं। इधर दिन ढलता है, उधर शबर-शबरियों का नाच-गान चलता है।

तुम्बीवीणा-विनोद-व्यवहित-सरकामह्नि जीर्णे पुराणीं
हालां मालूरकोषैर्युवतिसहचरा बर्बराः शीलयन्ति।

जहाँ तक विन्ध्य के 'भीषण' प्रकृति-सौन्दर्य के चित्रण का प्रश्न है संस्कृत से

क्लासिकी कवियों में भवभूति का नाम सबसे पहले लिया जाता है। योगेश्वर इस दृष्टि से भवभूति की परम्परा के ही कवि हैं और "निर्मुक्त-व्याल-नीलद्युति- नवजलद-व्याकुला विन्ध्यपदाः" कहकर इसकी पुष्टि करते हैं। योगेश्वर की दृष्टि में विन्ध्यपाद ऐसे बादलों से व्याकुल है जो साँप के समान नील द्युतिवाले हैं।

पामर के चित्रण में योगेश्वर की विशेषता यह है कि उसकी दीन दशा के बावजूद उसके 'नीच' होने का तनिक भी आभास नहीं होता। योगेश्वर की कविता में 'पामर' शब्द का प्रयोग बहुत-कुछ हलवाहे, खेत-मजदूर अथवा किसान के अर्थ में हुआ है। जैसा कि आगे चलकर 'नीच' अर्थ में पामर का प्रयोग होने लगा, उससे योगेश्वर की कविता सर्वथा मुक्त है। अब यह रहा 'पामर' का एक चित्र–

बारं बारं तुषारानिल-तुलित-पलालोष्मणा पामराणां
दण्ड-व्याघट्टनाभिः क्रमपिहितरुचौ बोध्यमाने कृशानौ
उद्धूमैर्बीजकोषोच्चटनपटुरवैः सर्षपपक्षोदकूटैः
कोणे कोणे खलानां परिसरकटुः कीर्यते कोऽपिगन्धः।

खेत में बैठे पामर
पुआल की गर्मी से तोलते हैं तुषार की ठंडी हवाएँ
लकड़ी से कुरेदते हैं बुझता हुआ अलाव
बार-बार जगाते हैं राख बनती आग,
सब ओर है पाले और धुएँ की धुन्ध
सरसों के बीज चटख-चटखकर फूटते हैं
फैल जाती है कड़वी कसैली गन्ध।

पामर के बाद पामर-वधू का चित्र। यहाँ कवि ने वस्तुतः 'हालिक' शब्द का प्रयोग किया है, जिसका अर्थ हलवाहा होगा। प्रसंग से इसका सम्बन्ध 'पामर' से ही माना जा सकता है।

इदानीमर्घन्ति प्रथमकलमच्छेदमुदिता
नवीनान्धस्थालीपरिमलमुचो हालिकगृहाः।
उदंचद्दोर्लीला-रणित-वलयाभिर्युवतिभि–
गृहीतोप्रोत्क्षिप्त-भ्रमित-मसृणोद्गीर्ण-मुसलाः॥

अभी-अभी आया है कटकर धान
सुगन्धित भात की थाली खींच रही ध्यान
गन्ध से गमक उठा हलवाहे का मकान
हाथ उठते हैं, गिरते हैं

कंगन टकरा-टकराकर हाथों में बजते हैं
उठ-उठकर गिरते हैं मूसल, गिर-गिरकर उठते हैं।

एक अन्य कविता में योगेश्वर ने 'ग्राम्य नायक' के रूप में एक 'कीकट-पुत्र' का अनूठा चित्र प्रस्तुत किया है। कीकट भी पामर के समान ही खेत पर काम करनेवाली जाति है, जिसे सामान्यतः नीची जाति का समझा जाता था। योगेश्वर का यह 'कीकट दारक' विरूढ लशुन के समान श्याम वर्ण है, बाल घुँघराले हैं और गुन्द्रा की लता से बँधे हैं। पड़ोस में यह बालक स्वच्छन्द विचरता रहता है, किन्तु इसे देखते ही हाथ के मूसल थम जाते हैं, सूप स्थिर हो जाते हैं, पानी के घड़े ठिठक जाते हैं, चूल्हे की आग बुझ जाती है और गाँव की प्रत्येक युवती का सिर उसी ओर घूम जाता है। ऐसा है काला-कलूटा कीकट युवक।

योगेश्वर की विशेषता यह है कि ग़रीबी के चित्रण में भी उस ग़रीबी से लड़ते हुए मनुष्य की जीवनी-शक्ति को अनदेखा नहीं करते; बल्कि उस जीवनी-शक्ति में ही उन्हें सचमुच का रस मिलता है। एक ऐसा ही चित्र है घोर वर्षा में ग़रीब किसान स्त्री का। बाहर जोर की बारिश हो रही है। चूते-टपकते पुराने घर में वह व्याकुल होकर इधर-उधर दौड़ रही है। 'सिर पर टूटे सूप का टुकड़ा रखे' वह यों ही काफी उपहासास्पद लग रही है, फिर भी उसकी हिम्मत देखिए कि इधर चिल्ल-पों मचाते बच्चों को समझाती-बुझाती है तो उधर पुआल का बिस्तर बचाने का जतन कर रही है और किसी चिथड़े से पानी भी समेट रही है; अफसोस है तो यह कि सत्तू भीगकर बह गया है। "दत्वा मूर्धनि शीर्णशूपशकलं" से उभरनेवाला चित्र स्मृति पर अमिट छाप छोड़ जाता है।

मज़े की बात तो यह है कि योगेश्वर के ग्राम-चित्रों में 'ग्राम्यता' का लेश भी नहीं है। ग्राम-जीवन में निहित ग्राम्यता से वे आँख नहीं मूँदते, किन्तु इसके साथ ही वे उसका मानवीय पक्ष भी देखते हैं और उस मानवीय पक्ष को विशेष रूप से उभारते भी हैं। योगेश्वर की इस विशेषता को स्पष्ट करने के लिए 'सदुक्तिकर्णामृत' में ही संकलित शुभांक कवि की एक कविता के साथ उसी विषय पर योगेश्वर की कविता को रखना उचित होगा। शुभांक में एक ऐसे पामर-मिथुन का वर्णन है जो चैत की रात में परस्पर चूमने को उद्यत होता है, किन्तु संझा को खाई प्याज, रोटी की गन्ध से सनी उनकी साँसें एक-दूसरे से टकराती हैं।

इसके विपरीत वर्णन योगेश्वर करते हैं। धान की बालियाँ बढ़-चढ़कर मोटी हो गई हैं; दूध-भरे थनों वाली गाएँ थान पर लौट आई हैं; ईख की फसल ऐसी अच्छी हुई है कि सारा कर्ज़ पट जाएगा। ऐसी स्थिति में दिन भर खेत पर खटने के बाद गाँव का पटेल सारी रात अपनी उस घरनी को देह से सटाकर सुख से सो रहा है जिसके भारी स्तन गाढ़े खस के लेप से सुवासित हैं; जबकि बाहर देव उदार होकर बरस रहे हैं...योगेश्वर के मूल शब्द हैं—

सान्द्रोशीर-कुटुम्बिनी-स्तनभर-व्यालुप्त-धर्मक्लमो
देवे नीरमुदारमुज्झति सुखं शेते निशा ग्रामणीः॥

घर-आँगन के इन जीवन्त चित्रों के अतिरिक्त योगेश्वर की सौन्दर्य-दृष्टि खेत-बारी पर भी गई है। कवि का सूक्ष्म पर्यवेक्षण वहाँ भी देखते ही बनता है।

खेत में
तिनकों से बने बिजूके से डरकर
एक कोने में सिमिट, सहमकर
दुबके हुए
चुगते हैं कबूतर
खेत के एक कोने में कोदों के दाने।

अन्तर्विन्यस्त-वीरुत्तृणमयपुरुष-त्रासविघ्नं कथंचित्।
कापोतं कोद्रवाणां कवलयति कणान् क्षेत्रकोणैकदेशे॥

इस प्रकार के जीवन्त रेखाचित्र योगेश्वर के प्रशस्तिकार अभिनन्द की कविता में भी मिलते हैं--विशेषतः बंगाल के ग्राम जीवन के। अभिनन्द का देहात ऐसा है जिसमें बैलगाड़ी के पहियों के निशान गन्ने के रस से सिक्त हैं; पके दानों के भार से झुके धान के सिरों पर सुग्गों की पाँत बैठी है; सिधरी मछलियों की कतार खेत की नालियों से तलैया की ओर जा रही है और नदी-किनारे का अच्छा कीचड़ ग्वाल-बाल को धूप में शीतलता प्रदान कर रहा है।

अभिनन्द के अपने शब्द हैं, "अच्छः कच्छेषु पंकः।" डैनियल इंगाल्स यहाँ 'अच्छ' का अर्थ 'स्वच्छ' न करके 'अच्छा' करते हैं और कहते हैं कि यह वस्तुतः संस्कृत कविता पर बोलचाल की भाषा का प्रभाव है। जो हो, 'केदारेभ्यः प्रणालैः प्रविशति शफरीपंक्ति' वर्षा में बंगाल के खेतों का ठेठ चित्र निश्चय ही प्रस्तुत करता है।

इस लोकधर्मी काव्य-परम्परा के अन्य कवियों की रचनाओं में ग्राम जीवन के अन्य पहलुओं का भी सजीव अंकन मिलता है। 'सुभाषितरत्नकोश' में संकलित एक अज्ञात कवि की रचना में ऐसा चित्र है जिसमें पामरों की कौतुकी वृत्ति को रस लेकर उकेरा गया है। खेत के सिरे सहसा खरगोश का भागता हुआ जोड़ा दिख जाता है। बस क्या है किसान चिल्ला-चिल्लाकर अपने संगी-साथियों को बुलाने लगते हैं। बच्चे-बूढ़े सब भागते हैं एक साथ। दराँती, रस्सी, लाठी जो भी हाथ लगा, हल्ला बोलकर पीछा करते हैं। धान का खेत बिसर जाता है, बिसर जाता है कटाई का काम।

क्षेत्रोपान्तपलायमान-शशकद्वन्द्वं परीक्ष्यापरान्
आहूयातिरसेन कर्षकजनानाबद्ध-कोलाहला।

हस्तारोपित-दात्र-रज्जु-लगुडैर्वृद्धैरवृद्धैः सह
त्यक्त्वा शालिचिकर्तिषामित इतो धावन्त्यमी पामराः॥

किन्तु इस काव्यधारा के सबसे मर्मस्पर्शी चित्र वे हैं जिनका सम्बन्ध किसानों की आर्थिक विपन्नता से है। इस प्रकार की अधिकांश कविताओं के केन्द्र में या तो बच्चे हैं या फिर स्त्रियाँ! समूचे संस्कृत काव्य में बच्चों के ऐसे चित्र न मिलेंगे।

लोकधर्मी कविता के इस संसार में वस्त्रहीन बच्चे शीतकाल में भीत पर सिमटती धूप का एक टुकड़ा पाने के लिए आपस में धक्कम-धक्का करते हैं : "सूर्यस्फुरत्कर-करम्बित-भित्तिदेशलाभाय शीतसमये कलिमाचरन्ते।"

ये बच्चे इस कदर दाने-दाने को मोहताज हैं कि वे दूसरे के घर के द्वार को अपनी नन्ही अँगुलियों से थामकर फिर उन्हीं अँगुलियों में छिपते हुए मुँदती-झँपती आँखों से भीतर भोजन करते हुए आदमी को देखते हैं और देखते रह जाते हैं, लाज से बोल नहीं निकल पाते! "भोक्तारमर्धनयनेन विलोकयन्ति।"

एक अन्य चित्र। बच्चा भूख से व्याकुल रो रहा है। माँ समझाते हुए कहती है—"मत रो मेरे लाल! आ मेरे पास। आएगा तेरा भी बाप। देगा कपड़ों के जोड़े। गले का कठुला।" पास ही दीवार से सटा, खाली हाथ आया, परदेसी सुनता रहा घरवाली की बातों को। आँसुओं से भीगा मुख, एक गहरी साँस। उलट पड़े पैर।

इस विषय का अन्तिम चित्र :

क्षुत्क्षामाः शिशवः शवा इव तनुर्मन्दादरो बान्धवो
लिप्ता जर्जरकर्करी जतुलवैर्नो मां तथा बाधते।
गेहिन्या स्फुटितांशुकं घटयितुं कृत्वा सकाकु स्मितं
कुप्यन्ती प्रतिवेशिनी प्रतिदिनं सूचीं यथा याचिता॥

भूख से सूखे शिशु—शव जैसे। रिश्तेदारों से मिला अनादर। बेपनाह टूटी और लाख से जोड़ी गई गगरी। ये सब मुझे उतना नहीं सालते, जितना टीसता है घरवाली का फटी ओढ़नी सीने के लिए हर दिन पड़ोसिन से सुई माँगना और जवाब में पड़ोसिन का व्यंग्य से मुसकाना और कुढ़ना!

बच्चों से सम्बन्धित इन अधिकांश कविताओं को अनुवाद के लिए कमलेशदत्त त्रिपाठी ने चुना है। कुल ग्यारह कविताओं में से लगभग आधी कविताओं के केन्द्र में बच्चे हैं।

लोकधर्मी कवियों की दृष्टि इस ग़रीबी के लिए जिम्मेवार लोगों पर भी गई है। एक कविता में स्पष्ट कहा गया है कि निर्दयी भोगपति (जिलाधीश?) की अकारण लूटपाट के कारण कुछ खानदानी लोगों को छोड़ अधिकांश जन गाँव छोड़कर भाग रहे हैं। "कैश्चिद् बीतदयेन भोगपतिना निष्कारणोपप्लुत—प्रक्षीणैर्निजवंशभूरिति मितैरत्यज्यमानाः कुलैः॥"

कुल मिलाकर इस कविता के बारे में राधावल्लभ त्रिपाठी का यह कथन सटीक है—"एक समूची जिन्दगी की तस्वीर यहाँ है—घर-परिवार, गृहिणी, दाम्पत्य, काम-धन्धों में लगे लोग, किसान-मजदूर-हलवाहे, लाचार बटोही—ये सब अपने परिवेश के साथ प्रस्तुत हैं। यहाँ पारिवारिक सम्बन्धों, दाम्पत्य, ऋतुओं, उत्सवों आदि का अनुभव ठीक वह नहीं है जो कालिदास, अमरुक आदि की कविता में है। यह कविता गाँवों में, खेत-खलिहानों में, गली-मुहल्लों में रमती है, यहाँ प्रासाद, सौध, हर्म्य या राजमार्ग का विश्व नहीं है। यहाँ ग्रीष्म अकाल का प्राणान्तक ताप लेकर उपस्थित होता है, वर्षाएँ अगणित विभीषिकाओं और बाधाओं की बाढ़ का उफान लेकर आती हैं, शीत की बर्फीली हवाएँ असह्य होती हैं। यहाँ अपनी दीनता और भुखमरी से जूझता वह पूरा मनुष्य उठ खड़ा होता है, जिसकी आकांक्षाएँ, स्वप्न और संघर्ष मरते नहीं हैं। परकीया प्रेम का जो छुईमुई-सा संसार अभिजात धारा के कवियों में है, उसकी तुलना में यहाँ गृहिणी की ठोस वास्तविकताओं की बेलौस दुनिया है। बच्चों की दुनिया यह कविता भी उजागर करती है। पर यहाँ सिंह शावकों के दाँत गिननेवाले और चक्रवर्ती बननेवाले वीर बालक नहीं हैं, सर्दी में अकड़ते-ठिठुरते, धूप का एक टुकड़ा पाने को एक-दूसरे को धकियाते-लतियाते बच्चे हैं, यह किसी घर के किवाड़ों की साँस से भीतर भोजन करते आदमी को आँख फाड़-फाड़कर देखनेवाले निरीह शिशु हैं, अथवा बरसात में गड्ढों में मछलियाँ पकड़ते लड़के हैं। सिर्फ दीनता और लाचारी में इस कविता का पर्यवसान नहीं होता। यहाँ आनन्द के तार भी जुड़ते हैं और दरबारी कविता के लिजलिजे आकंठ शृंगारमग्न शास्त्रीयता के घेरे में निष्प्राण होते जा रहे अवास्तविक विलास की तुलना में यह आनन्द जीवन के सच्चे रस से उपजा है।"

डैनियल इंगाल्स ने आरम्भ में 'सुभाषितरत्नकोश' के अंग्रेजी अनुवाद का शीर्षक 'संस्कृत दरबारी कविता संकलन' (An Anthology of Sanskrit Court Poetry) रखा था। समीक्षकों ने इस शीर्षक के औचित्य पर आपत्ति की। अंग्रेजी अनुवादक को उचित ही अपनी भूल का एहसास हुआ और पुस्तक के संक्षिप्त-संशोधित संस्करण के नाम से 'कोर्ट' यानी 'दरबार' शब्द हटा दिया गया। पूर्ववर्ती नाम के पक्ष में दलील अब भी दी गई, किन्तु इसमें सन्देह के लिए तनिक भी गुंजाइश नहीं है कि 'सुभाषितरत्नकोश' की विशिष्ट लोकधर्मी कविता दरबारी काव्य की प्रकृति से नितान्त भिन्न है।

वस्तुतः योगेश्वर और उनके साथी कवियों का बुनियादी काव्यशास्त्र भिन्न है। 'सुभाषितरत्नकोश' के जागरूक संकलनकर्ता विद्याकर स्वयं इस काव्यशास्त्र के प्रति सजग थे। वैसे तो लोकधर्मी कविताएँ इस संकलन के अन्तर्गत अन्य 'व्रज्याओं' में भी बिखरी हुई हैं किन्तु इस प्रकार की कविताओं के लिए उन्होंने 'जाति व्रज्या' नाम से एक विशिष्ट वर्ग का विधान किया। डैनियल इंगाल्स ने इस वर्ग का अनुवाद

'कैरेक्टराइजेशंस' किया है, जो मूल आत्मा के काफी निकट है। भाषान्तर के पीछे समझ यह है कि इन कविताओं में 'व्यक्ति'—जीते-जागते मूर्त 'विशेष' को महत्व मिला है—सम्भवतः पहली बार। यह एक नए यथार्थवाद का उदय है। संस्कृत कविता के परिपाटी विहित 'आदर्शवाद' से भिन्न।

सातवीं-आठवीं शताब्दी की इस संस्कृत कविता में 'व्यक्ति' का उदय किन सामाजिक परिस्थितियों के कारण हुआ और इस व्यक्ति-वैशिष्ट्य का दार्शनिक आधार क्या है—ये प्रश्न निश्चय ही महत्वपूर्ण हैं और इसलिए विचारणीय भी। इन प्रश्नों को अन्य अवसर के लिए सुरक्षित रखते हुए फिलहाल काव्यशास्त्र के स्तर पर ही विचार करना पर्याप्त होगा।

'सुभाषितरत्नकोश' में जो 'जाति व्रज्या' पद है, उसका पूर्वपद 'जाति' अलंकार-शास्त्र में एक अरसे से प्रयुक्त होता रहा है। बहुत सम्भव है कि विद्याकर ने अलंकारशास्त्रीय 'जाति' के नाम पर ही इस व्रज्या का नामकरण किया है। राधावल्लभ त्रिपाठी ने इस प्रकार की कविता की 'भूमि' स्पष्ट करने के लिए 'जाति' नामक अलंकार का इतिहास निरूपण उचित ही किया है।

काव्य के क्षेत्र में 'जाति' को महत्व देनेवाले पहले आलंकारिक दंडी हैं। दंडी ने 'जाति' के साथ 'स्वभावोक्ति' संज्ञा का भी प्रयोग किया है।

स्वभावोक्तिश्च जातिश्चेत्याद्या सालंकृतिर्यथा।

(काव्यादर्श 2/8)

दंडी के लिए 'स्वभावोक्ति' और 'जाति' एक ही अलंकार के दो नाम हैं। महत्वपूर्ण यह है कि वे इसे 'आदि अलंकार' मानते हैं। उनके अनुसार शास्त्र में इसका साम्राज्य है और काव्य में भी अभीष्ट है। (वही 2/13) इसका लक्षण है पदार्थों की नाना अवस्थाओं के अनुसार ऐसा रूप वर्णन जिससे वे साक्षात् गोचर हो जाएँ। एक प्रकार से यह जाति, क्रिया, गुण और द्रव्य के अनुसार 'स्वभाव' को ही मूर्त करने का प्रयास है।

इस प्रकार 'जाति' अथवा 'स्वभावोक्ति' के सफल निर्वाह के लिए दो बातें जरूरी हैं—स्वभाव और साक्षात्कार। इन दोनों में से यदि एक का अभाव हुआ तो स्वभावोक्ति न होगी।

दंडी की परिभाषा में उद्भट ने 'काव्यालंकार-सार-संग्रह' (3/5) में एक और विशेषता रेखांकित की। उनके अनुसार स्वभावोक्ति के लिए 'जाति, क्रिया, गुण और प्रत्य' इन चारों में सबसे महत्वपूर्ण क्रिया है।

क्रियायां संप्रवृत्तस्य हेवाकानां निबन्धनम्।
कस्यचिन्मृगडिम्भादेः स्वभावोक्तिरुहदाहृता॥

अर्थात् क्रिया में प्रवृत्त किसी मृगशावक आदि के अपनी जाति के अनुरूप

अभिनिवेशों का निबन्धन स्वभावोक्ति है।

अपनी बात को स्पष्ट करने के लिए उद्भट ने एक उदाहरण भी दिया। वह इस प्रकार है–

क्षणं नष्ट्वार्धवलितः शृंगेणाग्रे क्षणं नुन्दन्।
लोलीकरोति प्रणयादिमामेष मृगार्भकः॥

माता पार्वती के स्नेह में निर्भर यह मृगशिशु एक क्षण अपने शरीर को आधा मोड़कर छिपाता हुआ, दूसरे क्षण सींग के अग्रभाग से उन पर प्रहार करता हुआ खिलवाड़ में उनको व्याकुल करता है।

यहाँ मृगशिशु का रूप इसलिए मूर्तिमान होता है कि उसकी एकाधिक क्रियाओं का वर्णन किया गया है–शरीर को आधा मोड़ना, फिर छिपाना और दूसरी ओर सींग से प्रहार करना आदि।

वामन ने स्वभावोक्ति को लोकजीवन से जोड़ते हुए अपना असन्दिग्ध समर्थन दिया। वामन का उदाहरण उल्लेखनीय है–

पुरः पाण्डुच्छायं तदनु कपिलिम्ना कृतपदं
ततः पाकोत्सेकादरुणगुणसंसर्गितवपुः।
शनैः शोषारम्भे स्थपुटनिजविष्कम्भविषमं
वने वीतामोदं बदरमरसत्वं कलयति॥

चित्र बेर के फल का है। पहले पांडुवर्ण, फिर कपिल वर्ण, फिर अरुणाई और अन्त में पेड़ पर फूटना और गन्धहीन, रसहीन होकर झर जाना।

रुद्रट ने स्वभावोक्ति के अन्तर्गत दारिद्र्य, व्याधि, बुढ़ापा, शीत, ग्रीष्म आदि से होने वाले दुखों और वीभत्स-भयावह आदि को भी शामिल करने की सलाह दी। राजशेखर ने धान कूटनेवाली वधुओं का सजीव चित्र खींचकर स्वभावोक्ति को समृद्ध किया और भोज ने 'शृंगार प्रकाश' में स्वभावोक्ति के विस्तृत भेदोपभेदों का निरूपण करने के साथ ही 'सरस्वतीकण्ठाभरण' में अनेक सजीव उदाहरण भी प्रस्तुत किए। इसके अतिरिक्त भोज ने एक और काम किया। उन्होंने भामह द्वारा स्वभावोक्ति के खंडन का जवाब दिया और जिस उदाहरण को भामह ने काव्य मानने से इनकार किया, उसका काव्यत्व सिद्ध किया।

"चिल्लाता हुआ, पुकारता हुआ, गोल-गोल चक्कर काटता हुआ,
रोने का स्वर निकालता हुआ, किसान का छोकरा खेत में
घुस आए गायों के झुंड को हाँककर भगा रहा है।"

भामह के अनुसार यहाँ एक पदार्थ के स्वभाव अर्थात् प्रकृत अवस्था का वर्णन तो है पर इसमें कोई अलंकार नहीं है, क्योंकि यह सिर्फ 'वार्ता' है जिसे काव्य न कहा जाएगा। भोज ने भामह के विपरीत किसान के लड़के की सहज चेष्टाओं के इस वर्णन

को काव्य के रूप में स्वीकार किया।

इस प्रकार एक ओर यदि स्वभावोक्ति समर्थक काव्यशास्त्रियों की परम्परा दंडी से चलकर वामन, उद्भट, रुद्रट, भोज से होती हुई राजशेखर तक आती है तो दूसरी ओर स्वभावोक्ति विरोधी परम्परा का भी विकास हुआ। इस परम्परा की परिणति पंडितराज जगन्नाथ में हुई, जिन्होंने स्वभावोक्ति को अलंकारों के अन्तर्गत परिगणित करने के योग्य भी नहीं समझा और इसलिए उसका उल्लेख तक न किया। काव्यशास्त्र में प्रधानता वस्तुतः स्वभावोक्ति विरोधी परम्परा की ही है। आनन्दवर्धन, अभिनवगुप्त, मम्मट, विश्वनाथ, पंडितराज जगन्नाथ-जैसे प्रतापी आचार्य इसी परम्परा में आते हैं। काव्यशास्त्र के आचार्यों की यह महान परम्परा आपाततः तो स्वभावोक्ति का विरोध अलंकार के शास्त्रीय स्तर पर ही कर रही थी, किन्तु वस्तुतः इस प्रक्रिया में स्वभावोक्ति की अन्तर्वस्तु भी तिरस्कृत हो रही थी। यह अन्तर्वस्तु है लोकजीवन का चित्रण। कविता का लोकधर्म। स्वभाव का अर्थ ही है लोकधर्म। भरतमुनि का भी कहना है : स्वभावो लोकधर्मी तु। इसलिए स्वभावोक्ति-सम्बन्धी समूचा विवाद संस्कृत काव्यशास्त्र के इतिहास में प्रभुत्वशाली विचारधारा द्वारा 'दूसरी परम्परा' के दमन के उदाहरणों में से एक है।

किन्तु 'जाति' अलंकार को लोकधर्मी काव्य का एकमात्र लक्षण समझना गलत होगा। स्वयं सुभाषित-रत्नकोश की 'कविस्तुति व्रज्या' में एक श्लोक ऐसा है जिसमें 'जातिभाज' अधिसंख्य कवियों पर कड़ी टिप्पणी की गई है—

सन्ति श्वान इवासंख्या जातिभाजी गृह गृहे।
उत्पादका न बहवः कवयः शरभा इव॥

जाति काव्य लिखने वाले कवि श्वानों के समान असंख्य हैं और घर-घर मिलते हैं। शरभ-जैसे उत्पादक (सर्जक) कवि बहुत नहीं हैं।

तात्पर्य यह कि जाति काव्य में भी सर्जनशीलता का है, जो निश्चय ही कठिन कवि-कर्म है।

सहृदय केन्द्रित रस-ध्वनि की काव्यशास्त्रीय परम्परा मूलतः अभिजात काव्य-दृष्टि की सृष्टि थी और व्यवहार में अभिजात अभिरुचि की पोषक भी। संस्कृत काव्यशास्त्र में इस रस-दृष्टि की क्रमिक प्रतिष्ठा और अन्ततः वर्चस्व अकारण और आकस्मिक घटना नहीं है। दर्शन में वेदान्त और काव्यशास्त्र में रस सिद्धान्त की विजय समानान्तर घटनाएँ हैं और परस्पर सम्बद्ध भी। लक्ष्य दोनों का एक है। लोकधर्मी परम्परा का दमन। संस्कृत काव्यशास्त्र के ग्रन्थों में कविता के जो उदाहरण प्रायः दिए गए हैं, उनसे स्पष्ट हो जाता है कि वे किस सामाजिक वर्ग और किस सौन्दर्याभिरुचि का पोषण करते हैं। जहाँ कालिदास की कविताएँ भी दोष-निरूपण के लिए उद्धृत की जाएँ, वहाँ अपेक्षाकृत छोटे कवियों की क्या बिसात? अश्वघोष-जैसे कवि के लिए

यदि इस काव्यशास्त्र में स्थान न हो तो कोई आश्चर्य नहीं। फिर योगेश्वर और उनके अन्य साथियों की किसी कविता को यहाँ ढूँढ़ने का तो सवाल ही नहीं उठता।

संस्कृत काव्यशास्त्र की प्रभुत्वशाली परम्परा के दमन के सबसे मनोरंजक शिकार धर्मकीर्ति है।

आनन्दवर्धन ने 'ध्वन्यालोक' में तृतीय उद्योत के अन्तर्गत गुणीभूत व्यंग्य के प्रसंग में धर्मकीर्ति का यह छन्द उद्धृत किया है–

लावण्यद्रविणव्ययो न गणितः क्लेशो महान् स्वीकृतः।
स्वच्छन्दस्य सुखं जनस्य वसतश्चिन्तानलो दीपितः॥
एषापि स्वयंमेव तुल्यरमणाभावाद्वराकी हता।
कोऽर्थश्चेतसि वेधसा विनिहितस्तन्व्यास्तनुः तन्वता॥

सरलार्थ यह कि 'लावण्य धन के अपव्यय को नहीं गिना, महान क्लेश स्वीकार किया, सुखपूर्वक निवास करनेवाले स्वच्छन्द व्यक्ति के हृदय में चिन्ता की आग प्रदीप्त कर दी। वह बेचारी स्वयं ही तुल्य रमण के अभाव में मारी गई। इस तन्वी को बनाने में ब्रह्मा ने न जाने अपने चित्त में कौन-सा प्रयोजन रखा था।''

आनन्दवर्धन ने इस कविता पर अप्रत्याशित रूप से अतिरिक्त विस्तार से विचार किया है। पूरे विवेचन का शास्त्रीय सार यह है कि यहाँ ब्याजस्तुति अलंकार नहीं, बल्कि अप्रस्तुत प्रशंसा है। अप्रस्तुत प्रशंसा साबित करने का तात्पर्य यह है कि यह कविता किसी सुन्दरी के बारे में नहीं, बल्कि अपनी कविता के बारे में स्वयं कवि धर्मकीर्ति का परिदेवित अथवा विलाप है। इस मत की पुष्टि में प्रमाण-स्वरूप धर्मकीर्ति की ही एक अन्य कविता प्रस्तुत की गई है, जिसमें धर्मकीर्ति कहते हैं–

मतं मम जगत्यलब्धसदृशप्रतिग्राहकं
प्रयास्यति पयोनिधेःपय इव स्वदेहे जराम्॥

अर्थात 'जिसका समान प्रतिग्राहक प्राप्त नहीं होता इस प्रकार का हमारा मत महासागर के जल के समान अपने शरीर में ही जरा को प्राप्त हो जाएगा।'

धर्मकीर्ति की इस उक्ति के आलोक में 'लावण्य-द्रविणव्ययो...' की तन्वी को देखें तो स्पष्ट है कि वह सुन्दरी और कोई नहीं बल्कि धर्मकीर्ति स्वयं है और उसका लावण्य भी धर्मकीर्ति की कविता ही है। न उसे रमण योग्य कोई पुरुष मिला न इसे कोई सही प्रतिग्राहक। तुल्य रमण के अभाव में वह क्षीण हो रही है और सदृश प्रतिग्राहक के अभाव में धर्मकीर्ति की कविता या फिर मत।

देखिए तो आनन्दवर्धन कितनी दूर की कौड़ी ले आए। बुद्धि का चमत्कार इसे कहते हैं। यह दूसरी बात है कि 'सुभाषितरत्नकोश' में यही कविता 'युवति वर्णन व्रज्या' के अन्तर्गत संकलित है और 'सदुक्तिकर्णामृत' में 'शृंगार प्रवाह' के अन्तर्गत 'स्त्री रूपम्' वीचि में। स्पष्ट है कि विद्याकर और श्रीधरदास ने आनन्दवर्धन की

पाण्डित्यपूर्ण व्याख्या पर कान नहीं दिया।

किन्तु आनन्दवर्धन के विवेचन में परोक्ष रूप से एक और चोट है और वह चोट ही सम्भवतः सबसे घातक है। संकेत यह है कि 'तन्वी' सम्बन्धी कविता वस्तुतः धर्मकीर्ति का पागल-प्रलाप है। शास्त्रीय दृष्टि से 'अप्रस्तुत प्रशंसा' में भी अप्रस्तुत का प्रस्तुत के साथ कुछ न कुछ सम्बन्ध होना चाहिए, अन्यथा वह पागल का प्रलाप हो जाएगा। कहने की आवश्यकता नहीं कि 'तन्वी' और धर्मकीर्ति के बीच का सम्बन्ध बहुत स्पष्ट नहीं है। सम्बन्ध स्पष्ट हो भी तो कैसे? सम्बन्ध हो तब तो स्पष्ट हो। जब वह सम्बन्ध ही कल्पित है तो फिर उसकी स्पष्टता-अस्पष्टता का प्रश्न कहाँ?

गरज कि एक अच्छी-खासी कविता पागल का प्रलाप करार दे दी गई। यह है प्रभुत्वशाली काव्यशास्त्र का प्रताप!

लेकिन इस कविता पर प्रहार की कहानी यहीं खत्म नहीं हुई। क्षेमेन्द्र की दृष्टि एक बार फिर इस कविता पर पड़ी। आखिर क्षेमेन्द्र आनन्दवर्धन की ही शिष्य-परम्परा में थे। 'औचित्य-विचार-चर्चा' में पदौचित्य पर विचार करते हुए उन्होंने 'तन्वी' शब्द के औचित्य के सम्मुख प्रश्न-चिह्न लगाया। क्षेमेन्द्र की दृष्टि में कवि ने अनुप्रास के मोह से 'तन्व्यस्तनुं तन्वता' लिख दिया। 'तन्वी' का प्रयोग तो सिर्फ विरहिणी नायिका के लिए विहित है। इस नायिका को कोई तुल्य रमणार्थी अभी तक मिला ही नहीं, इसलिए विरह का प्रश्न उसके सन्दर्भ में उठता ही नहीं। इस प्रकार प्रस्तुत कविता में 'तन्वी' पद का प्रयोग अनुचित है। यह रहा धर्मकीर्ति पर पदौचित्य-दोष का आरोप!

अब क्षेमेन्द्र को कोई कैसे समझाए कि उस 'तन्वी' नायिका का अकेलापन तो विरह से भी अधिक बड़ा और दीर्घकालिक है, इसलिए उसे तन्वी कहना कोई ऐसा अक्षम्य अपराध नहीं! जो हो मानना पड़ेगा कि इस कविता में जो दोष आनन्दवर्धन को भी न दिखा उसे क्षेमेन्द्र की सूक्ष्म दृष्टि ने देख लिया! जो छिद्र महागुरु की दृष्टि से छूट गया, उस पर प्रशिष्य ने अन्ततः उँगली रख ही दी। मरे को मारे शाहमदार!

शायद ऐसे ही प्रहारों से पीड़ित होकर धर्मकीर्ति ने कभी अपनी कविता के बारे में तो कभी अपने दर्शन के बारे में कुछ मार्मिक उक्तियाँ कहीं हैं। ये उक्तियाँ अब लोकधर्मी कविता की दूसरी परम्परा के सुभाषितों में ही सुरक्षित रह गई हैं। एक जगह वे कहते हैं : वाल्मीकि ने वानरों के द्वारा पत्थरों से सागर पटवा दिया और व्यास ने पार्थ के शरों से; फिर भी उन दोनों में किसी को अत्युक्ति नहीं दिखती। यहाँ तो मैं शब्द और अर्थ को तराजू पर तौल-तौलकर काव्य-रचना करता हूँ फिर भी लोग उसमें दोष-दर्शन करते हैं। प्रतिष्ठे! तुम्हें नमस्कार! तुभ्यं प्रतिष्ठे नमः।

किन्तु इससे भी मार्मिक कविता निम्नलिखित है—

वहति न पुरः कश्चित्पश्चान्न कोऽप्यनुयाति मां
न च नवपदक्षुण्णो मार्गः कथं न्वहमेककः।

भवतु विदितं पूर्वव्यूढोऽधुना खिलतां गतः
स खलु बहलो वामः पन्थ मया स्फुटमुर्जितः ॥

इस कविता के भाषान्तर भिन्न-भिन्न अर्थबोध के आधार पर किए गए हैं—विशेषतः 'उर्जितः' को 'ऊर्जितः' मान लिया गया है। किन्तु डैनियल इंगाल्स का अनुवाद ही संगत प्रतीत होता है। तदनुसार कविता का सीधा हिन्दी गद्यान्तर इस प्रकार है—

न कोई सवार आगे जा रहा है, न कोई पीछे ही आ रहा है,
मार्ग पर नए पदचिह्न भी नहीं हैं
फिर मैं अकेला क्यों?
आह! समझा
पूर्ववर्तियों का बनाया मार्ग अब काफी रौंदा जा चुका है
और वह चौड़ा तथा सुगम वामपंथ मुझसे छूट गया।

पता नहीं वह 'वामपंथ' क्या है? कहाँ है? सन्दर्भ ज्ञात हो तो कुछ स्पष्ट हो। स्पष्ट है तो अकेलेपन का गहरा अहसास। और तल्खी भी। क्या यह कविता भी आनन्दवर्धन के आरोप के पुष्ट नहीं करती? लेकिन कहीं ऐसा तो नहीं कि आरोपों की पूर्व परम्परा ही कवि की इस मनःस्थिति का कारण भी है?

'सुभाषितरत्नकोश' के 'जाति व्रज्या' खंड में धर्मकीर्ति की कोई कविता संकलित नहीं है। 'जाति' अथवा 'स्वभावोक्ति' पद्धति पर लिखी उनकी कोई कविता उपलब्ध भी नहीं। शायद वे इस पद्धति के कवि थे भी नहीं। उपलब्ध कविताएँ प्रायः क्लासिकी परम्परा में ही हैं। फिर भी लोकधर्मी सुभाषित-संग्रहों में ही वे स्थान पा सके तो कोई कारण होगा। इस देश से आखिर उनकी सभी रचनाएँ लुप्त क्यों हो गईं? दर्शन के ग्रन्थ लुप्त, काव्य-कृतियाँ भी लुप्त। शायद उन्होंने अलंकार शास्त्र का भी कोई ग्रन्थ लिखा था। भला हो राहुल सांकृत्यायन का कि उनके जीवट से धर्मकीर्ति के दर्शन-ग्रन्थों का उद्धार हो गया। सुभाषितों के सौजन्य से कुछ कविताएँ भी सुलभ हो ही गईं। रह गया तो एक अलंकार शास्त्र का ग्रन्थ। उद्धार कोई कर पाएगा?

क्या रहा होगा उस अलंकार शास्त्र के ग्रन्थ में, जिसके कारण वह लोप की गति को प्राप्त हुआ? आनन्दवर्धन ने 'ध्वन्यालोक' के तृतीय उद्योत का अन्त जिस प्रकार धर्मकीर्ति के अनाख्येयवाद के खंडन के साथ किया है उससे स्पष्ट है कि धर्मकीर्ति का मत 'ध्वनि सिद्धान्त' के लिए बहुत बड़ी चुनौती है—विशेषतः शब्दार्थ-सम्बन्ध के दार्शनिक स्तर पर। तो क्या प्रभुत्वशाली अभिजात वर्ग के काव्य सिद्धान्त को चुनौती देकर धर्मकीर्ति ने लोकधर्मी काव्य-परम्परा का पथ प्रशस्त करने में परोक्षतः योग दिया था? कौन जाने।

फिर भी यह बात रह-रहकर खटकती है कि वह वामपंथ धर्मकर्ति से क्यों छूटा?

प्रसंगवश 'सुभाषितरत्नकोश' में डी.डी. कोसम्बी की भूमिका याद आ रही है। संकलन की प्रकृति पर विचार करते समय उन्होंने 'जाति व्रज्या' को सर्वाधिक

आकर्षक माना है, क्योंकि 'लीरिक' विषय के समतुल्य 'लीरिक' शेली में अतिसाधारण क्षणिक घटना के सौन्दर्य को बाँधकर हमारे लिए सुरक्षित कर दिया गया है। संस्कृत कविता के लिए ये विषय निश्चय ही काफी असाधारण और अपवाद स्वरूप हैं। कोसम्बी ने यह भी लक्षित किया है कि इस विधा की कविता विद्याकर के अपने आनन्द का विषय है क्योंकि उन्होंने इस चयन में उदारता बरती है। इसके बाद उन्होंने ग्राम जीवन की कविताओं और उनमें भी योगेश्वर की कविताओं के सम्मोहन को स्वीकार किया है। फिर भी कुल मिलाकर कोसम्बी को यह शिकायत है कि इन समस्त क्रिया-कलापों में कवि प्रेक्षक मात्र है, यहाँ तक कि कल्पना में भी वह इन सबका सहभागी नहीं बनता। यही नहीं, इन कविताओं में चित्रित गरीबी भी केवल बौद्धिक वर्ग के जीवन की वास्तविकता प्रतीत होती है। कोसम्बी की दृष्टि में यह गरीबी सर्वहारा या 'पामर' की सच्ची गरीबी नहीं है, क्योंकि कवि उस समुदाय से कोई रिश्ता महसूस नहीं करता। अन्तिम निर्णय यह कि अपने सारे सम्मोहन के बावजूद 'जाति व्रज्या' फाउस्टी क्षण की शानदार सृजनशीलता का दावा नहीं कर सकती। कारण, युग की ऐतिहासिक सीमा। ये कवि इतिहास के उस युग को पीछे छोड़ आए थे जब जीवित होने का शुद्ध आह्लाद गान के रूप में फूट पड़ता!

कोसम्बी की दृष्टि में भारतीय इतिहास की आठवीं शताब्दी के बाद की कम-से-कम तीन-चार शताब्दियाँ पतन काल हैं--ऐसा पतन काल जिसमें नए विकासमान वर्ग का उदय नहीं हुआ। ऐसी स्थिति में किसी प्रकार की श्रेष्ठ काव्य-रचना कोसम्बी के कयास के बाहर की चीज है। दुर्भाग्य से 'सुभाषितरत्नकोश' और 'सदुक्तिकर्णामृत' के लोकधर्मी कवियों का रचना-काल यही 'पतनोन्मुख युग' है। युग की अपनी ऐतिहासिक 'परिकल्पना' अथवा 'पुनर्निर्मिति' और प्रस्तुत कविता में असामंजस्य देखकर इतिहासकार कोसम्बी अपनी ऐतिहासिक परिकल्पना पर पुनर्विचार करने की आवश्यकता नहीं समझते, उल्टे उस कविता पर ही फैसला दे डालते हैं। कितनी बड़ी विडम्बना है कि जिस विद्वान को 'सुभाषितरत्नकोश' की लोकधर्मी कविता के उद्धार का श्रेय है, उसी का ध्येय इस कविता का तिरस्कार है।

कविता के मूल्यांकन की इस 'समाजशास्त्रीय' दृष्टि का कठमुल्लापन इतना साफ है कि अभारतीय होते हुए भी डैनियल इंगाल्स ने प्रधान सम्पादक की हैसियत से 'आमुख' में इस मूल्यांकन-दृष्टि से दृढ़ असहमति प्रकट करना जरूरी समझा। असहमति का कारण यह नहीं है कि इंगाल्स उन कविताओं के कलात्मक गुण को कोसम्बी के मूल्यांकन से उच्चतर मानते हैं; बल्कि उन्हें लगता है कि वर्ग-सिद्धान्त, एक हद तक किसी साहित्य की विषयवस्तु की व्याख्या कर सकने की स्थिति में होते हुए भी उसकी श्रेष्ठता का अत्यन्त अनुपयुक्त मार्गदर्शक है।

आगे चलकर अपने अंग्रेजी अनुवाद की भूमिका में डैनियल इंगाल्स ने कोसम्बी

के मूल्यांकन का खंडन विस्तार से किया और दो टूक शब्दों में कहा कि संस्कृत कविता के मामले में पश्चिम के सुप्रसिद्ध भारतविद्याविद ए.बी. कीथ यदि हृदय-वंचित कोरे बुद्धिबली थे तो कोसम्बी के सिद्धान्त ने संस्कृत कविता के साथ कीथ से भी अधिक अन्याय किया है। इंगाल्स की दृष्टि में कोसम्बी का संस्कृत काव्य का सिद्धान्त भारत के सन्दर्भ में एंगेल्स और प्लेखानोव के उन सिद्धान्तों को लागू करने का प्रयास है जिनके अनुसार साहित्य वर्गजन्मा है। बरक्स इसके उन्होंने इस संस्कृत कविता को स्वयं संस्कृत काव्यशास्त्र की दृष्टि से समझने की सलाह दे डाली। सलाह देते समय सम्भवतः इंगाल्स के सामने इस कविता के साथ संस्कृत काव्यशास्त्र के आक्रामक रुख की तस्वीर न थी। साहित्य की वर्ग-दृष्टि से भी इंगाल्स का विदकना समझ में आने लायक है। किन्तु इन तमाम बातों के कारण कोसम्बी की वर्ग-दृष्टि का कठमुल्लापन नजरअन्दाज़ नहीं किया जा सकता। साहित्य के मामले में दोष मार्क्स की वर्ग-दृष्टि का उतना नहीं, जितना कोसम्बी की वर्ग-दृष्टि सम्बन्धी अपनी समझ का है। शायद कोसम्बी की यह सीमा नितान्त निजी नहीं, बल्कि 1955 तक के प्रचलित मार्क्सवाद की सीमा है। प्रसंगवश यह याद दिलाना जरूरी है कि तब तक सोवियत संघ की कम्युनिस्ट पार्टी की बीसवीं कांग्रेस न हुई थी और स्तालिन का मूर्तिभंजन भी न हुआ था। वैसे इस ऐतिहासिक मोड़ के बाद भी, यहाँ तक कि आज भी, अनेक मार्क्सवादी अपने सोच में मूलतः स्तालिनवादी ही हैं, किन्तु कोसम्बी के उस काव्य-निर्णय को इस सन्देह का लाभ देना अनुचित न होगा।

जहाँ तक लोकधर्मी संस्कृत कविता की नियति का प्रश्न है, अतीत में यदि उसे अभिजात काव्य-शास्त्र से क्षति पहुँची तो आधुनिक युग में जिस मार्क्सवाद से न्याय की उम्मीद थी उसने भी एक हद तक निराश ही किया। कवि धर्मकीर्ति को समानधर्मा न आनन्दवर्धन में मिला न डी.डी. कोसम्बी में। गनीमत इतनी है कि 'मार्क्सवाद' अभी अपने यहाँ प्रभुत्व की स्थिति में नहीं है। यही नहीं बल्कि वह कठमुल्लापन से क्रमशः मुक्त होता हुआ ठेठ भारतीय यथार्थ से जूझने का कठिन प्रयास कर रहा है। इसलिए आज के धर्मकीर्ति को निराश होकर 'कथन्वहमेककः' कहने की आवश्यकता नहीं है। क्या हमारे नागार्जुन को कभी किसी ने ऐसा कहते सुना है? कवि नागार्जुन के सामने लोकधर्मी कवियों की लम्बी परम्परा है। हिन्दी में भी। संस्कृत में भी। धर्मकीर्ति को अपने पीछे आनेवाले जिन कवियों का अहसास न था, वे कवि अब नागार्जुन के सामने प्रत्यक्ष हैं। 'सुभाषितरत्नकोश' और 'सदुक्तिकर्णामृत' के योगेश्वर-अभिनन्द आदि एक दर्जन से अधिक कवि। इस काव्य परम्परा पर नए पैरों के भी निशान साफ दिखाई पड़ रहे हैं। पीछे आनेवाले युवा कवियों का भी एक सिलसिला जारी है। धर्मकीर्ति के शब्दों में 'स खलु वामः पन्था।' यह लोकधर्मी काव्य है। कविता की दूसरी परम्परा?

(आलोचना, अक्टूबर-दिसम्बर, 1987)

कबीर का दुख

कबीर के दुख से मेरा 'परिचय' हुआ प्रेमचन्द की कहानी 'क़फ़न' में। परिचय कराया घीसू और माधव ने। इन दोनों के परिचय के लिए फिलहाल इतना ही काफी है कि वे जाति के चमार हैं, जिन्हें अब 'दलित' कहा जाता है। घर में मिट्‌टी के दो-चार बर्तनों के सिवा कोई सम्पत्ति नहीं। फटे चीथड़ों से अपनी नग्नता ढाँके हुए जिए जाते हैं। झोंपड़ी में बहू मरी पड़ी है और बाप-बेटे दोनों क़फ़न के पैसों से कलवरिया में दारू उड़ा रहे हैं। नशे में भी बहू की वह लाश दखल देती है। बेटा रोने लगता है तो बाप समझाता है : 'रोता क्यों है बेटा, खुश हो कि वह मायाजाल से मुक्त हो गई। बड़ी भाग्यवान् थी, जो इतनी जल्द मोहमाया के बन्धन तोड़ दिए।' और दोनों खड़े होकर नाचने और गाने लगते हैं :

ठगिनी क्यों नैना झमकावै, ठगिनी!

कबीर और कबीर के दुख से परिचय का क्षण वही है। मृत्यु, मुक्ति, माया और इन सबके ऊपर समाज के सबसे निचले तबके के दो प्राणियों का नृत्य! मृत्यु भी नाचती है, मुक्ति भी नाचती है और नाचती है माया। कबीर ने ही कहीं कहा है :

यह माया जैसे कलवारिन, मद पियाइ राखै बौराई।

नृत्य भी कितना रोमांचक और मुक्ति का उत्सव भी कैसा अद्‌भुत!

घीसू और माधव अपना कबीर गा रहे हैं, अपना कबीर नाच रहे हैं और लगता है कि उन्हीं के साथ स्वयं कबीर भी नाच रहे हैं और गा रहे हैं :

नाचु रे मेरे मन मत्त होइ
गिरि समन्दर धरती नाचै लोक नाचै हँस-रोइ

नाच भी कैसा? हँसना-रोना साथ-साथ। सती के शव को लेकर शिव ने ऐसा ही उन्मत्त नृत्य किया था क्या?

घीसू-माधव उस शिव को शायद ही जानते हों। लेकिन अजीब बात है कि ऐसे क्षण में उन्हें कबीर के राम भी याद न आए। याद आई तो माया ठगिनी! एक माया शंकराचार्य की भी है। लेकिन वह पंडितों की सम्पत्ति है। लोक तो कबीर की माया ठगिनी को ही जानता है। कबीर का भी साबका पड़ा तो उसी माया ठगिनी से! कबीर

के लिए माया दर्शनशास्त्र की कोई अमूर्त अवधारणा नहीं है, बल्कि वह एक ठोस वास्तविकता है, कड़वी सचाई है! राम भले ही निर्गुण हों, माया तो एकदम सगुण है और हर जगह, हर पल सशरीर उससे बचकर निकल जाना मुश्किल है। कबीर का वह पद याद करें :

माया महाठगिनि हम जानी
तिरगुन फाँस लिये कर डोलै बोलै मधुरी बानी
केसव के कँवला होइ बैठी सिव के भवन भवानी
पंडा के मूरति होइ बैठी तीरथ हू मैं पानी
जोगी के जोगिनि होइ बैठी राजा के घर रानी
काहू के हीरा होइ बैठी राजा के घर रानी
भगतों के भगतिनि होइ बैठी तुरकाँ के तुरकानी
दास कबीर साहिब कै बन्दा जाकै हाथ बिकानी

गरज कि माया राम से ज्यादा नहीं तो राम की तरह ही सार्वभौम और विश्वव्यापी है। माया की पहुँच वहाँ भी है, जहाँ राम के लिए जगह नहीं है और हर जगह के अनुरूप वह अपना रूप बदलकर प्रकट हो जाती है। इसीलिए तो उसे 'माया' कहते है! कहते हैं! धनी के घर हीरा है, तो गरीब के घर कानी-कौड़ी! मन्दिर का पंडा जिस मूर्ति का सेवक बनकर कमाई करता है, वह भी माया है। और यहाँ तक कि तीर्थ का वह 'पवित्र' जल भी माया ही है, जिसे गंगा जल बताकर बहुतेरे भक्तों को ठगा जाता है। यही माया कबीर के हाथ बिक गई। वह कबीर को वश में न कर सकी, कबीर के वश में हो गई। कबीर का खयाल ऐसा ही है।

लेकिन कबीर का एक पद ऐसा भी मिलता है, जिसमें वे कहते हैं कि मैं तो माया को छोड़ रहा हूँ पर माया ही मुझे नहीं छोड़ती। गरज कि बाबा तो कमली छोड़ रहे हैं, कमली ही बाबा को नहीं छोड़ती। कबीर का वह पद इस प्रकार आरम्भ होता है :

माया तजू तजी नहिं जाइ
फिरि फिरि माया मोहि लपटाइ

इसके बाद तफसील से माया का निरूपण किया गया है। माया आदर है, मान है, रस है, स्वाद है। यहाँ तक कि जप, तप, योग भी माया ही हैं। माता, पिता, स्त्री, पुत्र, पुत्री आदि भी माया हैं और धन-दौलत भी, जिसे आज भी लोक-व्यवहार में लोग 'माया' कहते हैं। जब माया इतनी व्यापक है तो उसके बन्धन से कौन बच सकता है! आप भले ही माया को छोड़ दें, लेकिन माया भी आपको छोड़े तब तो! यह बेबसी ही सम्भवतः कबीर के एक दुख का कारण है।

माया के बारे में कहा भी बहुत है कबीर ने। कबीर बानी में राम नाम जितनी बार आता है, उससे कम माया का जिक्र नहीं है। माया के साथ रिश्ते भी कबीर ने कई तरह से जोड़ रखे हैं। कभी वह वेश्या है, तो कभी बहन भी। ऐसी बहन, जिससे वे खुलकर अपना दुख भी कह बैठते हैं। पहले तो वे प्यार से कहते हैं :

तुम्ह घर जाहु हमारी बहना, विष लागैं तिहार नैना

फिर वजह भी बताते हैं :

वहाँ जाहु जहँ पाट-पटंबर, अगरु चंदन घसि लीना
आई हमारे कहा करौगी, हम तौ जाति कमीना

और अन्त में अपना दुख :

जाति जुलाहा नाम कबीरा, बनि बनि फिरौं उदासी

सच पूछिए तो इस माया लोक में बन-बन उदास फिरनेवाले कबीर ही सचमुच का असली कबीर है। अपनी एक साखी में तो कबीर ने साफ शब्दों में स्वीकार किया है कि :

कबीर जदि का माइ जनमिया, कहूँ न पाया सुख
डाली-डाली मैं फिर्‌या, पातौं-पातौं दुख

तात्पर्य यह कि जब से माता ने मुझे जन्म दिया, कहीं भी सुख नहीं पाया। सुख के लिए मैं डाल-डाल फिरा तो दुख पत्ता-पत्ता दौड़ा। यहाँ 'माइ' का एक अर्थ माया भी हो सकता है!

कबीर ने दरअसल जान-बूझकर सुख का त्याग किया और खूब सोच-समझकर दुख का वरण किया था। यह उनका अपना चुनाव था। रास्ता ही उन्होंने ऐसा अपनाया, जो दुख का है। एक अन्य साखी में उन्होंने इस ओर संकेत भी किया है :

कबीर सुख को जाइ था, आगे आया दुख
जाहि सुख घरि आपने, हम जाणैं अरु दुख

तात्पर्य यह कि कबीर तो सुख के लिए जा रहा था कि सामने दुख आ गया। कहा : 'ऐ सुख, तू अपने घर जा, अब मैं जानूँगा और मेरा दुख जानेगा। किसी तीसरे की आवश्यकता नहीं है।'

लेकिन इन सब बातों का यह अर्थ नहीं कि कबीर हर समय सिर्फ अपने दुख से ही दुखी रहते हैं। जब वे कहते हैं कि माया मुझे नहीं छोड़ रही है, तो संकेत स्पष्ट है कि माया का संसार उन्हें नहीं छोड़ता। एक तरह से कबीर सारे संसार के लिए रोते दिखाई पड़ते हैं। यह बात एक साखी में वे कहते भी हैं :

मैं रोऊँ संसार को, मोकौं रोवै न कोइ
मोकौं रोवै सो जनाँ, जो सबद बिबेकी होइ

एक तरह से यह चुनौती उन सबके लिए है, जो 'सबद-विवेकी' हैं अथवा

'सबद-विवेक' का दावा करते हैं। कहना न होगा कि 'शब्द-विवेक' के द्वारा ही कबीर के उस भाव को पकड़ा जा सकता है जहाँ वे संसार के लिए—अपने आस-पास के संसार के लिए रोते हैं। प्रायः ऐसे पद आध्यात्मिक रूपकों में लिपटे हुए हैं और स्वभावतः उनका अर्थ भी सीधे-सीधे आध्यात्मिक ढंग से कर दिया जाता है क्योंकि यह तरीका आसान है और उसमें 'शब्द-विवेक' के लिए बहुत मगजपच्ची की मशक्कत भी नहीं करनी पड़ती। उदाहरण के लिए यह पद :

अब न बसूँ इहि गाउँ गोसाईं
तेरे नेवगी खैरे सयाने हो राम
नगर एक तह जीवधर महता, बसै जु पंच किसानाँ
नैनू नकटू श्रवनू रसनू रसनू इन्द्री कह्या न मानैं हो राम
गाउँ कु ठाकुर खेत कुनापै, काइथ खरच न पारै
जोरि जेवरी खेति पसारै, सब मिलि मोकौं मारे हो राम
खोटो महतो विकट बलाही, सिरकस दम का पारै
बुरौ दिवान दादि नहिं लागै, इकि बाँधै इक मारै हो राम
धर्मराइ जब लेखा माँग्या, बाकी निकली भारी
पाँच किसाना भाजि गए हैं, जीवधर बाँध्यौ पारी हो राम
कहै कबीर सुनहु रे सन्तौ, हरि भजि बाँधौ भेरा
अब की बेर बकसि बन्दे कूँ, सब खत करौं निबेरा

इस पद में पाठ-भेद काफी है और जो पाठविज्ञानी गाँव के जीवन को निकट से नहीं जानते, उनके लिए पाठ-निर्णय का कार्य थोड़ा मुश्किल भी। खेती और किसान से जुड़े हुए माल के मुहकमे के अमलों के नाम भी पन्द्रहवीं शताब्दी के हैं, जो आज के जमाने में अबूझ मालूम होते हैं। शब्दार्थ की इन प्राथमिक कठिनाइयों के बावजूद मुख्य अर्थ बहुत-कुछ स्पष्ट है।

संक्षेप में, मनुष्य का शरीर एक गाँव है। जीव मुखिया है, पाँचों इन्द्रियाँ किसान हैं। ये कहा नहीं मानतीं। लगान न देने वाले किसानों की तरह ये इन्द्रियाँ भी बाँधी जाती हैं, इन्हें मारा भी जाता है। बकाया लगान चढ़ गया है। अन्त में धर्मराज हिसाब माँगेंगे तो क्या जवाब दिया जाएगा। इसलिए हरि से प्रार्थना है कि इस बार बन्दे को बख्श दें तो सारा बकाया निपटा देगा।

इसमें कोई शक नहीं कि मुख्यतः यह चिर-परिचित भक्ति भाव का एक भजन है, जिसमें इन्द्रियों के स्वैराचार पर खेद प्रकट किया गया है। इस दृष्टि से यह बहुत सामान्य है। विशिष्ट बनता है किसानों पर होनेवाले अत्याचार के रूपकों से। खास बात यह है कि वास्तविक जीवन के रूपक ज्यादा हैं, शारीरिक अंगों के क्रिया-कलाप कम। उदाहरण के लिए—शरीर के अन्दर नेवगी यानी लगान वसूल करनेवाला कौन

है, इसका पता नहीं। यही हाल ठाकुर, कायस्थ, दीवान, बलाही (बलाधिकृत?) आदि का भी है। गरज कि आध्यात्मिक भावभूमि पर सामाजिक यथार्थ भारी पड़ता है। आध्यात्मिक अर्थ दब जाता है और ऊपर उभरकर यह सचाई आती है कि लगान वसूल करने वाले चालाक और क्रूर हैं, कायस्थ/पटवारी उजरत माँगता है, न देने पर खेत की गलत नाप करता है। दीवान के यहाँ सुनवाई नहीं होती। बलाही (शायद सिपाही या दारोगा) विकट है और जुल्म ढाता है। एक बाँधता है और एक मारता है। इस तरह सभी मिलकर किसानों को मारते हैं। ऐसी हालत में गाँव छोड़कर भाग जाने के अलावा किसान के पास कोई विकल्प नहीं रहता।

यह सामाजिक दुख इतना उत्कट है कि कबीर जैसे संवेदनशील सन्त को आध्यात्मिक क्षणों में भी उद्वेलित करता रहता है। एक तरह से यह भक्ति भाव के क्षेत्र में सामाजिक यथार्थ का हस्तक्षेप है। तात्पर्य यह कि कबीर के दुख का एक निश्चित सामाजिक आधार है। इसीलिए *अब न बसूँ इहि गाउँ गोसाईं* में जो पीड़ा है, वह इतनी मार्मिक है।

सामाजिक यथार्थ के दबाव के ऐसे उदाहरण और भी हैं। जाति-पाँति के भेद को पूरी तरह अस्वीकार करने के बावजूद कबीर एक क्षण के लिए भी नहीं भूलते कि वे एक जुलाहे हैं—आध्यात्मिक अनुभव के उदात्त क्षण में भी। राम नाम भी वे किसी जुलाहे की तरह बुनते हैं; राम जैसे बड़े नाम को बुनने के लिए तो करघा भी उनके अनुरूप ही बड़ा होना चाहिए। लिहाजा वे तीनों लोकों को मिलाकर करघा बनाते हैं, फिर सारे दिग्मंडल को ताने के रूप में तानते हैं और इस तरह बुनाई का सारा तामझाम पूरा करते हैं। यह विराट कल्पना *जोलहा बीनहु हो हरि नामा* पद में बिम्ब-रचना करती है। इस प्रक्रिया में वे कभी-कभी अपने राम को भी जुलाहा बनाकर एक विशाल करघे पर बैठा देते हैं। आध्यात्मिक अनुभव के ऐसे ही क्षण का एक अद्‌भुत पद है : *को बीनै प्रेम लागौ री माई, को बीनै* यह पद गाते-गाते कबीर मस्त होकर अन्त में नाचने लगते हैं; और फिर :

नाचै ताना नाचै बाना, नाचै कूँच पुराना
री माई को बीनै
करगहि बैठि कबीरा नाचै, चूहै काट्या तानाँ
री माई को बीनै

इस पद का सबसे दिलचस्प अंश है अन्तिम पदबन्ध का टुकड़ा : *चूहै काट्या ताना।* यह है कबीर-कलम की विडम्बना का एक नमूना। नाचने में ताना जब एकदम मस्त हो जाता है तो अचानक एक चूहा ताने को काटकर सारी मस्ती काफूर कर देता है! यह चूहा क्या है? किसी दुख का दंश तो नहीं? करघे के अन्दर अचानक चूहा कहाँ से आ गया? जो हो, यह एक यथार्थ-बोध का अंकुश है—आध्यात्मिक

उड़ान पर भी और आनन्दोल्लास पर भी।

'कबीर ग्रन्थावली' और 'बीजक' में आध्यात्मिक आनन्दोल्लास के छन्द इतने हैं कि उन्हें पढ़ते हुए सारा दुख भूल जाता है और विश्वास हो जाता है कि कबीर ने अपने राम को पा लिया था। इसी तरह की एक 'साखी' का यह टुकड़ा है : *पूरे सूँ परचा भया, सब दुख मेल्इया दूरि*—पूर्ण से परिचय हो गया और मैंने सारा दुख दूर फेंक दिया। लेकिन इसके साथ ही विरह के छन्द भी हैं और ऐसे छन्दों कही संख्या की अधिक है। जब परम प्रिय कहीं दूर नहीं है अपने अन्दर ही है : 'घट घट में', तो फिर विरह की ऐसी उत्कट वेदना क्यों?

'शब्द-विवेक' का सहारा लें तो 'परचा' का मर्म समझ में आएगा। यह 'परचा' ऐसा परिचय है, जिसे कबीर 'अनभौ' कहते हैं। 'अनभौ' अर्थात् अनुभव। अनुभव-विशेष। साक्षात्कार जैसा कुछ! रहस्यवादियों का इलहाम। आशय यह है कि परम सत्ता की एक झलक भर मिली है। गोया बिजली की कौंध। प्रकाश के विस्फोट के साथ ध्वनि का स्फोट भी। इसीलिए कबीर इसे 'सबद' या 'शब्द' भी कहते हैं। नाद आकाश का गुण है। इसीलिए कबीर की वाणी में *अनहद गरजे, गगन दमामा बाजिया* जैसे पदबन्ध मिलते हैं। वह परमतत्व अपने आपको सिर्फ आकाश में ही व्यक्त करता है, किन्तु आकाश की ही तरह अव्यक्त भी है और साथ ही व्यक्त भी। उसका कोई रूप नहीं, इसलिए वह सिर्फ नाम है। वह नाम सुविधा के लिए राम है—लेकिन इस कठिन शर्त के साथ कि वह निर्गुण है। अब इस निर्गुण से मिलन हो तो कैसे हो? परिचय तक तो ठीक, लेकिन मिलन? मिलन और चीज है। इसीलिए कबीर कहते हैं—*सबद मिलावा होइ रहा, देव मिलावा नाहिं।* जैसे टेलीफोन पर संवाद, लेकिन रूबरू मुलाकात नहीं।

कबीर 'परचा' को कभी-कभी 'ज्ञान' भी कहते हैं। सामान्य ज्ञान नहीं, विशिष्ट ज्ञान। चाहे तो अन्तर्ज्ञान, आत्मज्ञान, आध्यात्मिक ज्ञान आदि में से कुछ भी कह सकते हैं। इस ज्ञान में आनन्द भी है और दुख भी। एक प्रकार का दुखात्मक आनन्द। संस्कृत में 'वेदना' शब्द के दोनों अर्थ हैं : ज्ञान भी और दुख भी। जैसे, *या वेदना तदखिलं खलु वेदनैव।* जो भी ज्ञान है, वह सब दुख ही है। इसलिए कबीर के दुख का मूल उस अपूर्व ज्ञान में ही है। माया को त्यागने पर जो दुख नहीं हुआ, वह दुख राम को पाने का हुआ। परमतत्व आकाश है, तो उस आकाश को छूना और फिर उसे अपनी बाँहों में बाँध लेना खेल नहीं है। कबीर अकारण नहीं कहते कि *'हँसि हँसि कन्त न पाइया, जिन पाया तिन रोइ'।* इसीलिए कबीर बार-बार *'भगति दुहेली राम की'* जैसे पदबन्ध की रट लगाते हैं। राम की भक्ति वैसे ही दुखदायी; फिर वह राम निर्गुण हों तो असाध्य साधना को साधने का और भी असह्य दुख।

इसका यह अर्थ नहीं कि निर्गुण राम दर्शनशास्त्र की कोई अमूर्त अवधारणा है।

माया की तरह ही कबीर के निर्गुण राम भी काफी 'भौतिक' हैं—भौतिक और वास्तविक। सगुण से किसी भी मायने में कम मूर्त नहीं! जिस निर्गुण से मन्दिरों और मस्जिदों की नींव हिल गई, ब्राह्मण और शेख विचलित हो गए और वेद-कुरान की विश्वसनीयता सन्देह के घेरे में आ गई, वह एकदम हवाई चीज नहीं हो सकती। निर्गुण ऐसा 'ज्ञान' है, जिसे कबीर कभी तीर कहते हैं और कभी तलवार। स्वयं कबीर के हृदय में यह ज्ञान तीर की तरह चुभा था लेकिन कबीर के विरोधियों की नजर में वह चमचमाती हुई तलवार थी। जो ज्ञान *ना हिन्दू ना मुसलमान* हो और जो ब्राह्मण-शूद्र के भेद को भी नकारता हो, उसका नाम 'निर्गुण' के अलावा और हो ही क्या सकता है। सभी स्थापित मान्यताओं का निषेध ही निर्गुण है और इतने बड़े निषेध में दुख अस्वाभाविक नहीं है। किन्तु यह अनास्था का आत्मघाती दुख नहीं है और न ही दुविधा का सन्त्रास है। निर्गुण को स्वीकार करके ही कबीर ने बाकी सबको अस्वीकार करने का साहस हासिल किया। कहना न होगा कि 'निर्भय निरगुन' गाने वाले कबीर के अन्दर कोई गहरा स्वीकार है। यह निर्गुण कोई रहस्य नहीं, बल्कि एक क्रान्तदर्शी कवि की उदात्त कल्पना है : सभी वांछित मूल्यों और सपनों का सम्भाव्य मानचित्र। मुक्तिबोध के शब्दों में एक 'नक्शा'! दुख सिर्फ इस बात का है कि दिमाग में नक्शा तो है लेकिन उसके मुताबिक एक नया संसार बनाने के साधन नहीं हैं। यह असहायता और विवशता ही दुख है। वह नक्शा आँखों में तो है लेकिन आँखों के सामने नहीं है; मन में है, संसार में नहीं। एक तरह से यह भी एक 'दुखद' सपना है लेकिन पास्कल का 'हू-ब-हू' ट्रेजिक विजन नहीं। कबीर की तरह ही ये दुख भी निराला है : विरोधाभासों से भरा हुआ, विडम्बनाओं से युक्त। अनुभव के ये उत्कट क्षण इसीलिए प्रायः उलटबाँसियों में व्यक्त होते हैं।

कबीर के मन में राम और उनकी माया को लेकर कोई दुविधा नहीं है। न अपने राम में उनकी आस्था कभी डिगी और न माया के संसार से उन्होंने कोई समझौता किया। संसार को पूरी तरह अस्वीकार करके भी संसार में ही रहने का निश्चय किया और अपने विरोधियों से भी लगातार विवाद-संवाद करते रहे। उनकी एक साखी के आधार पर कुछ लोग यह साबित करने की कोशिश करते हैं कि कबीर ने धरती और आकाश के बीच 'अनल' पक्षी के समान घोंसला बनाया था और उनका विश्वास निराधार अधर में लटका हुआ था। इस व्याख्या को स्वीकार करना कठिन है। कबीर की वह साखी इस प्रकार है :

अनल अकासाँ घर किया, मद्धि निरन्तर बास,
बसुधा व्यौम बिगता रहै, बिन ठाहर बिसवास।

जिस आकाश में कबीर के 'अनल' का घर है वह वसुधा और व्योम के बीच की कोई 'अलौकिक' सी जगह है। यथार्थ से भी परे और कल्पना से भी परे। हद

और बेहद दोनों से विगत। इस विश्वास का कोई बाहरी सहारा नहीं है। उसका आधार कबीर के अन्दर है—अपनी अन्तरात्मा में।

कबीर का सर भले ही आकाश पर रहा हो, उनके पाँव मजबूती से जमीन पर जमे हुए थे। उनका विश्वास भी निराधार न था। कल के ही नहीं, आज के भी करोड़ों घीसू-माधव कबीर के 'निरगुन' के ठोस आधार हैं और वे निरगुन को अपना भरोसेमन्द आधार समझते हैं। इस सुनिश्चित सामाजिक आधार के बावजूद कबीर इससे सन्तुष्ट प्रतीत नहीं होते। वे अपने आधार का विस्तार करने के लिए व्याकुल दिखते हैं। इसीलिए एक ओर अगर वे 'सुनो भाई साधो' कहकर अपने समानधर्मा लोगों को गुहार लगाते हैं, तो दूसरी ओर मुल्ला और पांडे को भी बीच-बीच में आवाज़ देते रहते हैं। अकेली राह चलने के कायल वे नहीं मालूम होते। इस दौड़-भाग में कबीर कभी अकेले पड़ जाएँ तो यह और बात है।

फिर भी यह स्वीकार करना पड़ेगा कि कबीर अकसर उदास दिखते हैं। शायद इसीलिए वे एक कवि हैं, सिर्फ सन्त नहीं। खँजड़ी लेकर घूमनेवाले सन्त तो और भी हैं। ढेरों। किन्तु यह नहीं भूलना चाहिए कि उदास फिरनेवाले कबीर का यह दुख बहुत विस्फोटक और विध्वंसक है। वस्तुतः यह आत्मा की धधकती हुई आग है जिसमें इस भ्रष्ट संसार को खाक कर देने की अकूत ताकत है। कबीर का 'सबद' आग है और दुख विद्रोह!

('कबीर की खोज', सं. राजकिशोर)

कबीर का सच

कबीर की खोज में भटकते हुए दृष्टि संयोग से इस साखी पर पड़ी--

अनल अकासाँ घर किया, मद्धि निरन्तर बास,
बसुधा व्यौम बिगता रहै, बिन ठाहर बिसवास।

(क.ग्रं. 20/8)

और सहसा लगा कि वह पा गया, जो खोज रहा था। कबीर ने स्वयं ही अपना परिचय दे दिया कि वे 'अनल' हैं : एक अलौकिक पक्षी, वसुधा और व्योम दोनों से विगत, आकाश में घर, आकाश के मध्य में ही निरन्तर वास। विश्वास का आधार भी कोई नहीं।

खोजने पर इस 'अनल' के बारे में एक और साखी मिल गई। उसमें 'मन उनमन उस अंड ज्यूँ अकासाँ जोइ' के रूप में अनल का उल्लेख और यहाँ भी अनल पक्षी 'उनमन' है।

इस तरह 'अनल कबीर' से मेरा 'परचा' हुआ। सचमुच का पहला परिचय। तभी से यह अनल मेरे सोच के केन्द्र में है।

आखिर अनल ही क्यों? पक्षी तो और भी हैं। चातक है, चकोर है, मोर है और पक्षिराज गरुड़ तो हैं ही। सन्तों और कवियों ने अपनी रुचि के अनुसार इनमें से किसी-न-किसी के साथ तादात्म्य भी स्थापित किया है। मसलन, तुलसीदास ने दोहावली में चातक को ही यह गौरव दिया है। फिर कबीर ने तादात्म्य के लिए अनल जैसा विलक्षण पक्षी क्यों चुना? कबीर से पहले हिन्दी-काव्य परम्परा में भी कोई ऐसा उदाहरण नहीं मिलता जिसमें अनल पक्षी का ज़िक्र हो! इसलिए इस विषय में पूर्व परम्परा से कोई प्रकाश नहीं मिलता!

परम्परा से प्रकाश की जो किरण मिलती है, वह परवर्ती है। मलिक मुहम्मद जायसी के 'पद्मावत' में एक अग्निपक्षी का ज़िक्र आता है, जिसका नाम 'अनल' नहीं बल्कि 'कुकनूँ' है। 'राजा रतन सेन सती खंड' में जायसी लिखते हैं—

कुकनूँ पंखि जैस सर साजा।
सर चढ़ि तबहिं जरा चह राजा।

(पद्मावत, 21/7/1)

कुकनूँ पक्षी के समान राजा ने अपनी चिता बनाई। तब उस चिता पर चढ़कर उसने जलना चाहा।

विद्वानों के अनुसार यह कुकनूँ ग्रीक-अरबी किंवदन्तियों का 'कुकनुस' नामक एक सुरीला पक्षी है, जिसके गाने से आग की लपटें उठती हैं और उसी आग में वह जल जाता है लेकिन बाद में उसी राख से वह फिर पैदा भी हो जाता है।

कबीर के विशेषज्ञों का ख़याल है कि कबीर का अनल यह 'कुकनुस' ही है। यदि 'अनल' को आग समझें तो उस पक्षी को कुकनुस मान लेने में कोई कठिनाई नहीं है। लेकिन सवाल यह है कि क्या स्वयं कबीर अरबी-फारसी परम्परा के इस 'कुकनुस' से परिचित थे? जायसी निश्चय ही अरबी-फारसी की परम्परा में पारंगत थे। 'पद्मावत' पढ़ते समय उनके पांडित्य का एहसास हो जाता है। लेकिन एक बेपढ़े-लिखे जुलाहे के अरबी-फारसी ज्ञान के बारे में विश्वास के साथ ऐसी बात कहना कठिन ही है।

अरबी-फारसी परम्परा में 'कुकनुस' की तरह ही एक और नापैद पक्षी का ज़िक्र मिलता है जिसे 'अन्क़ा' या 'उन्क़ा' कहते हैं। ग़ालिब के दीवान में 'अन्क़ा' का ज़िक्र दो जगह आया है। एक तो पहली ही ग़ज़ल के इस शेर में—

आगही, दाम-ए-शुनीदन जिस कदर चाहे बिछाए।
मुद्दआ अन्क़ा है अपने आलम-ए-तकरीर का।

और फिर इस दूसरे शेर में—

मेरी हस्ती फ़ज़ा-ए-हैरत आबाद-ए-तमन्ना है।
जिसे कहते हैं नालः वो इसी आलम का अन्क़ा है।

एक जगह मुद्दआ अन्क़ा है तो दूसरी जगह 'नालः'। दोनों जगह यह अन्क़ा आलम के लिए पराया है। आग से अन्क़ा का कोई रिश्ता नहीं है लेकिन नालः और मुद्दआ से ज़रूर है। ज़ाहिर है कि यह पक्षी गाता है और अपने गाने के लिए ही जाना जाता है। इसीलिए ग़ालिब अपने अशआर को अन्क़ा कहते हैं। शायरी का यह अन्क़ा आलम से इतना दूर है कि बड़े-बड़े अक्लमन्दों के जाल में फँसनेवाला नहीं है और यही वह ख़ास बात है जिसके कारण ग़ालिब का अन्क़ा कबीर के 'अनल' के करीब दिखाई देता है। इसके अलावा अन्क़ा और 'अनल' में ध्वनि की भी समानता है। अगर नहीं है तो 'अनल' की आग या शायद आग के अर्थ का भ्रम! वैसे ध्वनि-साम्य से उत्पन्न होनेवाले भ्रम पर ही जाएँ तो कबीर का 'अनल' किसी को मंसूर हल्लाज के 'अनलहक़' का एक टुकड़ा भी मालूम हो सकता है और साखी में निहित आध्यात्मिक संकेत को दृष्टि में रखें तो यह कोई दूर की कौड़ी भी नहीं। 'अनल' संस्कृत का भी, अरबी का भी, श्लेष का मज़ा अलग। कबीर वैसे भी श्लेष में काफी मज़ा लेते हैं। जैसे अनभै और अनहद। अनभै अनुभव भी है और अनभय

भी। अनहद बेहद तो है ही, अनाहत नाद भी है। फिर अनल संस्कृत की आग और अरबी का 'अनू अल हक़' भी हो तो किमाश्चर्यमतः परम्?

एक सम्भावना और भी है और वह यह कि कबीर को यह 'अनल' पक्षी किसी लोक प्रचलित किंवदन्ती से मिला हो। ताज्जुब नहीं कि लोककथाओं में अगिन पक्षी की कहानी कहीं-न-कहीं प्रचलित हो। पंजाबी के प्रसिद्ध कथाकार गुरदयाल सिंह के उपन्यास *परसा* (1995) में 'अगिन-पक्षी' की एक ऐसी ही चमत्कारपूर्ण कहानी विन्यस्त है। कहानी सुनानेवाला एक बे-पढ़ा-लिखा किसान है—ज़मीन से जुड़ा हुआ लेकिन गुरबानी में पूरी तरह पगा-छका और बात-बात में कभी बाबा फ़रीद और कबीर की बानी सुनानेवाला। वह कहानी संक्षेप में इस प्रकार है :

"एक पंछी हुआ करता था, जिसकी आँखें काली और सिर सुनहरा था। परन्तु चोंच और पंख सुर्ख थे। जब उड़ता तो लगता जैसे साक्षात् अग्निदेव का अवतार हो। यह पंछी सिंघल द्वीप के राजमहल के ऊपर से नित्य उसी पल उड़ान भरता जब महारानी नहा-धोकर राजमहल के ऊपर बाल सुखा रहीं होतीं। महारानी ने महाराजा से कहा—'अगर यह पंछी मुझे न मिला तो प्राण त्याग दूँगी।'

बहेलिया बुलाया गया। उसे पंछी दिखाया गया। देखने के बाद वह धीमी आवाज़ में बोला : 'महाराज! यह तो अगिन पंछी है। जो इसे पकड़ेगा उसे आखिरी साँस तक बिना चिता के जलना पड़ेगा।'

पहले बड़े भारी इनाम का लालच और फिर मृत्युदंड की धमकी। बहेलिए को लाचार होकर पंछी को पकड़ने के लिए जाना पड़ा।

पंछी बहेलिए की पकड़ में तो क्या आता लेकिन एक दिन दोनों का आमना-सामना हो ही गया। पंछी के सामने बहेलिए ने आत्म-समर्पण कर दिया। पंछी का हृदय पसीज गया। बहेलिए की पूरी बात सुनी। अन्त में अगन पंछी बोला और कहना न होगा कि वही इस लोककथा का सार है—

"मैंने तो कुछ नहीं किया। यह तो उस विशाल आकाश का तेज है जहाँ मैं आठों पहर उड़ता हूँ और जिसका कोई ओर-छोर नहीं है। इसी आकाश में फैली अग्निजेह्व का यह प्रताप है कि कोई भी मुझे पास से देख नहीं पाता। इसी ब्रह्मांडी आकाश में युगों से उड़ते हुए मुझे ज्ञान हुआ कि यही अग्नि इस धरती के प्राणियों के अनेक विकारों को भस्म कर उन्हें कुन्दन बना देने में समर्थ है। अब तेरे सामने दो ही मार्ग हैं। एक यह कि जिस इच्छा से आए हो उसे पूरी कर उसी अन्धकार में लौट जाओ, दूसरा यह कि इस पवित्र नदी में कूद जाओ और अगिन पंछी बन मेरे साथ आकाश में उड़ते हुए उस अन्धकार को और कम करने का उपकार करो। अपने रोम-रोम को जलाकर पृथ्वी के घोर अन्धकार को दूर करने का प्रयत्न भी एक आनन्द है, जो तुम मेरे जैसे होकर जान पाओगे।"

और थोड़ी देर बाद लोगों ने देखा कि आकाश में दो अगन-पंछी उड़ रहे हैं और सारी पृथ्वी जगमगा उठी है।

(*परसा* हिन्दी, पृ. 214-19)

कहना न होगा कि यह कहानी का सार-संक्षेप मात्र है। पूरी कहानी में कुछ और भी ब्योरे हैं और वे अधिक सुन्दर हैं। मूलतः है तो यह लोककथा जैसी लेकिन वस्तुतः यह एक आधुनिक कथाकार का पुनः सृजन है। लेकिन खास बात यह है कि अगिन-पंछी की आवाज़ में जैसे कबीर के सबद सुनाई पड़ते हैं। लगता है, गोया अगिन-पंछी के रूप में कबीर स्वयं बोल रहे हैं।

उल्लेखनीय है कि यह कहानी सुनाने से पहले परसा एक अगन-गान भी गाता है, जिसका अन्तिम बोल है : 'सब अगन भया संसार।'

गुरदयाल सिंह के जाट किसान परसा की इस कहानी के बाद यह समझना आसान है कि कबीर की साखियों में आग के इतने रूपक क्यों आते हैं। 'प्रेम-विरह कौ अंग' वाले आग के रूपकों को छोड़ भी दें तो अन्य प्रसंगों में भी आग प्रज्वलित दिखाई देती है। लोकमानस में तो कबीर की चिर-परिचित छवि ही यह है कि बीच बाज़ार हाथ में जलता हुआ मुराड़ा लिये खड़े हैं और ललकार रहे हैं–

हम घर जारा आपनाँ, लिये मुराड़ा हाथि।
अब घर जारौं तास का, जो चलै हमारे साथि। (क.ग्र. 5/13)

ख़तरा यह है कि कुछ सिरफिरे इसे अक्षरशः अभिधा में लेकर सीधी कार्रवाई पर उतारू हो सकते हैं; जैसा कि मेरे स्वर्गीय मित्र विजयदेव नारायण साही ने अपने *साखी* नामक काव्य संग्रह की एक कविता में दिखाया भी है–

वे बाज़ार में लुकाठी लिये खड़े हैं
मेरा घर भी जलाते हैं
और मुझे साथ भी पकड़ ले जाते हैं
अब?
और अब यही कि काव्य भाषा के फरेब में
न आइयो!

दरअसल आग और जलना, जलाना जैसे आग के धर्म–यह सब कबीर की वाग्मिता (रेहटरिक) के ठेठ अपने पद हैं। इसलिए जब वे सामने की दुनिया को देखते हैं तो लगता है–

सब जग जरता देखिया, अपनी अपनी आगि। (क.ग्र. 5/2)

और अपने अन्दर देखते हैं तो एक और तरह की आग–

हिरदै भीतरि दौ जलै, धुवाँ न परगट होइ। (क.ग्र. 2/7)

आग वहाँ भी है जहाँ साधक अपना सब कुछ लुटाकर साधना की ऊँची भूमि

पर पहुँचता है—

झल ऊठी झोली जली, खपरा फूटम-फूटि
जोगी था सो रमि गया, आसनि रही विभूति।

(क.ग्र. 2/5)

गुरु चेला को जो ज्ञान देता है, वह भी कबीर के लिए आग ही है; इसलिए यह उक्ति 'गुरु दाझा चेला जला'। (क.ग्र. 2/50) सतगुरु का ज्ञान-दान कबीर के लिए बाण मारने के समान है लेकिन यह ऐसा बाण है जिससे 'गई दवा सो फूटि'। (क.ग्र. 1/23)

इस प्रकार कबीर की ज्ञान-साधना वस्तुतः अग्नि-साधना है। इस ज्ञान-साधना में काव्य-साधना निहित है, क्योंकि उन दोनों के ही मूल में 'सबद' है। अग्नि पक्षी के गान के साथ ही उसके शरीर से आग की लपटें उठती हैं तो कवि के काव्य-स्फोट के साथ उसके समूचे अस्तित्व से ज्वालामयी तरंगें निकलती हैं, अगिन पक्षी हर गान के साथ जलकर राख होता है तो कवि हर सार्थक सर्जना के साथ मरता है। फिर उसी राख से दुबारा एक नए गायक का जन्म होता है। कबीर ने इसीलिए इस साधना को 'मरजिया' का नाम दिया है। साधना के क्षेत्र में इसे चाहे जो कहें किन्तु काव्य के क्षेत्र में कबीर का यह अपना सबद-शास्त्र है! एक प्रकार से यह सन्त काव्य के काव्यशास्त्र का बीज-मन्त्र है।

अग्नि पक्षी कबीर का एक और पक्ष है और उसकी चर्चा के बिना रूपक पूरा न होगा। कबीर का 'अनल' वस्तुतः 'निरपख' है : निष्पक्ष भी और निरपेक्ष भी। निरपख से ये दोनों शब्द निकल सकते हैं। कहने को अनल पक्षी है लेकिन है निष्पक्ष। विरोधाभास भी कैसा चमत्कारपूर्ण! यह पक्षी निरपेक्ष है क्योंकि वसुधा और व्योम दोनों ही से विगत है। कहीं-कहीं 'विगता' की जगह 'विरता' पाठ भी मिलता है।

उल्लेखनीय है कि अनलवाली साखी *कबीर ग्रन्थावली* में 'निरपख मधि कौ अंग' के अन्तर्गत है। ठीक पहले वह प्रसिद्ध साखी है—

पखा पखी के कारनै सब जग रहा भुलान।
निरपख होइकै हरि भजै, सोई सनत सुजान।

(क.ग्र. 20/7)

तात्पर्य यह कि जगत के सभी लोग अपने-अपने पक्ष के लिए लड़ रहे हैं। ये भूले हुए लोग हैं। इस माहौल में सुजान सन्त वही कहलाएँगे जो निष्पक्ष होकर या सभी पक्षों से निरपेक्ष होकर हरि को भजेंगे। कबीर की आपत्ति किसी एक पक्ष पर नहीं, बल्कि पूरी 'पखा-पखी' पर है। पक्ष भी कितने! हर मत का पक्ष। हर पंथ का पक्ष। हर सम्प्रदाय का पक्ष। हर धर्म का पक्ष। यहाँ तक कि हर जाति का पक्ष। कबीर को इनमें से कोई भी पक्ष स्वीकार नहीं। एक ही झटके में उन्होंने सबको नकारा। नकार की इस प्रक्रिया

में कबीर ने सभी धर्मों के ईश्वर को भी नकार दिया। न हिन्दू का ईश्वर, न मुसलमान का अल्लाह या खुदा! ईश्वर के साथ ही उसे भी नकारा, जिसे ईश्वर का घर कहा जाता है, जैसे—मन्दिर और मस्जिद। इन्हीं के साथ काबा और काशी भी। नकार का यह साहस अपूर्व है। कबीर का सम्पूर्ण काव्य एक विराट नकार काव्य है।

लेकिन कबीर सर्वनिषेधवादी नहीं हैं। कहीं कुछ है जिसे वे स्वीकार भी करते हैं और यह वह तत्व है, जो 'घट-घट में' है। यह ज़रूर है कि उसका रूप बताना मुश्किल है और ठीक-ठीक किसी एक नाम से उसे पुकारना भी भ्रामक हो सकता है। नाम भी नहीं, रूप भी नहीं और गुण भी नहीं। इसीलिए वह निरगुन है। कहने के लिए यह भी निषेध वाचक है लेकिन इस निषेध की सत्ता है, जैसे—शून्य की सत्ता। शून्य का तो मूल्य भी है। कबीर इसी शून्य को स्वीकार करते हैं और उसी में उनकी आस्था भी है और विश्वास भी। कबीर का 'सुन्न महल' यहीं है और यहीं उन्हें 'अनहदनाद' भी सुनाई पड़ता है। इस तरह शून्य भी आबाद और सुन्न भी निनादित! सच यही है!

कबीर का अग्नि पक्षी इसीलिए आकाश में रहता है। आकाश भी शून्य है और उसका गुण है नाद या शब्द! अग्नि पक्षी की अग्नि सबको जलाती है, जलाकर नष्ट करती है और इस तरह सबका निषेध करती है। वह आकाशवासी है। इसलिए वह नाद और सबद का अधिकारी है। वह गाता है इसीलिए वह कवि है।

आकाश से आग की भी वर्षा होती है और पानी की भी। कबीर वाणी में इन दोनों प्रकार की बारिशों की साखियाँ हैं। अग्नि-वर्षा की साखी—

ऊनई आई बादरी, बरखन लगा अंगार।
ऊठि कबीरा धाह दै, दाझत है संसार।

(क.ग्र. 2/53)

और फिर प्रेम-वर्षा—

सतगुर हम सों रीझि करि, कहा एक परसंग।
बरसा बादल प्रेम का, भीजि गया सब अंग।

(क.ग्र. 1/34)

इस प्रकार अनल-कबीर ऐसे विलक्षण हैं कि उनके सबद से आग और पानी दोनों साथ-साथ बरसते हैं। कहा तो है कबीर के अनुवर्ती कवि मलिक मुहम्मद जायसी ने। लेकिन स्वयं जायसी से अधिक कबीर के बारे में यह उक्ति सच मालूम होती है :

कवि कै जीभ खरग हिरवानी।
इक दिसि अगि, दुसरि दिसि पानी।

एक तरह से यह कबीर के सच की ताकत है। इस सच में ताकत इसलिए है कि वह सच्चे अर्थों में निरपख है। दरअसल, वे निरपक्ष होने के लिए विवश थे।

समाज में कबीर की स्थति ही ऐसी थी। पैदा हुए मुसलमान लेकिन जुलाहे के घर में। इसलिए मुसलमान होकर भी दलित। मुसलमान होते हुए भी राम नाम जपा। फिर भी हिन्दू समाज उन्हें अपनाने में असमर्थ रहा। मुस्लिम समुदाय से तिरस्कृत, हिन्दू समुदाय से बहिष्कृत। जिस समाज ने कबीर को तिरस्कृत और बहिष्कृत किया, उसे कबीर ने यदि पूरे का पूरा नकार दिया तो कुछ ग़लत नहीं किया। समाज में जगह नहीं, तो समाज के लिए भी जगह नहीं। हिसाब-किताब बराबर।

विडम्बना तो यह है कि आज वही समाज कबीर को नए सिरे स्वीकार करने के लिए तत्पर है। यह प्रक्रिया एक तरह से कबीर के निर्वाण के बाद से ही शुरू हो गई थी। किसिम-किसिम की किंवदन्तियाँ गढ़ी गईं। जनम से लेकर मरण तक की। जुलाहे कबीर के खून में ब्राह्मण का खून मिलाया गया। वैष्णव कबीर एक सूफी पीर के शागिर्द निकले। कब्ज़े की लड़ाई में निरपख कबीर किसी-न-किसी पक्ष में खींच लिये गए। देखते-देखते हाड़-मांस का एक जीता-जागता इनसान देवता बन गया और कवि किंवदन्ती।

अनल पक्षी भी एक किंवदन्ती है। लेकिन यह स्वयं कविकृत है, निरन्तर देखते रहने के लिए न कि पकड़कर अपने पिंजरे में बन्द करने के लिए। सच तो यह है कि कवि की यह कल्प-सृष्टि किसी की पकड़ में आ ही नहीं सकती।

अनल पक्षी नापैद है तो कबीर भी। दूसरा कबीर नहीं हुआ। कबीर ही कबीर है।

इस प्रसंग में मुझे अकसर अपने स्वर्गीय कवि मित्र विजयदेव नारायण साही की अन्तिम काव्यकृति *साखी* की अन्तिम कविता 'प्रार्थना : गुरु कबीरदास के लिए' का यह अन्तिम बन्द याद आता है–

दो तो ऐसी निरीहता दो
कि इस दहाड़ते आतंक के बीच
फटकार कर सच बोल सकूँ
और इसकी चिन्ता न हो
कि इस बहुमुखी युद्ध में
मेरे सच का इस्तेमाल
कौन अपने पक्ष में करेगा।

इसके बाद भी अगर इस सच को अपने पक्ष में इस्तेमाल करने से कोई बाज़ न आए तो उसके लिए कविता का यह शेषांश–

यह भी न दो
तो इतना ही दो
कि बिना मरे चुप रह सकूँ!

और यहीं मैं चुप होता हूँ।

(हंस, नवम्बर 1999)

कबीर को भगवा?

'ना हिन्दू ना मुसलमान' कबीर का अपना पक्ष है। यह लोकमत भी है और साधुमत भी। लेकिन अब इसे चुनौती दी है डॉ. रामस्वरूप चतुर्वेदी ने। 17 अक्टूबर, 1999 के रविवारी *जनसत्ता* में : 'यहाँ से कबीर को देखिए!' कबीर को वे कहाँ से देख रहे हैं, इसका आभास इस निष्कर्ष से ही हो जाता है : 'तातैं हिन्दू रहिए', इस पर कबीर का बल है। 'तातैं हिन्दू रहिए' का खुलासा यह है कि 'अतः हिन्दू बने रहना ही श्रेयस्कर है।' खास बात यह है कि यह नसीहत है कबीर की सभी मुसलमानों को, बजरिए काजी।

कहना न होगा कि डॉ. चतुर्वेदी की यह उद्‌भावना एकदम मौलिक है—बिलकुल आँखिन देखी। औरों की तो बात क्या, पं. परशुराम चतुर्वेदी को भी यह बात न सूझी थी।

'तातैं हिन्दू रहिए' पदबन्ध कबीर के जिस पद में आया है, उसकी दो ही पंक्तियाँ डॉ. चतुर्वेदी ने उद्धृत की हैं। लेकिन ऐसे महत्वपूर्ण पद को पूरा का पूरा प्रस्तुत करना आवश्यक है। डॉ. चतुर्वेदी डॉ. पारसनाथ तिवारी की 'कबीर ग्रन्थावली' को ही सबसे प्रामाणिक मानते हैं, इसलिए उस पद का पाठ वहीं से—

काजी तैं कवन कतेब बखाँनीं
पढ़त पढ़त केते दिन बीते गति एकौ नहिं जाँनीं
सकति सनेह पकरि करि सुनति मैं न बदउँगा भाई।
जौ रे खुदाई तुरुक मोहिं करता तौ आपहिं कटि किन जाई॥
सुनति कराइ तुरुक जौ होनाँ तौ औरति कौं का कहिए।
अरध सरीरी नारि न छूटै तातैं हिन्दू रहिए॥
हिन्दू तुरुक कहाँ तैं आए किन यह राह चलाई।
दिल महिं खोजि देखि खोजादे भिस्ति कहाँ तैं आई॥
छाँड़ि कतेब राम भजु बउरे जुलुम करत है भारी।
कबीर पकरी टेक राम की तुरुक रहे पचि हारी॥

इस पद से डॉ. चतुर्वेदी को सिर्फ पाँचवीं और छठी दो ही पंक्तियाँ मसरफ की

लगीं और सिर्फ उन्हीं दोनों की उन्होंने व्याख्या भी की और व्याख्या भी कैसी चामत्कारिक!

"भाषा के सांकेतिक प्रयोग में 'अरध सरीरी' जरूर आता है। अर्द्धनारीश्वर की विराट परिकल्पना के लिए जहाँ भी कवि नारी के महत्व को रेखांकित करते हुए कहता है कि 'तुरुक' होने के लिए औरत को तो छोड़ा नहीं जा सकता, अतः हिन्दू बने रहना ही श्रेयस्कर है—तातैं हिन्दू रहिए।"

सबसे पहले 'अरध सरीरी'। सीधा अर्थ अर्धांगिनी/पत्नी। डॉ. चतुर्वेदी इसके वाच्यार्थ से सन्तुष्ट नहीं हैं। वे इसे सांकेतिक प्रयोग मानते हैं। तर्क यह कि यह शब्द 'सांकेतिक प्रयोग' में जरूर आता है! क्यों और कैसे? वैसे तो कोई भी शब्द 'सांकेतिक प्रयोग' में आ सकता है लेकिन शर्त है प्रकरण, प्रसंग या सन्दर्भ। काव्यशास्त्र के अनुसार वाच्यार्थ के बाधित होने पर ही लक्ष्यार्थ और व्यंग्यार्थ की सम्भावना खोजी जाती है। ऐसी स्थिति में देखना होगा कि पद में प्रयुक्त 'अरध शरीरी नारि' का प्रसंग क्या है?

प्रसंग है सुन्नत का। इस्लाम में सामान्यतः पुरुष की ही सुन्नत होती है। कहीं-कहीं स्त्री की भी होती है। किन्तु प्रस्तुत पद में सिर्फ पुरुषों की ही सुन्नत का जिक्र है। कबीर काजी को सुन्नत कर्म की व्यर्थता अथवा निरर्थकता समझा रहे हैं। कहते हैं कि सुन्नत करवाने से ही कोई तुर्क (मुसलमान) हो जाता है तो औरत को क्या कहोगे? उसकी सुन्नत तो हुई नहीं। औरत ठहरी अर्धांगिनी। इस तरह तुम्हारा आधा हिस्सा तो हिन्दू ही रह गया! यह एक तर्क है जिसमें सुन्नत के अन्तर्विरोध को दिखाकर उसके अधूरेपन की ओर इशारा किया गया है। इन दोनों पंक्तियों से पहले और इनके बाद भी सुन्नत की विडम्बना के बारे में और भी अनेक बातें कही गई हैं।

पूरे प्रसंग से स्पष्ट है कि यहाँ 'अरध सरीरी नारि' में किसी प्रकार के सांकेतिक प्रयोग की गुंजाइश नहीं है। किन्तु कुछ तो दूर की कौड़ी लाने का शौक और कुछ 'तातैं हिन्दू रहिए' के सम पर पहुँचने की हड़बड़ी—डॉ. चतुर्वेदी अर्द्धनारीश्वर की विराट परिकल्पना पर छलाँग लगा ही बैठे। एक तरह से यह 'रोमांटिक कल्पना' का व्यायाम है, जिसे प्रसाद जी के प्रसंग में आचार्य रामचन्द्र शुक्ल ने प्रणयानुभूति का सहसा 'ससीम पर से कूदकर असीम पर' जाना कहा है और आचार्य हजारीप्रसाद द्विवेदी ने 'अनामदास का पौधा' में 'छतफाड़ अंगदकूद' बताया है।

मजे की बात तो यह है कि व्याख्या के इस सर्कस में खेल दिखाते हुए व्याख्याकार सामान्य लिंग-विवेक भी भूल गया। 'अरध सरीरी नारि' उड़ान भरकर अधिक-से-अधिक 'पार्वती' हो सकती थी, सम्पूर्ण अर्धनारीश्वर तो नहीं, क्योंकि वह तो पुल्लिंग है।

ऐसी ही व्याख्या को देखकर आचार्य रामचन्द्र शुक्ल का वह कथन याद आ जाता है, "ऊपरी रंग-ढंग से तो ऐसा जान पड़ेगा कि कवि के हृदय के भीतर सेंध लगाकर घुसे हैं और बड़े-बड़े गूढ़ कोने झाँक रहे हैं, पर कवि के उद्धृत पद्यों से मिलान कीजिए तो पता चलेगा कि कवि के विवक्षित भावों से उनके वाग्विलास का कोई लगाव नहीं है। पद्य का आशय या भाव कुछ और है, आलोचक जी उसे उद्धृत करके कुछ और ही राग अलाप रहे हैं।"

गरज कि गलती इस कविता के सीधे-सादे शब्दार्थ समझने में ही हुई है। अगर डॉ. चतुर्वेदी पारसनाथ तिवारी के तथाकथित 'प्रामाणिक' पाठ से चिपके न रहकर, तिवारी जी के गुरु डॉ. माताप्रसाद गुप्त की संशोधित-परिवर्द्धित 'कबीर ग्रन्थावली' का संस्करण भी देख लेते तो सम्भवतः ये सामान्य भूलें न होतीं। डॉ. गुप्त ने 'तातैं हिन्दू रहिए' की जगह 'आधा हिन्दू रहिए' पाठ चुना है और उससे अर्थ स्पष्ट हो जाता है। इसके अतिरिक्त 'आधा हिन्दू रहिए' अथवा 'तातैं हिन्दू रहिए' में 'रहिए' क्रिया 'चाहिए' जैसा विधि का अर्थ नहीं देती बल्कि वह 'रहती है' जैसा वर्तमान कालिक अर्थ प्रकट करती है। इस प्रकार 'आधा हिन्दू रहिए' का अक्षरशः अर्थ है आधा भाग हिन्दू ही रह जाता है। इससे यह अर्थ किसी प्रकार नहीं निकलता कि इसलिए हिन्दू ही बने रहिए। वस्तुतः यह पाठ नहीं, कुपाठ है और अनर्थ के साथ ही भाषा सम्बन्धी घोर अज्ञान भी।

विचारणीय पद के पाठ के प्रसंग में एक अन्य तथ्य का भी उल्लेख आवश्यक है। 'कबीर बीजक' के अन्तर्गत उपर्युक्त पद में दो पंक्तियाँ और भी मिलती हैं। डॉ. पारसनाथ तिवारी ने अपनी 'कबीर ग्रन्थावली' में पाद टिप्पणी के अन्तर्गत 'बीजक' में प्राप्त पाठान्तर को दर्ज कर दिया है। डॉ. चतुर्वेदी जैसे पाठानुसन्धानी की दृष्टि 'बीजक' के इस पाठान्तर पर न गई होगी, यह मनाने को जी नहीं करता। फिर भी इस मुद्दे पर उनकी खामोशी बहुत-कुछ कह देती है।

दरअसल 'बीजक' के पाठान्तर की पंक्तियाँ तसवीर का दूसरा पहलू पेश करती हैं और उनका सम्बन्ध हिन्दू स्त्री से है।

पहिरि जनेउ जो ब्राह्मण होना मेहरि क्या पहिराया।
वो तो जनम की सूद्रिन परसै तुम पांडे क्यों खाया ॥

जनेऊ पहनने से ही यदि ब्राह्मण होना है तो अपनी स्त्री को भी वह जनेऊ क्यों नहीं पहनाता? जनेऊ के बिना तो स्त्री शूद्र की शूद्र ही रह गई। फिर भी उस स्त्री का परोसा हुआ भोजन खा लेता है, तो क्यों? इस प्रकार हिन्दुओं में भी आधा भाग शूद्र ही रह जाता है।

कहना न होगा कि 'बीजक' का पाठ एक तरह से मूल पाठ का पूरक है। इस्लाम में सुन्नत के कारण आधा हिस्सा काफिर रह जाता है तो हिन्दू धर्म में जनेऊ के

कारण आधा भाग शूद्र की दशा में पड़ा रहता है। चुनौती इस्लाम और हिन्दू, दोनों धर्मों को है और कबीर की समग्र दृष्टि को ध्यान में रखें तो 'बीजक' का पाठ अप्रामाणिक नहीं कहा जा सकता। फिर भी पूरे पद के प्रसंग को देखते हुए स्पष्ट ही बीजक का पाठ प्रक्षिप्त प्रतीत होता है क्योंकि यह पद काजी को सम्बोधित है—पद का आरम्भ ही इस टेक से होता है : *काजी तैं कवन कितेब बखानीं।* सम्भवतः इसीलिए 'बीजक' की ये पंक्तियाँ न तो गुरुग्रन्थ साहब वाले पाठ में मिलती हैं, न ही दादू पन्थी और निरंजनी पन्थ की पांडुलिपियों में। अधिक सम्भावना यही है कि 'बीजक' की पंक्तियाँ किसी अन्य पद की हैं जहाँ कबीर ब्राह्मण को सम्बोधित करते हैं।

मुद्दे की बात यह है कि कबीर जब धर्म के ठेकेदारों को चुनौती देते हैं तो उसका एक महत्वपूर्ण आधार है स्त्री। स्त्री के पक्ष से ही वे काजी से जिरह करते हैं और पाँड़े को भी फटकारते हैं। सच तो यह है कि कबीर अकसर स्त्री की ओर से ही नहीं, बल्कि स्त्री की तरह बोलते हैं। क्या इसलिए कि वे जन्म से जुलाहे हैं? समाज में जुलाहे की स्थिति वही है, जो स्त्री की। चाहे इस्लाम हो, चाहे हिन्दू धर्म—दोनों ही जगह स्त्री और शूद्र की दशा एक-सी है। स्त्री के साथ कबीर के तादात्म्य का बुनियादी कारण कहीं यही तो नहीं है?

डॉ. चतुर्वेदी के विचार इस मुद्दे पर कुछ और हैं। वे कबीर के इस स्त्री-भाव को भी भारतीय परम्परा का प्रभाव बताते हैं और कहने की आवश्यकता नहीं कि भारतीय परम्परा से उनका आशय हिन्दू परम्परा से है। उन्होंने स्पष्ट शब्दों में लिखा है कि "कबीर में भारतीय परम्परा के अनुकूल परम तत्व पति के रूप में परिकल्पित है। हिन्दी में आत्मा शब्द का स्त्रीलिंग में प्रयोग आत्मा-परमात्मा के दाम्पत्यमूलक प्रतीक विधान के ही कारण है। *'हरि मोरा पिउ मैं हरि की बहुरिया'* या कि *'दुलहिनी गावहु मंगलचार हम घरि आए राजा राम भरतार।'* यह आधारभूत प्रतीक विधान स्पष्ट ही सूफी परम्परा में सम्भव नहीं।"

कबीर को सूफी परम्परा में स्वीकार करने के रास्ते की सबसे बड़ी बाधा डॉ. चतुर्वेदी के लिए यह है कि "सूफी परम्परा प्रिय-प्रेमास्पद को परम तत्व के रूप में देखती है।" यहाँ वे जो बात स्पष्ट शब्दों में नहीं कहते, वह यह है कि सूफी अपने आपको आशिक और खुदा को माशूक के रूप में देखते हैं। सम्भवतः इस धारणा का आधार जायसी का 'पद्मावत' है जिसमें परम तत्व पद्मिनी है और जीव रतनसेन। पद्मिनी माशूक और रतनसेन आशिक। माशूक स्त्री और आशिक पुरुष। कबीर की बानी में स्थिति उलटी है। यहाँ आशिक स्त्री है।

वैसे तो कबीर और जायसी दोनों ही भारतीय हैं। लेकिन जायसी जिस सूफी परम्परा के हैं उसका मूल स्रोत भारत से बाहर—अरब और ईरान में है। ऐसी

अभारतीय परम्परा में कबीर को स्वीकार कर लेने पर तो डॉ. चतुर्वेदी की 'तातैं हिन्दू रहिए' वाली स्थापना ही धराशायी हो जाएगी। असली मुद्दा यही है।

दरअसल, इस मामले में उनके निशाने पर फिलहाल अली सरदार जाफ़री हैं। सरदार का गुनाह यह है कि उन्होंने कबीर के सबदों और साखियों का एक चयन उर्दू और हिन्दी दोनों लिपियों में प्रकाशित किया और उसे 'कबीर बानी' नाम दिया। इस किताब में एक लम्बी भूमिका तो है ही, विद्वत्तापूर्ण विस्तृत टिप्पणियाँ भी हैं। 'कबीर बानी' की मुख्य स्थापना यह है कि ''कबीरदास एक मुसलमान सूफी थे, जो हिन्दू भक्त की भाषा में बात कर रहे थे।'' वैसे, सरदार ने कबीर पर योगियों और रामानन्द के प्रभाव को भी स्वीकार किया है, किन्तु अरबी और फारसी के सूफी शायरों के साथ कबीर की तुलना विस्तार से की है–शायद इसलिए कि हिन्दी और उर्दू के औसत पाठक उन समानताओं से पूरी तरह परिचित नहीं हैं। कहने की आवश्यकता नहीं कि तुलनात्मक साहित्य की दृष्टि से कबीर के अध्ययन का यह एक महत्वपूर्ण और बहुत-कुछ नया आयाम है। जरूरत है तो इस दिशा में गम्भीर अनुसन्धान की लेकिन डॉ. चतुर्वेदी की चिन्ता और है। उन्हें डर है कि उर्दू वाले और उनमें भी मुसलमान कहीं कबीर को उड़ा न ले जाएँ। गरज कि मामला कब्जे का है। कब्जे के लिए जरूरी सबूत हो न हो, दावा तो ठोंक ही सकते हैं।

बहरहाल, डॉ. चतुर्वेदी के दावे पर विचार करने से पहले अली सरदार जाफ़री की टिप्पणी देख लें। 'कबीर बानी' की टिप्पणी क्रमांक 11 इस प्रकार है–

''सन्त और भक्त कवियों ने भक्ति के उत्साह में अपनी कल्पना दुलहन के रूप में और परमात्मा की दूल्हे के रूप में की है। यह उपमा सूफियों के यहाँ भी इसी रूप में मिलती है। जो औलिया हैं वे अल्लाह की दुलहनें हैं। दुलहनों को सिर्फ महरम (आत्मीय जन) ही देख सकते हैं। मौलाना जलालुद्दीन रूमी ने अपनी मसनवी में यह उपमा इस्तेमाल की है। हिन्दुस्तान में फकीरों और दरवेशों का एक सम्प्रदाय 'सदा सुहागिन' के नाम से मशहूर है। कबीर ने एक पद में ईश्वर को 'अबिनासी दूल्हा' कहकर सम्बोधित किया है।''

यह सब कह चुकने के बाद भी अली सरदार जाफ़री ने ईमानदारी से यह स्वीकार किया है : ''यह कहना मुश्किल है कि भक्ति और सूफी विचारधारा में ये प्रतीक कहाँ से आए और कब से प्रचलित हैं।''

इस प्रसंग में सरदार ने कृष्ण और गोपियों के प्रेम-प्रसंग और उसके दार्शनिक आधार की भी विस्तार से चर्चा की है जिसमें कबीर की प्रेम-भक्ति के किसी सूत्र की सम्भावना हो सकती है। लेकिन कुल मिलाकर यह भी एक अन्दाजा ही है।

अब इस पृष्ठभूमि में डॉ. चतुर्वेदी के दावे को देखें तो तुलसीदास के शब्दों में, 'देखत दया लागि अति मोरे।' ऐसा आत्मविश्वास निश्चित जानकारी के अभाव में

ही सम्भव है। इस प्रसंग में सबसे दिलचस्प दलील तो यह है कि 'हिन्दी में आत्मा शब्द का स्त्रीलिंग में प्रयोग आत्मा-परमात्मा के दाम्पत्यमूलक प्रतीक विधान के ही कारण है।' इस लालबुझक्कड़ी दलील पर सिर्फ ठहाका लगाया जा सकता है। अगर संस्कृति के पुल्लिंग 'आत्मा' के हिन्दी में स्त्रीलिंग होने का यह कारण है तो संस्कृत के पुल्लिग 'दारा' शब्द के हिन्दी में स्त्रीलिंग होने का क्या कारण है? दारा शब्द स्वयं स्त्रीवाचक है, फिर भी संस्कृत में पुल्लिग है तो क्यों? डॉ. चतुर्वेदी इसके लिए भी कोई-न-कोई आध्यात्मिक कारण ढूँढ़ लें तो आश्चर्य नहीं। आश्चर्य होता है इस अटकलपच्चू दिमाग के प्रचंड आत्मविश्वास पर! 'के ही कारण' जैसा प्रयोग इसी आत्मविश्वास का सूचक है। किसी कार्य का कारण बताते समय समझदार लोग प्रायः उसे सम्भाव्य रूप में ही प्रस्तुत करते हैं और इसीलिए हिचकते भी हैं। सरपट दौड़ जानेवाले और होते हैं और उन्हें और नाम से पुकारा जाता है।

व्याकरण को हिन्दुत्व के लिए इस्तेमाल करते समय 'पितरौ' शब्द पर ध्यान क्यों न दें? पार्वती परमेश्वर सम्पृक्त होकर 'मातरी' क्यों नहीं बनते? 'पितरौ' ही क्यों?

तात्पर्य यह कि अपने परम प्रिय प्रभु को स्त्रीभाव से प्यार करने के लिए कबीर को जबर्दस्ती भारतीय और हिन्दू बनाने की जरूरत नहीं है। इस स्त्री-भावना को हिन्दुओं ने पेटेंट नहीं कराया है—कम-से-कम अभी तक। अगर स्त्री भाव से भगवा प्रेम हिन्दुओं का पेटेंट है तो तुलसीदास ने इसी भाव से राम को क्यों नहीं प्रेम किया? वे तो कबीर के बरक्स जन्म से हिन्दू ही नहीं बल्कि ब्राह्मण भी थे और रामभक्तों की दृष्टि में कबीर से कहीं अधिक भारतीय परम्परा के धुरीधारी!

वस्तुतः कबीर के स्त्री-भाव के मूल उत्स को बहस का मुख्य मुद्दा बनाने के बजाय उस स्त्री-भाव के लौकिक और अलौकिक आयामों की गहरी छानबीन ज्यादा जरूरी है। बारीकियों में जाने पर इसके अन्दर स्त्री-जीवन की अनगिनत नाजुक परतें खुलती जाएँगी। फिलहाल सांकेतिक रूप में सिर्फ चन्द बातें।

कबीर के सबसे लोकप्रिय पद वे हैं जहाँ वे एक भारतीय नारी की तरह अपने नैहर और ससुराल की बातें करते हैं। पिया का घर प्यारा तो लगता है, लेकिन पिता के घर का छूटना भी कम दुखदाई नहीं। जैसे 'बाबुल मोरा नैहर छूटा जाए।' ऐसा भी संकेत है कि छोटी उम्र में ही शादी हो गई है। 'आई गवनवाँ की सारी, उमरि अबहीं मोरी बारी।' नैहर में खेलने-खाने के दिन का सहसा अन्त और इस कच्ची उम्र में ही ससुराल जाने की तरह-तरह की आशंकाएँ। नैहर में रहते चुनरी में दाग भी लगता है, उसकी जवाबदेही की भी चिन्ता है। आध्यात्मिक व्यंजना अपनी जगह लेकिन सच्चा रस तो ठेठ अभिधा में है और कहना न होगा कि यथार्थ यही है। मध्यकालीन गीत काव्य में भारतीय नारी की ऐसी जीती-जागती तसवीर शायद ही

कहीं मिले जिसमें वह समूचे घर-परिवार, नाते-रिश्तेदारों, नैहर-ससुराल के भरे-पूरे परिवेश के साथ मौजूद हो।

इस चित्रावली में स्त्री-हृदय की गहरी वेदना के साथ ही कुछ सुहाने सपने भी हैं। वेदना अधिक, सपने कम। सपनों में ऐन्द्रिय सुख की मांसलता है, तो यथार्थ में विरह की आन्तरिक टीस और जल्द-से-जल्द मिलने की उत्कट तड़प। ध्यान देने की बात यह है कि ये सारे भाव कबीर ने स्त्री की भूमिका में ही व्यक्त किए हैं और कहना न होगा कि 'कबीर बानी' के सबसे मार्मिक और काव्यात्मक अंश भी यही हैं।

स्त्री का सबसे तेजस्वी रूप वहाँ प्रकट होता है जब कबीर सती के रूप में अपने सत की परीक्षा देने के लिए निकल पड़ते हैं। लेकिन कबीर की उस तेजस्विनी सती को आज की रूपकुँवर के कथित आईने में देखने की जगह विजय देव नारायण साही की 'साखी' में संकलित 'सत की परीक्षा' के आलोक में ही परखना समीचीन है। कविता की इन आरम्भिक पंक्तियों से ही कबीर की सती के सत का कुछ आभास हो जाएगा—

साधो आज मेरे सत की परीक्षा है
आज मेरे सत की परीक्षा है
बीच में आग जल रही है
उस पर बहुत बड़ा कड़ाह रखा है
कड़ाह में तेल उबल रहा है
उस तेल में मुझे सबके सामने
हाथ डालना है
साधो आज मेरे सत की परीक्षा है!

कबीर की सती एक तरह से सारे पुरुष-प्रधान समाज को आत्म-परीक्षा के लिए खुली चुनौती है।

ऐसी सती को न तो सती-प्रथा के लिए गर्व करनेवाला कोई हिन्दू अपने कब्जे में ले सकता है और न ही कोई अर्द्धनारीश्वर की दैवी प्रतिमा में अन्तर्भुक्त कर सकता है।

डॉ. चतुर्वेदी ने अपने निबन्ध का आरम्भ इस शिकायत से किया है कि ''कबीर के इतर पक्षों—सन्त, भक्त, सूफी, समाज-सुधारक—पर बेअनुपात महत्व देने के कारण उनका मूल कवि-व्यक्तित्व आक्रान्त हो उठा है।'' इसलिए उन्हें कबीर के 'केन्द्रीय कवि रूप' के उद्धार का बीड़ा उठाना पड़ा। उनकी नजर में कवि का शुद्ध रूप भाषा में ही व्यक्त होता है। इसलिए उन्होंने आरम्भ काव्य भाषा से ही किया। वैसे भी काव्य भाषा उनके अध्ययन का सबसे प्रिय क्षेत्र है। इस प्रकार गाली से मौन तक सप्तरंग भाषा की पड़ताल कुछ दूर चलती है कि सहसा सामने आ जाता है कबीर

का वह पद जिसके बीज शब्द हैं 'तातैं हिन्दू रहिए!' यही है वह मंजिल जिस पर हिन्दुत्व की पताका फहरा रही है। मंजिल का आभास मिलते ही सब कुछ ऐसा 'बेअनुपात' हो उठता है कि सूफीमत की चर्चा भी आ जाती है और भक्ति की भी और फिर समाज सुधार आदि जैसी 'गैर-साहित्यिक' बातें भी चल पड़ती हैं।

आकस्मिक नहीं है यह सब और न अप्रत्याशित ही। सब कुछ पहले से ही सुविचारित और सुनियोजित है। हिन्दुत्व तक पहुँचने के रास्ते अनेक हैं। उनमें से एक रास्ता वह भी है, जो शुद्ध साहित्य के बिन्दु से शुरू होता है। इस साहित्य-पथ से यात्रा करनेवाले पथिक रास्ते में जिन मन्त्रों का जाप करते हैं उनमें से कुछ का सम्बन्ध साहित्य की स्वायत्तता से है तो कुछ का शब्द-माहात्म्य से! उनके लिए यही धर्म है और धर्म की सी 'पवित्रता' का अनुभव भी उन्हें यहीं होता है। साहित्य में धर्म की सी आस्था रखनेवाले इसी तरह अन्ततः स्वयं 'धर्म' के अभयारण्य में विश्राम पाते हैं और कहने की आवश्यकता नहीं कि आज के परिवेश में हिन्दी के लेखक के लिए वह धर्म 'हिन्दुत्व' है—आज का हिन्दुत्व, जिसके शिखर पर भगवा फहरा रहा है। जिस यात्रा का प्रस्थान बिन्दु साहित्य की स्वायत्तता है, उसकी आखिरी मंजिल यही भगवा है, भले ही इस पथ के पथिक इसे स्वीकार न करें। यह तार्किक परिणति है : इसे सामयिक हिन्दुत्व की हवा का दबाव कहना सही नहीं है।

गरज कि डॉ. रामस्वरूप चतुर्वेदी अपने साहित्यिक पथ से ही चलकर भगवा हिन्दुत्व की मंजिल तक आए हैं। यह यात्रा जय श्रीराम के यात्री दल की नहीं है, 'जय जानकी जीवन यात्रा' की छोटी-सी सम्भ्रान्त टोली की हो तो हो। वैसे, कबीर में उनकी दिलचस्पी पहले कभी देखी न गई—यानी ऐसी दिलचस्पी जिसके कारण वे एक छोटे-से निबन्ध के भी लायक लगें। तो फिर कबीर सहसा उनकी नजर में क्यों पड़े—तिनके की तरह या फिर धूल के कण की तरह? असल सवाल यही है।

कहीं ऐसा तो नहीं कि बाबरी मस्जिद के विध्वंस के विरोध में सहसा कबीर के अनहद की गरज से आलोचक प्रवर की नींद में खलल पड़ा और उन्हें उस अनहद को चुप करने के लिए स्वयं कबीर को ही इस्तेमाल करने का खयाल आया! यह तो साफ है कि डॉ. चतुर्वेदी उस साहित्यिक टोली के जीव हैं जिसके निशाने पर कबीर से ज्यादा कबीर के सेकुलर तरफदार हैं और ऐसे सेकुलर लोगों का एक ही 'कारगर' जवाब है : कबीर का हिन्दू धर्मान्तरण! 'यहाँ से कबीर को देखिए' सम्भवतः उसी कार्यक्रम की एक कड़ी है। उन्हें नहीं पता कि उन्होंने कितना बड़ा जोखिम उठाया है। कबीर को भगवा?

(आलोचना, अप्रैल-जून, 2000)

कबीर को अगवा?

बक़ौल ग़ालिब 'वो अपनी ख़ू न छोड़ेंगे, हम अपनी वज़अ क्यों छोड़ें।' हमारी वज़ादारी में शामिल है पूर्वपक्ष का पूरा सम्मान। इसीलिए 'आलोचना' में बन्धुवर रामस्वरूप चतुर्वेदी के पत्र का अविकल प्रकाशन और साथ-साथ 30 जुलाई, 2000 के 'रविवारी जनसत्ता' में प्रकाशित आलेख का पुनः प्रकाशन भी। वह भी एक तरह से खुला पत्र ही है। 'आलोचना' में उसे भी भेज देते तो हमें खुशी होती। लेकिन जैसा कि उनके ही प्रिय कवि अज्ञेय ने कहा है : 'उस बेसबरे से रहा नहीं गया!' उन्हें तो 'जन' की भागीदारी की पड़ी थी! अभिजन को जन की भागीदारी की चिन्ता? शुभ लक्षण! वे शायद भूल रहे हैं कि 'आलोचना' में उनके जैसे 'साहित्यिक पंडितों' के लिए भी जगह सुरक्षित है, आरक्षित नहीं। क्या यह अच्छा नहीं कि पूरी बहस एक ही जगह हो?

यह कैसे हो सकता है कि 'आलोचना' में तो सिर्फ कबीर के व्याकरण पर बहस चले और 'धर्मान्तरण के विरुद्ध आक्रोश' के लिए कबीर को एक हथियार की तरह इस्तेमाल किया जाए कहीं और! क्या व्याकरण में भी कोई 'गुप्त एजेंडा' नहीं होता? फिर संस्कृत व्याकरण पढ़ाते समय 'रामः रामौ रामाः' जैसे रूप ही क्यों रटाए जाते हैं? स्वयं पाणिनि ने तो ऐसा कहीं नहीं कहा था! क्या यह भट्टोजि दीक्षित की 'सिद्धान्त कौमुदी' का प्रताप है, जिसने व्याकरण के बहाने अनायास ही राम नाम जाप करवा दिया!

रामस्वरूपजी को तो 'पढ़त-पढ़त केते दिन बीते!' प्रसाद जी के 'चन्द्रगुप्त' नाटक के उस प्रसंग की याद उन्हें जरूर होगी जिसमें वैयाकरण वररुचि कारागार में बन्दी चाणक्य के पास पाणिनि के प्रयोगों का पता लगाने का प्रस्ताव लेकर जाता है। प्रस्ताव था तो व्याकरण का, लेकिन उसमें राक्षस की राजनीति का एक 'गुप्त एजेंडा' भी था! कहने की आवश्यकता नहीं कि चाणक्य की विलक्षण दृष्टि से वह चाल छिपी न रह सकी और जवाब वही मिला, जो एक चाणक्य ही दे सकता था; "मेरे पास पाणिनि में सिर खपाने के लिए समय नहीं। भाषा ठीक करने से पहले मैं मनुष्यों को ठीक करना चाहता हूँ, समझे।"

रामस्वरूपजी को समझाने की जरूरत नहीं। वे स्वयं समझदार हैं, बल्कि बहुत समझदार। तुलसीदास के शब्दों में 'परम चतुर मैं जानत अहऊँ।' अपना इरादा न किसी को 'ठीक करने' का है, न 'समझाने' का। यह भाषा प्रसाद जी के चाणक्य की है। ठेठ बनारसी रंग। मैं तो सिर्फ कबीर के उस पद का अर्थ समझना चाहता हूँ और यह जानना चाहता हूँ कि 'काज़ी तैं कवन कतेब बखानीं' में 'धर्मान्तरण' कहाँ है?

पद में 'सूनति' शब्द आया है। कहीं-कहीं 'सुंन्नति' और 'सुंन्नत' भी है। स्पष्ट ही यह अरबी 'सुन्नत' का हिन्दी तद्भव रूप है जिसका अर्थ है 'ख़तना'। बोलचाल में इसे 'मुसलमानी' भी कहते हैं। इस्लाम में यह रस्म आम है—एक उम्र के बाद हर मुस्लिम बच्चे की 'सुन्नत' होती है। जरूरी नहीं कि किसी हिन्दू को मुसलमान बनाते समय ही 'सुन्नत' की जाए। सवाल यह है कि इस पद में कबीर किसकी सुन्नत की बात कर रहे हैं—मुसलमान बच्चे की या हिन्दू की?

रामस्वरूप जी की नज़र में यहाँ हिन्दू को मुसलमान बनाने के लिए 'सुन्नत' करने का ज़िक्र है। लेकिन यह अर्थ कहाँ से—किस पद या वाक्य से निकलता है, यह बात उन्होंने नहीं बताई। उन्होंने यह कहकर जान बचा ली कि "पद अपने में इतना स्पष्ट है कि उसे अलग से व्याख्या की अपेक्षा नहीं है।"

चतुर अध्यापक का यह आज़माया नुस्खा है : कविता—खासतौर से पुरानी हिन्दी की कविता, समझ में न आए तो 'स्पष्ट है' कहकर आगे बढ़ लो। इसीलिए अब तो बन्धुवर रामस्वरूप चतुर्वेदी के बारे में भी शक हो रहा है।

'सुन्नत' को 'धर्मान्तरण' कहने से पहले यह तो देखिए कि काज़ी से कह कौन रहा है। कहनेवाला यह 'मैं' कौन है? शास्त्र में भी अर्थनिर्णय में पहला स्थान 'वक्ता' का है। 'काव्य प्रकाश' (3/2) की 'वक्तृ-बोद्धव्य-काकूनां...' वाली कारिका याद कीजिए और फिर देखिए कि क्या इस पद का 'मैं' कोई हिन्दू है? यदि वह वक्ता हिन्दू है तो फिर पूरा पद काज़ी से एक हिन्दू की शिकायत या फरियाद के रूप में पढ़ा जाएगा। इसके साथ ही यह विचार करना पड़ेगा कि वह कैसा हिन्दू है? वह हिन्दू जिसे मुसलमान बनाने की कोशिश की जा रही है अथवा जिसे मुसलमान बनाया जा चुका है।

लेकिन ये सारे सवाल तब उठेंगे जब यह मान लिया जाएगा कि अन्य पदों की तरह इस पद का 'मैं' भी स्वयं कबीर नहीं हैं। अभी तक यह बात न तो रामस्वरूपजी ने कही है, न किसी और ने। इसलिए इस पद का वक्ता निर्विवाद रूप से स्वयं कबीर हैं, जो स्वयं मुसलमान जुलाहे हैं और अपने आपको मुसलमान जुलाहा मानते हैं।

इस प्रकार यदि इस पद का वक्ता भी मुसलमान है और बोद्धा भी मुसलमान है तो यह भी तयशुदा है कि यहाँ सुन्नत का विरोध इस्लामी दायरे में ही किया जा

रहा है और 'धर्मान्तरण' से इसका कोई सम्बन्ध दूर-दूर तक नहीं है।

मेरी जानकारी में कबीर-बानी में यह अकेला पद है जिसमें 'सुन्नत' का ज़िक्र है। वैसे 'ख़त्ना' इस पद में भी आया है : 'जे तूँ तुरुक तुरुकिनी जाया। तौ भीतरि खतना क्यों न कराया॥' इसके अतिरिक्त जयदेव सिंह और वासुदेव सिंह द्वारा सम्पादित 'कबीर वाङ्मय' के 'रमैनी' खंड में दो रमैनियाँ ऐसी मिली हैं जिनमें 'सुन्नत का ज़िक्र आया है—

1. *पेटे न काहू वेद पढ़ाया।*
   सुनति कराय तुरुक नहिं आया। (2/6)
2. *जौ तुह तुरुक तुरुकिनी जाया।*
   पेटे काहे न सुनति कराया। (62/4)

इन दोनों 'रमैनियों' में उल्लिखित 'सुनति' का भाव आलोच्य पद की जिस पंक्ति से मिलता-जुलता है, वह यह रही—

जौ रे खुदाइ तुरुक मोहिं करता आपहिं कटि किन जाई।

'सुन्नत' के ये सभी प्रयोग उन लोगों के प्रसंग में आए हैं, जो पहले ही से मुसलमान हैं और जिनके यहाँ सुन्नत की रस्म पीढ़ी-दर-पीढ़ी चली आ रही है। इनमें से एक भी प्रयोग ऐसा नहीं है जिससे सुन्नत के जरिए किसी हिन्दू को मुसलमान बनाने का संकेत हो।

धर्मान्तरणवाली सुन्नत की ही तलाश है तो रामस्वरूप जी को भूषण के पास जाना चाहिए। 'शिवाजी न होते तौ सुनति होती सबकी' टेकवाले कई कवित्त 'शिवा बावनी' में मिल जाएँगे। पर कबीर इस बारे में उनकी कोई मदद नहीं करने के। एक ग़लत दरवाज़े पर वे नाहक दस्तक दे रहे हैं।

अगर विवेच्य पद का अर्थविचार बोद्धा अथवा सम्बोध्य की दृष्टि से करें तो भी इसी बात की पुष्टि होगी कि काज़ी से कबीर की बातचीत का विषय सिर्फ इस्लामी रस्मो-रिवाज़ के बारे में है। इसी प्रकार का एक और पद है : 'पढ़ि ले काज़ी बंग निवाजा।' इस पद में अज़ान, नमाज़, मक्का, बहिश्त, दोज़ख़, बिसमिल वग़ैरह का ही ज़िक्र है। इसके अलावा भी दो-चार जगह जहाँ भी काज़ी का ज़िक्र है, सब बिलकुल इस्लामी दुनिया के ही रीति-रिवाज़ों के बारे में।

इस रोशनी में विवेच्य का पद गद्यार्थ, रामस्वरूपजी के लिए स्पष्ट होने के बावजूद, देख लेने में हर्ज नहीं है। सबसे पहले उन्हीं के गुरुवर डॉ. माताप्रसाद गुप्त का अर्थ :

"ऐ काज़ी, तू किस किताब का बखान (वर्णन) करता है? तुझे (उसको) पढ़ते-पढ़ते कितने ही दिन बीत गए, किन्तु तूने एक (ईश्वर) की गति नहीं जानी। शक्ति (बल) अथवा स्नेह से पकड़कर तुम (मेरी) सुन्नत करो, हे भाई, मैं यह नहीं कह

सकता क्योंकि यदि मुझे ख़ुदा तुर्क करता है, तो आप ही वह क्यों नहीं कट जाता। (मेरी सुन्नत आप ही क्यों नहीं हो जाती)? (खैर), मुझे यदि तुमने सुन्नत करके तुर्क किया भी, तो औरत से क्या कहा जाए? अर्ध-शरीरी नारि छूटती नहीं है, (और वह सुन्नत न हो सकने के कारण से हिन्दू ही बनी रहती है), इससे आधा लोक तो हिन्दू ही रह जाता है। ऐ काज़ी, किताब (क़ुरआन) छोड़कर 'राम' कह, (सुन्नतें करके) तू भारी खून कर रहा है। (यह कहते हुए) कबीर ने भक्ति की टेक पकड़ी और काज़ी झख मारकर (बैठ) रहे।''

इस गद्य रूपान्तर का जो पाठ है, वह डॉ. पारसनाथ तिवारी के पाठ से थोड़ा भिन्न है, मसलन 'तातें हिन्दू रहिए' की जगह 'आधा हिन्दू रहिए।' फिर 'जुलुम' की जगह 'खून'। सबसे बड़ा अन्तर यह है कि डॉ. गुप्त के पाठ में डॉ. तिवारी के पाठ की दो पंक्तियाँ नहीं हैं। स्वीकार करूँ कि डॉ. माताप्रसाद गुप्त का पाठ मुझे सही लगता है। इस पाठ की पुष्टि सद्यः प्रकाशित डॉ. विनान्त कैलवर्ट की 'मिलेनियम कबीर बानी' से भी होती है जिसमें कुछ ऐसी प्राचीनतर पांडुलिपियों का उपयोग किया गया है, जो न तो डॉ. तिवारी को प्राप्त हो सकी थीं और न ही डॉ. गुप्त को।

महत्वपूर्ण बात यह है कि किंचित् भिन्न पाठ-भेद के बावजूद डॉ. गुप्त के गद्यार्थ से कबीर के पद का कथ्य एकदम स्पष्ट हो जाता है और उसके साथ ही यह भी स्पष्ट हो जाता है कि वहाँ न तो धर्मान्तरण का संकेत है और न ही धर्मान्तरण के विरोध का! यही नहीं, बल्कि उसमें कहीं हिन्दू ही बने रहने की सलाह भी नहीं है।

जयदेव सिंह और वासुदेव सिंह के 'कबीर वाङ्मय' के 'सबद' खंड में भी इस पद का एक गद्यार्थ सुलभ है। उससे इस पद का अर्थ और भी स्पष्ट हो जाता है, साथ ही उक्त धारणा की पुष्टि भी होती है :

''मानव को प्रभु के दरबार में स्वीकृत होने के लिए (जैसा कि मुसलमानों का विश्वास है) सुन्नति की आवश्यकता को मैं कभी स्वीकार नहीं कर सकता, वह चाहे जबर्दस्ती की गई अथवा स्नेह से। यदि तुरुक (अनुयायी) होने के लिए प्रभु सुन्नति को आवश्यक समझते तो ख़तूना निसर्गतः आपसे आप क्यों नहीं हो जाता? यदि सुन्नति ही तुर्क लक्षण है तो फिर स्त्रियों को तुर्क कैसे माना जाए? स्त्री अर्धांगिनी होती है, उसकी सुन्नति हो नहीं सकती। अतः सुन्नति कराने पर तुम्हारा आधा समाज हिन्दू ही रह जाता है।...''

इस गद्यार्थ से यह बात एकदम साफ़ हो जाती है कि औरत की सुन्नति न होने से जो आधा समाज हिन्दू ही रह जाता है वह और कोई समाज नहीं, बल्कि खुद-ब-खुद इस्लामी समाज ही है।

गरज़ कि एक रामस्वरूप जी को छोड़कर और किसी को कबीर के उस विवेच्य पद में धर्मान्तरण के लिए की जानेवाली सुन्नति का आभास नहीं मिलता। ऐसी

स्थिति में इसे क्या कहेंगे : पाठ या कुपाठ? यदि वे मानते हैं, कि 'रचना का पाठ सारे सिद्धान्त-कथन को ढहा सकता है' तो उनके 'धर्मान्तरण' सिद्धान्त का क्या बना? अब भी वह 'धर्मान्तरण' ढहा या बचा रह गया? प्रसंगवश, यहाँ 'ढहा' क्रिया का प्रयोग गौरतलब है। बाबरी मस्जिद को ढहाने के बाद अब सब कुछ ढहाया जा रहा है। पहले अकसर ग़ज़ब ढाया जाता था।

रामस्वरूप जी का 'धर्मान्तरण' दरअसल 'शुद्धि' है। वे एक मुसलमान को ही हिन्दू बनाने की जबर्दस्ती कर रहे हैं। आखिरकार 'तातैं हिन्दू रहिए' पर आग्रह का और क्या अर्थ है?

काव्य को तो वे पहले ही 'शुद्ध' कर चुके हैं। लगता है, अब उसके 'एजेंडा' पर धर्म और समाज भी आ गया है और वे उसे भी 'शुद्ध' करने का इरादा रखते हैं। शुद्धता का नशा जो न कराए!

अपने बचाव में हमलावर रुख अपनाना एक आजमाई हुई रणनीति है और उसी के तहत आलेख में चलते-चलते अन्त में उन्होंने एक आरोप यह भी लगाया है कि कबीर की दुहाई देने वाले 'पश्चिमी काट के सेकुलर' हिन्दू-मुसलमानों को अलग- थलग किए रहते हैं। कौन हैं ये पश्चिमी काट के सेकुलर? इन्हें उन्होंने उपनिवेशवादियों की परम्परा में भी रखा है। इशारा कुछ साफ़ होता है तो इस बात की भी सफाई हो जाती। लेकिन इतना जरूर साफ़ लगता है कि उन्हें 'पूर्वी काट के सेकुलर' लोगों से कोई शिकायत नहीं है। स्वयं भी शायद वे इसी कोटि में रहना पसन्द करें। संघ परिवार के लोग भी अब अपने आपको 'सेकुलर' कहने लगे हैं और इसके साथ ही 'स्वदेशी' पर भी उनका आग्रह है। यह 'पूर्वी काट के सेकुलर' की कोटि वही तो नहीं है?

जो भी हो, असल बात है हिन्दू-मुसलमानों को अलग-थलग करने की और इसके दोषी हैं कबीर की दुहाई देनेवाले! हकीकत क्या है? पहले कबीर और उनके ज़माने को ही लें—'आपस में दोऊ लड़े मरत हैं, मरम न कोऊ जाना' जैसी उक्ति से ही पता चलता है कि उस समय भी हिन्दुओं और मुसलमानों के सरगना अलग-थलग ही नहीं थे, बल्कि आपस में लड़ते भी थे। यह भी कह सकते हैं कि लड़ने से ज़्यादा लड़ाते थे। इसीलिए कबीर उन्हें अलग-अलग सम्बोधित करते हैं : काज़ी-मुल्ला को अलग, पंडित-पांडे को अलग। काज़ी-मुल्ला को एक पद में तो दूसरे पद में पंडित-पांडे या बाम्हन को। कुछ एक पद ऐसे भी मिलते हैं जिनमें वे दोनों को एक की साँस में इकट्ठे फटकारते हैं लेकिन यहाँ भी एक क्रम है। जैसे डॉ. पारसनाथ तिवारी की ही 'कबीर ग्रन्थावली' में 'काज़ी तैं कवन कतेब बखानीं' वाले पद के ठीक तीन पद बाद 182वें पद की ये पंक्तियाँ—

जे तूँ बाभन बाभनी जाया। तौ आन बाट हीइ काहे न आया॥
जे तूँ तुरुक तुरुकिनी जाया। तौ भीतरि खतना क्यूँ न कराया॥

यह सही है कि इस भेदभाव को वे खत्म करना चाहते थे लेकिन प्रेम की ऊँची भूमि पर। ऐसी भूमि जहाँ सभी प्रकार के भेदभाव 'बिगूचन' मालूम होते हैं। इस भाव का एक पद उपर्युक्त पद के ठीक पहले ही आता है और वह काफी प्रसिद्ध भी है—

ऐसा भेद बिगूचन भारी।
वेद कतेब दीन अरु दुनिया, कौन पुरिष कौन नारी।
एक रुधिर एकै मल मूतर एक चाम एक गूदा।
एक बूँद तैं सृष्टि रची है कौन बाँह्मन कौन सूदा॥

वैसे यह पूरा पद मुख्यतः जात-पाँत के विरुद्ध है और मुख्यतः हिन्दुओं को सम्बोधित है, किन्तु इसका अन्त होता है 'हिन्दू तुरुक न कोई!' से।

यह सच है कि कबीर प्रेम की जिस ऊँची भूमि से लोक को देखते थे वहाँ से देखने पर भेद न ब्राह्मण-शूद्र में है, न हिन्दू-तुर्क में, यहाँ तक कि पुरुष और नारी में भी कोई भेद नहीं है। तात्पर्य यही है कि तत्वतः सभी इनसान हैं। लेकिन इसका अर्थ यह नहीं है कि वे यथार्थ की भूमि पर सब कुछ सिलपट करने का हौसला रखते थे। समतल करने का मतलब यह तो नहीं कि पुरुष और नारी का जैविक भेद मिट जाए! इसी तरह सिर्फ इनसान बने रहने के लिए हिन्दू एकदम अपना धर्म छोड़ दें और तुर्क अपना मज़हब! क्या अपने-अपने धर्म में बने रहकर इनसान होना सम्भव नहीं है? ये प्रश्न आज की विशेष स्थिति से पैदा होते हैं और इनके जवाब के लिए कबीर पर किसी तरह का दबाव डालना उचित नहीं। हड़बड़ी में कोई सुविधाजनक जवाब निकाल लेना भी शायद कबीर के साथ ज़्यादती होगी।

आज अगर अधिकांश मुस्लिम समुदाय हिन्दुओं से कुछ अलग-थलग दिखाई पड़ता है तो उसके लिए मुख्य रूप से जिम्मेवार वे लोग हैं, जो अपने आपको 'स्वदेशी' काट का 'सेकुलर' मानते हैं और 'सांस्कृतिक राष्ट्रवाद' के नाम पर भारत को 'हिन्दू राष्ट्र-राज्य' बनाने का प्रयास कर रहे हैं। कहना न होगा कि ये लोग 'संघ परिवार' से सम्बद्ध हैं—वही लोग जिनके निशाने पर फिलहाल ईसाई हैं, लेकिन असली दुश्मन मुसलमान ही हैं। ये वही लोग हैं जो एक ओर मुसलमानों और ईसाइयों पर हमले करते हैं और दूसरी ओर धर्मान्तरण पर राष्ट्रीय बहस चलाना चाहते हैं। गरज़ कि धर्मान्तरण ही इनके लिए आज का मुख्य राष्ट्रीय मुद्दा है।

बन्धुवर रामस्वरूप चतुर्वेदी इस 'पवित्र परिवार' के कितने निकट या दूर हैं, मुझे नहीं पता। दिलचस्पी भी नहीं। लेकिन कबीर के एक पद में भी सहसा उन्हें धर्मान्तरण के विरुद्ध आक्रोश दिखाई पड़ गया तो थोड़ा आश्चर्य हुआ। दिलचस्प बात यह है कि उन्हें यह ज्ञानोदय प्रधानमन्त्री अटल बिहारी के राष्ट्रीय उद्गार के बाद हुआ। जरूरी नहीं कि इन दोनों बातों में कारण-कार्य सम्बन्ध हो ही। दो प्रतिभाओं में एक ही समय एक ही महान विचार का विस्फोट कोई अनहोनी घटना

नहीं। पूर्वापर क्रम महज़ एक संयोग भी हो सकता है। इसलिए वे चाहें तो सन्देह का लाभ ले सकते हैं।

लेकिन सन्देह का लाभ उस दृष्टि को नहीं मिल सकता जो कबीर-बानी में भी धर्मान्तरण देखती है। 'रंगान्धता' शब्द उन्हीं का है, सो उन्हीं को मुबारक। अंग्रेज़ी मुहावरे की यह भोंड़ी नकल मेरे वश की नहीं। मुझे तो वे सावन के अन्धे दिखाई देते हैं। इसलिए 'मुनिहिं हरियरइ सूझ' ही कहने को जी करता है। इस दृष्टि की असलियत तो अब जाकर खुली है, लेकिन रही है वह तभी जब वे कह रहे थे कि 'यहाँ' से कबीर को देखिए! धर्मान्तरण की ही नज़र है जो 'अर्धांगिनी' में 'अर्द्धनारीश्वर' को देख रही थी और आधा हिन्दू को पूरा हिन्दू! देखने में धोखा इसलिए हुआ कि उस समय उन्होंने खुलकर सुन्नत को धर्मान्तरण नहीं कहा था। अब भेद खुल गया है तो कबीर के व्याकरण के साथ-साथ एक नज़र स्वयं आलोचक के लोचन के व्याकरण पर भी।

रामस्वरूप जी की दृष्टि में कबीर ने इस पद में 'धर्मान्तरण के विरुद्ध अपना *आक्रोश* प्रकट किया है।' कबीर तो काज़ी को 'भाई' कहकर पुकारते हैं, वैसे ही शायद जैसे रामस्वरूप जी मुझे 'बन्धुवर' कहते हैं। इसके बाद वे एक-एक कर सवाल उछालते हैं। फिर वे आदर के साथ यह भी पूछते हैं कि 'औरति को का कहिए?' और अन्त में काजी को प्यार से यह भी समझाते हैं कि 'छाँडि कतेब राम भजु बउरे!' इस 'बउरे'/बावले में आक्रोश है या प्यार? वह 'आक्रोश' कहाँ है जो कहने के इस अन्दाज में रामस्वरूप जी जैसे आलोचक देख रहे हैं? अगर कुछ है तो होंठों पर शायद वह चिर-परिचित व्यंग्य-भरी मुस्कान, जो श्रोता को निरस्त्र कर देती है।

अब जिस आलोचक के लोचन का व्याकरण इतना गड़बड़ हो उससे भाषा या व्याकरण पर क्या बातचीत की जाए! न वक्ता पर ध्यान, न बोद्धा पर, न प्रकरण पर, न काकु पर—यहाँ तक कि पूरे वाक्य-विन्यास पर नहीं, बस एक शब्द 'रहिए' की दुम पकड़कर अड़े हैं या कि खड़े हैं और देखते-देखते पूरा हाथी निकल गया! ग़नीमत है, हाथी की पूँछ ही हाथ लगी और कुछ नहीं, वरना उसकी भी सुन्नत हो जाती!

बहस का आलम यह है कि आग्रह है पाठ पर, लेकिन पाठ पर दृष्टि पल-भर के लिए भी एकाग्र नहीं होती और उतावले-से हाथ मारते हैं कभी पश्चिमी काट के सेकुलर पर, तो कभी उपनिवेशवादियों पर और फिर पश्चिमीकरण का प्रसंग लाकर मास्को से वाशिंगटन तक का चक्कर! इन सबके बीच धाक जमाने के लिए यह बताना नहीं भूलते कि एडवर्ड सईद का 'ओरिएंटलिज़्म' उन्होंने पढ़ रखा है। गरज़ कि 'इस किनारे नोच लें और उस किनारे नोच लें!'

ऐसे विश्वकोशी विद्वान से बहस करने में मुश्किल यह है कि शुरू करें तो कहाँ

से और ख़त्म हो तो कहाँ पर! कोई बुरा अन्त न होगा यदि यह छोटी-सी बात कहने की गुस्ताखी करूँ कि 'पढ़त-पढ़त केते दिन बीते' का एक पाठान्तर 'पढ़त-गुनत केते दिन बीते' भी है। इसके साथ ही यह भी कि आधा कलमा पढ़ने की जगह पूरा कलमा पढ़ें जिससे साफ़ हो जाए कि 'गति एकै नहिं जानीं।' कहना न होगा कि यहाँ ज़ोर कबीर के उस 'एक' पर है!

विडम्बना यह है कि बन्धुवर रामस्वरूप चतुर्वेदी अब कबीर को 'भगवा' पहनाने से ही सन्तुष्ट नहीं हैं। अब तो वे कबीर को *'अगवा'* करने पर आमादा हैं!

(आलोचना, जुलाई-सितम्बर 2000)

'भारत भारती' और राष्ट्रीय नवजागरण

मैथिलीशरण गुप्त जिस काव्य के कारण 'राष्ट्रकवि' कहलाए, वह 'भारत भारती' है। आचार्य रामचन्द्र शुक्ल के अनुसार 'गुप्त जी की ओर पहले-पहल हिन्दी प्रेमियों का सबसे अधिक ध्यान खींचने वाली पुस्तक भी यही है और यही वह पुस्तक है जो ''स्वदेश की ममता से पूर्ण नवयुवकों को बहुत प्रिय हुई।'' लोकप्रियता का हाल यह है कि प्रकाशित होते ही दो महीने के अन्दर उसकी 1200 प्रतियाँ बिक गईं। हिन्दी प्रकाशन के क्षेत्र में किसी कविता-पुस्तक के लिए यह एक अभूतपूर्व घटना थी। प्रत्यक्षदर्शियों का कहना है कि सन् '20 के आस-पास जो राजनीतिक आन्दोलन चले उनमें प्रभात-फेरियों के दौरान अनेक नगरों और गाँवों में 'भारत भारती' के पद गाए जाते थे। यही नहीं बल्कि उन दिनों आश्रमों और ग्रामीण शिक्षा-संस्थाओं की प्रातःकालीन प्रार्थनाओं में भी इसके टुकड़े जोश के साथ दुहराए जाते थे।

आचार्य महावीर प्रसाद द्विवेदी ने अगस्त 1914 की 'सरस्वती' में 'भारत भारती' के प्रकाशन की सूचना देते हुए एक सम्पादकीय लिखा, जिसमें इस काव्य को युगान्तरकारी घोषित करते हुए युगनिर्माता आचार्य ने कहा : ''यह काव्य वर्तमान हिन्दी साहित्य में युगान्तर उत्पन्न करनेवाला है। वर्तमान और भावी कवियों के लिए यह आदर्श का काम देगा। इसके जो कितने ही अंश सरस्वती में निकल चुके हैं, उनसे इसके महत्व का अनुमान पाठकों ने पहले ही कर लिया होगा। यह सोते हुओं को जगानेवाला है, भूले हुओं को ठीक राह पर लाने वाला है, निरुद्योगियों को उद्योगशील बनानेवाला है, आत्मविस्मृतों को पूर्व-स्मृति दिलाने वाला है, निरुत्साहियों को उत्साहित करनेवाला है, उदासीनों के हृदयों में उत्तेजना उत्पन्न करनेवाला है। यह स्वदेश पर प्रेम उत्पन्न कर सकता है। यह सुख, समृद्धि और कल्याण की प्राप्ति में हमारा सहायक हो सकता है। इसमें वह संजीवनी शक्ति है जिसकी प्राप्ति हिन्दी और किसी भी काव्य में नहीं हो सकती। इससे हम लोगों की मृतप्राय नसों में शक्ति का संचार हो सकता है—उनमें फिर सजीवता आ सकती है, क्योंकि हम क्या थे और अब क्या हैं, इसका मूर्तिमान चित्र इसमें देखने को मिल सकता है। आशा है, 'सरस्वती' के पाठक इसे एक बार आद्यन्त पढ़ चुकने पर—

हम कौन थे, क्या हो गए हैं और क्या होंगे अभी।
मिलकर विचारेंगे हृदय से ये समस्याएँ सभी।''

'भारत भारती' के साथ द्विवेदीजी का यह लगाव स्वाभाविक था। वे इस काव्य के वास्तविक प्रेरक थे, रचना का अनुरोध भले ही कुर्री सुदौली नरेश राजा रामपाल सिंह ने किया हो। द्विवेदी जी 'भारत भारती' की रचना के साथ आरम्भ से ही जुड़े हुए थे। अगस्त 1912 में इस ग्रन्थ की रचना सम्पन्न हुई और नवम्बर की 'सरस्वती' में पहली बार इसका एक अंश 'अतीत भारत की सभ्यता' शीर्षक से छपा। परिचय देते हुए द्विवेदी जी ने अपनी सम्पादकीय टिप्पणी में लिखा : ''सरस्वती के सिद्ध कवि बाबू मैथिलीशरण गुप्त ने एक नवीन काव्य की रचना की है। उसे समाप्ति को पहुँचे अभी कुछ ही दिन हुए हैं। उसका नाम है 'भारत भारती'। अपूर्व काव्य है हाली साहब के 'मुसद्दस' के ढंग का है। उससे बढ़कर नहीं, तो उससे कम भी किसी बात में नहीं। पद्य संख्या 700 के लगभग है। उसमें भारत के उत्थान-पतन आदि का वर्णन है। शीघ्र ही छपकर प्रकाशित होगा। तब तक उसके विशेष-विशेष स्थल 'सरस्वती' की हर संख्या में निकलेंगे।'' इन शब्दों के साथ आचार्य ने अन्त में एक संस्कृत श्लोक से 'श्री मैथिलीशरण गुप्त उदारवृत्तः' का अभिनन्दन करते हुए 'कृती कविवरः स चिरायुरस्त' कहकर आशीर्वाद भी दिया। उल्लेखनीय है कि पुस्तकाकार प्रकाशित होने से पहले और दो महीने बाद भी 'भारत भारती' के अंश अक्टूबर, 1914 तक 'सरस्वती' के नौ अंकों में प्रकाशित हुए। किसी अन्य ग्रन्थ को 'सरस्वती' ने इतना महत्व न दिया। ऐसा प्रतीत होता है कि 'भारत भारती' ने उसी भावना को अभिव्यक्त कर दिया जिसे स्वयं द्विवेदीजी एक अरसे से कहना चाह रहे थे। इस बात की पुष्टि उनके 'पुरातत्व प्रसंग' नामक ग्रन्थ के निबन्धों से भी होती है, 'जिनसे', लेखक के अनुसार, 'भारत के प्राचीन गौरव की धूमिल-सी, कुछ थोड़ी झलक देखने को मिलेगी।' द्विवेदी जी का यह निबन्ध संग्रह भी आगे चलकर सं. 1986 (सन् 1929) में साहित्य सदन, चिरगाँव, झाँसी से ही प्रकाशित हुआ।

'भारत कला भवन' में सुरक्षित मैथिलीशरण गुप्त के पत्रों से पता चलता है कि प्रकाशन से पूर्व लगभग दो वर्षों तक 'भारत भारती' में संशोधन-परिवर्तन का क्रम चलता रहा। जिन विद्वानों ने पूरा ग्रन्थ पढ़ा और पढ़कर परामर्श दिया, उनमें महावीर प्रसाद द्विवेदी, राजा रामपाल सिंह, पद्म सिंह शर्मा, लाला छोटेलाल बार्हस्पत्य तथा रायकृष्णदास प्रमुख हैं। इस प्रकार 'भारत भारती' अकेले एक कवि की कृति से अधिक एक प्रतिनिधि शिष्ट समुदाय के वक्तव्य के रूप में प्रस्तुत हुई। यह एक कवि की निर्वैयक्तिकता के साथ ही उसके सामाजिक उत्तरदायित्व का भी प्रमाण है। इस दायित्वबोध की छाप 'भारत भारती' पर स्पष्ट है।

इस उत्तरदायित्व-निर्वाह में कवि को कुछ महत्वपूर्ण मुद्दों पर समझौता भी करना पड़ा। इनमें से सबसे बड़ा मुद्दा था अंग्रेजी राज्य की प्रशंसा का। रायकृष्ण दास को लिखित 22 मई, 1913 के पत्र में गुप्त जी ने लिखा : ''अंग्रेजी राज्य की प्रशंसा में जो कुछ मैंने लिखा, या मुझे लिखना पड़ा है, उससे मालूम होता है राजा साहब सन्तुष्ट नहीं हैं। बार्हस्पत्य जी की राय है कि अधिक लिखना जरूर चाटुकारी में शामिल होगा। किन्तु आपकी यह राय भी है कि चाहूँ तो रेल-तार आदि का जिक्र कर सकता हूँ। एक बंगाली सज्जन ने 'राजभक्ति' नाम की एक पुस्तक लिखी है। उसमें उन्होंने लिखा है—'हमारे यहाँ मधुसूदन, हेमचन्द्र, रवीन्द्रनाथ, बंकिमचन्द्र, रमेशचन्द्र, एस.पी. सिंह, कान्तिचन्द्र, जगदीश चन्द्र, प्रफुल्ल चन्द्र आदि कवि, लेखक एवं विद्या-विशारद जो दिखलाई पड़ते हैं या जिनकी आदर के साथ चर्चा की जाती है, वे सभी अंग्रेजी शासन की सफलता की देन हैं।' इस पुस्तक की समालोचना करते हुए 'प्रवासी' सम्पादक ने लिखा है—'मुझे अंग्रेजी शासन की सफलता मानने में कोई एतराज नहीं। किन्तु ग्रन्थकार महोदय को यह बतला देना चाहता हूँ कि चीन, जापान के नागरिक अंग्रेजों के अधीन नहीं हैं, फिर भी इन देशों में रेल, टेलीग्राफ आदि सामग्रियाँ दिखलाई देती हैं और बड़े-बड़े कवि, लेखक और विद्या-विशारद भी जन्म लेते हैं या दृष्टिगोचर होते हैं। बहुत पहले, जबकि कालिदास से लेकर चंडीदास जैसा कवि, भास्कराचार्य जैसा वैज्ञानिक, टोडरमल, और नाना फड़नवीस जैसे राष्ट्रनीति वाले महापुरुष पैदा हुए थे, उस समय भारतवर्ष में अंग्रेजों का राज्य नहीं था। अब आपकी क्या राय है?' प्रवासी सम्पादक की राय में 'अंग्रेजों के शासनकाल में हम जो धर्म-निर्विशेष होकर देश को अपना समझने लगे, यही अंग्रेजी शासन की बहुत बड़ी देन है।' इस लाभ का जिक्र भारती में है ही।''

इस प्रश्न पर पुनः 23 जुलाई, 1913 के पत्र में लिखा : ''ब्रिटिश राज्य के सम्बन्ध में जो बार्हस्पत्य जी और आपकी आज्ञा हुई थी, उसका पालन करने की मैंने इस प्रकार चेष्टा की है :

अन्याय यवनों का हमें निज दोष से सहना पड़ा,
है किन्तु नारायण सदा व्यापी तथा सकरुण बड़ा।
देते हुए भी कर्मफल हम पर हुई उसकी दया,
भेजा प्रसिद्ध 'मतापहारी' ब्रिटिश राज्य यहाँ नया ॥

मतलब निकल गया? रही सुविधाओं के स्पष्टीकरण की बात, सो दो-एक पद्य और लिख दूँगा। प्राचीन कीर्ति रक्षा के विषय में सारनाथ की बौद्ध बिल्डिंग को ध्यान में रखकर कुछ लिख दूँगा। अंग्रेजी में इस महकमे को क्या कहते हैं, यह बता दीजिए। ऊपर के पद्य में 'मतापहारी' का ठीक अर्थ मैं नहीं समझा। 'मक्षिका स्थाने मक्षिका'

के अनुसार जैसा आपने लिखा, वैसा ही मैंने लिख दिया। हम जैसे देहाती तो इसमें ब्रिटिश राज्य की तारीफ न समझकर निन्दा ही समझेंगे। अतएव, या तो इसे खूब समझा दीजिए या कोई दूसरा शब्द बताइए। जैसा मैंने कहा है, मुझ जैसे लोग इसका यह अर्थ करके सरकार पर आक्षेप न करें कि वह हमारे मत का 'अपहरण' करती है। 'मतापहारी' के आगे एक अंग्रेजी शब्द आपने ब्रैकेट में लिखा है, वह शायद इस प्रकार है : 'डिसइंफेक्टिंग।' इसी के अर्थ में 'मतापहारी' शब्द प्रयुक्त किया गया है। भवन राजस्व विषयक पद्य अलग देखिए।''

इन पत्रांशों से स्पष्ट है कि गुप्त जी अंग्रेजी राज की प्रशंसा न करना चाहते थे। शुभचिन्तकों और मित्रों के दबाव में ही उन्हें यह प्रशंसा करनी पड़ी। रायकृष्णदास जी अधिक प्रशंसा के पक्ष में न थे; किन्तु प्रशंसा के लिए सबसे ज्यादा दबाव राजा रामपाल सिंह का था। इन सभी आग्रहों और अनुरोधों के कारण ही गुप्त जी ने 'भारत भारती' में वह पद्य लिखा जिसके लिए आज तक उनकी आलोचना होती आई है। पत्र में अंकित पद्य का अन्तिम रूप यहाँ उद्धृत करना आवश्यक है क्योंकि उसमें किए गए संशोधन महत्वपूर्ण हैं—

अन्याय यवनों का हमें निज दोष से सहना पड़ा,
है किन्तु नारायण अहा! न्यायी तथा सकरुण बड़ा।
देते हुए भी कर्मफल हम पर हुई उसकी दया,
भेजा प्रसिद्ध उदार उसने ब्रिटिश राज्य यहाँ नया॥

'सदा' के स्थान पर 'अहा' शैलीगत परिवर्तन मात्र है। नारायण को 'व्यापी' कहने के स्थान पर 'न्यायी' कहा गया है, जो सार्थक है। इस शब्द की सार्थकता इस बात में है कि 'न्यायी' नारायण को ही कहा गया है, अंग्रेजी राज को नहीं। सबसे महत्वपूर्ण परिवर्तन है 'मतापहारी' के स्थान पर 'उदार।' 'मतापहारी' शब्द गुप्त जी को पहले भी खटक रहा था। अस्पष्टता के कारण। 'उदार' ही वह विशेषण है जहाँ तक गुप्त जी की प्रशंसा पहुँच सकी। कहने की आवश्यकता नहीं कि 'उदार' सापेक्ष शब्द है। इस सापेक्षता का एक निश्चित सन्दर्भ है। अंग्रेजी राज 'उदार' था तो औरंगजेबी के सन्दर्भ में। इस पद्य से कुछ ही पहले 'भारत भारती' में यह पंक्ति आई है : ''हा! देखनी हमको पड़ी औरंगजेबी अन्त में।''

महत्वपूर्ण बात यह है कि अंग्रेजी राज को 'उदार' कहने के बावजूद कवि उसे अभीष्ट नहीं मानता, यह आगामी पद्य से स्पष्ट हो जाता है :

शासन किसी पर जाति का चाहे विवेक-विशिष्ट हो,
सम्भव नहीं है किन्तु जो सर्वांश में वह इष्ट हो।

बात बहुत घुमाकर कही गई है क्योंकि सीधे-सीधे कहना जोखिम का काम था। फिर भी ध्यान से देखने पर अर्थ स्पष्ट हो ही जाता है। अंग्रेजों का शासन चाहे जितना

विवेकपूर्ण हो, किन्तु है वह अन्ततः पराई जाति का ही शासन, इसलिए वह अभीष्ट नहीं हो सकता। यह है कवि की अन्तरात्मा की अपनी वाणी!

इसी प्रकार वायदे के मुताबिक गुप्त जी ने रेल, तार, डाकघर, चिकित्सालय, मदरसे आदि खोलने का श्रेय भी अंग्रेजी राज को दिया तो, पर 'सम्प्रति' के शब्द के द्वारा इस महत्व को कम करते हुए लिखा : "सम्प्रति सभी साधन हमें हैं सुलभ आत्मविश्वास के।" इस प्रसंग के अन्त में उन्होंने इतना और जोड़ दिया कि "बस पास पैसा चाहिए फिर कुछ असुविधा है नहीं।" साफ है कि सारा खेल पैसों का है। इन सुविधाओं का लाभ पैसे वाले भी उठा सकते हैं, साधारण जन के लिए इन सुविधाओं का कोई अर्थ नहीं है।

भारत को अंग्रेजी राज की देन का जिक्र करते हुए गुप्त जी ने अन्त में एक पद्य और लिखा है। इसमें तीन बातों का विशेष रूप से उल्लेख है : "विज्ञान का वैभव दिखाया, समय से परिचित किया" और "बहुपूर्व चिह्नों का हुआ, वा हो रहा उद्धार है।" किन्तु इनके पहले भूमिकास्वरूप जो वाक्य है उसमें 'सचमुच' शब्द की ध्वनि ध्यान देने योग्य है। वह वाक्य इस प्रकार है—

सचमुच ब्रिटिश साम्राज्य ने हमको बहुत-कुछ है दिया।

अंग्रेजी राज से ही सम्बद्ध एक और प्रसंग है जिसका सामयिक महत्व है। ऐसा प्रतीत होता है कि 'भारत भारती' में गुप्त जी ने लोकमान्य तिलक पर कोई पद्य नहीं लिखा था। बार्हस्पत्य जी को यह समय के प्रतिकूल लगा और उन्होंने उसे निकाल देने का सुझाव दिया। गुप्त जी ने रायकृष्णदास को 8 अप्रैल, 1913 के पत्र में लिखा : " 'भारत भारती' में तिलक का नाम रखना बार्हस्पत्य जी समय के प्रतिकूल समझते हैं। द्विवेदी महाराज और राजा साहब भी ऐसा ही कहते हैं। इसलिए निकाल देना पड़ा।" लेकिन गुप्त जी का मन न माना। कुछ ही दिनों बाद रामनवमी को एक और पत्र लिखा और राय साहब को सूचित किया : "मेरी भी राय है कि तिलक रहे, पर विवश हूँ। तिलक का बोध 'लोकमान्य' पद से होता है, उसे रखूँगा। न साँप जाएगा, न लाठी टूटेगी।" वर्तमान 'भारत भारती' में वह पंक्ति इस प्रकार है—

तो जन्मते हैं कुछ दृढ़व्रत लोकमान्य अभी यहाँ।

दृढ़व्रत लोकमान्य को 'भारत भारती' से न हटाकर कवि मैथिलीशरण ने यह साबित कर दिया कि वे भी 'दृढ़व्रत' हैं। यदि राजा रामपाल सिंह अंग्रेज सरकार के डर से तिलक का नाम न आने दें तो बात समझ में आती है। पर आचार्य महावीर प्रसाद द्विवेदी भी इस मामले में पाँव पीछे हटा लें, इस पर थोड़ा आश्चर्य होता है। जो हो कवि मैथिलीशरण ने इस प्रश्न पर दृढ़ता दिखाकर अपनी तिलक भक्ति ही प्रमाणित न की, बल्कि अंग्रेजी राज के आतंक के विरुद्ध निर्भीक राष्ट्र-भावना को

ही व्यक्त किया। यही नहीं बल्कि काव्य में जो कमी रह गई, उसे एक तरह से 'प्रस्तावना' में पूरा कर दिया। प्रस्तावना के आरम्भ में यह दोहा है :

जय जय स्वर्गागार सम भारत कारागार।
पुरुष पुरातन का जहाँ हुआ नया अवतार ॥

इस दोहे का प्रस्तुत प्रसंग यह है कि 'आज जन्माष्टमी है।' जन्माष्टमी पर कृष्ण का स्मरण स्वाभाविक है। कृष्ण का जन्म कारागार में हुआ था। इसलिए कारागार की याद भी अप्रासंगिक नहीं कही जा सकती। किन्तु इस बहाने गुप्त जी ने जो नई बात कही वह यह है कि आज सारा भारत ही कारागार है। उल्लेखनीय है कि यह बात 1912 की है; तब तक न तो असहयोग आन्दोलन शुरू हुआ था और न बड़ी संख्या में लोग जेल ही जा रहे थे फिर वह कौन-सा 'पुरुष पुरातन' था, जो कारागार में नया अवतार ले रहा था? याद करें तो लोकमान्य तिलक उस समय मांडले जेल में थे और वही वस्तुतः 'पुरुष पुरातन' के रूप में यहाँ प्रस्तुत हैं। इस प्रकार गुप्त जी ने पूरी 'भारत भारती' ही लोकमान्य तिलक के नाम अर्पित कर दी। यह है एक विनीत वैष्णव कवि का अदम्य साहस।

'भारत भारती' में तिलक का महत्व आनुषंगिक नहीं है। इस काव्य पर तिलक के विचारों की गहरी छाप है। हिन्दू पुनरुत्थान और उग्र राष्ट्रवाद इस छाप के प्रमाण हैं। गुप्त जी पर तिलक का प्रभाव अमर शहीद गणेश शंकर विद्यार्थी के माध्यम से पड़ा। 'प्रताप' के काम-काज से थकने पर आराम के लिए गणेश जी अकसर चिरगाँव जाया करते थे। कम लोग जानते हैं कि गुप्त जी 'प्रताप' के ट्रस्टी थे।

'भारत भारती' में हिन्दू पुनरुत्थान के जो बहुत से अंश हैं, उनके लिए सामग्री जुटाने और कुछ समस्याओं को सुलझाने में महावीर प्रसाद द्विवेदी ने महत्वपूर्ण भूमिका अदा की। गुरु-शिष्य के पत्राचार से इस विषय पर काफी रोशनी पड़ती है। उदाहरण के लिए मार्च, 1911 में द्विवेदीजी को लिखित गुप्त जी के पत्र का यह अंश :

"लिखना शुरू कर दिया है। जो बातें श्रीमान ने कही हैं, उन सबका खयाल रखूँगा। एक बात बताइए, बुद्धदेव हमारे अवतार हैं, फिर उनका मत वेदों के प्रतिकूल क्यों हुआ और शंकराचार्य ने उसे क्यों निकाला? मैं इस भेद को नहीं जानता। जान लेने से बौद्धकाल की चर्चा करने में सुविधा पड़ेगी। हिन्दी में कोई ऐसी पुस्तक नजर नहीं आती, जिससे कुछ मदद की आशा की जाए। फार्ग्यूसन कॉलेज, पूना के प्रो. भानु द्वारा सम्पादित इतिहासमाला नाम की पुस्तकमाला में 'ऋषिखंड' नाम की एक पुस्तक निकली है। मैं मराठी न जानने पर भी उसे मँगाकर देखूँगा। सुना है, उसमें लिखा है कि भारत की पूर्व दशा कैसी थी। कौन-कौन विद्याएँ यहाँ वालों से किन-किन देशों ने सीखी इत्यादि। 'हिन्दू सुपीरियरटी' में भी ऐसी ही बातें हैं। यहाँ पर अंग्रेजी की पोथी कौन सुनावेगा। झाँसी जाकर वहाँ से किसी को बुलाकर उसको सुनने की

चेष्टा करूँगा। हिन्दी में कोई ऐसी पुस्तक हो जिससे कि सहायता मिल सके, तो श्रीमान् उसका नाम और पता लिखने की कृपा कीजिएगा। दत्त का इतिहास कैसा है? न होगा तो उसी को मँगा लूँगा।''

द्विवेदी जी ने 19 अप्रैल को उत्तर देते हुए लिखा: ''बुद्ध को आप ही ने अवतार माना है। वेदों को भी आप ही ने ईश्वरकृत मान रखा है। ईश्वर के यहाँ से इन विषयों में कोई दस्तावेज हम लोगों के पास नहीं। जब यज्ञों में पशु-हिंसा होने लगी, तो समझदार आदमी घबराए। वे सुधार की बातें सोचने लगे। ऐसों में बुद्ध सबसे आगे बढ़कर निकले। उन्हें अपने काम में कामयाबी हुई। इससे वे अवतार मान लिये गए। पशु-हिंसा कम हो गई। परन्तु पशु-हिंसा वेदोक्त है। और वेद ईश्वरकृत माने गए हैं। अतएव उनकी प्रतिष्ठा रखने के लिए शंकराचार्य को बौद्ध मत का खंडन करना पड़ा।

दत्त का इतिहास सभा से मँगा लीजिए। उससे पुरानी बातें बहुत कुछ मालूम हो जाएँगी। और कोई पुस्तक हिन्दी में नहीं। टाड कृत राजस्थान आदि में भी कुछ हाल हैं।''

इस प्रकार 'भारत भारती' के मूल स्रोत उस काल के छपे वे इतिहास ग्रन्थ हैं जिनसे हिन्दुओं को प्राचीन गौरव विशेष अभिनिवेश के साथ प्रस्तुत किया गया है। यह काव्य उन्नीसवीं शताब्दी के अन्त की ऐतिहासिक चेतना की उपज है और भावात्मक होने के कारण तत्कालीन मानसिकता को समझने के लिए अधिक उपयोगी भी। तात्पर्य यह है कि अपनी मूल दृष्टि में 'भारत भारती' हिन्दू पुनरुत्थान का एक ऐसा अनूठा दस्तावेज है जिसमें जातीय गौरव के साथ राष्ट्रीय जागरण का स्वर भी घुला-मिला है।

'भारत भारती' उच्चकोटि का काव्य भले न हो, हिन्दी नवजागरण का एक महत्वपूर्ण दस्तावेज है। कवि की 'भारती' सारे भारत में गूँज सकी या नहीं, कहना कठिन है। लेकिन हिन्दी जगत में वह निश्चय ही एक युग तक गूँजती रही। ''हम कौन थे क्या हो गए'' यह उक्ति किसी समय सबकी जबान पर थी। अन्तस्तल की कितनी गहराई से, कितनी पीड़ा के बीच से यह उक्ति निकली होगी—इसकी ओर ध्यान कम जाता है। सुनहले अतीत की चमक से आँखें इतनी चौंधिया जाती हैं कि वर्तमान पतन की भयावहता ओझल हो जाती है। ध्यान न घोर दारिद्र्य और दुर्भिक्ष की ओर जाता है न शोणित सुखाकर हल चलाने वाले किसान की ओर और न ही पढ़-लिखकर बेरोजगार घूमते युवकों पर ही। मन में यह सवाल अकसर उठता है कि 'भारत भारती' में कड़वा यथार्थ क्यों दब गया और अतीत का स्वप्न प्रबल हो उठा? क्या कवि का अभिप्रेत यही था? गौरवशाली अतीत का उपयोग वर्तमान की तीखी आलोचना के लिए या वर्तमान की आलोचना का उपयोग अतीत गौरव की याद दिलाने के लिए? दुविधा की जड़ कहाँ है? पाठक पक्ष के ग्रहण में या कवि पक्ष के

सृजन में? वैसे कवि पक्ष में यह कहा जा सकता है कि वर्तमान खंड अतीत खंड से बड़ा है; उसमें लगभग पचास छन्द अधिक हैं; फिर भी विशेष रूप से ध्यान आकृष्ट किया अतीत ने ही। क्यों?

उत्तर मिलने की सम्भावना उस अतीत-दृष्टि में ही है, शायद कवि के पास भविष्य का कोई स्पष्ट मानचित्र नहीं है। वैसे, कहने के लिए अन्त में एक भविष्य खंड भी है, छोटा-सा। लेकिन जैसा कि आचार्य रामचन्द्र शुक्ल की पैनी आँखों ने देख लिया था, "भविष्य निरूपण का प्रयत्न नहीं है।" इस अभाव में एक तरह से अतीत ही भविष्य में प्रक्षेपित करने के लिए बच रहता है। इस प्रकार अतीतोन्मुखता अनिवार्य हो जाती है। इसके अतिरिक्त यदि सारा जोर अतीत और वर्तमान के बीच विषमता दिखाने पर है तो पलड़ा अतीत का ही भारी पड़ेगा। वैसे, कवि ने कहा है कि "प्राचीन और नवीन अपनी सब दशा आलोच्य हैं।" लेकिन व्यवहार में आलोच्य विषय 'नवीन' ही रहता है, 'प्राचीन' 'आलोच्य' नहीं होता। प्राचीन के प्रति आलोचनात्मक दृष्टि का यह अभाव ही वस्तुतः 'भारत भारती' की कुंजी है।

हम कौन थे—कवि का यह प्रश्न सर्वथा उचित है; लेकिन इसके साथ ही तुरन्त यह प्रश्न भी उठता है कि इस 'हम' का दायरा कितना बड़ा है और इस 'हम' में कौन-कौन शामिल हैं? इस प्रश्न की आवश्यकता इसलिए है कि कवि की ओर से ये सारे भारत की भारती हैं। पहला प्रश्न तो यही है कि क्या इस 'हम' में भारत के मुसलमानों के लिए जगह है? कवि की कलम से एक जगह यह वाक्य फिसल पड़ा है : "हम हिन्दुओं के सामने आदर्श जैसे प्राप्त है।" स्पष्ट है कि 'भारत भारती' का 'हम' सिर्फ हिन्दुओं तक ही सीमित है और भारत भी मुख्यतः 'हिन्दू भारत' है। जिस भारत की भव्य संस्कृति के बखान में तानसेन और ताजमहल का जिक्र तक न हो, वह हिन्दू भारत नहीं तो क्या होगा?

किन्तु 'भारत भारती' के हिन्दू भारत में दक्षिण के लिए भी कोई स्थान नहीं है। जिस गौरवशाली अतीत का चित्र कवि ने खींचा है उसमें न मदुरै मीनाक्षी के लिए स्थान है, न त्यागराज के लिए। 'भारत भारती' का हिन्दू भारत अन्ततः गंगा के दोआबे तक सिमटकर रह गया।

फिर यदि धर्म की दृष्टि से देखें तो यह ऐसा हिन्दुत्व है जिसमें बौद्धों के लिए भी स्थान नहीं है। कवि ने बड़े हर्ष से कहा है :

यद्यपि सनातन धर्म की ही अन्त में जय जय रही,
भगवान शंकर ने भगा दी बौद्ध भ्रान्ति भयावही।

इस प्रकार 'भारत भारती' का 'हम' सिकुड़कर सनातन धर्म तक सीमित रह गया और यह सनातन धर्म भी शुद्ध वर्णाश्रम-आधारित, जिसमें शूद्रों को यह सीख दी गई है कि "कोई बड़ा बनता नहीं लघु और नम्र हुए बिना।"

सवाल यह है कि 'भारत भारती' का 'हम' इतना संकुचित कैसे हुआ? कैसे और क्यों?

मैथिलीशरण गुप्त से एक पीढ़ी पहले भारतेन्दु हरिश्चन्द्र ने अपने निधन से पहले सम्भवतः 1883 या 84 में यह कहा था :

"जो हिन्दुस्तान में रहे, चाहे किसी रंग, किसी जाति का क्यों न हो, वह हिन्दू। हिन्दू की सहायता करो। बंगाली, मरट्ठा, पंजाबी, मदरासी, वैदिक, जैन, ब्राह्मो, मुसलमान सब एक का हाथ पकड़ो।"

संयोग से भारतेन्दु जी भी गुप्त जी की ही जाति के थे और विश्वासों में वैष्णव भी। फिर भारतेन्दु की परम्परा 'भारत भारती' तक आकर सिकुड़ क्यों गई?

सम्भवतः इस बिन्दु पर 'मुसद्दस' के रचनाकार मौलाना हाली की चर्चा प्रासंगिक होगी। मैथिलीशरण गुप्त ने स्वयं स्वीकार किया है कि 'भारत भारती' लिखने की प्रेरणा हाली के 'मुसद्दस' से मिली। आदर्श भी सम्भवतः वही था। अब 'भारत भारती' के प्रसंग में 'मुसद्दस' का जिक्र नहीं आता। हिन्दीवाले यह भी भूल गए हैं कि कवि शमशेर बहादुर सिंह ने 1946 में 'मुसद्दस और भारत भारती की सांस्कृतिक भूमिका' शीर्षक एक लेख लिखा था, जो भारत की कम्युनिस्ट पार्टी द्वारा प्रकाशित होनेवाली साहित्यिक पत्रिका 'नया साहित्य' में प्रकाशित हुआ था। यह वह वर्ष है जब राष्ट्रकवि के साठ वर्ष पूरे होने पर हीरक जयन्ती मनाई गई थी; और समय भी वही था जब अंग्रेज शासक भारत को धर्म के आधार पर दो टुकड़े करने की योजना को अन्तिम रूप दे रहे थे। विभाजन से पहले एक समय था जब हिन्दी लेखक उर्दू साहित्य को मिली-जुली विरासत का हिस्सा समझते थे और इस नाते उसमें दख़ल रखते थे। आज तो बहुतों को यह भी नहीं मालूम कि हाली के मुसद्दस का असली नाम 'मद्द-ओ-जज़्-ए इस्लाम' अर्थात् 'इस्लाम का उत्थान और पतन' है।

बहरहाल, जो सवाल 'भारत भारती' में उठाया गया उसे हू-ब-हू उन्हीं शब्दों में हाली ने पहले उठाया था। भूमिका में हाली ने लिखा था : "कौम के लिए अपने बेहुनर हाथों से एक आईनाख़ाना बनाया जिसमें आकर वह अपने ख़तो-खाल देख सकते हैं कि हम कौन थे और क्या हो गए?"

यह बात 1879 की है। मुसद्दस के प्रेरणास्रोत हाली के शब्दों में 'कौम के एक सच्चे ख़ैरख्वाह' सर सैयद अहमद खाँ थे, जिन्होंने 1870 में 'तहज़ीब-उल-अख़लाक' साप्ताहिक शुरू किया और 1877 में 'मोहम्मडन एंग्लो-ओरिएंटल कॉलेज' की नींव डाली। इन दोनों के जरिए मुसलमानों को सुधारने-जगाने के लिए यह आन्दोलन चलाया जिसे 'अलीगढ़ तहरीक' कहते हैं। हाली का मुसद्दस इसी तहरीक की उपज है और आवाज़ भी।

इसमें कोई शक नहीं कि मुसलमान ही हाली के 'हम' हैं, लेकिन यह हम अपनी फिक्र में इतना डूबा हुआ है कि हिन्दुओं से शिकायत करने की फुरसत ही नहीं। 'हिन्दुओं की मुअज़्ज़िज़ क़ौमें' शीर्षक से कुछ बन्द जरूर लिखे गए हैं। लेकिन उन्हें इन शब्दों में याद किया गया है :

यहाँ और हैं जितनी क़ौमें गिरामी
खुद इक़बाल है आज उनका सलामी
तेजारत में मुमताज दौलत में नामी
ज़माना के साथी तरक़्क़ी के हामी
मुअज़्ज़िज़ हैं हर एक दरबार में वो
गिरामी है हर एक सरकार में वो।

स्पष्ट है कि इन पंक्तियों में स्पर्धा का भाव है। आशय यह है कि मुसलमानों को भी हिन्दुओं की तरह तरक्की का रास्ता अपनाना चाहिए। इस प्रसंग में यह बात भी क़ाबिले-ज़िक्र है कि हाली ने साफ़ और कड़े शब्दों में 'तअस्सुब' यानी फिरकापरस्ती पर चोट की है, जैसे—

तअस्सुब को इक जुज्वे दीं समझे हैं हम
जहन्नुम को खुल्दे-बरीं समझे हैं हम।

गरज़ कि 'तअस्सुब' के लिए आलोचना की गई है तो खुद अपनी क़ौम के मुसलमानों की। इसके अलावा दूसरे धर्मावलम्बियों को काफ़िर समझने के लिए मुसलमानों को डाँटा भी गया है; जैसे—

करै गैर गर बुत की पूजा तो काफ़िर!

खास बात यह है कि 'मुसद्दस' में इस्लाम के अतीत गौरव से ज्यादा जोर हाल की गिरानी पर है, साथ ही छिनी हुई बादशाहत का ख्वाब देखने की आलोचना भी की गई है और कहा गया है कि :

हुकूमत थी गोया कि इक झोल तुम पर
कि उड़ते ही उसके निकल आए जौहर।

सबसे बड़ी बात तो यह है कि हाली का 'हम' अपने आपको न तो पूरा हिन्दुस्तान समझता है और न समूचे हिन्दुस्तान का दावेदार ही। वैसे, ग़दर के बाद मुसलमानों का ऐसा सोचना अस्वाभाविक न होता। ऐसे प्रलोभन से 'मुसद्दस' को साफ बचाकर हाली ने असाधारण साहस का काम किया।

हाली भारतेन्दु हरिश्चन्द्र के ज्येष्ठ समकालीन थे और ख़ुदा के फ़ज़ल से इतनी लम्बी उम्र मिली कि मैथिलीशरण गुप्त के 'भारत भारती' लिखते समय भी ज़िन्दा थे। वैसे, यह भी एक संयोग ही है कि जिस साल 'भारत भारती' प्रकाशित हुई उसी साल हाली का इन्तकाल हुआ। अगस्त 1914 में 'भारत भारती' छपकर बाज़ार में

आई और दिसम्बर, 1914 में हाली चल बसे। इतिहास में यह वह साल है जब प्रथम विश्वयुद्ध शुरू हुआ।

बहरहाल, प्रासंगिक यह है कि 'भारत भारती' का 'हम' भारतेन्दु हरिश्चन्द्र ही नहीं, हाली के 'हम' से भी कुछ बातों में तंग और तंग-नज़र है। यह तंगनज़री इस बात में नहीं है कि वह हिन्दुओं तक महदूद है। तंगनज़री यह है कि यह 'हम' अपने आपको समूचा भारत समझता है–भारत का अर्थ हिन्दू भारत। हिन्द का मतलब हिन्दू।

इसमें कोई शक नहीं कि 'भारत भारती' का हिन्दू काफी उदार है। इस उदारता के प्रमाण में प्रायः यह छन्द उद्धृत किया जाता है–

हिन्दू तथा तुम सब चढ़े हो एक नौका पर यहाँ,
जो एक का होगा अहित तो दूसरे का हित कहाँ?
सप्रेम हिल-मिलकर चलो, यात्रा सुखद होगी तभी,
पीछे हुआ सो हो गया, अब सामने देखो सभी।

किन्तु यह नहीं बताया जाता कि ये पंक्तियाँ दीन गायों के मुँह से कहलाई गई हैं और वह भी मुसलमानों को सम्बोधित करके, गोया एकता के मार्ग में बाधा है तो उन्हीं की ओर से!

"पीछे हुआ सो हो गया, अब सामने देखो सभी" से तो ध्वनि यह निकलती है कि बीती ताहिं बिसारि दे आगे की सुधि लेहु। पीछे न देखो, आगे देखो। फिर 'भारत भारती' की दृष्टि पीछे की ओर क्यों है?

शायद हीनता की भावना दूर करने के लिए। जातीय आत्म-गौरव के एहसास के लिए। आज की भाषा में अस्मिता की खोज के लिए। लेकिन इस अतीत यात्रा में जो अस्मिता मिली वह कैसी है? खंडित अस्मिता। कारण, अतीत की प्रतिमा ही खंडित थी; क्योंकि उस प्रतिमा का निर्माण करनेवाली दृष्टि खंडित थी। 'भारत भारती' में भारत का जो चित्र है, वह वास्तविक इतिहास नहीं, एक मिथक है–ऐसा 'मिथक' जिसे यूरोप के उन्नीसवीं सदी के 'प्राच्य विद्याविदों' ने गढ़ा था। बुद्ध के शब्दों में कहें तो यह 'दिट्ठि' है। इस 'दिट्ठि' में धर्म और संस्कृति गड्डमड्ड हो गए। भारतीय संस्कृति सिर्फ हिन्दू संस्कृति नहीं है और हिन्दू संस्कृति भी हिन्दू धर्म का पर्याय नहीं। फिर हिन्दू धर्म भी एक साबुत पत्थर की साबुत प्रतिमा नहीं। इस धर्म का भी एक इतिहास है। यह इतिहास परिवर्तनों की एक शृंखला है। जिस एकाश्मी हिन्दू धर्म के निरूपण का प्रयास आज चल रहा है, उसका इतिहास कितना पुराना है? प्रश्न थोड़ा असुविधाजनक है, खासतौर से उनके लिए, जिन्हें एक 'मिथक' की जरूरत है। मिथक भी उपयोगी होता है, लेकिन तात्कालिक। आंशिक। मिथक की शक्ति असन्दिग्ध है। लेकिन प्रकृति से वह जड़ है। पूजा की वस्तु। इस पूज्यवस्तु

में निश्चय ही जगाने की क्षमता है। लेकिन वह नवजागरण भी आंशिक होता है। नवजागरण नहीं, नवजागरण का आभास। दूसरे शब्दों में, पुनरुत्थान। अतीत की पुनरावृत्ति का असफल प्रयास।

आज देश में फिर पुनरुत्थान के लक्षण प्रकट हो रहे हैं। सिक्के का एक पहलू है हिन्दू पुनरुत्थानवाद तो दूसरा पहलू इस्लामी पुनरुत्थानवाद। अतीत की खुदाई जोरों पर है। कहीं सारी मस्जिदों को खोदकर मन्दिर निकाल लेने के हौसले हैं तो कहीं टूटी-फूटी और जमाने से उपेक्षित पड़ी मस्जिद को भी फिर से खड़ी करने की कोशिश। खोज का एकमात्र लक्ष्य है पूजा की वस्तु। वही मिथक।

विशेष चिन्ता की बात यह है कि साहित्यकार इन मिथकों को तोड़ने के बजाय खुद भी मिथक गढ़ने में योग दे रहे हैं। यह संक्रामक रोग साहित्य में भी फैल चला है। खासतौर से साहित्य के उस इलाके में जहाँ इसकी तनिक भी आशंका न थी। मसलन, कल तक जिन लेखकों को 'आधुनिक' समझा जाता था, वही आज हिन्दू होने की घोषणा करने लगे हैं। जिनका मुँह अभी तक पश्चिम की ओर था, वे अब सहसा पूर्वाभिमुख हो उठे हैं और अपनी भारतीय अस्मिता को लेकर असामान्य रूप से अधीर भी। कहते हैं, पश्चिम की आधुनिकता से मोहभंग हो चुका है। मोहभंग आधुनिकता से ही नहीं, इतिहास से भी। वैसे, यह मोहभंग भी पश्चिम की ही देन है और विकल्प में पूर्व दिशा की यात्रा भी। इन्हें अब इतिहास नहीं, मिथक चाहिए। भौतिक विकास नहीं, धर्म और अध्यात्म। वही उन्नीसवीं सदी वाली बातें। पुराना उपनिवेशवाद एक बार फिर पूर्व की खोज करने चल पड़ा है—तीसरी दुनिया के नाम पर। मुखौटा नया है। चेहरा वही जाना-पहचाना। यह यात्रा है या अभिनय? कैसे कहा जाए कि हमारे 'अति आधुनिक' लेखक इस सच्चाई को नहीं समझ रहे हैं। ये बड़े समझदार लोग हैं। हिन्दू हो रहे हैं तो काफी सोच-समझकर ही। किसी समय टी.एस. इलियट भी सोच-समझकर ही नए सिरे से कैथोलिक हुआ था। यहाँ थोड़ी कठिनाई है। हिन्दू परिवार में जनमा व्यक्ति फिर से हिन्दू नहीं बनता। वह 'द्विज' बनता है। अब वे 'द्विज' बनें या हिन्दू, कोई बहस नहीं। कहना सिर्फ यह है कि कृपा कर अपने हिन्दुत्व को भारतीयता का पर्याय न कहें। आज का भारत सिर्फ हिन्दुओं का नहीं है। यह किसी के निजी धार्मिक विश्वास का मामला नहीं है, जो विवाद से परे हो। यह सार्वजनिक प्रश्न है और राष्ट्रीय भी, चाहे राष्ट्र की अवधारणा भी अन्ततः एक 'मिथक' ही क्यों न हो।

नए पुनरुत्थानवाद का प्रभाव इतना सर्वग्रासी है कि इधर की एक प्रवृत्ति पर ध्यान ही नहीं जाता; क्योंकि वह सहज-स्वाभाविक मान ली गई है—स्वाभाविक यानी स्वभाव का अंग। इधर हम लोग जरूरत से ज्यादा पीछे देखने लगे हैं, गोया आगे देखने के लिए कुछ है ही नहीं। माना कि आशाएँ बार-बार टूटी हैं, भविष्य के नए

सपने अकसर झूठे साबित हुए हैं, फिर भी भविष्य की ओर देखना क्यों बन्द किया जाए? ''ये हुस्नो-इश्क तो धोका है सब, मगर फिर भी।''

लेकिन यहाँ तो यह आलम है कि प्रयोग करने वाले तो स्मृति और शब्द की बात करने ही लगे हैं, प्रगतिशील भी परम्परा पर जोर दे रहे हैं–फिर वह दूसरी परम्परा ही क्यों न हो। प्रगति की आवाज अब मद्धिम पड़ गई है, फैशन परम्परा का है। निश्चय ही यह एक प्रतिक्रिया है। पुनरुत्थानवाद की प्रतिक्रिया। एक पुनरुत्थान की प्रतिक्रिया में दूसरा पुनरुत्थान। इतिहास बदलने वाले इतिहास लिख रहे हैं। वैसे, इतिहास लिखकर भी इतिहास बदला जाता है और कभी-कभी ऐसा करना जरूरी भी होता है। किन्तु क्या इतिहास बदलना और इतिहास लिखना एक ही कर्म है? क्या इतिहास का पुनर्लेखन ही नवसृजन है? क्या पुनरुत्थान ही नवजागरण है?

ये प्रश्न नहीं चुनौतियाँ हैं, बेचैन करनेवाली चुनौतियाँ। और मित्र हैं कि कहते हैं आयु की इस मंजिल पर पहुँच आए हो तो जरा पीछे मुड़कर देखो और बताओ कि कैसा लग रहा है। कोई आगे देखने के लिए क्यों नहीं कहता? क्या आगे देखने के लिए अब कुछ नहीं रहा?

(1987)

(काशी हिन्दू विश्वविद्यालय के तत्वावधान में 'मैथिलीशरण गुप्त जन्मशती व्याख्यानमाला' के अन्तर्गत 18 अप्रैल, 1987 को दिए गए भाषण का आलेख।)

मैथिलीशरण गुप्त और आधुनिक हिन्दी काव्य-भाषा का विकास

पहले पद्य और फिर गद्य। विकास का यह क्रम अधिकांश भाषाओं में मिलता है। नहीं मिलता तो खड़ी बोली हिन्दी में। खड़ी बोली हिन्दी के साहित्य का आरम्भ ही गद्य से हुआ। इस मामले में वह अपनी सगोतिया उर्दू से भी भिन्न है। क्या इस विपर्यास का प्रभाव आधुनिक हिन्दी कविता की भाषा पर कुछ पड़ा है? मैथिलीशरण गुप्त के योगदान को समझने के लिए इस प्रश्न पर विचार आवश्यक है।

सर्वविदित है कि आधुनिक हिन्दी में पद्य की भाषा को गद्य की भाषा के मेल में ले आने का सबसे सुदृढ़ प्रयास आचार्य महावीर प्रसाद द्विवेदी ने किया। आचार्य द्विवेदी को 1901 में ही साफ दिखाई पड़ रहा था कि ''आधुनिक कवियों पर बोलचाल की हिन्दी भाषा ने अपना प्रभाव डालना आरम्भ कर दिया है, उनकी लिखी ब्रजभाषा की कविता में बोलचाल (खड़ी बोली) के जितने शब्द और मुहावरे मिलेंगे उतने 50 वर्ष पहले के कवियों की कविता में कदापि न मिलेंगे। यह निश्चित है कि किसी समय में बोलचाल की हिन्दी भाषा, ब्रजभाषा की कविता के स्थान को अवश्य छीन लेगी।'' उन्होंने आह्वान किया : ''इसलिए कवियों को चाहिए कि क्रम-क्रम से वे गद्य की भाषा में भी कविता का आरम्भ करें।'' (कवि कर्तव्य, सरस्वती, जुलाई 1901)

आचार्य द्विवेदी ने खड़ी बोली हिन्दी में काव्य रचना का आह्वान करते समय 'बोलचाल की भाषा' और 'गद्य की भाषा' जैसे दो पदों का प्रयोग इस प्रकार किया जैसे वे पर्याय हों। किन्तु जैसा कि आचार्य रामचन्द्र शुक्ल ने लिखा है : ''बोलचाल से उनका मतलब ठेठ या हिन्दुस्तानी नहीं रहता था, गद्य की व्यावहारिक भाषा का रहता था।'' और ''परिणाम यह हुआ कि उनकी भाषा अधिक गद्यवत् (Prosaic) हो गई।...उनकी अधिकतर कविताएँ इतिवृत्तात्मक (Matter of fact) हुईं...। 'यथा', 'सर्वथा', 'तथैव' ऐसे शब्दों के प्रयोग ने उनकी भाषा को और भी अधिक गद्य का स्वरूप दे दिया।''

यदि यह गद्यात्मकता आचार्य द्विवेदी तक ही सीमित रहती तो विशेष चिन्ता की

बात न होती, क्योंकि काव्य-सृजन उनका मुख्य कर्म न था। उन्होंने यह प्रवृत्ति 'सरस्वती' मंडल के अन्य कवियों में भी संक्रमित की, जिनमें मैथिलीशरण गुप्त प्रमुख थे। 1904 में जब मैथिलीशरण गुप्त ने 'रसिकेन्द्र' नाम से अपनी एक ब्रजभाषा कविता 'सरस्वती' में प्रकाशनार्थ भेजी थी तो आचार्य द्विवेदी ने यही जवाब दिया था कि "आपकी कविता पुरानी भाषा में लिखी गई है। 'सरस्वती' में हम बोलचाल की भाषा में ही लिखी गई कविताएँ छापना पसन्द करते हैं।" इसके बाद गुप्त जी की खड़ी बोली में लिखित 'हेमन्त' शीर्षक कविता को आचार्य द्विवेदी ने जिस रूप में सुधारकर छापा, उससे 'उनकी बोलचाल की भाषा' का स्वरूप स्पष्ट हो जाता है। "तौ भी करे हैं सब लोग सी, सी" का संशोधित रूप "तौ भी नहीं बन्द अमन्द सी, सी।" सानुप्रास भले हो, बोलचाल का निश्चित नहीं है।

आचार्य शुक्ल ने द्विवेदी जी की कविता में 'तथैव' प्रभृति जिन गद्यवत् शब्दों के प्रयोग की चर्चा की है, कहने की आवश्यकता नहीं कि वैसे शब्द गुप्त जी की भी आरम्भिक कविताओं में प्रायः मिलते हैं, जैसे–'जयद्रथ-वध' के छठे छन्द में ही 'अतएव' का प्रयोग :

"अतएव कुछ आभास इसका है दिया जाता यहाँ।"

और फिर भारत-भारती में भी संयोगवश छठे छन्द के ही अन्तर्गत–

"अतएव अवनति ही हमारी कह रही उन्नति कला।"

प्रश्न वस्तुतः 'अतएव' जैसे शब्द का नहीं है, बल्कि इस शब्द से संकेतित उस तर्कबुद्धि का है, जो बोलचाल के वाक्य को गद्य का विन्यास प्रदान करती है। यह संकेत है इस बात की ओर कि कवि का प्रयास वस्तुतः गद्य को छन्द में बाँधने का है और इस प्रक्रिया में वह अन्ततः छन्दोबद्ध गद्य की ही रचना कर पाता है। आचार्य शुक्ल के शब्दों में यह कुल मिलाकर 'खड़ी बोली के पद्यों की मसृणबन्ध रचना' ही है। 'भारत-भारती' के लिए आचार्य शुक्ल का यह कथन उल्लेखनीय है कि प्रस्तुत विषय को काव्य का पूर्ण स्वरूप न दे सकने पर भी इसने हिन्दी कविता के लिए खड़ी बोली की उपयुक्तता अच्छी तरह सिद्ध कर दी।

विडम्बना यह है कि स्वयं आचार्य महावीर प्रसाद द्विवेदी को भी सिद्धान्त के स्तर पर कविता और पद्य के अन्तर का बोध था। जुलाई, 1907 की 'सरस्वती' में 'कवि और कविता' शीर्षक लेख में उन्होंने स्पष्ट लिखा है : "आजकल लोगों ने कविता और पद्य को एक ही चीज समझ रखा है, यह भ्रम है। कविता और पद्य में वही भेद है, जो अंग्रेजी की 'पोएट्री' में और 'वर्स' में है।" फिर भी व्यवहार में इस विवेक के प्रमाण न मिलें तो इसे विडम्बना ही कहना पड़ेगा।

ऐसा प्रतीत होता है कि आधुनिक हिन्दी कविता के आरम्भिक काल में मैथिलीशरण गुप्त सहित अधिकांश कवि लिखित गद्य को ही बोलचाल की भाषा

समझते थे। कविता के अन्दर गद्य के समान पूरे वाक्य रखने का प्रयास इसी समझ का परिणाम है, जैसे—'जयद्रथ वध' की ये पंक्तियाँ :

यह अति अपूर्व कथा हमारे ध्यान देने योग्य है,
जिस विषय से सम्बन्ध हो वह जान लेने योग्य है।

इधर कुछ दिनों से कुछ नए कवि मैथिलीशरण गुप्त की गद्यवत् भाषा का बखान करते हुए जिस तरह आज के सन्दर्भ में उसकी वांछनीयता प्रमाणित कर रहे हैं, उसे देखकर सन्देह होता है कि गद्य और बोलचाल की भाषा के बीच का अन्तर आज भी अस्पष्ट है। गद्य वही है जो हम बोलते आ रहे हैं, ऐसा समझनेवाले मोलियर के मोशिए योर्दे और भी हैं। जबकि तथ्य यह है कि सामान्यतः बातचीत में कोई गद्य नहीं बोलता। गद्य बातचीत का व्यवस्थित रूप है और उसकी इकाई वाक्य है, वह 'प्राकृतिक' नहीं, बल्कि 'सुसंस्कृत' वार्ता है, उसी प्रकार सुसंस्कृत जैसे एक अन्य स्तर पर कविता की भाषा। वैसे गद्य के ये टुकड़े आवश्यकतानुसार कविता के अन्दर आ सकते हैं, किन्तु कविता की भाषा तत्वतः गद्य की भाषा नहीं है। इसीलिए कविता अपनी जीवन्तता के लिए बोलचाल के लहजे और लय का आधार लेती है, गद्य के वाक्य-विन्यास की शरण नहीं जाती। इसीलिए कवि कथ्य के अनुरूप सही छन्द अथवा लय की खोज के लिए प्रयत्नशील होता है।

अकारण नहीं है कि जब खड़ी बोली हिन्दी में काव्य-रचना की बात चली तो उसके साथ ही उपयुक्त छन्दों के चयन पर भी बहस हुई। आचार्य महावीर प्रसाद द्विवेदी की देखादेखी कुछ लोगों ने संस्कृत के गणवृत्तों में ही खड़ी बोली को ढालने की कोशिश की। इस प्रकार गद्य के वाक्य छन्द में ढल भी गए, किन्तु अन्ततः रहे वे गद्य के गद्य ही, काव्य न बन सके। समस्त चर्चा में इस बुनियादी बात की ओर ध्यान न गया कि छन्दों का अभिन्न सम्बन्ध भाषा की प्रकृति से है और गणवृत्तों का विकास संस्कृत भाषा की ध्वनि-प्रणाली एवं व्याकरण व्यवस्था से सम्बद्ध है जिसमें सन्धि-समासों के आधार पर संगीत पैदा किया जाता है। संस्कृत गणवृत्त चाहे जितने श्रुति-सुखद हों, उनकी श्रुति-सुखदता संस्कृत के माध्यम से जैसी व्यक्त हो सकती है, भिन्न प्रकृतिवाली खड़ी बोली के माध्यम से दुर्लभ है। यह भाषिक नियम इतना आधारभूत है कि समर्थ-से-समर्थ कवि भी इस नियम का उल्लंघन करने पर विफल होने के लिए अभिशप्त हैं। 'प्रिय प्रवास' के रचयिता हरिऔध इसके ज्वलन्त उदाहरण हैं।

'प्रिय प्रवास' उसी वर्ष प्रकाशित हुआ जिस वर्ष 'भारत भारती' प्रकाशित हुई, किन्तु 'भारत भारती' के सामने 'प्रिय प्रवास' दब गया। 'प्रिय प्रवास' बड़ा भी था—'महाकाव्य' कहलाने की महत्वाकांक्षा के साथ आया था। चरित नायक भी श्रीकृष्ण। श्रीकृष्ण के चरित्र की आधुनिक व्याख्या भी थी। 'भारत भारती' जैसी स्पष्ट राष्ट्रीयता न सही, लोकोद्धार की भावना तो थी।

इस प्रकार 'प्रिय प्रवास' में विषयवस्तु की दृष्टि से लोकप्रियता की सम्भावनाएँ कम न थीं। फिर भी यदि यह भगीरथ प्रयास मार खा गया तो इसका मुख्य कारण है संस्कृत गणवृत्तों का प्रयोग। तत्सम शब्दों की बहुलता मुख्य कारण नहीं, क्योंकि जिस चतुर्थ सर्ग में 'रूपोद्यान प्रफुल्लप्राय-कलिका राकेन्दु-बिम्बानना' जैसी पदावली है, उसी में 'यह सकल दिशाएँ आज भी रो-सी रही हैं' जैसा खड़ी बोली का सीधा-सरल पूरा वाक्य भी है, और आचार्य शुक्ल के शब्दों में : ''अधिकतर पदों में बड़े ढंग से हिन्दी अपनी चाल पर चलती दिखाई पड़ती है।'' किन्तु यह संस्कृत के गणवृत्तों का छन्दानुरोध था कि भाषा भी यत्र-तत्र तत्सम-बहुल हुई और 'अपनी चाल पर चलती हिन्दी' के वाक्य भी अपनी सहज लय खोकर गद्यवत् हो गए।

मैथिलीशरण गुप्त का यह असन्दिग्ध काव्य-विवेक था कि उन्होंने जल्द ही संस्कृत गणवृत्तों को छोड़कर हिन्दी के चिर-परिचित छन्द हरिगीतिका को अपनाया। हरिगीतिका वह छन्द है जिसे हिन्दी जाति के लोकमानस में बसे तुलसीदास के 'रामचरितमानस' में कथाप्रवाह के अन्तर्गत थोड़े-थोड़े अन्तराल पर सभी भाव प्रसंगों में इस्तेमाल किया गया है। तुलसीदास ने इस छन्द के द्वारा कथा कहने का भी काम लिया है, उपदेश देने का भी और मार्मिक क्षणों की अभिव्यक्ति का भी। मैथिलीशरण गुप्त ने इस छन्द को 'जयद्रथ-वध' में कथा कहने के लिए तो इस्तेमाल किया ही, 'भारत भारती' में इसे उद्‌बोधन की विभिन्न दशाओं का भी वाहक बनाया। कहने की आवश्यकता नहीं कि यह छन्द गुप्त जी के हाथों खड़ी बोली में कविता की सम्भावनाओं को उजागर करने वाला प्रमाणित हुआ।

किन्तु इतना सब होते हुए भी ऐसा अनुभव होता है कि गुप्त जी के हरिगीतिका छन्दों में वह लोच नहीं है, जो तुलसीदास में मिलती है। उदाहरण के लिए 'जाकी कृपा लवलेस ते मतिमन्द तुलसीदास हूँ। पायो परम विश्रामु राम समान प्रभु नाहीं कहूँ॥' में चरण के साथ वाक्य भी पूर्ण नहीं हो जाता, बल्कि बोलचाल की लय के अनुरूप दूसरे चरण में भी प्रवाहित रहता है और वाक्य इस प्रकार पूरा होता है—'जाकी कृपा लवलेस से मतिमन्द तुलसीदास हूँ पाया परम विश्रामु।' इसके विपरीत गुप्त जी का प्रत्येक वाक्य चरणान्त पर पूरा हो जाता है, क्योंकि उनका ध्यान गद्य के वाक्य पर है, बोलचाल की लय पर नहीं।

लोच में कमी का कारण एक और है : बोलचाल के लहजे के अनुरूप दीर्घ को ह्रस्व और ह्रस्व को दीर्घ करके पढ़ने के साहस का अभाव। तुलसीदास जब 'दुखु-सुखु जो लिखा लिलार हमरें जाब जहँ पाउब तहीं।' में 'जो' को ह्रस्व पढ़ना केवल अवधी की प्रकृति नहीं है। यदि ऐसा होता तो खड़ी बोली की उर्दू शायरी ने इसे ज्यों-का-त्यों अपना न लिया होता। इस विषय पर आचार्य हजारीप्रसाद द्विवेदी ने बहुत पहले 'कवि के रियायती अधिकार' शीर्षक एक लेख लिखा, जो उनके निबन्ध संग्रह 'विचार और

वितर्क' के प्रथम संस्करण (1945) में संकलित है। उनके अनुसार–"उन्नीसवीं शताब्दी में हिन्दी के कवियों को रियायती अधिकार प्राप्त थे, पर जब से कवि मैथिलीशरण गुप्त ने साहित्यिक क्षेत्र में पदार्पण किया तब से यह अधिकार कवियों से छिन गया है।" वस्तुतः जिसे द्विवेदीजी ने 'रियायती अधिकार' कहा है उसका आधार उच्चारण-सौकर्य है, जो बोलचाल के लहजे का अभिन्न अंग है और ग्राम गीतों में इसकी छटा छिटकी हुई है। इस दृष्टि से श्रीधर पाठक के भाषा-प्रयोग विशेष रूप से उल्लेखनीय हैं।

पाठकजी ने गुप्त जी से 25 वर्ष पहले 'एकान्तवासी योगी' में खड़ी बोली का जो काव्य रूप प्रस्तुत किया, वह 'जयद्रथ-वध' और 'भारत भारती' की तुलना में कम गद्यवत् और अधिक सरल है। उदाहरण के लिए–

प्रान पियारे की गुन गाथा साधु कहाँ तक मैं गाऊँ
गाते-गाते चुके नहीं वह चाहे मैं ही चुक जाऊँ।

सभी शब्द तत्सम न भी हों तब भी इस कविता का पूरा ठाठ खड़ी बोली का ही है। यदि इसमें लोच है तो इसलिए कि वाक्य-विन्यास गद्य का अनुसरण न करके बोलचाल की लय के अनुरूप चलता है। इसीलिए आचार्य शुक्ल ने श्रीधर पाठक के बारे में लिखा है कि "विषयों को काव्य का पूरा-पूरा रूप देने में चाहे वे सफल न हुए हों...पर उनकी वाणी में कुछ ऐसा प्रसाद था कि जो बात उसके द्वारा प्रकट की जाती थी उसमें सरसता आ जाती थी।" इस सरसता का एक कारण यह था कि पाठक जी ने अपनी ब्रजभाषा काव्य परम्परा से आवश्यकतानुसार प्रचलित शब्दों के चयन में किसी प्रकार की कट्टरता और संकीर्णता नहीं दिखलाई। शायद खड़ी बोली की उर्दू कविता के नमूने उनके सामने थे। यदि मीर और गालिब ने ब्रजभाषा के शब्दों से परहेज न किया तो फिर खड़ी बोली के हिन्दी कवि ही उन्हें क्यों छोड़ें? हिन्दी के लिए तो यह दृष्टि इसलिए भी सहज है क्योंकि वह ब्रजभाषा की प्राचीन कविता को उत्तराधिकार के रूप में स्वीकार करती आई है।

यह संयोग नहीं कि श्रीधर पाठक ने आरम्भ में खड़ी बोली में काव्य रचना के लिए लोक प्रचलित 'लावनी' के छन्द को आधार बनाया और आगे भी छन्दों के क्षेत्र में वे तरह-तरह के नए प्रयोग करने में सबसे आगे रहे। इस प्रकार मैथिलीशरण गुप्त ने खड़ी बोली काव्य रचना की दिशा में श्रीधर पाठक की जीवन्त परम्परा को प्रकृत दिशा में आगे बढ़ाने के स्थान पर ऐसी दिशा में मोड़ दिया जहाँ खड़ी बोली अपनी लोच खोकर गद्य पथ पर बढ़ चली।

निस्सन्देह इस गद्यात्मक भाषा का भी अपना एक सौन्दर्य है–स्वयं गुप्त जी के ही शब्दों में, 'हाथ कते हाथ बुने खादी' का सौन्दर्य। तुलसीदास के शब्दों में कहें तो यह 'साधु चरित सुभ वरित कपासू। निरस विसद गुन मय फल जासू' है। गुप्त जी

ने निश्चय ही आचार्य द्विवेदी के समान 'परछिद्र दुराने' के लिए यहाँ से वहाँ तक कपास की ही खेती की और उसके लिए दुख भी सहा। बड़ी बात तो यह थी कि यह भाषा एकदम स्वदेशी थी—स्वदेशी स्वाभिमान से सन्नद्ध।

पर काव्य में इस भाषा की एक सीमा है। वह सीमा नीरसता नहीं है जैसा कि आमतौर से कहा जाता है। भाषा रागात्मक न सही, तथ्यात्मक तो है। तथ्यात्मक होना दोष नहीं। दोष यह है कि वह इकहरी है। इतनी संश्लिष्ट नहीं कि किसी वस्तु, दृश्य, घटना या जीवनानुभव को उसकी समग्र संकुलता में व्यक्त कर सके, इन्द्रिय-बोध से लेकर भाव-बोध और विचार-बोध के स्तरों तक जीवन व्यापार का अनुभव करा सके और उसका बिम्ब भी प्रस्तुत कर सके। गुप्त जी की इकहरी भाषा में यह क्षमता न थी। भाषा का यह इकहरापन वस्तुतः उनके भाव-बोध और चिन्तन के इकहरेपन का सूचक है।

यह इकहरापन एक उदाहरण से स्पष्ट किया जा सकता है। 'भारत भारती' में उन्होंने पहली बार यह महत्वपूर्ण प्रश्न उठाया : 'हम कौन थे, क्या हो गए हैं और क्या होंगे अभी?' उत्तर का सारांश 'भारत भारती' के अन्त में भगवान से जो 'विनय' की गई है, उसमें इस प्रकार दर्ज है :

यह पूर्व की सम्पन्नता, यह वर्तमान विपन्नता,
अब तो प्रसन्न भविष्य की आशा यहाँ उपजाइए।

इस उत्तर के इकहरेपन का पूरा एहसास तब होता है जब आगे चलकर हमारे सामने प्रसाद जी द्वारा दिए गए उत्तर आते हैं। क्या प्रसाद जी के उत्तर भी इतने ही सपाट थे—चाहे वह अतीत हो, चाहे वर्तमान या फिर भविष्य? इसके अतिरिक्त गुप्त जी के 'हम' की व्याप्ति कहाँ तक है? 'हिन्दू' में जिस तरह से उन्होंने मुसलमानों, ईसाइयों और पारसियों को अलग से सम्बोधित किया है, उससे स्पष्ट है कि उनका 'हम' हिन्दी तक ही सीमित है। इस प्रसंग में यह भी उल्लेखनीय है कि गुप्त जी ने यह प्रश्न उठाने की आवश्यकता समझी ही नहीं कि 'मैं कौन हूँ?' इस प्रश्न के अभाव में 'मैं' और 'हम' के रिश्ते की समस्या भी अविवक्षित ही रह गई, जो आगे चलकर छायावाद तथा नई कविता के दौर में ज्वलन्त समस्या बनकर सामने आई। यह सही है कि गुप्त जी द्वारा उठाया हुआ प्रश्न 'हम कौन थे, क्या हो गए हैं और क्या होंगे अभी?' आज हमें अत्यन्त प्रासंगिक और अर्थपूर्ण लगता है और इस तरह साफ शब्दों में प्रश्न को विवक्षित करने के कारण गुप्त जी हमें बहुत महत्वपूर्ण भी प्रतीत होते हैं; किन्तु सवाल यह है कि क्या हम भी आज वही उत्तर देना चाहेंगे, जो गुप्त जी ने दिए थे? इस प्रश्न के उठते ही गुप्त जी के प्रश्न का इकहरापन खुलकर सामने आ जाता है। इस सीमा के बाद भी यदि विपिन कुमार अग्रवाल जैसे कुछ नए कवि मैथिलीशरण गुप्त की सपाट भाषा को आज भी वांछनीय समझते हैं तो

इससे गुप्त जी की भाषा का गौरव उतना नहीं बढ़ता जितना स्वयं उनकी अपनी सपाटता प्रकट होती है।

गुप्त जी के महत्व को रेखांकित करने के लिए इधर एक बात यह भी कही जा रही है कि वे 'वाचिक परम्परा के अन्तिम बड़े कवि' थे। यह 'वाचिक परम्परा' यदि वही है जिसका सर्वश्रेष्ठ ग्रन्थ 'रामचरितमानस' है तो फिर रामकथा पर आधारित होने के बावजूद 'साकेत' इस 'वाचिक परम्परा' का काव्य नहीं है। काव्य में आख्यान लिखने से ही कोई कवि वाचिक परम्परा में नहीं आ जाता। 'रामचरितमानस' ही नहीं, 'सूरसागर' भी वाचिक परम्परा का अंग है, यद्यपि वह गीतों में है। उसमें कृष्ण की लीलाएँ गीतों में ही गायी गई हैं, कोई धारावाहिक कथा नहीं कही गई है। इस दृष्टि से गुप्त जी के अधिकांश कथात्मक काव्य, अन्य आधुनिक काव्य कृतियों के समान, पाठ्य ही हैं—अपवाद-स्वरूप अंशतः 'जयद्रथ-वध' और 'किसान' का नाम लिया जा सकता है।

'जयद्रथ-वध' महाभारत के एक कथा प्रसंग का खड़ी बोली में सफल पुनराख्यान है। भाषा गद्यात्मक ही है, फिर भी प्रसंगों की मार्मिकता के उद्घाटन में पूरी तरह समर्थ है। लोकप्रियता को देखते हुए 'जयद्रथ-वध' की रचना आधुनिक हिन्दी काव्य में एक चमत्कार से कम नहीं है। हरिगीतिका छन्द में कथा-निर्वाह कर लेना साधारण कौशल नहीं और वह भी कथा-प्रवाह के बीच नाटकीय संवादों की योजना करते हुए।

कविता में कहानी कहने की यह कला फिर 'किसान' नामक छोटे-से खंड-काव्य में ही दिखाई पड़ी और वह भी अधिक विकसित रूप में। 'किसान' की भाषा भी बहुत कुछ गद्यात्मक ही है पर कथा कहने के क्रम में बोलचाल की भंगिमा से भर उठती है और ऐसा लगता है जैसे यह भाषा कथा कहने के लिए ही विशेष रूप से रची गई है। शायद इसका एक कारण यह भी है कि एक किसान के जीवन की कहानी कहने के लिए कवि ने 'आल्हा' से मिलता-जुलता छन्द चुना। लगता है, कथानायक 'किसान' ने कवि को गाँव की चौपाल में पहुँचा दिया और वह अपनों के बीच पहुँचकर उन्हीं के लहजे में कहानी कहने के लिए बाध्य हो गया। लक्ष्यीभूत श्रोता द्वारा रचनाकार और रचना में किस तरह रूपान्तरण हो जाता है, इसका ज्वलन्त उदाहरण मैथिलीशरण गुप्त का 'किसान' है। कहीं-कहीं तो 'आल्हा' का अन्दाज भी आ गया है; जैसे—

"बस, यह बातें रहें यहीं तक, मैंने कुलवन्ती पाई।"

इस पंक्ति को पढ़ते हुए आल्हा की यह पंक्ति बरबस याद आ जाती है—"इहाँ की बतिया इहँवै रहिगा अब आगे कै सुनौ हवाल।"

इसी क्रम में गुप्त जी फिर कहते हैं—

"तो आगे बढ़ने से पहले क्यों न ठहर लूँ तनिक यहीं।"

काव्य कथाएँ गुप्त जी ने इसके बाद भी लिखीं, किन्तु फिर वह बात न आ सकी। छायावाद की लहर उठी। प्रगीतों का चलन हुआ। गुप्त जी ही क्यों पीछे रहें। प्रबन्धकार कवि प्रगीत-रचना का लोभ संवरण न कर सका। गीत भी लिखे पर विशेष रुचि दिखाई गीत-बहुल प्रबन्ध रचना में—ऐसी रचना जिसमें झीने कथा प्रसंगों में यहाँ से वहाँ तक प्रगीत पिरोए गए हों। 'यशोधरा' और 'साकेत' ऐसे ही नए प्रयोग हैं, जो 'जयद्रथ-वध' के पाठकों के लिए अजनबी हो गए। छायावादी काव्य के प्रेमियों ने निश्चय ही इनमें रुचि ली, पर अंशतः ही। कुछ गीत जरूर अच्छे लगे किन्तु दो-चार छन्द के बाद वे भी लड़खड़ाते नजर आए। उन गीतों को लड़खड़ाते देखकर स्पष्ट हो जाता है कि कवि के पास न तो गीत के योग्य भाषा है और न संवेदना ही। वैसे, गीतों की भाषा में गुप्त जी ने सलवटें डालने में कम मेहनत न की। जैसे आचार्य शुक्ल द्वारा उद्धृत यह पंक्ति 'जीकर हाय पतंग मरे क्या'। किन्तु ऐसे अधिकांश प्रयासों की परिणति आलंकारिक चमत्कारों में हुई है, जिन्हें देखकर केशवदास की याद ताजा हो जाती है। यह छायावाद से ज्यादा रीतिवाद है। गुप्त जी की इन वक्रोक्तियों से कहीं अधिक काव्यात्मक तो उनकी सीधी-सादी स्वभावोक्तियाँ हैं। सच कहा जाए तो गुप्त जी मूलतः अभिधा के कवि हैं। अभिधा के समर्थ कवि।

इस सामर्थ्य का प्रमाण है गुप्त जी का गद्य। जीवन्त गद्य का एक उदाहरण है गणेशशंकर विद्यार्थी पर लिखा संस्मरण, तो विवाद-दृप्त गद्य का नमूना है दिसम्बर 1914 की 'सरस्वती' में प्रकाशित 'हिन्दी कविता किस ढंग की हो' शीर्षक लेख, जिसमें ब्रजभाषा के समर्थकों को मुँहतोड़ जवाब देते हुए खड़ी बोली काव्य की वकालत की गई है। यही गद्य कविता में आकर कितना दयनीय हो जाता है, इसका उदाहरण है 'स्वस्ति और संकेत' में संकलित 'ब्रजभाषा और खड़ी बोली' शीर्षक द्विभाषी कविता, जो वस्तुतः पद्यबद्ध लेख ही है।

इसलिए गुप्त जी की काव्य भाषा को केवल 'गद्यात्मक' कहना पर्याप्त नहीं है। उनका गद्यात्मकता का आधार गद्यमात्र नहीं, बल्कि आचार्य महावीर प्रसाद द्विवेदी का गद्य है। उसी युग में गद्य का वह रूप विकसित हो चुका था, जो चन्द्रधर शर्मा 'गुलेरी' के 'कछुआ धर्म', 'मारेसि मोहिं कुठाँव' जैसे निबन्धों, 'उसने कहा था' जैसी कहानी तथा सरदार पूर्णसिंह के 'आचरण की सभ्यता', 'मजदूरी और प्रेम' आदि लेखों में दिखाई पड़ता है। [illegible] है कि उन्नीसवीं सदी के अन्त और बीसवीं सदी के आरम्भ तक हिन्दी गद्य जितना विकसित हो चुका था; खड़ी बोली की कविता उस विकास से लाभ उठाने में चूक गई। यही नहीं, वह भारतेन्दु युग के बोलचाल के लहजेवाले गद्य की उस जिन्दादिली से भी महरूम रही, जिसे हाल ही में डॉ. विजयशंकर मल्ल ने 'हँसमुख' गद्य की संज्ञा दी है।

निश्चय ही गुप्त जी ने 'भारत भारती' की लोकप्रियता के बाद काव्य में

द्विवेदी-युगीन 'गद्यात्मकता' से मुक्त होने की कोशिश की, किन्तु यह कोशिश उनके कनिष्ठ समकालीन छायावादी कवियों की तरह ही ब्रजभाषा के मुकाबले खड़ी बोली को भी कोमल और मधुर बनाने की थी। कोमल और मधुर वह जरूर हुई—साथ ही संवेदनशील, व्यंजक और मूर्त भी; पर इस प्रक्रिया में वह चित्र और संगीत हो गई। सब कुछ हो जाने और पा जाने पर भी नहीं रही तो 'भाषा'—जो कि कविता का अपना धर्म है, जिसमें एक मनुष्य दूसरे मनुष्य से संवाद करता है।

दुर्भाग्य यह है कि हमारे रोमेंटिक कवियों में उस समय कोई वड्र्सवर्थ नहीं हुआ जो कविता को आम लोगों की वास्तविक भाषा—सचमुच ही बोली जानेवाली भाषा—बनाने का आह्वान करता। निश्चय ही निराला ने आगे चलकर कुछ छन्दों के द्वारा इस दिशा में पहल की, लेकिन यह उस युग का अपवाद ही है।

सही अर्थों में इस ऐतिहासिक आवश्यकता की पूर्ति का प्रयास तब शुरू हुआ जब साहित्य में प्रगतिशील आन्दोलन की प्रेरणा से कविता आकाश से उतरकर धरती पर आई और सामान्य जनता से जुड़ने के लिए सक्रिय हुई। आरम्भ में निश्चय ही वह भी एक हद तक मैथिलीशरण गुप्त के आरम्भिक पद्यों की तरह युग के गद्य का अनुवाद ही करती रही, पर धीरे-धीरे सहज होकर वह कविता बनी यानी जनवाणी और मनवाणी। जन-जीवन और भाषा की जड़ों में जाकर कविता में खड़ी बोली हिन्दी की सम्भावनाओं की पहचान जिन नए कवियों ने कराई, उनमें नागार्जुन, केदारनाथ अग्रवाल, त्रिलोचन, रघुवीर सहाय और धूमिल के नाम विशेष रूप से उल्लेखनीय हैं।

(1986)

इतिहास की धारा और विद्युच्छटा

रवीन्द्रनाथ की दृष्टि में भारत का इतिहास

रवीन्द्रनाथ की कल्पना-शक्ति बुद्धदेव बसु के शब्दों में 'विद्युद्धर्मी' थी। बिजली की कौंध की तरह वे सत्य का साक्षात्कार करते थे और पल भर में उसके समग्र रूप को पकड़ लेते थे। यह वही विद्युद्धर्मी कल्पना है जिसने झेलम तट के सान्ध्य गगन में 'शब्द विद्युच्छटा हंस-बलाका' की झलक देखी थी। भारत के इतिहास की विशिष्ट झलक भी इसी कल्पना की विभूति है। गोरा के बारे में उसके मित्र विनय ने कहा था—"देश के जिन सब सत्यों को हम लोग खंडित करके बिगाड़कर देखते हैं, गोरा इन सबको एक करके, संश्लिष्ट करके देख सकता है—उसमें इसकी आश्चर्यजनक क्षमता है।" इसका कारण यह है कि "वह बहुत ऊँचाई से भारतवर्ष को देखता है। उसके लिए भारतवर्ष के छोटे-बड़े सब एक विराट् ऐक्य में बँधे हैं, एक बृहत् संगीत में घुल-मिलकर सम्पूर्ण दिखाई देते हैं।" यही बात गोरा के विधाता रवीन्द्रनाथ के बारे में निस्संकोच कही जा सकती है।

इतिहास की यह विद्युच्छटा, जैसा कि वाल्टर बेन्यामिन ने कहा है, 'खतरे के क्षण में' झलक मारती है। आखिर इतिहास स्मृति ही तो है—उसे ऐतिहासिक कल्पना कहिए या फिर रामचन्द्र शुक्ल के शब्दों में 'स्मृत्याभास कल्पना'। बेन्यामिन ने ख़तरे का वह क्षण देखा था—नात्सीवाद की विभीषिका के रूप में। लेकिन रवीन्द्रनाथ के सामने ऐसा कौन-सा खतरा था?

ध्यान स्वभावतः सबसे पहले अंग्रेज़ी राज यानी उपनिवेशवाद की ओर जाता है, किन्तु ऐसा लगता है कि रवीन्द्रनाथ की इतिहास-दृष्टि अंग्रेज़ी राज से उतनी आतंकित न थी। 1941 की प्रसिद्ध कविता 'ओरा काज करे' (वे काम करते हैं) में यह संकेत स्पष्ट है। कवि का यह दृढ़ आत्मविश्वास है :

ज़माने से दल-के-दल जन समूह
सुदीर्घ अतीत काल में
जयोद्धत प्रबल गति से आए और चले गए
आए हैं साम्राज्य तो भी पठान

आए हैं मुगल
उनके विजय-रथ का पहिया धूल उड़ाता रहा,
उनकी विजय पताकाएँ फहराती रहीं
सूने मार्ग की ओर देख रहा हूँ
आज उनका कोई चिह्न नहीं है।
दूसरी बार, उसी शून्य के नीचे आए हैं झुंड-के-झुंड
लौहबद्ध मार्ग से, अनल-निश्वासी रथ पर
प्रबल अंग्रेज़
विकीर्ण कर दिया है अपना तेज
जानता हूँ काल उनके रास्ते से भी निकल जाएगा
बहा देगा साम्राज्य का विजयग्रासी जाल
न जाने किस ओर!

इस आत्मविश्वास का ठोस आधार है, उन साधारण लोगों में कवि की आस्था जो ''चिरकाल रस्सी खींचते हैं, पतवार थामे रहते हैं नगर में, प्रान्तर में, समुद्रों और नदियों में, दिन-रात गुँथे रहकर दिन-यात्रा को मुखरित किए रहते हैं'' यानी एक वाक्य में ''जो काम करते हैं/सौ-सौ साम्राज्यों के भग्नावशेष पर।'' कहने की आवश्यकता नहीं कि यह एक भावुक कवि का कोरा आशावाद नहीं बल्कि इसके पीछे एक निश्चित इतिहास-दृष्टि है और उसका एक नाम भी है—सुविदित, सुपरिचित। 'हिस्ट्री फ्रॉम विलो।'

इसलिए असली ख़तरा और है : कहीं बाहर से नहीं, बल्कि घर के अन्दर से। यह वही ख़तरा है जिसका ओजस्वी जवाब 'गोरा' (1970) है और जिसके दूसरे पहलुओं पर तेज़ रोशनी डालने के लिए रवीन्द्रनाथ ने क्रमशः 'घरे बाइरे' (1916) और 'चार अध्याय' (1934) नामक उपन्यास लिखे। इस ख़तरे का पहला स्पष्ट उल्लेख कवि की जिस रचना में मिलता है, वह है 1895 का एक साहित्यिक निबन्ध 'बंगला जातीय साहित्य'। यह बंगीय साहित्य परिषद् के प्रथम अधिवेशन में पठित भाषण है। इस भाषण का उल्लेखनीय अंश है : ''आज हम साहित्य की धारा को पकड़े हुए हिन्दुत्व के उस बृहत्, प्रबल, बहुमुखी, सचल, तट-गठनशील, सजीव स्रोत पर बहते हुए इस काल से उस काल में नहीं जा सकते। आज हम उसी सूखे रास्ते के बीच-बीच अपनी अभिरुचि और आवश्यकता के अनुसार तालाब खोदकर उसी को हिन्दुत्व कहकर पुकारते हैं। वह बँधा हुआ, क्षुद्र, विच्छिन्न हिन्दुत्व हमारा व्यक्तिगत सम्बन्ध है, उसमें कोई मेरा हिन्दुत्व है, कोई तुम्हारा हिन्दुत्व है, वह कण्व-कणाद, राघव-कौरव, नन्द-उपनन्द और हमारे सर्वधारण का तरंगित प्रवाहित अखंड विपुल हिन्दुत्व है कि नहीं, इसमें सन्देह।''

यही वह 'बँधा हुआ, क्षुद्र और विच्छिन्न हिन्दुत्व' है, जिससे मुक्त करने के लिए गोरा पर रवीन्द्रनाथ ने आकस्मिक 'आघात' किया था और इस तरह उसे प्रत्यभिमान हुआ कि वह पूरे भारत का है।

प्रश्न यह है कि इस संकीर्ण 'हिन्दुत्व' का उदय कैसे हुआ? और यहीं रवीन्द्रनाथ की इतिहास-दृष्टि की विशिष्टता प्रकट होती है। उसी 'बंगला जातीय साहित्य' शीर्षक निबन्ध में रवीन्द्रनाथ ने दिखलाया है कि इस संकीर्णता का उदय अपनी परम्परा से जीवन्त सम्बन्ध टूट जाने के कारण हुआ है। सच तो यह है कि हमारी परम्परा ही खंडित हो गई। कवि की बिम्बधर्मी भाषा में "उस काल के विचार-स्रोत, भाव-स्रोत, प्राण-स्रोत की आदि गंगा सूख गई है, बस उस नदी की तलहटी में जहाँ-जहाँ पानी रुक गया है, वह किसी बहती हुई आदिम धारा से परिपुष्ट नहीं, उसका कितना पानी पुराना और कितना पानी आधुनिक लोकाचार की दृष्टि से संचित है, कहना कठिन है।"

जिसे हम परम्परा कहते हैं, वह रवीन्द्रनाथ के लिए 'इतिहास-धारा' है। इस इतिहास-धारा के अवरुद्ध होने का सबसे बड़ा दुष्परिणाम यह हुआ कि "हम यह समझने की क्षमता भी खो बैठे कि प्राचीन पूर्व पुरुषों के साथ हमारा पार्थक्य कहाँ है? हम सोचते हैं कि उस समय के भारतवर्ष के साथ आज के युग का भेद केवल नए-पुराने का भेद है। उस समय जो चीज उज्ज्वल थी, आज वह मलिन हो गई है, उस समय जो चीज दृढ़ थी, वही आज शिथिल हो गई है। अर्थात् हमीं को अगर कोई सोने के पानी की पॉलिश करके थोड़ा-बहुत चमका दे तो इसी से वह अतीत भारतवर्ष सशरीर लौट आएगा।"

विडम्बना यह कि निरन्तरता के ख़त्म होते ही अतीत और वर्तमान के बीच की पृथकता का बोध भी नष्ट हो गया। यह इतिहास का द्वन्द्व-न्याय और रवीन्द्रनाथ की इतिहास-दृष्टि से यह ओझल नहीं है। पुनरुत्थानवाद इतिहास की इसी विडम्बना की उपज है। जहाँ इतिहास धारा अव्याहत और अविच्छिन्न होती है, अतीत को फिर से लौटाने की आवश्यकता ही नहीं होती। अतीत के आमूल लोप की स्थिति में ही पुनरुत्थान या पुनर्जागरण का नारा बुलन्द होता है। रवीन्द्रनाथ की बुनियादी आपत्ति पुनर्जागरण की धारणा-मात्र से थी। उनका ज़ोर अतीत और वर्तमान के बीच के ऐतिहासिक अन्तर पर था। 'सेकाल' (1900) शीर्षक कविता में कालिदास के बहाने से इसी बात को और अच्छे ढंग से—किंचित् विनोद के साथ कहा है। कविता शुरू होती है : "आमि यदि जन्म नितेम कालिदासेर काले" 'अर्थात् यदि मैं कालिदास के काल में जन्म लेता' से : फिर कालिदास के काल का कल्पना-रंजित भव्य कल्पलोक रचने के बाद अन्त में रवीन्द्रनाथ कहते हैं :

मरब ना भाई, निपुणिका चतुरिकार शोके—
तार सबाइ अन्य नामे आछेन मर्त्य लोके।

आपातत एइ आनन्दे गर्वे बेड़ाइ नेचे—
कालिदास तो नामेइ आछेन, आमि आछि बेंचे।
ताहार कालेर स्वाद गन्ध आमि तो पाइ मदुमन्द,
आमार कालेर कणामात्र पाननि महाकवि।

"मरूँगा नहीं भाई, निपुणिका चतुरिका के शोक में। वे सभी दूसरे-दूसरे नामों से मृत्युलोक में वर्तमान हैं। इस समय तो इसी आनन्द और गर्व में नाचता फिरता हूँ कि कालिदास तो नाम से ही जीवित हैं, लेकिन मैं बचा हुआ हूँ। उनके काल का स्वाद गन्ध तो हलका-हलका मैं पा लेता हूँ लेकिन मेरे काल का कणमात्र भी महाकवि न पा सके।"

अतीत की तुलना में वर्तमान यदि शोक का विषय नहीं है तो गर्व का भी विषय नहीं। शायद इसी बात की ओर इंगित करते हुए रवीन्द्रनाथ कविता का अन्त इस विडम्बनापूर्ण पंक्ति से करते हैं : "कालिदास के हारिए दिए गर्वे बेड़ाइ नेचे।" अर्थात् कालिदास को हराकर गर्व से नाचता फिरता हूँ।

उन्नीसवीं शताब्दी के तथाकथित भारतीय पुनर्जागरण में विडम्बना का यह स्वर दुर्लभ है। रवीन्द्रनाथ इस पुनर्जागरण के पुरस्कर्ताओं में से एक होते हुए भी वस्तुतः पुनर्जागरण की आलोचनात्मक आवाज़ थे। उनकी इतिहास दृष्टि ने बहुत पहले ही इस सत्य का साक्षात्कार कर लिया था कि हिन्दू पुनरुत्थानवाद तथाकथित पुनर्जागरण की धारणा में अन्तर्निहित है। कवि की दृष्टि में यह "इतिहास की विडम्बना" है, जिसका मूर्तिमान प्रतीक गोरा है—अपने हिन्दुत्व पर गर्व करनेवाला गौर मोहन!

बीसवीं शताब्दी के आरम्भ का भारतीय राष्ट्रवाद इसी हिन्दू पुनरुत्थानवाद का अगला चरण है किन्तु उसकी चकाचौंध भी रवीन्द्रनाथ की देश-भक्ति को अधीन नहीं बना सकी। 1905 के बंग-भंग के विरोध में उठे 'स्वदेशी' आन्दोलन का नेतृत्व करने के बावजूद उन्होंने उग्र राष्ट्रवाद का प्रतिवाद करना ज़रूरी समझा। यह उग्र राष्ट्रवाद रवीन्द्रनाथ की देशभक्ति के लिए वैसे ही ख़तरा था, जैसे उनके हिन्दुत्व के लिए हिन्दू पुनरुत्थानवाद। उन्होंने राष्ट्रवाद के विरोध में आवाज़ उस समय उठाई जब राष्ट्रीय जागरण पूरे उभार पर था। यही साधारण साहस नहीं। सार्वजनिक लांछना सहते हुए भी उनका कवि एक ओर 'भारत तीर्थ' जैसा देशप्रेम का गीत लिखता रहा और दूसरी ओर 'घरे बाइरे' जैसे उपन्यास के द्वारा राष्ट्रवाद की सीमाएँ बताता रहा। इसी क्रम में आगे चलकर असहयोग के प्रश्न पर राष्ट्रपिता महात्मा गांधी से रवीन्द्रनाथ की मुठभेड़ भी हुई, जिसका ऐतिहासिक दस्तावेज 'सत्य का आह्वान' (1921) शीर्षक निबन्ध है। सत्य सचमुच किस पक्ष की ओर था, यह सम्भवतः आज भी विवाद का विषय हो, पर इसमें कोई शक नहीं कि राष्ट्रीय आन्दोलन के उस "तुमुल कोलाहल" में विवेक की वाणी कवि रवीन्द्रनाथ ही थे और इस विवेक का आधार भी एक

निश्चित इतिहास-दृष्टि है।

इतिहास अन्ततः एक 'नैरेटिव' या आख्यान है और रवीन्द्रनाथ की ऐतिहासिक कल्पना में भी भारत-विषयक आख्यान का एक निश्चित ढाँचा था। इस ढाँचे का सबसे मुकम्मल रूप 'भारतवर्षे इतिहासेर धारा' (1912) शीर्षक प्रबन्ध में मिलता है। यहाँ कवि ने भारतीय इतिहास के अन्तर्गत परिवर्तन और विकास का एक नियम खोजा है। वह नियम संक्षेप में आत्मरक्षण और आत्म-प्रसारण का अनवरत चक्र है। पुराण गाथाओं की अभिनव व्याख्या के द्वारा इस नियम को पुष्ट भी किया गया है। यह सब कवि की सर्जनात्मक प्रतिभा का चमत्कार है। वैदिक युग से मध्यकाल तक के भारत का लम्बा इतिहास जिस कौशल से कुछ ही पृष्ठों में समेटकर रख दिया गया है, वह निश्चय ही एक सुगठित आख्यान की बड़ी भारी सफलता है। किन्तु प्रसंगवश 'रामायण' की रामकथा के परवर्ती क्षेपकों की जो राजनीतिक व्याख्या की गई है, उससे अपने इतिहास के बारे में हमें एक नई दृष्टि मिलती है। रवीन्द्रनाथ लिखते हैं : "क्षत्रिय रामचन्द्र ने एक दिन गुहक चांडाल को अपने मित्र के रूप में स्वीकार किया था, यह जनश्रुति आज तक उनकी आश्चर्यजनक उदारता का परिचय देती आ रही है। परवर्ती युग के समाज ने 'उत्तरकांड' में उनके इस चारित्र्य-माहात्म्य से ध्यान हटाना चाहा। शूद्र तपस्वी को रामचन्द्र ने वध दंड दिया, इस अपवाद पर ही बल देकर परवर्ती समाज रक्षकों ने रामचरित्र को अपने विचार पक्ष के अनुकूल बनाना चाहा।" इसी प्रकार 'उत्तरकांड' के दूसरे क्षेपक वैदेही वनवास का उदाहरण देने के बाद रवीन्द्रनाथ फिर कहते हैं कि "रामचरित्र में सामाजिक संघर्ष का जो इतिहास था, उसके चिह्न यथासम्भव मिटाकर उसे परवर्ती काल में नए युग के सामाजिक आदर्श के अनुगत बनाया गया। उसी समय रामचरित्र को गृहधर्म और समाजधर्म का आश्रय मानकर उस रूप में प्रचार करने का प्रयत्न किया गया। किसी दिन रामचन्द्र स्वजाति को विद्वेष की संकीर्णता से प्रेम की व्यापकता की ओर ले गए थे, लेकिन उनका यह कार्य विस्मृत होकर क्रमशः यह बात सामने आई कि वे शास्त्रानुमोदित गार्हस्थ्य के आश्रय और लोकानुमोदित आधार के रक्षक थे।

इन बातों को पढ़कर एक बार हठात् वाल्टर बेन्यामिन का यह कथन याद आता है कि दुश्मन के हाथों मृतक भी सुरक्षित न रहने पाएँगे। यहाँ तो भगवान राम ही सुरक्षित नहीं, फिर सामान्य मृतकों की कौन कहे। मौत के सौदागर मुर्दों से भी डरते हैं। फिर भी वे अपने आपको इतिहास का रक्षक कहते हैं। ऐसे रक्षकों से इतिहास की रक्षा करने का दायित्व, रवीन्द्रनाथ के अनुसार, सच्चे इतिहासकार पर है। 'भारतवर्षे इतिहासेर धारा' भारत के इतिहास की रक्षा का ऐसा ही प्रयास है।

इस निबन्ध का एक अन्य उल्लेखनीय प्रसंग है जहाँ रवीन्द्रनाथ 'महाभारत' के माध्यम से इतिहास-लेखन पद्धति की चर्चा करते हैं। आखिर 'महाभारत' रचने की

आवश्यकता क्यों पड़ी? क्यों और कब? रवीन्द्रनाथ के अनुसार बौद्ध प्लावन के कारण सारी व्यवस्था इस हद तक भूमिसात् हो चुकी थी कि बिखरी जनश्रुतियों के रूप में बचे-खुचे इतिहास को एक जगह बटोरने की ज़रूरत महसूस हुई। इस प्रकार कवि के शब्दों में–"हम कौन हैं, कौन-सी वस्तु हमारी है, इस सत्य को विश्लिष्टता के बीच ढूँढ़ने का महान युग आ गया था। इसी युग में भारतवर्ष ने अपने आपको भारतवर्ष कहकर सीमा चिह्नित किया।"

इस विशाल संग्रह की विशेषता यह है कि इसमें बहुलता, विविधता, असंगति और पार्थक्य को उदारता के साथ पूरी तरह सुरक्षित रखने का प्रयास किया गया। फिर भी आख्यान की ऐसी शैली अपनाई गई जिसमें एक धारावाहिक परिधि-सूत्र के साथ ही एक निश्चित केन्द्र भी हो। कौरव-पांडवों की कहानी परिधि है तो गीता का उपदेश केन्द्र। तार्किक असंगति की परवाह न करते हुए परिधि के समान ही केन्द्र में विविध जीवन-दृष्टियों को सुरक्षित रखा गया। आज भी गीता में ज्ञान, कर्म और भक्ति के बीच की फाँक देखी जा सकती है। इसी बात को कवि ने फिर एक रूपक के द्वारा स्पष्ट करने का प्रयास किया है। यह रूपक है–आतशी काँच! वे कहते हैं–"आतशी काँच के एक ओर व्यापक सूर्यलोक होता है और दूसरी ओर केन्द्रित किरणें। इसी तरह 'महाभारत' एक ओर व्यापक जनश्रुति है और दूसरी ओर उसकी केन्द्रित ज्योति। यह ज्योति है भगवद्गीता।"

मन में सहज ही यह जिज्ञासा पैदा होती है कि क्या स्वयं रवीन्द्रनाथ के पास भी वह 'आतशी काँच' था? उनकी यह दृढ़ धारणा थी कि इतिहास में मनुष्य का चित्त एक चरम तत्व का अनुसन्धान और उपलब्धि करता है। बहुत से लोग सोचते हैं कि पथ का इतिहास ही इतिहास है–मूल अभिप्राय और चरम गम्यस्थान कुछ भी नहीं है। किन्तु इसके विपरीत रवीन्द्रनाथ का यह दृढ़ विश्वास था कि भारत ने एक दिन अपने समस्त इतिहास में एक चरम तत्व को देखा था, इसलिए कोशिश करे तो उस चरम तत्व को आज भी देख सकता है। इस आग्रह के कारण उनका 'आतशी काँच' सूर्य की केवल केन्द्रित किरणें विकीर्ण कर सका, सूर्य का व्यापक आलोकमंडल उसकी सीमा से बाहर ही रहा। इसीलिए वे गीताधर्मी कृतियाँ तो रच सके पर 'महाभारत' का विस्तार उनकी पहुँच से परे ही रहा। गोरा भी कुछ रवीन्द्र भक्तों की स्तुति के बावजूद 'महाभारत' नहीं बल्कि रवीन्द्रनाथ की 'गीता' ही है।

इसाया बर्लिन ने लेव ताल्सताय के इतिहास-दर्शन के सिलसिले में यह दिलचस्प सवाल उठाया है कि वे वस्तुतः लोमड़ी के स्वभाव के थे अथवा साही के। पश्चिमी लोक विश्वास के अनुसार लोमड़ी छोटी-छोटी हज़ारों बातें जानती है, जबकि साही सिर्फ़ एक बड़ी बात जानता है। यदि रवीन्द्रनाथ की इतिहास-दृष्टि को इस साँचे में जाँचें तो बेहिचक कहा जा सकता है कि उनकी दृष्टि एक बड़े सत्य पर थी, छोटे-छोटे

ब्योरों में उनकी अधिक रुचि शायद न थी।

आकस्मिक नहीं कि 1923 में जब उन्होंने 'भारतवर्षे इतिहासेर धारा' को अंग्रेज़ी में फिर से लिखा तो उसका शीर्षक 'A Vision of India's History' रखा। 'धारा' का स्थान 'विज़न' ने ले लिया। काव्य के समान इतिहास के क्षेत्र में भी 'विज़न' या झलक के वे कायल हैं। वे द्रष्टा हैं। दृष्टि देते हैं। धारा को भी वे झिलमिल झलक के रूप में देखते हैं। भारत का इतिहास भी उनके लिए एक 'हंस बलाका' है, वह बलाका नहीं जिसे हज़ारों लोग हज़ार बार देख चुके हैं, किसी एक द्वारा किसी एक क्षण में देखी हुई कोई एक हंस बलाका आकाश के एक छोर से दूसरे छोर को पल भर में माप लेनेवाली ज्योति् रेखा, जो अन्त में अपने पीछे यह व्याकुल वाणी छोड़ जाती है :

हेथा नय, अन्य कोथा, अन्य कोथा, अन्य कोन् खाने।

(यहाँ नहीं, कहीं और, कहीं, और, और कहाँ!)

(अन्तर्दृष्टि : 4)

जातीय अस्मिता और राष्ट्रीय एकता के प्रतीक भारती

भारतीय स्वाधीनता संग्राम के उषाकाल में स्वतन्त्रता के जो गायक हुए उनमें तमिष कवि सुब्रह्मण्य भारती (1882-1921) के अन्यतम हैं। उनतालीस वर्ष की छोटी-सी आयु में इस कवि ने जो अद्‌भुत काव्य-सर्जना की वह तमिष साहित्य ही नहीं बल्कि समूचे भारतीय साहित्य की अमूल्य निधि है। साम्राज्यवादी दमन, सामाजिक उपहास तथा आर्थिक विपन्नता के आघातों को झेलते हुए भारती ने अन्त तक जिस क्रान्तिकारी ऊर्जा का स्वर मुखर रखा, वह आज भी प्रेरणा का अक्षय स्रोत है। भारत जैसे बहुभाषी और बहुजातीय राष्ट्र में जातीय अस्मिता और राष्ट्रीय एकता के समन्वित रूप को भारती ने जैसी काव्यात्मक अभिव्यक्ति दी, वह आज विशेष रूप से प्रासंगिक है।

हिन्दी में भारती की कुछ राष्ट्रीय कविताओं के जो अनुवाद सुलभ हैं उनसे बहुत कुछ एक ऐसे राष्ट्रीय कवि की तसवीर सामने आती है जो मैथिलीशरण गुप्त या माखनलाल चतुर्वेदी के निकट है। किन्तु यदि भारती की काव्य-सर्जना को समग्रता में देखें तो वे ऐसे 'भावात्मक ज्वालामुखी' प्रतीत होते हैं, जो अपनी विस्फोटक प्रतिभा में प्रायः निराला की याद दिलाते हैं। उल्लेखनीय है कि भारती के मूल प्रेरणा-स्रोतों में स्वतन्त्रता के उन्मुक्त गायक शैली और वाल्ट विटमैन जैसे कवि रहे हैं। एक रोमांटिक विद्रोही कवि के नाते भारती वस्तुतः मानव आत्मा की स्वतन्त्रता के उद्‌गाता थे और राष्ट्रीय मुक्ति भारत की औपनिवेशिक दासता के विशेष ऐतिहासिक सन्दर्भ में उस मूलगामी स्वतन्त्रता का ही एक आयाम है। इसीलिए उनके सम्मुख ऐसे स्वतन्त्र भारत का भावचित्र था जिसमें अन्त्यज को भी एक मनुष्य की गरिमा प्राप्त हो और नारी को भी पुरुष के समान ही सम्मानपूर्वक जीने का अधिकार हो, साथ ही मेहनत करनेवाले मजदूर और किसान भी अपनी मेहनत का फल प्राप्त करने के लिए स्वतन्त्र हों। इसीलिए जब रूस में जारशाही का अन्त करके मजदूरों और किसानों ने 1917 में समाजवाद की स्थापना की तो भारती ने आगे बढ़कर तुरन्त उसका स्वागत किया, जो सम्भवतः भारत के कवियों में सर्वप्रथम कार्य है। विशेष बात यह है कि अन्त्यज और नारी को स्वतन्त्र मनुष्य का गौरव देने के लिए भारती

ने कविता लिखकर ही सन्तोष नहीं किया, बल्कि समाज में उन्हें स्वीकृति दिलाने के लिए सक्रिय प्रयास भी किया है। इस प्रकार भारती उन थोड़े से प्रतिबद्ध कवियों में हैं जिनके लिए शब्द कर्म भी है।

किन्तु योद्धा के अतिरिक्त भारती के कवि-व्यक्तित्व का एक कोमल पक्ष भी है जिसकी सर्वोत्कृष्ट अभिव्यक्ति 'कोयल गीत' शीर्षक लम्बी कविता में हुई है। 'कोयल गीत' एक काव्यात्मक दिवास्वप्न है, जिसमें स्वातन्त्र्य भावना प्रेम की आकांक्षा में रूपायित हुई है। यह कविता रोमांटिक विद्रोह का घोषणा-पत्र है, जिसने तमिष कविता को आधुनिक काव्यभाषा दी। 'कोयल गीत' की रचना से स्पष्ट है कि भारती राष्ट्रीय जागरण के एक सामयिक वैतालिक ही नहीं, बल्कि गहरी मानवीय अनुभूति के अविस्मरणीय कवि भी हैं।

भारती के कविकर्म की परिणति गद्यगीतों अथवा गद्यात्मक कविताओं में हुई, जो अपने विन्यास में बहुत-कुछ वाल्ट विटमैन की कविताओं की याद दिलाते हैं। इन गद्यगीतों की बहुत दिनों तक उपेक्षा होती रही है किन्तु समकालीन तमिष कवियों के लिए सम्भवतः सबसे अधिक प्रासंगिक यही हैं। वायु, अग्नि, प्रभृति प्रकृति तत्वों के इर्द-गिर्द निर्मित ये गद्य-कविताएँ अपनी आदिम ऊर्जस्विता में यदि एक ओर वैदिक ऋचाओं की याद दिलाती हैं तो दूसरी ओर अपनी ऐन्द्रियता तथा सहज भावावेग में उन्मुक्त जीवन का महोत्सव मनाती प्रतीत होती हैं। इन कविताओं में रोमांटिक भारती बीच-बीच में आत्मोपहास, विडम्बना और मानवीय करुणा के छींटे देते चलते हैं, जो समकालीन कवियों के लिए विशेष रूप से आकर्षण की वस्तु है। इस प्रकार भारती समकालीन कवि के लिए भी प्रासंगिक हैं।

(आलोचना, जुलाई-सितम्बर—अक्टूबर-दिसम्बर, 1982)

पन्त जी और नई पीढ़ी

कवि श्री सुमित्रानन्दन पन्त हमारे पूर्ववर्ती ही नहीं, बल्कि समवर्ती भी हैं—नई पीढ़ी के ही नहीं बल्कि पिछली तीन पीढ़ियों के। छायावाद और प्रगतिवाद के तो, खैर, प्रवर्तकों में ही हैं, प्रयोगों के भी पुरस्कर्ता बतलाए गए हैं और अब नई कविता की दौड़ में भी पश्चात्पद नहीं हैं। सदा सामयिक और नित्य नूतन रहने की आकांक्षा आलोचना की परिपाटी में काफी जानी-मानी बात हो गई है। स्वयं पन्त जी की भी ऐसी ही सम्मति है और अपने विकास के चार सोपानों को स्पष्ट करके उन्होंने आलोचकों का काम काफी आसान कर दिया है। फिर भी नई पीढ़ी के कवि इस ओर से उदासीन हैं। शायद वे पन्त जी के इस तथाकथित 'क्रमिक विकास' को स्वीकार नहीं करते या फिर स्वीकार करते हुए भी, उन्हें 'समसामयिक' नहीं मानते। कवि को इससे क्षोभ है। जवाब में वे नई पीढ़ी को पथभ्रष्ट या ऐसा ही कुछ कहते हैं। वस्तुस्थिति यह है। आलोचकों की संस्तुतियाँ भी कवि के असन्तोष को शान्त नहीं कर पातीं, शायद उसे समसामयिक कवियों की स्वीकृति की अपेक्षा होती है। पन्त जी में यदि यह असन्तोष है, तो मैं इसे एक रचनात्मक आकांक्षा मानता हूँ और इस प्रकार उनकी परवर्ती कृतियाँ अन्ततः जो भी प्रमाणित हों, उनका यह संक्रमण ही नई पीढ़ी के लिए गम्भीर विचार का विषय है।

साहित्य-समीक्षा में एक बात स्पष्ट हो जानी चाहिए कि किसी कवि का हर नए युग के अनुसार बदलते जाना अपने आपमें कोई मूल्य नहीं है। केवल बदलते जाना कवि की जागरूकता का प्रमाण नहीं है। विकास यह नहीं है और न है क्रमिक विकास। समय का तकाजा भले हो। इसलिए पन्त जी का क्रमिक विकास प्रमाणित करने के लिए उनके चालीस वर्षों की काव्य-रचना का जो खाका पेश किया जाता है, वह एकदम सतही है। प्रकृति से मानव, मानव से जनजीवन, जनजीवन से दिव्य जीबन और दिव्य जीवन से नवमानव, अथवा कल्पना से अनुभूति, अनुभूति से विचार, विचार से अध्यात्म या फिर अन्तर से बाहर और अन्त में बहरन्तर का समन्वय आदि बातें काव्य-विकास की चर्चा में ऊपरी ही नहीं, बल्कि अप्रासंगिक भी हैं। यह स्कीम छात्रों को परीक्षा में उत्तीर्ण करा सकती है, लेकिन काव्य की आत्मा में प्रवेश नहीं

करा सकती। सच्चाई तो यह है कि किसी कवि के विकास का इतना योजनाबद्ध होना ही उसकी रचनाशीलता के सामने प्रश्नचिह्न लगा देता है। रचनात्मक प्रतिभा का विकास इतना सीधा, सरल और सपाट नहीं हुआ करता।

स्वयं पन्त जी ने तथा उनके प्रशंसकों ने अच्छी तरह यह प्रमाणित करने का प्रयत्न किया है कि परिवर्तन की इस प्रक्रिया में विचारों का साथ अनुभूतियों ने और अनुभूतियों का साथ कला ने बराबर दिया है। विचार, अनुभूति और कला का यह समानान्तर परिवर्तन इतना पक्का है कि अपने आप अविश्वसनीय हो उठता है। सारी योजना, सारा 'केस' अविश्वसनीयता की हद तक मुकम्मल बनाया गया है। आलोचक इस योजना पर विश्वास भले ही कर लें किन्तु रचना-प्रक्रिया की पीड़ा से गुजरनेवाले कवि के लिए असम्भव है। किसी पत्रकार का परिवर्तन ही इतना सुनियोजित हो सकता है। रचनाशील कवि का परिवर्तन इतना सहज नहीं होता क्योंकि उसमें कवि का समूचा व्यक्तित्व सम्पृक्त रहता है। प्रायः विचारों का साथ अनुभूति नहीं देती और अनुभूति का साथ कला नहीं दे पाती, यहाँ तक कि ढलती उम्र में संवेदनों को ग्रहण करने की शक्ति भी रह-रहकर साथ छोड़ने लगती है।

बहरहाल, जहाँ तक पन्त जी के काव्य का सम्बन्ध है, स्वयं उनकी अपनी राय तथा आलोचकों द्वारा प्रस्तुत विकास-योजना के बावजूद उनकी रचना में परिवर्तन-प्रक्रिया की अनेक असंगतियाँ मिलती हैं और ये असंगतियाँ ही हमारे लिए उनके काव्य को महत्वपूर्ण बनाती हैं क्योंकि रचना-प्रक्रिया का द्वन्द्व भी आज काव्य-अनुभूति का एक नया स्तर है।

विचारों के क्षेत्र में पन्त जी की जागरूकता असन्दिग्ध है। पिछले चालीस वर्षों में दर्शन, विज्ञान, राजनीति तथा साहित्य सम्बन्धी जितनी महत्वपूर्ण विचारधाराएँ उठी हैं, उन पर पन्त जी की सतर्क दृष्टि रही। विचारधाराओं के संघर्ष को उन्होंने अपनी बुद्धि में बराबर उद्दीप्त रखा। यही नहीं, बल्कि अपने ढंग से उन्होंने इनमें से अपने लिए समाधान ढूँढ़ने का प्रयत्न किया। इस समाधान में ऊपर से कोई दुर्बलता नहीं दिखती। लोककल्याण और विश्वमंगल के मानवतावादी आदर्श से उनका काव्य अनुगुंजित है। छायावादी संस्कारों के बावजूद उन्होंने व्यक्तिवादी दायरे से मुक्त होकर व्यापक सामाजिकता का जयगान किया। लोकमंगल की आकांक्षा ने उनके हृदय को इतना विशाल बना दिया कि उन्होंने एक ही साथ सबकी मंगलकामना की। पक्षों के संघर्ष में उन्होंने अपने को सबसे ऊपर कर लिया। उनके मानवतावाद का विरोध केवल मशीन से है। इन विचारों के द्वारा वे सच्चे हृदय से नवमानव का निर्माण करना चाहते हैं। कहाँ यह ऊँचा आदर्श और कहाँ नए कवियों की दुविधा और पीड़ा से ग्रस्त वैयक्तिकता!

कठिनाई केवल इतनी है कि इतनी ऊँची मानवता की कल्पना करनेवाला स्वयं

भी मानवता हो जाता है, मानव वह नहीं रह पाता! और अनुभूतियाँ मानव को होती हैं, बल्कि व्यक्ति-मानव को, मानवता को नहीं। इस ऊँचे स्तर पर पन्त जी की मानवता को यदि अनुभूतियाँ न हों, तो इसमें आश्चर्य की कोई बात नहीं। राग-विराग से परे की स्थिति शम दशा कहलाती है जिसका दूसरा नाम आनन्द भी है। बात इतनी ही है कि यह 'शान्ति' और 'आनन्द' प्राचीन आचार्यों के अनुसार भी काव्य की निष्पत्ति है, उत्पत्ति नहीं। पन्त जी ने अन्त से शुरू किया है, इसलिए वे 'सन्त' हैं : राष्ट्रकवि की वाणी भला मृषा हो सकती है!

लेकिन हमें यह नहीं भूलना चाहिए कि पन्त जी विचारों में समन्वयवादी हैं। समस्त विरोधी विचारों का अध्ययन करने के बाद उन्हें समन्वयवाद का ही रास्ता सुरक्षित प्रतीत हुआ। उन्होंने सामाजिक-मंगल के साथ व्यक्ति-मंगल के गीत गाना भी उचित समझा। महत्वपूर्ण तथ्य है कि उम्र के साथ ही पन्त जी की आत्मपरक कविताओं की संख्या भी बढ़ती गई। एक बार उन्होंने गर्व (?) से कहा था कि 'व्यक्तिगत सुख-दुख के सत्य को अथवा मानसिक संघर्ष को मैंने अपनी रचनाओं में वाणी नहीं दी है, क्योंकि वह मेरे स्वभाव के विरुद्ध है।' लेकिन यह बात 'आधुनिक कवि' संग्रह के समय की है। स्वभाव बदल भी तो सकता है।

ऐसा कई कवियों के साथ हुआ है। युवावस्था में किसी अंकुश के कारण उन्होंने व्यक्तिगत कविताएँ नहीं लिखीं और उम्र ढलने के साथ ही उनका वह अंकुश हट गया। रवीन्द्रनाथ भी ऐसे ही कवियों में थे। कविता में वैयक्तिकता अपने आपमें न तो दोष है और न निर्वैयक्तिकता गुण। जिस वैयक्तिकता को कुछ कवि सहज ही आरम्भिक उत्थान में वाणी दे लेते हैं, उसी के लिए भाषण की स्वतन्त्रता प्राप्त करने में दूसरे कवियों को जीवन का आधा से भी अधिक समय लगा देना पड़ता है। निर्वैयक्तिकता व्यक्तित्वहीन व्यक्ति की वाणी नहीं है, व्यक्तिविशेष की हैसियत से मानव मात्र के लिए बोलने का नाम निर्वैयक्तिकता है। बात का मूल्य इस पर भी निर्भर होता है कि कहने वाला व्यक्ति कौन है? अणुबम के विरोध में जब आइंसटीन ने आवाज उठाई तो उस विरोध का मूल्य बढ़ गया क्योंकि उस विरोध के पीछे एक व्यक्तित्व था : व्यक्तिवाचक एक संख्या नहीं, बल्कि एक ठोस व्यक्तित्व। काव्य की शक्ति का सम्बन्ध भी ऐसे ही व्यक्तित्व से है।

जिसमें अपनी बात कहने की हिम्मत नहीं है, वह दूसरों के लिए क्या मुँह खोलेगा? और मुँह खोलेगा भी तो उसकी आवाज में क्या बल होगा? वैसे, यह गलत है कि पन्त जी ने अपनी आरम्भिक कविताओं में व्यक्तिगत सुख-दुःख की बातें नहीं कहीं। 'पल्लव', 'गुंजन' में व्यक्तिगत बातें चाहे जिस शक्ल में हों, परन्तु उनसे जिस कवि-व्यक्ति का व्यक्तित्व सामने आया, वह आसमान या पहाड़ से नहीं टपका था! और बाद की 'आत्मिका' कविताएँ ढली उम्र में उसी भूतपूर्व व्यक्तित्व की दुखद

स्मृतियाँ हैं। इन काव्य-संस्मरणों में अनुभूति नहीं बल्कि 'अनुभूति की स्मृति' है : स्मृति की अनुभूति नहीं, अनुभूति की स्मृति। इसलिए इनमें ताजगी और तीव्रता नहीं है, बल्कि एक शीतल ज्वाला है। इनमें एक प्रकार की परोक्षता है। फिर भी लोक-मंगल वाली कविताओं से इनमें काव्यात्मकता अधिक है।

परन्तु विचारणीय बात है लोक-मंगल और व्यक्तिगत अनुभूति का समन्वय। क्या इनमें समन्वय का कोई आधार है? एक ओर लोक-मंगल का वह उदात्त आदर्श और दूसरी ओर किशोर स्मृतियों का पुंज यह व्यक्तित्व! ऐसे व्यक्तित्व से वह लोक-मंगल किस प्रकार विकसित होता है? अपने मानववादी आदर्श से पन्त जी ऐसे ही नवमानव का निर्माण करना चाहते हैं? जाहिर है कि पन्त जी के ऊँचे आदर्श अनुभूतियों की तीव्रता से नहीं ढले हैं। इस प्रकार यह समन्वयवाद अनुभूतियों की तीव्रता से तो रहित है ही, आत्मचिन्तन के तप से भी अछूता है। हर समन्वयवाद की तरह यह समन्वयवाद भी एक प्रकार का बौद्धिक आलस्य है, सुविधाजनक समझौता है। जो लोग पन्त जी के विचारों और अनुभूतियों के सतही विकास की बात करते हैं, वे भूल जाते हैं कि यह अनुभूत चिन्तन का विकास नहीं है। हर नए युग के वातावरण में उड़ने वाली सूचनाएँ पन्त जी ने चाहे जितनी ग्रहण की हों, किन्तु कवि सुलभ चिन्तन की शक्ति कैशोर ही रही। इसे स्वीकार करने में कोई लज्जा नहीं होनी चाहिए।

इसलिए यदि किसी कवि का कृतित्व कई युगों और पीढ़ियों के बीच फैला हुआ हो तो 'क्रमिक विकास' अथवा 'विकास' की भाषा में सोचने से भ्रम हो सकता है। बेहतर है कि हम 'परिपक्वता' या 'प्रौढ़ता' की भाषा में ही सोचें। प्रश्न यह नहीं है कि कवि ने हमारी नई पीढ़ी की सफलता से कितना लाभ उठाया? यह भी प्रश्न नहीं है कि आनेवाली पीढ़ियों के कृतित्व में स्वयं उसका क्या स्थान रहा? प्रश्न यह है कि परिवर्तित वास्तविकता की आँच में उसने अपनी स्वकीयता को कितना माँजा? एक युग का निर्मित व्यक्तित्व अन्य युगों का रस ग्रहण कर कितना प्रौढ़ हुआ? मूल प्रश्न सम्पूर्ण व्यक्तित्व के परिपाक का है, जिसमें वयोचित ऐन्द्रिय बोध के साथ अनुभूति और चिन्तन का सहज समवाय हो। काव्यपाक का कोई वस्तुनिष्ठ लक्षण बता सकना कुछ कठिन है। मोटे तौर से इतना ही कहा जा सकता है कि पूर्ववर्ती और परवर्ती कविताएँ दो भिन्न कवियों की लिखी हुई प्रतीत न हों, परवर्ती कविताओं की श्रेष्ठता पूर्ववर्ती कविताओं की प्रतिष्ठा पर निर्भर न हो, बल्कि परवर्ती कविताओं के आलोक में पूर्ववर्ती कविताएँ भी नए अर्थ से चमक उठें। अनुभूतियों की जो ताजगी नए कवियों की कविताओं में मिलती है, उसे मध्यायु के कवि में ढूँढ़ना ज्यादती होगी, लेकिन नए सन्दर्भ में झंकृत होने की क्षमता तो उनमें होनी ही चाहिए।

जैसा कि पन्त जी की 'अतिमा', 'वाणी' तथा 'कला और बूढ़ा चाँद' पुस्तकों

से स्पष्ट है, उन्होंने नई कविता की सफलताओं को अधिक-से-अधिक आयत्त करने का प्रयत्न किया है। कभी-कभी तो प्रचलित प्रतीकों और बिम्बों को भी उन्होंने उठा लिया है। शंख-सीपी, अनबिंधे मोती आदि के साथ 'यह दीप तुम्हें सौंपता हूँ' जैसी बातें भी मिलेंगी। आत्मविश्वास के साथ उन्होंने यह भी कहा है कि :

मैं शाश्वत, निःसीम का
गायक और सृजक रहा
तो
सद्यः क्षणिक का भी
जनक हूँ।

यह सब सामयिकता का आग्रह है। इससे ग्रहणशील कवि की आतुरता ही प्रकट होती है। परिपक्वता यह नहीं है।

संवेदनशीलता प्रकट करने के लिए उन्होंने सौन्दर्य के क्षेत्र में काफी प्रयत्न किया और एक दूसरे स्तर पर परवर्ती कविताओं में अत्यधिक ऐन्द्रियता भी उभरी। पन्त जी ने इन्हें दीप्त-लावण्य कहा है और उनके अनुसार रागभावना के प्रति यह एक मौलिक दृष्टिकोण है, परन्तु तथ्य कुछ और ही कहते हैं। 'मेरी दुर्बल इन्द्रियाँ तुम्हारे आनन्द का उत्पात नहीं सहेंगी' कहना सत्य के अधिक निकट है। इन्द्रिय-बोध की दुर्बलता से ही इस प्रकार की ऐन्द्रियता प्रकट होती है, जो वार्धक्य का संकेत है। दुर्बल इन्द्रिय-बोध, अतीत की स्मृति में डूबी अनुभूतियाँ और लोकमंगल का ऊँचा आदर्श– इन तीन छोरों पर तना हुआ कवि–व्यक्तित्व परिपक्वता में न ढलकर एक दूसरे स्तर पर समूचे प्रयत्न को दुखद बना देता है।

सभी जानते हैं कि नई पीढ़ी के साथ कविता में एक प्रकार के नए रोमांटिक उत्थान का उदय हुआ है, जो व्यक्तिगत अनुभूतियों की सीमा में ही युग जीवन के नए पहलुओं को उद्‌भासित कर रहा है। लोक-मंगल या नई सुबह का नारा यहाँ नहीं है। फिर भी इन कवियों के द्वारा सामाजिक संघर्षों में तपे हुए युवक व्यक्तित्व के कुछ ऐसे सत्य सामने आ रहे हैं, जो अधिक वास्तव हैं। छायावाद के यशस्वी कवि पन्त जी यदि ऊपरी आकर्षणों को छोड़कर अन्तःपरिपाक ही करते तो आज हमारे अधिक समसामयिक होते!

काव्य-चेतना की दृष्टि से पिछले चालीस वर्षों में कवि का व्यक्तित्व बहुत नहीं बदला है। सामाजिक दृष्टि से आज भी कवि व्यक्तिवादी है, बल्कि समाज से कुछ अधिक ही कट गया है। कवि का अकेलापन बढ़ा ही है। प्रवृत्तियों के परिवर्तन प्रायः ऊपर हैं। दिन पर दिन यह बात स्पष्ट होती जा रही है। वादों के नारों को हटाकर इस शताब्दी के काव्य-विकास पर फिर से विचार करने की आवश्यकता है। इस इतिहास के अन्दर किसी छायावादी कवि के सहज परिपाक के लिए पूर्ण अवसर था।

सम्भवतः निराला का अन्तःविकास इसी प्रकार का है, इसीलिए लोक-मंगल की बड़ी-बड़ी बातें न करते हुए व्यक्तिगत अनुभूतियों में भी वे हमारे अधिक समसामयिक हैं क्योंकि वहाँ एक व्यक्तित्व है, जो बदलते हुए युगों के गर्भ में आयु के साथ टूटते हुए भी काव्य-बोध के स्तर पर क्रमशः परिपक्व होता गया।

पन्त जी की व्यक्तिगत कविताओं का एक अंश अवश्य ऐसा है, जो उनके सहज व्यक्तित्व की अभिव्यक्ति है। अतिमा, वाणी, कला और बूढ़ा चाँद में यत्र-तत्र इसके सूत्र मौजूद हैं। यही सूत्र है जिसने कलाविद् पन्त जी की कला को भी क्रमशः सान पर चढ़ाया है। निस्सन्देह यह बूढ़े चाँद की कला है लेकिन 'चाँद बूढ़ा हो गया है'—यह आत्मबोध ही इन रचनाओं को मर्मस्पर्शी बना देता है और यहीं वे हमें अपने समवर्ती प्रतीत होते हैं। इसीलिए उन्हें हम पूर्ववर्ती का सम्मान ही नहीं, बल्कि समवर्ती का स्नेह भी देते हैं।

(कृति, अंक 21, जून, 1960 में प्रकाशित)

नई कविता की भाषा

नई कविता की भाषा को लेकर दिमाग में दो सवाल अकसर उठते हैं। क्या बात है कि जनसाधारण तक भाषा को पहुँचाने की कोशिश में अनेक कवि एकदम 'साधारण-सी' भाषा में गिरे जा रहे हैं और दूसरी ओर 'साधारणीकरण' की सच्ची लगनवाले ईमानदार कवियों की भाषा क्रमशः असाधारणता में सिमटती जा रही है। इन दो छोरों के बीच भाषा की अनेक तहें हैं। ये सभी भाषाएँ अभीष्ट पाठक-समाज की सूझ-बूझ तक पहुँचने में आज थक-सी रही हैं। इन कवियों को अपने उद्देश्य में जितनी ही विफलता दिखाई पड़ती है, वे उतनी ही लगन से भाषा को मीठी, मुलायम, आसान, चलती-फिरती बनाने की कोशिश करते जा रहे हैं। नए-से-नए तराने लाए जा रहे हैं। संस्कृत शब्दों को भारी-भरकम समझकर हलके-फुलके उर्दू के शब्दों के लिए जगह की जा रही है। यही नहीं, बोलियों के बीच निश्चिन्त घूमते-फिरते अनेक शब्दों के उठाए जाने के दृश्य दिखाई पड़ रहे हैं। दूसरे, ज्ञान-विज्ञान और ललित-कलाओं के शब्दों से भी कविता सजाई जा रही है। इस तरह शब्दकोश बढ़ा लेने के बाद शब्दों में नाद-चित्र भरने की भी कोशिश हो रही है क्योंकि उनसे अर्थ बताने का ही काम लेना काफी नहीं है। घिसी उपमाओं, प्रतीकों, विशेषणों आदि में नया चमत्कार भी चमकाया जा रहा है। यदि इतने से भी काम नहीं चला तो विराम-संकेतों से, अंकों और सीधी-तिरछी लकीरों से, छोटे-बड़े टाइपों से, सीधे या उलटे अक्षरों से, अधूरे वाक्यों से—सभी प्रकार के इतर साधनों से कविता के मर जाने की फुसफुसाहट भी आ रही है। लेकिन यह फुसफुसाहट भी कवि-मंडली तक ही सीमित रह जाती है। पाठकों का बहुत बड़ा दायरा इस मौत की खबर से उतना ही अनजान है जितना उसके जन्म के शुभ समाचार से।

इन कविताओं के भाषा सम्बन्धी ऊँचे प्रयोगों की बुलेटिन तो बहुत बिकती हैं, लेकिन असर कहीं नहीं दीखता। अपने रहनुमा आलोचकों की सलाह से और शायद इन बुलेटिनों की देखादेखी भी बहुत-से जनवादी कवियों ने अपनी भाषा-सम्बन्धी लापरवाही छोड़कर यही रास्ता अपनाया है। इस रास्ते इन्हें दाद भी मिलने लगी है। गरज कि इस समय हिन्दी कविता की रचना और आलोचना का सामान्य वातावरण

प्रायः चमत्कार-पसन्द है। सिनेमा में जो हवा 'बॉक्स-ऑफिस-हिट' की है, वही कविता-जगत में चौंकाने की कला (शॉक टेक्नीक) बनकर छा रही है। नया कवि अच्छी तरह देख रहा है कि पाठक और आलोचक को चौंकाकर ही अपनी ओर आकृष्ट किया जा सकता है, उसे रसमग्न करके नहीं। इधर आलोचक और पाठक भी समूची कविता पर राय न देकर उसके एकाध नए शब्द, नए प्रतीक या और नहीं तो नई धुन पर ही 'वाह-वाह' करते हैं।

आज की ज्यादातर कविताओं को सुखंडी मार गई है और जो रसीली लगती है, वे भी दरअसल हमारे ऐन्द्रिय संवेदनों को ही झनझनाकर रह जाती हैं, रस-ग्राहिणी चेतना को वे छू तक नहीं पातीं, इसीलिए विश्लेषण-शक्ति की कमी के कारण अनेक पाठक उनके प्रभाव को ही 'रस' मान लेते हैं।

तय है कि कविता की भाषा पर इस तरह ऊपरी मुलम्मा करने से काम न चलेगा। ऊपरी साज-शृंगार ही नहीं, बल्कि ये तमाम इंजेक्शन और व्यायाम के तरीके भी कविता की भाषा को तन्दुरुस्त और खूबसूरत न बना सकेंगे। उपचार के लिए ठीक निदान की जरूरत है और भाषा की इन तमाम कमजोरियों के लिए इन कविताओं के विचारों और भावों की जाँच-पड़ताल जरूरी है।

जाँच से पता चलता है कि गलती कहीं-न-कहीं विषय की 'पकड़' और 'धारणा' में ही है। इन सबके मूल में है वास्तविकता की अललटप्पू पकड़ और काल्पनिक धारणा। दूसरे शब्दों में यह मूर्तिमत्ता की कमी है। अमल में इस एक कमजोरी के अनेक रूप दिखाई पड़ते हैं।

भाषा की चित्रात्मकता को जरा साफ कर लेने की जरूरत है। कविता में जिसे 'शाब्दिक मूर्ति' या प्रतीक कहते हैं, कहानी, नाटक और उपन्यास में वही 'पात्र' है। कविता में 'मूर्ति' का मतलब उपमा, रूपक, प्रतीक आदि का आलंकारिक विधान भर नहीं है। ये सभी तो ऊपरी बातें हैं। इन सबके मूल में है असली जिन्दगी की शाब्दिक इकाई। जहाँ उपमा, रूपक, प्रतीक वगैरह कुछ न हो, वहाँ भी मूर्तिमत्ता हो सकती है। जैसे तुलसी की ये पंक्तियाँ–

निज जननी के एकु कुमारा। तात तासु तुम्ह प्रान अधारा॥
सौंपसि मोहिं तुम्हहिं गहि पानी। सब विधि सुखद परम हित जानी॥
उतरु काह दैहउँ तेहि जाई। उठि किन मोहि सिखावहु भाई॥

यहाँ 'सौंपसि मोहिं तुम्हहिं गहि पानी' और 'उठि किन मोहि सिखावहु भाई' में दृश्य की मूर्तिमत्ता देखी जा सकती है। हाथ पकड़कर सौंपना और मुमूर्षु आदमी से उठकर सिखाने की प्रार्थना करना मार्मिकता की पराकाष्ठा है। यहाँ 'गहि' और 'उठि' ये दो क्रियाएँ समूची बात को मूर्तिमान कर देती हैं। मूर्तिमत्ता दरअसल क्रिया-व्यापार से, गतिमयता से आती है। प्रस्तुत के लिए अप्रस्तुत का विधान करने से ही मूर्तिमत्ता

नहीं आती। दरअसल अप्रस्तुत का विधान प्रस्तुत को अच्छी तरह बिम्बित करने के लिए ही किया जाता है। मुख के वर्णन के लिए चाँद को बुलाने का अभिप्राय मुख को सचित्र रूप में दिखाना ही है। सचमुच प्रस्तुत को अच्छी तरह मूर्तिमान करने के लिए अप्रस्तुत की कल्पना का सहारा लेना कवि की लाचारी है। आर्ष कविताओं में यह अप्रस्तुत विधान कम-से-कम मिलेगा। यदि मिलेगा भी, तो इस तरह कि अप्रस्तुत की सत्ता प्रस्तुत से अलग न प्रतीत होगी। जैसे 'सूली ऊपर सेज पिया की/केहि विधि मिलणो होय।' यहाँ 'सूली की सेज' को अप्रस्तुत मानने की ओर ध्यान ही नहीं जाता।

मुहावरे भी इसीलिए मुहावरे हैं कि उनमें मूर्तिमत्ता है। 'हाथ कंगन को आरसी क्या?', 'नौ मन तेल होगा न राधे नाचेगी', 'टेढ़ी खीर' आदि कहते-कहते रूप खड़ा कर देते हैं। काव्य में नाटकों को श्रेष्ठ मानने का कारण यही मूर्तिमत्ता है।

वैसे तो किसी वस्तु के सहारे अनेक मोहक चित्रों की लड़ी लगाना भी मूर्तिमत्ता ही है लेकिन असली मूर्तिमत्ता वस्तु के यथार्थ का रूप खड़ा करने में है। इसीलिए छायावादी कल्पनाओं का काव्य सचित्र होते हुए भी सूर, तुलसी की यथार्थता के सामने छोटा पड़ता है। वस्तु किसकी तरह है, बताना आसान है, लेकिन वह क्या है—इसे बिना किसी दूसरी वस्तु के सहारे बता पाना बहुत मुश्किल है।

नई कविता में भवानी प्रसाद मिश्र की 'गीत फरोश' कविता के द्वारा इस मूर्तिमत्ता को समझा जा सकता है। तारीफ तो उसकी बहुतों ने की है लेकिन ज्यादातर उसके व्यंग्य-विनोद और भाषा में फेरीवाले के लहजे के लिए। लेकिन उसका महत्व और अधिक गहरे जाने पर मालूम होता है। कविता पढ़ते-पढ़ते हमारे सामने फेरीवाले का रूप खड़ा हो जाता है, फिर हम देखते हैं कि यह कोई मामूली फेरीवाला नहीं, बल्कि गीत बेचने वाला है। व्यंग्य की ओर ध्यान सबसे अन्त में जाता है। बाजारू समाज के कवि और कविता की बेबसी अपनी पूरी मार्मिकता के साथ ध्वनित हो उठती है। भाषा में यह सादगी, यथातथ्यता और चित्रोपमता विषय की ठोस धारणा से ही आ सकी है। कविता आगे बढ़कर अभिनेयता की मूर्त विशेषता को भी प्रगट करती है।

लेकिन किसी वस्तु, घटना, बातचीत या कारनामे को हू-ब-हू उतार लेना मूर्तिमत्ता नहीं है। बात और साफ करने के लिए दो कविताएँ ली जा सकती हैं। एक है सैयद मुत्तलबी फरीदाबादी की—

गाटर लेगा कैसे भाई ऐसे भाई हैया-हैया
बोझ उठा लो बोझ उठाया महलसरा का हाँ-हाँ भाई
महलसरा का हाँ-हाँ भाई बोझ उठा लो बोझ उठाया...वगैरह

और दूसरी है धर्मवीर भारती की 'बातचीत का एक टुकड़ा', जिसमें इसी तरह प्रश्नोत्तर है, लेकिन एकतरफा। थोड़ा विचार करने पर मजदूरों के इस गीत में

'बातचीत का एक टुकड़ा' से चित्रात्मकता अधिक मिलेगी। फिर भी दोनों कविताओं में बातचीत को ज्यों का त्यों उतारने की कोशिश कोरे तथ्यवाद में डूबती है। आचार्य शुक्ल जिसे 'व्यापार-शोधन' कहते थे और आज का आलोचक 'चित्र-चयन' कहता है, उसकी इनमें कमी है। मूर्तिमत्ता वास्तविकता में से प्रतिनिधि और सबसे अधिक व्यंजक चित्र के चयन में है।

इसी बात को भूलने के कारण नई कविता में 'स्मृति के टुकड़ों' को ज्यों का त्यों बिखरे रूप में बटोरने की कोशिशें होती हैं। कभी-कभी वाक्य की इस अव्यवस्था को सामाजिक अव्यवस्था का प्रतिबिम्ब कहकर उचित ठहराया जाता है। लेकिन सच्चाई यह है कि सामाजिक अव्यवस्था को दिमागी उलझन की ढाल नहीं बनाया जा सकता। उलझी बात को समझने और समझाने के लिए हमेशा सुलझी मति की जरूरत पड़ती है और सुलझी मति प्राप्त करने के लिए किसी अच्छी सामाजिक व्यवस्था का इन्तजार नहीं किया जाता। उलझी समाज-व्यवस्था में ही कबीर, सूर, तुलसी जैसे महाकवि तथा मार्क्स, डार्विन जैसे सुलझे विचारक हुए हैं। पागलपन का चित्रण पागल के प्रलाप का हू-ब-हू रिकॉर्ड तैयार करने से नहीं, बल्कि चुने हुए दो-एक चित्रों के द्वारा ही अच्छी तरह हो सकता है। इसलिए उलझी और टूटी हुई वाक्य-शृंखला आज की कविता के लिए कोई रियायती अधिकार नहीं है। दरअसल सांगोपांगता या पूर्णता मूर्तिमत्ता का प्रधान गुण है। खंड-चित्रण और विशृंखलता कवि की गलत रुझान और उलझी जेहनियत का नतीजा है।

इसी तरह कविता की बौद्धिकता और नीरसता की भी सारी जिम्मेदारी आज की बाजारू जिन्दगी पर डाली जाती है। यह आज की जिन्दगी का एक हिस्सा है। यदि ऐसी जिन्दगी की नीरस ऊब को अज्ञेय 'रोज' कहानी के जरिए बड़े ही सरस ढंग से दिखा सकते हैं तो कोई वजह नहीं कि कविता में वे ख़्वाहमख़्वाह बौद्धिक और नीरस भाषा की अनिवार्यता पर जोर दें या उसे इस्तेमाल करने के लिए लाचार हों। कविता की भाषा समाज के किसी एक या अधिक हिस्से की नीरसता से नीरस नहीं होती, बल्कि समाज की इस नीरसता के प्रति कवि की खयाली और सैद्धान्तिक धारणा से नीरस होती है।

भाषा की यह नीरसता इधर-उधर मीठे-मीठे शब्दों के थोपने या रूमानी चित्रों के खपाने से नहीं जाती, बल्कि समाज के साथ लेखक के अगाध प्रेम और गहरी मानवता से दूर होती है। कवि का हृदय ही भाषा को रस से सींच सकता है, दूसरों के शब्द या अधनंगी जाँघों की तसवीर नहीं। भाषा में माधुर्य या उदात्तता शब्दों के संघात से नहीं, बल्कि कवि के भाव के साथ पाठक-समाज के घनिष्ठ सम्बन्ध से आती है। ऐसे पाठक समाज के सम्बन्ध से, जिसके अपने युग की ऐतिहासिक स्थिति से घनिष्ठ सम्बन्ध हो।

इसके लिए मध्यवर्ती कवि के व्यक्तित्व का साधारणीकरण जरूरी है। भाषा के 'साधारणीकरण' की चर्चा तो आज का कवि बहुत करता है, लेकिन अपने व्यक्तित्व के 'साधारणीकरण' का नामक तब नहीं लेना चाहता। सहज भाषा लिखने के लिए अपने जीवन को भी सहज बनाना होता है। सहज मन ही सहज भाषा बोल सकता है। जिन्हें समझाने के लिए भाषा लिखनी है, उन्हीं की भाषा में लिखना चाहिए। लेकिन उनकी भाषा में लिखने के लिए उनकी भाषा बोलना जरूरी है और उनकी भाषा बोलने के लिए उनका होना पड़ेगा, उनसे बाहरी सम्बन्ध ही नहीं, भीतरी सम्बन्ध भी स्थापित करना होगा। 'साधारणीकरण' अपने भावों के क्रमशः अन्दर—और अन्दर घुसते जाने से नहीं, बल्कि अपने से क्रमशः बाहर—और बाहर आने से ही सम्भव है। संस्कृत काव्य शास्त्र में 'साधारणीकरण' व्यक्ति का होना कहा गया है, अभिव्यक्ति का नहीं। सारी गड़बड़ी आज की कविता में इसलिए है कि कवि 'अपने' भावों का साधारणीकरण चाहता है—उन 'अपने भावों' का जो बिलकुल अपने हैं, जो जनसाधारण के भावों से विशिष्ट और भिन्न हैं। जानना चाहिए कि उन्हीं भावों का 'साधारणीकरण' सम्भव है, जो मूलतः जनसाधारण के हैं और उस समाज का अंग होने के कारण कवि के 'अपने' हैं। यही न समझने के कारण ये लम्बे-लम्बे वाक्य, अधूरे वाक्य, बिना क्रिया के लुंज-पुंज की तरह लुढ़कते वाक्य, कोष्ठक, विराम चिह्न आदि हैं। दरअसल भाषा विचारों की उलझन से मुश्किल होती है, जिसके लिए गम्भीर होना कठिन होता है, क्लिष्ट हो जाना सरल होता है। नए-नए शब्दों के गढ़ने और दूर से ला जुटाने का भी यही रहस्य है। कविता शब्दों की संख्या से धनी नहीं होती, इस्तेमाल में आनेवाले शब्दों के 'सार्वजनिक मूल्य' से धनी होती है। अगर शब्दों से ही कविता धनी हो, तो 'शब्दकोश' सबसे धनी काव्य-ग्रन्थ होगा।

पुराने घिसे शब्दों में नया अर्थ भरने की कोशिश भी पेड़ काटकर पल्लव सींचने की तरह है। शब्दों में अर्थ जीवन भरता है, जीवन ही वह अर्थ-सत्ता है जिससे शब्द हरे हैं। सुबह और शाम की किरणें बरसे हुए खाली बादल में महज रंगसाजी कर सकती हैं, उन्हें जीवन-दान तो ताल-तलैया, नदी-नद और सागरवाली धरती ही दे सकती है। यही दशा शब्दों की है। शब्द भावों के आवेश से चालित होकर नया अर्थ ध्वनित करते हैं, पहले से ही उनमें नया चमत्कार भरकर उन्हें भावों की धारा में नहीं झोंका जाता।

छन्द भी भाषा की ही भंगी है और कविता में यह वाक्य-विन्यास का ही अंग है। विशेष गति में आते ही भाषा छन्दमयी हो जाती है। इसीलिए एक भाषा का छन्द दूसरी भाषा की जमीन पर उगने से इनकार करता है और जबर्दस्ती उगाने की कोशिश में उस जमीन को भी खराब करता है। लेकिन इधर अंग्रेजी ढंग के स्वर-पात देकर छन्द लिखने में भी नए कवियों ने लग्गा लगाया है। सम्भव है, खड़ी बोली में स्वर-पात

की सम्भावनाएँ हों, लेकिन इन स्वर-पातों ने अब तक अजनबी तमाशा ही दिखाया है। बहुतों ने तो अपनी गति-मति सम्बन्धी कमजोरियों को भी छन्द की विशेषता कहकर पेश किया है और आतंक से नए आलोचकों ने सिर भी हिलाया है। मुक्त छन्दों के चलन ने कविता की भाषा को बिगाड़ने में काफी काम किया है। जन-गीत लिखने की शेखी में हल-जुते बैल के हाँकने की किसानी भाषा को भी 'आँ-आँ-बाँ-बाँ-ताँ-ताँ' के साथ कविताया गया है। यह कविता के साथ मजाक करना है।

अन्त में आज से कई वर्ष पहले आचार्य शुक्ल की कही हुई बात को बड़े खेद के साथ फिर दोहराना पड़ता है कि खड़ी बोली की कविता उर्दू में जितनी मँजी, उतनी हिन्दी में नहीं। छायावाद के बाद बच्चन, नरेन्द्र और सुभद्राकुमारी चौहान ने इस दिशा में कुछ आशा जरूर बँधाई लेकिन नए युग के मुक्त-छन्द लिखने वाले प्रयोगवीरों ने अधूरे वाक्यों के ढेले से सारी आशा धूल में मिला दी। आज भी ये कवि उर्दू की ओर हसरत भरी निगाह से देखते हैं। लेकिन उससे केवल शब्द लेते हैं, वाक्यों के मुहावरे को माँजने का ढंग नहीं।

यह सारा काम तभी होगा जब वेलेंस्की के शब्दों में कवि माता के आदर्श पर गर्भ की तरह कविता को धारण करेगा, झेलेगा और वैसी ही मानसिक वेदना के साथ उसे उचित समय पर जनेगा। सवाल भाषा को आसान या मुश्किल, कोमल या कठोर बनाने का नहीं, उसे सच और वास्तविक बनाने का है—शैलियाँ तो उसकी बहुत होंगी, लेकिन होगी वह बहुत कुछ ऐसी—

सुगम-अगम मृदु-मंजु कठोरे। अरथ अमित अति आखर थोरे।।
जिमि गुह मुकुरु मुकुरु निज पानी। गहि न जाइ अस अद्‌भुत बानी ॥

(आजकल : जून, 1953;
पुनः प्रकाशन : आजकल : स्वर्ण जयन्ती, अंक, 1994)

कविता और अकविता

•

नई कविता पर क्षण भर—क्षण भर इसलिए कि आज नई कविता पर कोई गम्भीर बात करना विडम्बना मालूम हो रही है। सुनने में आ रहा है कि स्वयं कवि भी कविता के प्रति गम्भीर नहीं हैं; और जिस चीज के बारे में स्वयं उसका स्रष्टा ही गम्भीर न हो, दूसरे गम्भीर होकर अपनी हँसी क्यों कराएँ? स्थिति ठीक-ठीक क्या है, एकदम तुरन्त मैं कुछ कहना नहीं चाहता, लेकिन *अशोक वाजपेयी*—स्वयं इस पीढ़ी के एक कवि—की इस बात ने मुझे चौंका दिया है कि "समकालीन अधिकांश कविताएँ ध्यान से पढ़ी जाएँ तो लगेगा कि उन्हें लिखने वाले के मन में किसी तरह की महत्व-चेतना नहीं है और यह भी कि उनके रचनाकार उनके लिखे जाने को अपने जीवन-व्यापार में कोई विशेष महत्व नहीं देते। पीड़ा या मृत्यु जैसी गहरी चीजों पर कवियों ने ऐसे लिखा है कि सारी गरिमा भरी शब्दावली के बावजूद मानवीय पीड़ा छोटी, भोंड़ी और अर्थहीन जान पड़ती है।" निष्कर्ष यह कि "युवा पीढ़ी का अधिकांश काव्य इस दृष्टि से काव्य नहीं, काव्याभास है।"

चौंकानेवाली बात यह नहीं है कि आज का अधिकांश काव्य काव्याभास है, क्योंकि ऐसी बात तो इधर कुछ दिनों से ही कोई कह रहा है और वैसे भी हर दौर में कमोबेश काव्य से अधिक लेखन काव्याभास ही होता है। चौंकाने वाली बात है आज 'कवि और कविता दोनों में महत्व-बोध का क्षय या लोप'। ऐसी स्थिति में समकालीन काव्य क्या, काव्य-मात्र के महत्व से पाठक का विश्वास उठ जाता है! सचमुच भाग्यशाली हैं वे जो इस वातावरण में भी 'नई कविता' पर निर्विकार भाव से पोथे-पर-पोथे लिखे जा रहे हैं क्योंकि उन्हें तो काव्य पर कुछ-न-कुछ लिखना ही है—नहीं मलूकदास पर लिखा, 'नई कविता' पर लिखा! क्या फर्क पड़ता है। उन्हें तो हिन्दी की—साहित्य की सेवा करनी ही है। वे सनातन गम्भीर हैं। वे 'नई कविता' के बारे में भी गम्भीर हो उठे हैं—स्वयं नए कवियों और नई कविता के अपने पाठकों से भी अधिक। उनके लिए वर्तमान स्थिति एक निर्मम मजाक है। हो सकता है कि खीझकर वे फिर अपनी भूल ठीक कर लें और दुबारा 'नई कविता' के खिलाफ जेहाद बोल दें।

लेकिन जहाँ तक मेरा ख़याल है, कविता के इन गम्भीर विद्वानों के बारे में किसी को भ्रम नहीं है। सभी जानते हैं कि ये कविता पर केवल लिखते हैं—उसे पढ़ते नहीं, क्योंकि केवल आलोचना लिखने के लिए कविता को पढ़ना, पढ़ना नहीं है। किन्तु उनका क्या हो, जो कविता पढ़ते हैं या कम-से-कम कविता को कविता की तरह पढ़ने में विश्वास करते हैं? जब समकालीन काव्य ही महत्व-बोध से क्षीण हो, पूर्ववर्ती काव्य भी महत्व-बोध का एहसास नहीं दिला पाता, रस ले-लेकर पहले की पढ़ी हुई कविताएँ भी फीकी लगने लगती हैं—उनका स्वाद महसूस ही नहीं होता। इनके लिए नए 'काव्याभास' को एकबारगी भुलाकर 'काव्य-मात्र' में पुनः रस ले पाना नामुमकिन होगा : हरचन्द कोशिश के बावजूद पुराने काव्य में भी मौजूदा 'काव्याभास' का स्वाद घुला-मिला महसूस होगा। अगर आज समाज के एक बहुत बड़े हिस्से की पीड़ा को भुलाकर अकेले अपनी दुनिया में सुख लूटना सम्भव नहीं है तो आज के व्यापक काव्याभास को एकदम नकारकर अपनी पसन्द की कविताओं में आनन्द लेना असम्भव है। मोटी खालवाले ही ऐसे स्थितिप्रज्ञ हो सकते हैं : वे अभिनवगुप्त और रामचन्द्र शुक्ल के शब्दों में, 'सहृदय' नहीं, 'भोगी' हैं और "वे धन्य हैं, उन्हें धिक्..."

ऐसी स्थिति में काव्य का एक 'सहृदय' क्या करे—आज का मुख्य प्रश्न यही है, और ध्यान से देखें तो आज जिस तरह हर सवाल दूसरे दस सवालों से जुड़ा हुआ है, यह साहित्यिक प्रश्न भी अधिक व्यापक है। जिसे आज 'काव्याभास' कहा जा रहा है, वह अधिकांशतः 'अनायास लेखन' है। कविता में महत्वबोध का क्षय अनिवार्यतः 'अनायास लेखन' की ओर ले जाता है। 'अनायास लेखन' अन्ततः 'अनायास ग्रहण' को प्रश्रय देता है और इस प्रकार आगे चलकर दायरा पूरा हो जाता है। अनायास लिखने के साथ अनायास पढ़ने की क्रिया अभिन्न रूप में जुड़ी हुई है। कौन कारण है और कौन कार्य—कहना कठिन है।

लेकिन इतना निश्चित है कि आज 'अनायास ग्रहण' की क्रिया समाज में व्यापक रूप से फैल रही है : अधिकांश लोग आज जिस तरह सिनेमा की फिल्में देखते हैं, रेडियो के प्रोग्राम सुनते हैं, अखबार की खबरें पढ़ते हैं और सड़कों के विज्ञापनों पर उड़ती नजर टालते हैं उसी तरह उपन्यास, कहानी और कविताएँ भी पढ़ते हैं क्योंकि अनजाने और सूक्ष्म ढंग से उन्हें यही सिखलाया गया है कि ये चीजें इसी तरह अनायास ही ग्रहण करने के लिए बनी हैं—इन्हें ग्रहण करने के लिए आयास करना बेवकूफी है। यह जहर इतनी दूर तक फैल गया है कि लोग अपने आपसी मानवीय और सामाजिक सम्बन्धों में भी मशीन की तरह अनायास व्यवहार करने लगे हैं—यहाँ तक कि खाने-पीने, सोने-जागने जैसी निहायत बुनियादी क्रियाओं में भी मनुष्य 'अनायास ग्रहण' का आदी हो चला है। जाहिर है कि यह स्थिति नितान्त अमानुषिक

है। किसी भी चीज को मनुष्य मनुष्य की तरह अपने सम्पूर्ण अस्तित्व के साथ ग्रहण नहीं कर पाता—यहाँ तक कि एक मनुष्य को भी नहीं।

कहाँ तो वह युग जब जड़-प्रकृति पर भी मानवीयता का आरोप करके कविताएँ लिखी जाती थीं और काव्य-शास्त्र में 'मानवीयकरण' को एक अलंकार के रूप में प्रतिष्ठा मिली और कहाँ मनुष्य पर भी जड़ता का आरोप करके उसे 'वस्तु' के रूप में चित्रित करने का यह नया विधान! साहित्य-शास्त्र का एक तथ्य यह भी है, किन्तु इसका अर्थ यह तो नहीं कि साहित्य स्वयं एक 'वस्तु' हो जाए—होकर रह जाए! कुछ लोगों का ख़याल है कि इस समूची पीढ़ी का काव्य 'मानवीय अनुपस्थिति' का काव्य है और इसीलिए वह काव्य न होकर 'काव्याभास' है! परन्तु काव्यगत इस 'मानवीय अनुपस्थिति' को भी पहचानने के लिए 'मानवीय दृष्टि' की अपेक्षा है। शायद इसीलिए 'हजारों साल नरगिस अपनी बेनूरी पै रोती थी'।

ऐसा लगता है कि आज के अधिकांश काव्य को 'काव्याभास' बनाने में या बन जाने में, अन्य अनेक कारणों के अतिरिक्त एक कारण काव्य के प्रति यह अमानुषिक अथवा अनायास ग्रहण की वृत्ति भी है। एक अरसे तक नई कविता की चर्चा एक 'प्रवृत्ति' के रूप में ही होती रही—जिसकी वकालत की जाती रही है वह 'नई कविता' थी, नई कविताएँ नहीं। सारी लड़ाई एक 'अब्सट्रैक्शन', एक अमूर्त काव्य-प्रवृत्ति, एक निर्गुण-निराकार काव्य-सिद्धान्त के लिए लड़ी जाती रही है। जाहिर है कि ऐसी लड़ाई में किसी कविता की अपनी विशेषता और अपनी 'अद्वितीयता' का कोई महत्व नहीं है। वहाँ तो तमाम नई कविताओं का 'लघुत्तम समापवर्त' निकालना ही सबसे उपयोगी है—शायद 'महत्तम समापवर्त' भी, लेकिन 'महत्तम समापवर्त' इसलिए नहीं कि नई कविता के इंजीनियर 'महत्' की अपेक्षा 'लघु' को ही महत्व (!) देते हैं। यहाँ एक कविता जब दूसरी कविता से विशिष्ट होती है, उस जगह ध्यान नहीं जाता; ध्यान जाता है उस 'सामान्य विशेषता' पर जहाँ एक कविता दूसरी कविता से मिलती-जुलती है और कुल मिलाकर सम्पूर्ण काव्य-परम्परा से अलग प्रतीत होती है! फिर इस कारीगरी में यदि सारी कविताएँ ठोंक-पीटकर एक 'सामान्य काव्य-प्रवृत्ति' की बेपहचान शक्ल में बदल जाएँ तो क्या आश्चर्य! जब वह काव्य ही जड़ वस्तु बन गया जिसके लिए इतनी लड़ाई है तो फिर उसके रक्षकों में भी अपनी व्यक्तिगत विशेषता की गुंजाइश कहाँ रही। किसी कविता पर इस तरह अपनी अलग-अलग राय देने पर तो विसंगतियाँ पकट हो सकती हैं जिसका विरोधी इस्तेमाल कर सकते हैं, इसलिए रक्षा इसी में है कि एक की कही बात को थोड़े हेर-फेर के साथ हर कोई दुहराता जाए! आकस्मिक नहीं है कि नई कविता के साथ-साथ नई कविता की आलोचना में भी एकरूपता आई है।

नई कविता के पाठक देखते-देखते 'आलोचक' हो गए और वे आलोचक भी अब

'विशेषज्ञ' कहलाते हैं, जैसे—'दाँत' के विशेषज्ञ या 'आँख' के विशेषज्ञ! कविता तो कला खो बैठी लेकिन उसके आलोचक 'कलाविद्' हो गए! ''देवता पत्थर हो गए और पुजारी हृदयहीन!''

जो अच्छा-भला जिन्दा इनसान है, उस पर भी यदि देर तक किसी जिन्दा इनसान की नजर न पड़े तो वह अपने को इनसान की जगह पत्थर महसूस करने लगेगा, फिर कविता तो मनुष्य की भाषा है! जबान तो जबान, कान न मिलने पर भी कुछ देर बाद जबान तालू से लग जाती है या फिर दाँतों से! और किसी 'एक' पर कुछ देर तक न रुकनेवाली वह दृष्टि भी बची रह जाए, सो भी नहीं—हर चीज पर उड़ती-उड़ती पड़नेवाली दृष्टि की रोशनी भी धीरे-धीरे उड़ जाती है! सम्भवतः इसी सन्दर्भ में निराला की ये पंक्तियाँ आज अर्थ प्राप्त करती हैं :

देखते हैं लोग लोगों को
सही परिचय न पाकर!

यह काव्याभास है या काव्य? एक अमानुषिक स्थिति पर अमानुषिक काव्य या मानुषिक काव्य?

चिन्ता की बात है कि जिनकी दृष्टि में आज का व्यापक 'काव्याभास' खटक रहा है और जो इस स्थिति को सुलझाने के लिए आज नए सिरे से 'कविता और अकविता' का सवाल उठा रहे हैं, वे भी आलोचना के स्थान पर 'आलोचनाभास' प्रस्तुत कर रहे हैं। हर बहस का अन्ततः बुनियादी प्रश्नों पर जाना अनिवार्य है और एक दृष्टि से यह शुभ ही कहा जाएगा, किन्तु बुनियादी प्रश्न को ठोस बुनियाद देना भी उतना ही जरूरी है, वरना सारी बहस हवाई होकर रह जाएगी। आज हर 'इंटेलेक्चुअल' बुनियादी सवाल उठा रहा है; पहले का विशेषण काटकर विशेष्य पर आ रहा है : कोई 'नई कविता' से कविता पर तो कोई 'लघु मानव' से 'मानव' पर; एक जगह 'कविता' की नई परिभाषा बनाई जा रही है, दूसरी जगह 'मानव' की। अनुभव बताता है कि बुनियाद में जानेवाले प्रायः नींव में ही दबकर रह जाते हैं। बुनियादी बहस यदि नितान्त सैद्धान्तिक होकर रही तो फिर मूल प्रश्न धरा रह जाता है। अज्ञेय की 'शत्रु' कहानी उनके मित्रों के लिए सबक है, क्योंकि दूसरों के बजाय उन्हीं का सबक उनके लिए ज्यादा अनुकूल हो सकता है।

'नई कविता' के जिम्मेवार सम्पादक डॉ. जगदीश गुप्त ने संयुक्तांक 5-6 में बड़ी संजीदगी से इस सवाल को रखा है कि ''नई कविता का विरोध आज नएपन के आग्रह के कारण उतना नहीं हो रहा है, जितना इस कारण कि जो बाह्यतः और साधारणतः कविता नहीं लगता उसे उसके अन्तर्गत कविता कहा जाता है। अतएव 'नया क्या है?' इस प्रश्न के साथ यह प्रश्न भी जीवित है कि 'कविता क्या है?' और यदि सत्य कहा जाए तो पहले की अपेक्षा अब दूसरा प्रश्न अधिक महत्वपूर्ण हो उठा

है।" और कहीं यह प्रश्न किसी भ्रामक दिशा की ओर विचार को न ले जाए, इसलिए उन्होंने तुरन्त ही यह भी स्पष्ट कर दिया है कि "एक दृष्टि से ये दोनों प्रश्न परस्पर सम्बद्ध और एक ही सिक्के के दो पहलू हैं।"

आगे हम बड़ी हविश से बढ़ते हैं कि अब वे आज की रचनाओं से कुछ ठोस उदाहरण लेकर बताएँगे कि यह कविता है और यह अकविता! लेकिन पन्ने-पर-पन्ने गुजर जाते हैं और न कहीं कविता की एक पंक्ति मिलती है न अकविता की! न घन हैं न घनश्याम! मिलते क्या हैं कि देशी-विदेशी विद्वानों के उद्धरण-पर-उद्धरण–उद्धरणों की उद्धरणी के बीच बासी शास्त्रीय चर्चा, और अन्त में अपनी बनाई हुई एक परिभाषा–"कविता सहज आन्तरिक अनुशासन से युक्त वह अनुभूतिजन्य सघन लयात्मक शब्दार्थ है जिसमें सह-अनुभूति उत्पन्न करने की यथेष्ट क्षमता निहित रहती है।" इस तरह कविता की सैकड़ों परिभाषाओं की कड़ी में एक कड़ी और जुड़ी और आचार्यों की माला में एक मनका है और, वह भी शायद सुमेरु! जपें नई कविता के विद्यार्थी यह माला और रटें यह परिभाषा–आचार्य की परिभाषा! सुभीते के लिए परिभाषा बड़े टाइप में छाप दी गई है। दृष्टि कुछ मन्द भी हो तो काम चल जाएगा। एक ही सूत्र में सारे प्रश्नों का उत्तर मिल जाएगा। दोनों पहलुओं को भलीभाँति ध्यान में रखते हुए ही उन्होंने यह 'सिक्का' बनाया है, (या सिक्का जमाया है?) इसके बाद भी यदि किसी को आज की कविता-किंकविता की राशि में से एक कविता चुन लेने में सफलता न मिले तो आचार्य का क्या दोष? उन्होंने तो अपना कार्य कर दिया!

कहना न होगा कि नई कविता के समर्थकों ने शुरू से ही आलोचना के नाम पर इस तरह का हवामहल खड़ा किया है और हिफाजत के नाम पर नई कविता के चारों ओर 'चमचमाता वाग्जाल' बिछाया है। नतीजा सामने है। बाहरी विरोध से ज्यादा नई कविता भीतरी 'आत्मप्रवंचना' से जर्जर हुई है। दरअसल 'नई कविता' के नाम पर 'वंचना का दुर्ग' खड़ा करने की कोशिश हुई है। इससे और नुकसान जो भी हुए हों, कविता को कविता की तरह पढ़ने-समझने और ग्रहण करने की, युगों से चली आती हुई, रही-सही प्रवृत्ति भी कुंठित हो गई। नई कविता जितनी दुरूह नहीं थी उससे ज्यादा दुरूह कही गई और वह भी दुरूह भाषा में। नई कविता में जितना कथ्य था उससे बड़ा बताया गया–भले ही वह बड़ा कथ्य 'लघुमानव की खोज' ही क्यों न हो! पीर भले न उड़ते हों लेकिन मुरीद पर लगाने से बाज न आए! नई कविता के लिए वे दावे पेश किए गए हैं जिनसे स्वयं नये कवि भी अनजान थे! इन्हीं हाथों नई कविता, कविता न होकर 'किसी और चीज' के रूप में प्रचारित हुई और विडम्बना तो यह है कि आज वही 'कविता और अकविता' का सवाल उठा रहे हैं।

इनसे तो कहीं समझदारी का काम डी.एस. इलियट ने किया था जिसने कविता के लिए कोई बड़ा दावा नहीं किया और गलतफहमी का खतरा उठाकर भी कविता

को 'उच्चतर मनोरंजन' कहा, साथ ही पाठकों के लिए यह हिदायत भी दी कि "कविता, कविता की तरह पढ़ी जाए, किसी और चीज़ की तरह नहीं।" यह एक साहसिक कदम अंग्रेजी कविता के लिए कितना ऐतिहासिक प्रमाणित हुआ, इसको याद करते हुए एक दूसरे समीक्षक ब्लैकमर ने वर्षों बाद जैसे अनेक कवियों के हृदय की बात को वाणी दी—"But what a relief it is not to have too many claims for poetry!"

कविता के लिए लम्बे-चौड़े दावे न किए जाएँ तो कवियों को कितनी राहत मिले—और सम्भवतः पाठकों को भी! वक्त आ गया है कि आज हिन्दी में भी मुक्ति की यह वाणी सुनाई जाए! आज कविता और अकविता के प्रश्न को लेकर दावेदार फिर मैदान में उतर पड़े हैं और देखता हूँ कि अनावश्यक रूप से गम्भीर हुए जा रहे हैं। वैसे भी, वेदान्त के इस देश में गम्भीरता के कीटाणु कम नहीं हैं, उस पर इन नए दार्शनिकों की नई गम्भीरता! कविता की खैर नहीं है! कौन जाने आज जिस कविता को महत्व-बोध के क्षय अथवा गम्भीरता के अभाव के कारण 'अकविता' और 'काव्याभास' कहा जा रहा है, वह सचमुच आज की कविता हो! यदि यह सच न भी हो तो कम-से-कम इसे समीपी विश्लेषण का अवसर तो मिलना ही चाहिए! जो निरे गद्य को भी कविता साबित करने के लिए 'अर्थ की लय' जैसे 'फ्रॉड' का निर्माण कर सकते हैं, वे किसी कविता को अकविता साबित करने के लिए भी एक सिद्धान्त गढ़ने से बाज़ न आएँगे—इसका क्या भरोसा? ठोस उदाहरणों को न देख यह शंका स्वभावतः उठती है।

परन्तु इतना निश्चित है कि पकड़ में आने से बचने के लिए कोई चाहे जितना सिद्धान्तों का घटाटोप बाँधे, आज बादल और कुहासे का भी विश्लेषण हो सकता है! कविता और अकविता की पहचान आपाततः भले ही मिट चली हो लेकिन क्या निकट से ध्यानपूर्वक देखने पर भी यह अनपहचान बनी ही रहेगी? अनुरोध केवल इतना ही है कि "आज के और करीब आओ और इस तरह बात करो कि तुम्हें देख सकूँ।" बकौल अफलातून यह सुकरात ने कहा था और यदि आग से किसी को डर लगता हो तो अज्ञेय की बात पर 'हरी घास पर क्षण भर' :

आओ बैठो :
क्षण भर तुम्हें निहारूँ।
अपनी जानी एक-एक रेखा पहचानूँ
चेहरे की, आँखों की—
अन्तर्मन की।

(ज्ञानोदय, जून 1963)

कविता और अकविता : पुनश्च

कहते हैं कि लन्दन नेशनल गैलरी में एक बार दो बच्चे चित्र देखने गए। आदम और हौवा के चित्र को देखकर लड़के ने पूछा कि इसमें कौन आदम है और कौन हौवा? उसकी बहन ने जवाब दिया कि जानती तो मैं भी नहीं लेकिन अगर ये अपने कपड़ों में होते तो जरूर बता देती।

इधर की बहुत-सी कविताओं को देखकर जो यह जानने के लिए परेशान हो उठे हैं कि इनमें कविता कौन है उनकी भी दिक्कत, ऐसा लगता है, बहुत-कुछ कपड़ों की ही है! बहुतेरे तो कविता को लिखे या छपे हुए रूप में ही देखकर पहचानने के आदी हो चले हैं। सोचा था कि इस बात से कुछ लोग अपनी बुद्धि का अपमान समझेंगे और बुरा मान जाएँगे। लेकिन कुछ दिन पहले इसे सुनकर भी जब एक काव्य-मर्मज्ञ हँसकर टाल गए तो अनायास जबान पर यह उक्ति आ गई :

यह कैसा वक्त है
कि किसी को कड़ी बात कहो
तो भी वह बुरा नहीं मानता!

और देखा कि उन्होंने फिर बुरा नहीं माना। आखिर कहना पड़ा कि यह कविता है—नई कविता! उन्होंने समझा, उनके साथ मजाक किया जा रहा है। लाचार, 'तीसरा सप्तक' का वह पृष्ठ खोलकर रखना पड़ा। प्रतिक्रिया बस देखने लायक थी। मौलियर के उस नाटकीय पात्र को तो इस बात पर विस्मय था कि गद्य उसी को कहते हैं जो वह अब तक बोलता रहा है; आज के बहुत से कविता-प्रेमी इस बात से दुखी हैं कि जो वे बोलते हैं उसी को कविता कहा जा रहा है!

कल के काव्य-प्रयोगों को वे बहुत दिनों तक इसलिए कविता मानने से इनकार करते रहे कि समझ में नहीं आते और आज जब एकदम समझ में आ जानेवाली कविताएँ लिखी जाने लगीं तो कहते हैं कि यह भी कोई कविता है। अब वे समझ में न आनेवाले कल के काव्य-प्रयोगों को कविता मानने लगे हैं; इस तरह जो काव्य-प्रयोग समझ में न आए वे कविता में आ गए!

जरा कुरेदकर देखें तो जो कविता का जितना ही 'साधारण' पाठक है—उसके

ख़याल में कविता की उतनी ही 'असाधारण' तस्वीर है! इसलिए कविता जैसे-जैसे 'साधारण' हुई है, साधारण पाठकों ने उसे कविता मानने में हिचक दिखाई है। कविता के इतिहास की यह भी एक विडम्बना ही है। जनतन्त्र का विरोध भी कभी-कभी जनसाधारण में ही सबसे ज्यादा दिखाई पड़ता है! वे यह भूल ही जाते हैं कि सदियों से जमे असाधारण को साधारण बनाने के लिए कितना संघर्ष करना पड़ा है।

बहरहाल, जो साधारण पाठकों से ऊपर यानी असाधारण कहलाते हैं, वे भी कविता के मामले में असाधारण के मोह से पूरी तरह मुक्त नहीं हो सके हैं। यह सही है कि आज वे कविता को स्वर्गंगा की धारा नहीं मानते लेकिन उनकी हरचन्द कोशिश आज भी यही है कि किस प्रकार कविता की विशिष्टता और असाधारणता सुरक्षित रखी जाए—खासतौर से गद्य से! जो एक अरसे से यह देखते आए हैं कि कविता वह कहती है जिसे गद्य न कह सका, उन्होंने अब यह आदर्श कायम कर लिया है कि जो बात गद्य में कही जाती है उसे कविता में न कहा जाए! यदि एक ओर कविता को अधिक-से-अधिक गद्य के निकट लाने की कोशिश होती रही है तो साथ-साथ दूसरी ओर गद्य से कविता को विशिष्ट रखने की चेष्टाएँ भी चलती रहीं। देखते-देखते एक अवस्था वह भी आई जब कविता गद्य की भाषा से एकदम निकट, बल्कि अभिन्न होते हुए भी अभिव्यंजना में गद्य से नितान्त दूर रही। कहाँ तो कविता गद्य का स्थान लेने चली थी और कहाँ पहुँच गई उस जगह जो गद्य से छूटी हुई है। इस तरह साधारण होकर भी कविता असाधारण हो गई। कविता-अकविता सम्बन्धी प्रश्न इसी असाधारणता की रक्षा का सूचक है। बड़ी बारीकी से असाधारण जनों ने अपनी असाधारणता सुरक्षित रखने के लिए कविता को असाधारण बना दिया, और आगे भी वे अपने अधिकार को सुरक्षित रखना चाहते हैं। इस एक बात के लिए पाश्चात्य साहित्य में जाने कितने काव्य-सिद्धान्त खड़े कर दिए गए हैं। वैसे, हिन्दी में अज्ञेय ने इसी बात को बड़े साफ शब्दों में कहा है कि साधारण का साधारण कथन कविता नहीं है, कविता है साधारण का असाधारण कथन! कहना न होगा कि यह किसी 'साधारण पाठक' का कथन नहीं है।

यह सही है कि कविता के सन्दर्भ में ये 'साधारण' और 'असाधारण' शब्द काफी गोल हैं किन्तु इतना निश्चित है कि यह 'असाधारणता' मूलतः एक रोमांटिक अवधारणा है। चौंकना न चाहिए यदि यह कहा जाए कि आज हिन्दी के अधिकांश काव्य-प्रेमियों के संस्कार 'रोमांटिक' हैं—साधारण पाठक तो रोमांटिक संस्कार से बँधे हैं ही, अनेक नए कवि और आलोचक भी जाने-अनजाने कहीं-न-कहीं रोमांटिक असर में हैं। ऊपर से यह रोमांटिक संस्कार भले न दिखाई पड़े किन्तु जब किसी रचना के बारे में कविता-अकविता के निर्णय का प्रश्न उठ खड़ा होता है, तो वह रोमांटिक संस्कार आग्रह के रूप में प्रकट हो जाता है। श्री लक्ष्मीकान्त वर्मा ने 'लहर' के अंकों

में बड़े विस्तार से यह दिखलाया है कि अज्ञेय से लेकर सर्वेश्वर तक प्रायः सभी प्रयोगशील कवि किसी-न-किसी रूप में कमोबेश रोमांटिक भाव-बोध से ग्रस्त हैं। उनकी अपनी विशिष्ट भाषा में ये सभी कवि 'रागात्मक ऐश्वर्यवादी' हैं। सामान्य धारणा यही है कि प्रयोगशील कविता हिन्दी की रोमांटिक कविता की प्रतिक्रियास्वरूप पैदा हुई थी और इसीलिए इसे रोमांटिक भावुकता के विरुद्ध बौद्धिकता की कविता कहा गया। किन्तु विकास पर एकदेशीय दृष्टि रखनेवालों से यह तथ्य ओझल हो गया कि रोमांटिक कविता की प्रतिक्रिया भी एक प्रकार से रोमांटिक होने के लिए बाध्य है क्योंकि हर प्रतिक्रिया अन्ततः अपने पूर्वपक्ष से ही निर्धारित होती है और इस तरह उससे बराबर बँधी रहती है।

जाहिर है कि ऐसे 'रागात्मक ऐश्वर्यवादी' कवि जब किसी कविता को अकविता कहेंगे तो उनके दिमाग में कविता की एक 'विशेष' धारणा होगी। इस प्रतिमान को शाश्वत समझने का भ्रम नहीं होना चाहिए। फिलहाल यह सवाल नहीं है कि कविता सम्बन्धी यह धारणा गलत है या सही। अभी तो इस धारणा के प्रति आत्मसजग होना ही काफी है क्योंकि कविता-अकविता का निर्णय करते समय प्रायः वे धारणाएँ सबसे अधिक सक्रिय होती हैं जिनके प्रति हम सबसे कम सजग होते हैं। यदि कविता के रोमांटिक युग की समाप्ति के इतने दिनों बाद भी रोमांटिक संस्कार इतना व्यापक है तो इसीलिए कि भली-भाँति उसका विश्लेषण नहीं हुआ। अज्ञात प्रभाव सबसे भयानक होता है। आतंक की शक्ति इसीलिए अस्पष्टता में होती है।

यह रोमांटिक संस्कार का ही प्रभाव है कि व्यंग्य को कविता नहीं माना जाता है; यदि माना भी जाता है, तो अवर काव्य! यह आकस्मिक नहीं है कि स्वयं कुछ व्यंग्य-कविताएँ लिखते हुए भी सर्वेश्वर की कविताओं के प्रसंग में अज्ञेय ने लिखा है कि जिसे हम 'सैटारिकल पोएट्री' कहते हैं, उसे केवल 'सैटायर' भी कह देते हैं; किन्तु केवल 'पोएट्री' फिर नहीं कहते। यदि इस धारणा को स्वीकार कर लें, तो इधर की अधिकांश कविताएँ अपने आप कविता के दायरे से बाहर चली जाती हैं। शायद इसीलिए 'नई कविता' पत्रिका के प्रथम अंक में व्यंग्य कविताओं के लिए 'किंचित् कविता' नाम से एक अलग खाता खोलना पड़ा। किन्तु उसी अंक में 'चाँदनी चन्दन सदृश हम क्यों लिखें' तथा 'काँगड़े की छोरियाँ' जैसी हलकी व्यंग्यात्मक कविताओं को 'किंचित् कविता' के बदले 'कविता' के खाते में देखकर मन प्रश्नाकुल हो उठता है। किस प्रतिमान से 'अगर कहीं मैं तोता होता' किंचित् कविता है और 'चाँदनी चन्दन सदृश हम क्यों लिखें' कविता? कहीं ऐसा तो नहीं है कि 'चाँदनी' के कारण ही एक कविता है और 'तोता' के कारण दूसरी 'किंचित् कविता'! इसके सिवा भेद का कोई दूसरा आधार तो नजर नहीं आता और कविता के निर्णय का आधार यदि यही है, तो निश्चय ही वह निहायत रोमांटिक है!

लेकिन इससे भी ध्यान देने योग्य है हलकेपन के आधार पर एक कविता को 'किंचित् कविता' कहना और 'गम्भीरता' के आधार पर दूसरी रचना को 'कविता' कहना! 'नई कविता' के उसी अंक में श्री जगदीश गुप्त ने अपनी एक 'कविता' छापी है : 'पहेली', जो शुरू तो होती है हलके-फुलके ढंग से लेकिन समाप्त होती है गम्भीरता के साथ! और सचमुच ही गम्भीरता के साथ कविता समाप्त हो जाती है। 'तुम्हें जानें, अगर इस बार बतला दो, हमारी मुट्ठियों में है छिपी क्या चीज?' वाली मुट्ठी अन्त में फौलाद बन जाती है और उसमें धीरे-धीरे 'दर्द', 'मजबूरी', 'आँसू' सभी आ जाते हैं। देखते-देखते हँसी-खेल गम्भीरता में बदल जाता है और कविता अकविता में। भला हो इस गम्भीरता का जिसके चलते कविता खिंचते-खिंचते टूट जाए—टूटकर अकविता हो जाय! काश, कवि को इतना पता होता कि कविता शुरू के हलके-फुलकेपन ही में है! और ध्यान से देखें तो इस गम्भीरता से कहीं अधिक गम्भीरता 'अगर कहीं मैं तोता होता' में है—गम्भीरता ही नहीं बल्कि भाषा का निखार और रूप-गठन की 'फिनिश' भी! इस दृष्टि से 'किंचित् कविता' तो स्वयं श्री जगदीश गुप्त की पंक्तियाँ हैं; जिसे उन्होंने 'किंचित् कविता' के खाते डाल दिया है दरअसल 'कविता' वह है। विडम्बना यह है कि 'कविता-अकविता' के सवाल को लेकर आज सबसे ज्यादा मुखर भी वही हैं।

कविता सम्बन्धी इस 'गम्भीरता' की नकाब उतारकर देखें, तो इसके मूल में कटु यथार्थ से कतराने की भावना विराज रही है। रोमांटिक कवियों के लिए यह गम्भीरता कवच का काम करती थी : उस पर आदर्शवाद का रंग चढ़ा था सो अलग। जब कोई तीखे व्यंग्य को नहीं सह पाता तो गम्भीर हो जाता है। गम्भीर मुद्रावालों ने इसीलिए प्रायः तीखी और व्यंग्यात्मक कविताओं को कविता मानने से इनकार किया है। यह गम्भीरता समय-समय पर अनेक नाम-रूप में प्रकट होती है : कभी 'निःसंगता' के रूप में, कभी 'अभिरुचि' के रूप में और कभी 'कलात्मकता' के रूप में। 'वसुधा' में धारावाहिक रूप से प्रकाशित होनेवाली 'एक साहित्यिक की डायरी' में श्री गजानन माधव मुक्तिबोध ने इस विषय को काफी पहले साफ कर दिया है। यथार्थमूलक रचनाओं को कविता मानने से इनकार करते समय प्रायः यह तर्क दिया जाता है कि वह 'बौद्धिक रूप से भद्र' नहीं है। इसमें निर्णायक बात बौद्धिकता नहीं, भद्रता है। यदि यह नंगी पाशबिकता प्रतीकात्मक ढंग से प्रस्तुत की जाए तो उसे 'कविता' मान लेंगे क्योंकि इस प्रकार वह यथार्थ 'सह्य' हो जाता है। दरअसल वे चाहते यही हैं कि यथार्थ अपने नंगे रूप में सामने न आए; लेकिन वे इतने मूर्ख नहीं हैं कि इस बात को इतने सीधे शब्दों में कहें; लिहाजा वे यथार्थ-चित्रण को रोकने के लिए 'कला' का मोहजाल फेंकते हैं। इधर कभी-कभी नए कवि भी 'उग्रतामूलक आलोचनात्मक कर्मप्रधान भावना' को अधिक-से-अधिक 'कलात्मक' बनाने में लग

जाते हैं और देखते-देखते उनकी 'सड़क छाप' कविता 'सम्मान्य' हो जाती है; परन्तु वे नहीं जानते कि इस साहित्यिक सम्मान की प्राप्ति में वे अपनी कविता की असली आग ही खो बैठते हैं! कहना न होगा कि लगभग पिछले दो दशकों से हिन्दी कविता में इस 'भद्रता' और 'गम्भीरता' का कितना गहरा असर रहा है! इसे भी पिछले रोमांटिक संस्कार का अवशेष समझना चाहिए।

हिन्दी कविता के इतिहास में इस तरह के उदाहरण पहले भी मिलते हैं। आचार्य रामचन्द्र शुक्ल जैसे लोक-मंगलवादी काव्य-मर्मज्ञ भी जब कहते हैं कि "सिद्धों और योगियों की रचनाएँ साहित्य-कोटि में नहीं आतीं" तो उसके मूल में कविता सम्बन्धी एक हद तक रोमांटिक धारणा के साथ ही समाज सम्बन्धी एक आदर्शवादी मान्यता भी थी। इसी के चलते कबीर की प्रखर प्रतिभा को स्वीकारते हुए भी उन्होंने कबीर की खंडन-मंडन वाली उक्तियों को कविता मानने से इनकार कर दिया—'काव्य' माना उन्होंने तो कबीर की भक्ति-प्रेमपरक रचनाओं में ही। शुक्ल जी का यह आग्रह उस समय और भी स्पष्ट हो जाता है जब वे कबीर की तुलना में सुन्दरदास की रचना को 'साहित्यिक' और 'सरस' कहते हैं और कारणस्वरूप शिक्षा सम्बन्धी तथा नैतिक तथ्यों का उल्लेख करते हैं। क्या आज की बहुत-सी कविताओं को अकविता कहने के मूल में इन्हीं संस्कारों के अवशेष काम नहीं कर रहे हैं?

इस रोशनी में देखें, तो आज की बेलाग-बेलौस सीधी कृतियों में कहीं अधिक कवित्व है—निखार यहाँ भले ही कम हो लेकिन धातु खरा मिलेगा। दूसरी तरफ वे 'गम्भीर' सुरुचि-सम्पन्न एवं कलापूर्ण उक्तियाँ हैं, जो बुरी उतनी नहीं हैं, जितनी मृत! इसी गम्भीरता का विकास इधर तथाकथित 'धार्मिक' कविताओं में हुआ है, जो अपने सर्वोत्तम रूप में कविता न होकर 'मन्त्र' हैं। कहनेवाले इन्हें 'असाधारण कविता' भी कह सकते हैं लेकिन हैं ये अन्ततः 'अ-कविता' ही। स्वाभाविक है कि इस उच्च भूमिका में पहुँचने पर साधारण कविता कविता प्रतीत न हो। धार्मिक कविता की इस उदात्त-गम्भीर-दिव्य भूमिका में प्रवेश करने पर अज्ञेय ने 'नए कवि के प्रति' कविता लिखी और अभी वहाँ तक न पहुँचने के कारण ही श्री जगदीश गुप्त ने उसका सविनय प्रतिवाद करते हुए नई पीढ़ी के कुछ कवियों की कविताओं को भी 'कविता' (अथवा नई कविता) में स्वीकृत किए जाने का अनुरोध किया; लेकिन कविता की सीमा का विस्तार करते हुए किसी कारणवश वे भी केवल श्री लक्ष्मीकान्त वर्मा तक ही पहुँचकर रुक गए! इस स्वीकृति का वस्तुगत कारण खोज पाना कुछ कठिन है। स्वयं श्री लक्ष्मीकान्त वर्मा के अनुसार श्री जगदीश गुप्त भी एक तरह से 'रागात्मक ऐश्वर्यवादी' ही हैं यहाँ तक कि उनमें 'एक प्रकार का रीति आग्रह' भी है। ऐसी स्थिति में या तो यह जगदीश जी की व्यक्तिगत अनुकम्पा है या फिर श्री लक्ष्मीकान्त वर्मा की कविता भी जगदीश जी के 'रागात्मक ऐश्वर्यवाद' का ही विस्तार है।

श्री विजयदेव नारायण साही ने श्री लक्ष्मीकान्त वर्मा की कविताओं पर जो विचार व्यक्त किया है उससे यही पता चलता है कि प्रतिक्रिया के न्याय से श्री लक्ष्मीकान्त वर्मा की कविताएँ भी उस 'रागात्मक ऐश्वर्य' से निर्धारित होती हैं जिसके विरुद्ध वे खड्गहस्त हैं। साही जी के शब्दों में–"जिस प्रचुरता और गति के साथ उन्होंने अब तक कविताएँ लिखी हैं उनसे उनके मन में प्रतिपल होनेवाले भावात्मक विस्फोट का पता चलता है। इस भीषण गति के कारण कविता के शिल्प का गौण–बल्कि अनावश्यक–हो जाना स्वाभाविक था। लेकिन शिल्प का विघटन इस सीमा तक पहुँचने पर भी कविता, कविता बनी रह जाए, यह अवश्य आश्चर्य का विषय है।" वैसे आगे चलकर साही जी ने 'बिम्बों की जीवन्त उर्वरता' के सहारे इस आश्चर्य को आह्लाद या कम-से-कम सन्तोष में बदल डालने की कोशिश की है, जो पुनः आश्चर्य का विषय है! यदि वे वस्तुतः 'उत्तेजक आशय' के कवि हैं तो वे भी निश्चय ही 'असाधारण' हैं; यदि उनकी कविताएँ आभूषणहीन ही नहीं बल्कि 'परिधानहीन' हैं तो भी यह स्थिति 'असाधारण' ही कही जाएगी। यदि उनकी सारी कविता-प्रणाली में 'एक अजब-सा खुरदरापन और अनगढ़पन' है तो यह भी 'अजब' ही है। इस प्रकार शिल्प के विघटन की सीमा पर पहुँचकर भी जो कविता 'कविता' बनी रहने का आश्चर्यजनक चमत्कार दिखलाती है, उसे फिर चमत्कार ही कहना चाहिए, 'कविता' नहीं। इतने पर भी जो इसे 'कविता' मानता हो, उसकी कविता सम्बन्धी धारणा में ही कहीं-न-कहीं चमत्कारी अंश होना चाहिए।

लेकिन उस कविता की चर्चा के बिना यह दायरा पूरा ही नहीं होगा जिसे स्वयं श्री लक्ष्मीकान्त वर्मा 'कविता' मानते हैं और वह है श्री विपिन अग्रवाल की कविता! 'सिनिकल एप्रोच' वही, लघुता और साधारणता का आग्रह भी लगभग उतना ही, किन्तु विशेष यह कि यहाँ वैसी भावोत्तेजना नहीं है, जो शिल्प को विघटन की सीमा पर पहुँचा देती है। एवज में यहाँ "उदासीन वैज्ञानिक की तरह वस्तु-स्थिति का स्वीकार" है, जो अभिव्यक्ति में निपट गद्य की लीक से जरा भी हटना गवारा नहीं करता! वहाँ 'आविष्ट गद्य' है तो यहाँ मात्र गद्य! नितान्त असंगति का खतरा उठाकर ही दोनों को समान रूप से 'कविता' माना जा सकता है। स्थिति यह है कि श्री जगदीश गुप्त श्री लक्ष्मीकान्त वर्मा की कृतियों को 'कविता' कहते हैं और श्री लक्ष्मीकान्त वर्मा श्री विपिन अग्रवाल की कृतियों को! फिर 'अ-कविता' कहने के लिए बचा क्या? कहानी-उपन्यास-निबन्ध या नई पीढ़ी का विद्रोही कृतित्व?

इस स्थिति को देखकर तो हमारा खयाल है कि नई पीढ़ी के विद्रोही कवि स्वयं ही अपनी रचनाओं को गर्व से 'अ-कविता' कह सकते हैं और मुझे नहीं पता कि इस घोषणा के द्वारा वे कुछ खो बैठेंगे। अमरीका की 'एक्शन पेंटिंग' के चित्रकारों ने तो पहले ही कह रखा है कि उनकी 'पेंटिंग' 'पेंटिंग' नहीं है! अब जिसको जो

कहना हो, कहे, करना हो, करे।

अमरीका की सुप्रसिद्ध कवयित्री मिस मरियन मूर ने बड़ी ईमानदारी से स्वीकार किया है कि "अपने कृतित्व को कविता कहने के लिए इसके सिवा और कोई कारण मुझे नहीं दीखता कि कोई अन्य श्रेणी नहीं है जिसमें इसे रखा जाए।"

निरस्त्र कर देनेवाली इस आत्मस्वीकृति के सम्मुख तो फिर मौन ही बच रहता है। क्या यह आत्मस्वीकृति 'कविता-अकविता' का प्रश्न उठाने की अपेक्षा कहीं अधिक कविजनोचित नहीं है! और शायद काव्योचित भी? यह स्वीकार भी प्रायः उतना ही निवर्सन है जितना सम्भवतः 'लन्दन नेशनल गैलरी' का आदम-हौवा वाला वह चित्र? क्या फर्क करने के लिए कपड़ों का उपयोग नितान्त आवश्यक है? कहाँ यह सहज स्वीकार और कहाँ 'अ-कविता' छाँटनेवाला निरन्तर निषेध! द्रौपदी की चीर में उलझने की नौबत आ सकती है। काव्य-चर्चा के नाम पर चीर लम्बी होगी सो अलग! शायद इसीलिए भाषा में भी कुछ ऐसी ही व्यवस्था है कि कविता के पहले विशेषण तो लगाया जा सकता है, किन्तु उपसर्ग सहजता की कीमत पर ही लग सकता है! सब कुछ छोड़नेवाले यदि यह सहजता भी छोड़ें तो छोड़ें, हम यह अन्तिम वसन क्यों छोड़ें? शायद इसी तरह रह-रहकर अकविता बनने की कोशिश करते हुए ही कविता 'कविता' बन सकी है—बनी रह सकी है! कवि त्रिलोचन के शब्दों में कहें तो—

छूट-छूटकर भी कविताओं में रंगीनी
इतनी रह ही जाती है, जो चीज सामने
नहीं पकड़ पाती नयनों को, वही बाँधने
लगती है मन को रह-रहकर...

(ज्ञानोदय, जुलाई, 1963)

हाट-बाज़ार की कविता

"कविता पार्श्ववर्ती जीवन की पुकार का जवाब है।" न बताया जाए कि यह कथन रोमांटिक दौर के आरम्भिक कवि श्री मुकुटधर पांडेय का है तो आज का नया कवि इसे एकदम अपने किसी समकालीन का कथन मान सकता है। वैसे, कथन यह चाहे जिसका हो किन्तु खोज है एक नए कवि की ही। पहली बार मैंने इसे पिछले साल केदारनाथ सिंह से सुना था और उन्होंने शायद त्रिलोचन जी से। मुझे स्वयं धोखा हुआ था। फिर ध्यान इस बात की ओर गया कि अभी तक यानी इन चालीस-पैंतालीस वर्षों में किसी कवि या पाठक का ध्यान इस ओर क्यों नहीं गया? वह पुकार इतने दिनों बाद ही क्यों सुनी जा सकी? अभिप्रेत अर्थ इसका वह भले ही न हो, जो हम सोचते हैं, लेकिन कुछ तो इसमें अवश्य है, जो आज के कवि को उत्तर जैसा लगता है।

साहित्य और कविता प्रसंग में 'जीवन' का नाम कितनी बार नहीं लिया गया है? लेकिन हर बार उसका एक विशेष अर्थ रहा है या होकर रह गया है। यदि इतिहास में बहुत दूर न जाएँ, तो भी पिछले चालीस-पैंतालीस वर्षों में बराबर 'जीवन' के सन्दर्भ में ही कविता को पुनर्जीवित और पुनर्नवीन करने के संकल्प लिये गए हैं, लेकिन हर दस-बारह साल के बाद लगा है कि कविता 'जीवन' से—यथार्थ जीवन से—दूर चली गई। मुकुटधर पांडेय ने भी अपनी समझ से 'जीवन' की ही कविता लिखी और बाद में आनेवाले छायावादी कवियों ने भी; बच्चन-नरेन्द्र आदि की पीढ़ी के तथाकथित छायावादोत्तर कवियों ने भी नवीन-दिनकर आदि राष्ट्रीयतावादी कवियों ने भी। इस प्रकार लगभग बीस साल बीत गए और चौथे दशक में महसूस किया गया कि कविता तो अभी तक जीवन से दूर थी। इसलिए यथार्थ जीवन का नारा लेकर प्रगतिवाद आया, लेकिन फिर लगा कि जीवन का यथार्थ पूरा-का-पूरा कविता में नहीं आ रहा है और प्रयोगवाद शुरू हुआ : प्रतीकों-बिम्बों आदि के नए प्रयोगों से जीवन के अधिक-से-अधिक 'सत्य' को व्यक्त करने की कोशिश की गई लेकिन कुछ दिनों के बाद इन प्रयत्नों की भी सीमा प्रकट होने लगी। फिर 'जीवन' नाम पर ही लोकगीतों से जीवन ग्रहण किया गया और कुछ ही दिनों में वह भी रूमानी संगीत

होकर रह गया। अब नगरों और कस्बों की रोजमर्रा की जिन्दगी पर नजर पड़ी है लेकिन कौन कह सकता है कि कुछ ही दिनों में कविता की यह 'नागरिकता' भी जीवन से दूर अथवा सीमित घोषित न कर दी जाएगी?

'जीवन' कहिए, चाहे साधारणता की खनक पैदा करने के लिए 'जिन्दगी'– विषय-वस्तु, भाषा और छन्द सभी बातों में कविता अधिक-से-अधिक जीवन से जुड़ने की कोशिश करती रही है; यहाँ तक कि इसकी चर्चा भी अब पिटी-पिटाई बात मालूम होती है स्वयंसिद्ध कथन की तरह; फिर भी ऐसा लगता है कि कविता इस दिशा में कुछ दूर तक चलकर अगल-बगल की पगडंडियों में भटक गई। क्यों? यह विचारणीय है। अंग्रेजी की आधुनिक कविता पर विचार करते हुए श्री ए. अलवारेज ने 'न्यू पोएट्री' की भूमिका में लिखा है कि इलियट-पाउंड के साथ अनुभव के नए क्षेत्रों में कविता को खोलने के जो प्रयोग शुरू हुए थे, वे विकास-क्रम में तीन 'निगेटिव फीड-बैक्स' के शिकार हुए। क्या हिन्दी में भी छायावाद के बाद की कविता के विकास में इसी प्रकार की बाधाएँ आई नहीं दिखतीं? लगभग पचीस साल पहले हिन्दी कविता में जीवन के यथार्थ को अधिक-से-अधिक समेटने के जो प्रयोग शुरू हुए उनका विकास, निश्चय ही, भटकाव-रहित और सहज नहीं रहा है। वैसे उत्पादन एवं सृजन के अन्य सभी कार्यों की तरह काव्य-क्रिया में भी जीवन से कुछ-न-कुछ विच्छिन्नता (एलियनेशन) अनिवार्य है किन्तु हिन्दी की आधुनिक कविता के इस विच्छिन्न विकास के कुछ अपने विशेष कारण भी हैं जिनके बीज कुछ तो विरोधी विचारधाराओं में हैं और कुछ प्रतिक्रियाजनित अतिरेकों में। आरम्भिक प्रगतिशील काव्य में जीवन 'आर्थिकतावाद' के कारण संकुचित हुआ, तो प्रयोगशील काव्य में अहंमूलक व्यक्तिवाद के कारण। इसी प्रकार आंचलिक और नागरिक कविताएँ भी पारस्परिक प्रतिक्रिया के न्याय से सीमान्तों में सिमट गईं।

सम्भवतः यही वह ऐतिहासिक सन्दर्भ है जो श्री मुकुटधर पांडेय के कथन को करीब पैंतालीस साल बाद भी आज की प्रतिध्वनि प्रदान करता है : 'पार्श्ववर्ती जीवन की पुकार का जवाब!' यह कथन हमें शायद इसलिए 'पार्श्ववर्ती' प्रतीत होता है कि इसमें जीवन पर किसी विचारधारा, सिद्धान्त या वाद का आरोप नहीं है। 'पार्श्ववर्ती जीवन' जैसे सीधे हमारे सहज बोध अथवा 'कॉमन सेंस' को अपील करता है। पार्श्ववर्ती यानी एकदम बाजू का, बाजू से लगा, पड़ोस का। ऐसा जीवन जो हमारी जीने की क्रिया से एकदम जुड़ा हुआ है, जिससे हमारा रोज का नाता है। झगड़ा-टंटा ही क्यों न हो लेकिन नाता तो है ही। पसन्द हो चाहे नापसन्द लेकिन बुना है हमारे जीवन के साथ ताने-बाने की तरह। पांडित्यपूर्ण बड़ी-बड़ी पुस्तकों का 'जीवन' हमारे लिए एक बौद्धिक अवधारणा मात्र है किन्तु यह बाजू का जीवन तो साक्षात् हरदम हमारे सामने है और अनजाने भी हमारे अनुभव एवं बोध की दुनिया में बराबर दखल

दिया करता है, हमारी ओर से किसी प्रकार की कोशिश के बावजूद, खुद-ब-खुद। सम्भवतः इस पड़ोसी जीवन के जरिए ही हम व्यापक जीवन को जानते हैं और जब हम 'जीवन' कहते हैं तो उसके मूल में कहीं-न-कहीं यही रोजमर्रा का, अपने आसपास का जीवन ही होता है। आज कविता में इसी जीवन को अपनी सारी चहल-पहल, दुख-दर्द आदि के साथ महसूस करा देने की कोशिश है और सबसे पहले इसी अर्थ में आज वह 'हाट-बाज़ार की कविता' है। रघुवीर सहाय के शब्दों में—जो 'लेखक के चारों ओर है' वही आज की कविता में एकदम ठोस जीवन्त रूप में आ रहा है और कविता में जिसे पढ़ते समय ऐसा लगता है जैसे हम 'नंगे बदन उसका संस्पर्श' कर रहे हैं। इस प्रकार कवि की कोशिश है कि कविता के द्वारा हम उस जीवन के बारे में केवल *सूचना* न प्राप्त करें और न उसका *चित्र* या तत्सम्बन्धी कोई *धारणा-मात्र*, बल्कि उसे प्रत्यक्ष अनुभव करें जैसे किसी मनुष्य की देह की गरमाई। समाज या जीवन की जगह आज के कवि 'परिवेश', 'सन्दर्भ' अथवा 'लेखक के चारों ओर' जैसे शब्दों का प्रयोग यों ही नहीं करते। 'चारों ओर' कहने से किसी चीज से लिपटे होने या निरन्तर घिरे होने का एहसास होता है, जो 'समाज' या 'जीवन' जैसी अमूर्त अवधारणाओं से तत्काल नहीं होता।

कहा जा सकता है कि कविता आज उसी प्रकार जिन्दगी की यथार्थ मांसलता का अनुभव करा रही है जिस प्रकार एक अरसे से कहानी और उपन्यास कराते आ रहे हैं—यहाँ तक कि कुछ-एक कविताओं में तो कथा-साहित्य से भी ज्यादा जिन्दगी की जीवन्तता का संवेदन प्राप्त होता है। कभी-कभी तो लगता है कि आज के 'जीवन का गद्य', साहित्य में, 'गद्य' की अपेक्षा 'कविता' में ही अधिक सुलभ है। निराला के शब्दों में—*'समझौता हो गया बोध से, गदिता कविता ही।'* 'गदिता कविता' 'कथिता कविता' से कहीं अधिक 'गद्य' के गदित की ओर संकेत है।

यह सब आज इसलिए सम्भव हो सका है कि कवि अब 'आत्माभिव्यक्ति' की अपेक्षा पार्श्ववर्ती जीवन की *पुकार का जवाब* देने में दिलचस्पी रखता है जैसे एक पड़ोसी दूसरे पड़ोसी की पुकार का जवाब देता है : कभी सिर्फ दुआ-सलाम के रूप में तो कभी आफत-विपत में और कभी कुछ न होने पर केवल पास-पास होने के बोध के रूप में। वैसे, 'आत्माभिव्यक्ति' की कविता लिखने वाले अब भी कम नहीं हैं और बहस में तमाम कविताएँ अन्ततः आत्माभिव्यक्ति साबित की जा सकती है किन्तु यहाँ मैं जिन कवियों की कर रहा हूँ उनके सम्मुख कविता *अभिव्यंजना* नहीं बल्कि *संवाद* या *संलाप* है।

आज शायद ही कोई जागरूक कवि कविता को आत्माभिव्यक्ति या अभिव्यंजना मानता हो। रोमांटिक या छायावादी थे जो कविता को भावों की अभिव्यंजना मानते थे और अधिक-से-अधिक अपने भावों की अभिव्यक्ति में ही कवि-कर्म की सार्थकता

समझते थे और आत्माभिव्यक्ति के नाम पर 'अहं' या 'व्यक्तित्व' की अभिव्यंजना में कवित्व की सार्थकता देखनेवाले आरम्भिक प्रयोगवादी भी अब इतिहास द्वारा पीछे छोड़ दिए गए हैं। आगे चलकर तो स्वयं अज्ञेय ने भी 'आत्माभिव्यंजना' के इस सिद्धान्त को छोड़ दिया। आज भी जो कवि कविता को व्यक्तित्व की, व्यक्ति के अहं की, प्रखरतर अभिव्यक्ति और उस अहं को पुष्ट करनेवाली रचना मानता है, उसका मजाक उड़ाते हुए अज्ञेय कहते हैं कि इस चरम कोटि का आधुनिक कवि मैं नहीं हूँ, अधिक-से-अधिक उस श्रेणी में हूँ, जो कविता को अहं के विलयन का साधन मानते हैं। *'अपने से बाहर आने को छोड़ नहीं आवास दूसरा'* पहले भी उन्होंने कहा था लेकिन उस समय यह पता नहीं था कि उनका 'बाहर' 'आँगन के पार द्वार' होगा। 'अपने से बाहर' लेकिन 'चारों ओर' नहीं बल्कि 'पार' या 'परे' का अलौकिक आधिभौतिक लोक! और उस स्तर पर कविता 'संलाप' के रूप में चल सकती है, बल्कि चलती है किन्तु उस 'संलाप' वाली कविता की भाषा और होती है और कवियों का ही कहना है कि यह कविता की हार है। *'हार गया, जब मैं उस पार गया–'* निराला स्वयं स्वीकार कर चुके हैं।

बहरहाल, हम यहाँ उस कविता की बात कर रहे हैं जो अपने चारों ओर के जीवन के साथ 'संलाप' है और इस प्रकार जो अपने चारों ओर के जीवन में एक योगदान है। रघुवीर सहाय के शब्दों में–"जो एक बार व्यक्ति की हैसियत से जीवन में योग दे चुका है, रचना करते हुए कवि की हैसियत से वह दुबारा योग देता है : अपनी शक्ति भी छोटे-छोटे विविध अंशों में दुबारा योग देने में ही उसकी सार्थकता है और यह सार्थकता भी तब है, जब वह कला के स्तर पर हो।"

स्वाभाविक है कि जब कवि अपने को 'कवि' होने के अलावा एक पड़ोसी भी समझने लगता है तो अपने पास-पड़ोस के जीवन में नितान्त 'कवि' की तरह 'अजनबी' नहीं महसूस करेगा बल्कि 'पड़ोसी कवि' की तरह उसमें योग देगा। ऐसी स्थिति में कविता में एक खास तरह की 'साधारणता' का आना अनिवार्य है–जो पड़ोस में रहनेवालों की जिन्दगी में, रहन-सहन, खान-पान, बोलचाल और पहनावे तक में एक-दूसरे के सामने प्रकट होती रहती है और जो पड़ोस से बाहर निकलते ही 'भद्रता' या 'सभ्यता' में बदल जाती है। जाहिर है कि ऐसी कविता में खास तरह का घरेलूपन और शिष्टाचार के स्तर से नीचे की सहज मानवीय आत्मीयता होगी, समझने-बूझने में पर्याप्त प्रेषणीयता होगी; काव्य-परम्परा से प्राप्त कोई छन्द हो या नहीं किन्तु उसमें बातचीत के लहजे पर आधारित सधी हुई एक लय होगी और भाषा भी पूर्व परम्परा से प्राप्त साहित्यिक भाषा का सरलीकृत रूप न होकर बोलचाल की भाषा का साहित्यिक संस्कार होगी। इस प्रकार यह कविता 'पाठ्य काव्य' होने की विवशता से मुक्त होकर बहुत-कुछ 'श्रव्य' होगी जैसा कि किसी समय सुगठित

सामुदायिक जीवन का तथाकथित लोककाव्य मूलतः 'श्रव्य' था। ऐसी ही कविता के बारे में कहा जाता है कि पता नहीं चलता, जीवन कहाँ खत्म होता है और कविता कहाँ शुरू होती है।

कवि त्रिलोचन ने जब कहा था कि :

कवि का जीवन उसकी कविता एक, नहीं दो
धूप-छाँह का मेल मिलेगा जहाँ कहीं हो

तो जीवन और कविता के इसी अन्तस्सम्बन्ध की ओर संकेत किया था क्योंकि ऐसा ही कवि कविता को जीवन की जीवन्त भाषा प्रदान कर उसे पुनः जीवित कर सकता है। केवल भाषा से ही ये कविताएँ तत्काल पहचान में आ जाती हैं। आकस्मिक नहीं है जो भाषा के प्रश्न को ये कवि इतना महत्व देते हैं। अन्यत्र जब त्रिलोचन कहते हैं कि 'सब कुछ सब कुछ सब कुछ सब कुछ सब कुछ भाषा' तो इस कथन में कोरे आवेश का अतिरेक नहीं है। 'आत्माभिव्यंजना' वाले कवि सम्भवतः इस बात को समझ भी नहीं सकते हैं क्योंकि उनकी अभिव्यंजना-प्रणाली इसके सर्वथा विपरीत है। वहाँ तो यही धारणा है कि स्वयंभू विचार के लिए उपयुक्त शब्द खोजना है और अभिव्यक्ति को अधिक-से-अधिक प्रभावशाली रूप देना है। आत्माभिव्यंजना वहाँ पहले है, भाषा बाद में आती है या कम-से-कम आती समझी जाती है। इसके विपरीत यहाँ—

...सब कुछ पाया
शब्दों में, देखा सब कुछ ध्वनि रूप हो गया।
भाषा की लहरों में जीवन की हलचल है
ध्वनि में क्रिया भरी है और क्रिया में बल है।

यही बात एक हद तक रघुवीर सहाय की कविताओं में दिखाई पड़ती है जो नई पीढ़ी के एक कवि--अशोक वाजपेयी--के शब्दों में—'जीने के कर्म में रत कविता' है। इस भाषा की विशेषता बतलाते हुए काव्य-मर्मज्ञ वात्स्यायन जी ने लिखा है कि "उसका संस्कार शहरी है, तो किसी कृत्रिमता के अर्थ में नहीं; अच्छे घर में रोज काम आने वाले बर्तनों में मँजते रहने के कारण जो चमक होती है—जो उन्हें अलमारी में सजाने की प्रेरणा न देकर सहज व्यवहार में लाने की प्रेरणा देती है—कुछ वैसी ही प्रीतिकर सहज ग्राह्यता उनकी भाषा में है।" भाषा की यह 'सहज प्रवहमान प्रसादमयता' केवल भाषा का गुण नहीं बल्कि आज की इस कविता का सम्पूर्ण रस है—काव्यार्थ है!

मार्च, 1969 की 'कल्पना' में प्रकाशित श्री रघुवीर सहाय की तीन कविताओं में से पहली कविता 'नेता क्षमा करें' इस दृष्टि से विशेष रूप से उल्लेखनीय है। कविता

जैसे आज के कवि-कर्म का नया दस्तावेज है, जिसमें कवि कवि के साथ-साथ एक साधारण पड़ोसी के कर्म-निर्वाह को रचना का रूप देता है—'संलाप काव्य' के रूप में।

लोगो, मेरे देश के लोगो और नेताओ
मैं सिर्फ एक कवि हूँ।
मैं तुम्हें रोटी नहीं दे सकता न उसके साथ खाने के लिए गम
न मैं मिटा सकता हूँ ईश्वर के विषय में तुम्हारा सम्भ्रम
लोगो, मेरे श्रेष्ठ लोगो, मुझे माफ करो मैं तुम्हारे साथ आ नहीं सकता
यानी कि आप ही सोचें कि जो कवि नहीं है
कि लोग सब एक तरफ और मैं एक तरफ
और मैं कहूँ कि तुम सब मेरे हो
पूछिए, कौन हूँ मैं?
मैंने कोशिश की थी कि कुछ कहूँ उनसे
लेकिन जब मैंने कहा, 'तुमको प्यार करता हूँ'
मेरे शब्द एक लहरियाता दोगाना बनकर
उकड़ूँ बैठे खोंचों पर भिनभिनाने लगे।
फिर कुछ लोग उठे बोले कि, आइए, तोड़ें पुरानी—
—फिलहाल—मूर्तियाँ। साथ न दो, हाथ ही दो सिर्फ
उठा।
झोले में बन्द कर एक नई मूर्ति मुझे दे गए।
यानी कि आप ही देखें कि जो कवि नहीं है
अपनी एक मूर्ति बनाता हूँ और ढहाता हूँ
और आप कहते हैं कि कविता की है।
क्या मुझे दूसरों को तोड़ने की फुरसत है।

कवि तो खैर इसे देख ही चुके होंगे और यों भी कोई उन्हें कुछ दिखाने की आपदा मोल नहीं ले सकता, लेकिन निवेदन है कि 'आप ही देखें कि जो कवि नहीं है।' सबसे पहले ध्यान देने योग्य है कविता का 'स्वर' या चाहें तो कह लें कवि के कहने का 'टोन'। निस्सन्देह इसमें एक तरह का स्पष्ट 'रेटरिक' है लेकिन क्या यह 'रेटरिक' ऊँचे से या ऊँचे चढ़कर बोलनेवाले रोमांटिक और राजनीतिक कवियों का-सा है? क्यों वह कवि इतना आत्मीय, साधारण पड़ोसी-सा लगता है, यह कहने के बावजूद कि वह हमारे लिए कुछ नहीं कर सकता, यहाँ तक कि 'तुमको प्यार करता हूँ' कहने की कोशिश करके भी उसकी व्यर्थता देख चुका है। अत्यन्त सहज भाव से यहाँ उस वातावरण का भी संकेत कर दिया गया है जिसमें पुरानी मूर्तियों

को तोड़ने का आवेश है और 'झोले में बन्द एक नई मूर्ति दे जाने' का भी सटिप्पण कथन! परन्तु इस वातावरण में भी कवि-कर्म की निजी समस्या है जिसके वशीभूत होकर वह अपनी एक मूर्ति बनाने और ढहाने में व्यस्त है। कवि के स्वर में एक साथ ही समुदाय-बोध, आत्म-बोध, आत्म-विडम्बना, आत्मविश्वास आदि की अनेक ध्वनियाँ श्रव्य हैं और कहने की आवश्यकता नहीं कि यह 'स्वर' ही कविता का काव्यार्थ है। वैसे तो उत्तम पुरुष एकवचन सर्वनाम अर्थात् 'मैं' का प्रयोग क्या कविता क्या कथा-साहित्य--सर्वत्र एकरसता उत्पन्न करने की हद तक सुनाई पड़ता है, परन्तु यहाँ का 'मैं' अपनी विशिष्टता की छाप छोड़ जाता है और कविता में अपनी अर्थवत्ता तथा सार्थकता प्रमाणित करता है। फिलहाल, विश्लेषण के नाम पर कविता में केवल ये कुछ तथ्य ही रेखांकित किए जा सकते हैं--इसके आगे तो आलोचना के नाम पर या तो 'पैराफ्रेज' है या शुद्ध 'भावोच्छ्वास' अथवा फिर शल्य-कार्य!

तात्पर्य यह कि जब हम 'हाट-बाज़ार की कविता' की बात करते हैं, तो हमारा तात्पर्य उस कविता से है जो धड़कते हुए जीवन में प्राण-शक्ति ग्रहण करने, 'कविता' के रूप में पुनर्जीवित होने की कोशिश कर रही है और बदले में जीवन को भी संजीवनी शक्ति दे रही है। निस्सन्देह हाट-बाज़ार के 'विषय' से भरी हुई कविताओं की भरमार है, जो विषय-सूची गिनाकर 'समकालीनता' का सहसा आभास दे जाती हैं लेकिन वस्तुतः वे हाट-बाज़ार के 'जीवन' से शून्य हैं। जिस प्रकार हाट-बाज़ार के जीवन का भी एक ऊपरी स्तर है जिसमें बहुत से लोग 'अनायास' भाव से जीते हैं, उसी प्रकार आज की कविता में भी एक ऊपरी स्तर है जिस पर अनेक 'कवि-ब्रुव' या 'पोएटास्टर्स' अनायास भाव से लिखे जा रहे हैं। भय है कहीं ऐसे 'कवि-ब्रुवों' के हाथों कविता की यह नवीन यथार्थवादी यात्रा पुनः किसी पगडंडी की ओर न मुड़ जाए! यही तो आशंका है जिससे कवि की तरह पाठक भी मन-ही-मन यह कहता महसूस करता है कि :

अपनी एक मूर्ति बनाता हूँ और ढहाता हूँ
और आप कहते हैं कि...

शायद 'आलोचना' है।

(ज्ञानोदय, अगस्त, 1963)

नंगी और बेलौस आवाज़

'और एक गूँज रह जाती है शोर के बीच जिसे सब दूसरों से छिपाते हैं, नंगी और बेलौस।' कहते हैं, वह सत्य है; और कविता ही है जो उस सत्य को व्यक्त करने का जोखिम उठाती है। यह दावा कवि का तो रहा ही है, लोग भी शुरू से कुछ ऐसा ही विश्वास करते आए हैं—बावजूद इस ऐतिहासिक तथ्य के कभी-कभी कवि भी उस 'सब' में शामिल रहे हैं, यहाँ तक कि जिसे सबने नहीं भी छिपाया उसे कवि छिपा गए; और इस तरह कविता के इतिहास में एक सत्य एकदम अनकहा चला गया। दिक्कत कहाँ आती है, यह प्रश्न है और आज का शायद सबसे ज्वलंत प्रश्न!

शोर फिलहाल चीनी हमले का ही है, इसलिए सत्य की खोज की शुरुआत इसी शोर के बीच। और सत्य ही खोजने निकले हैं तो सबसे आकर्षक है 'सत्यमेव जयते' शीर्षक कविता, मई, 1963 की 'कल्पना' में प्रकाशित, श्री शमशेर बहादुर सिंह की। 'बात बोलेगी हम नहीं' के कवि शमशेर से पहले ही से कौन आश्वस्त न होगा कि वे शोर मचाने वालों में नहीं हो सकते! 'मौन' का कवि और शोर! आकर्षण स्वाभाविक है। कविता में भी 'सत्य' और 'सच्चाई' (कवि का प्रिय शब्द) एक बार नहीं, अनेक बार। इतने पर भी कोई कमी दिखे तो कविता का अन्त देखिए : सत्यमेव जयते, सत्यमेव जयते, सत्यमेव जयते का तीन बार जयघोष! नाटकीयता की पराकाष्ठा, भाषण-कला का उच्चतम आदर्श! लेकिन कविता के अन्दर 'तुम मूर्ख हो', 'धन्यवाद पशु', 'आवारा प्रेत', 'मार्क्स को जला दो', 'लेनिन को उड़ा दो' वगैरह-वगैरह। इस प्रकार कवि कुछ कहता है और कविता कुछ! पाठक किसका विश्वास करे? कहते हैं, थोथा चना बाजे घना! कवि को स्वयं बोलना पड़े तो समझिए कि कविता की वाणी को पक्षाघात है! यह कैसा 'रेटरिक' कि भाषा शब्द से अपशब्द के स्तर तक स्खलित हो गई। 'सत्यमेव जयते' की पुष्टि तो बाद में होगी यहाँ तो 'काव्यमेव जयते' में ही सन्देह है! यदि स्वयं कविता की शब्द-योजना, रूप-विन्यास और अर्थ-संगति के अन्दर से ही 'सच्चाई' की उपलब्धि नहीं होती तो फिर कवि के मन की सच्चाई को लेकर क्या होगा? और फिर कविता के अलावा कवि की उस आन्तरिक सच्चाई को जानने का दूसरा साधन भी क्या है? और यदि वह दूसरा

साधन सुलभ भी कर लिया जाए तो इस कविता के मूल्यांकन में उसकी क्या प्रासंगिकता है?

सवाल यह कि एक समर्थ कवि भी सत्य-कथन से विचलित होकर शोर में कैसे शामिल हो गया? किसी भय से? यथेष्ट साहस की कमी से? भावावेश से? अपनी काव्य-भाषा की पूर्ववर्ती सीमा से? कहने की आवश्यकता नहीं कि ये तमाम प्रश्न परस्पर सम्बद्ध हैं, खासतौर से उस स्थिति में जबकि एक रचना सत्य-कथन से स्खलित होने के साथ ही काव्य के स्तर से भी स्खलित हुई हो। इस प्रकार काव्यात्मक प्रश्न अन्ततः नैतिक प्रश्न हो जाता है। वस्तुस्थिति पर कवि की पकड़ ढीली होती है, तो अभिव्यक्ति में शब्द अस्पष्ट से आते हैं। कहीं धराऊँ शब्द तो कहीं मुँहभराऊँ शब्द; कविता कहीं नारा हो जाती है तो कहीं वक्तव्य; कहीं उपदेश तो कहीं गाली; भाव-व्यंजना के स्थान पर भावुकता प्रकट होती है और आवेश में वाक्य टूटने लगते हैं, लय लड़खड़ाने लगती है और कुल मिलाकर उपलब्धि कवि के लिए एक रिक्ति और पाठक के लिए विरक्ति। कहाँ का सत्य और कहाँ की वास्तविकता!

लेकिन इस शोर के बीच भी कुछ एक कंठों से दूसरे ढंग के स्वर उठे जो या तो सुनाई नहीं पड़े या किसी वजह से दब गए। जिस समय चारों ओर दिग्विजय की ललकार मची हुई थी उस समय काशी के एक नितान्त नए कवि धूमिल के मुँह से मैंने ये पंक्तियाँ भी सुनीं :

मुझमें सारे समूह का भय
चीखता है
दिग्विजय! दिग्विजय!!

भय चीखता है दिग्विजय! भय और दिग्विजय। क्या इस विडम्बना में कोई वास्तविकता नहीं है? इन तीनों पंक्तियों में जितनी बड़ी विडम्बना को व्यक्त कर दिया गया है वह लम्बे-लम्बे दर्जनों वीर-गीतों से कहीं अधिक काव्यात्मक है और इससे भी अधिक काव्यात्मक है नई पीढ़ी के एक दूसरे कवि श्री कुमारेन्द्र पारसनाथ सिंह की इसी विषय से सम्बद्ध कविता 'विषयान्तर', जो कलकत्ते की एक छोटी-सी पत्रिका 'परिवेश' के अंक-2 में जनवरी-फरवरी के आस-पास छपी थी। पूरी कविता यह रही :

यह कुछ नहीं था जो हुआ। होना सिर्फ होने के लिए था।
सिन्धु का मार्ग नहीं बदला। न ही लाल ब्रह्मपुत्र हुआ।
गंगा-गोदावरी की निर्मल आन्तरिकता को गँदला नहीं कर सका
ह्वांग-हो का पीला जल। न ही कोई वोल्गा में ग्रहण नहाने गया।
चीन की दीवार कहाँ धसी, कहाँ उठी—कुछ पता नहीं। माथा
मगर एवरेस्ट का ऊँचा का-ऊँचा रहा। सूखा नहीं जल
मानसरोवर का। और न ही हंसों ने बगुलों की राह ली। पिंजड़े का

तोता राम सीताराम रटता रहा। काँव-काँव करते रहे कौवे।
गृद्धों की दृष्टि भी लोथड़ों पर गड़ी रही। (हवा का रुख
और मौसम का रंग किन्तु बदल गया) भूख और पाला का
प्रश्न नहीं रहा। वैसे, रस्सा-कस्सी बढ़ती आबादी और मौत की
ढीली नहीं पड़ी इधर-उधर हैजा और चेचक से लोग लगे मरने।
चाँद पूर्णमासी का निकला जैसे पहले निकलता था। चाँदनी के
धरती पर पड़ने में फर्क जरा पड़ गया। सूरज के ताप में वृद्धि नहीं हुई।
न ही आभा कुछ और गदराई। मगर कणिका का ताप—
जैसे भीतर कहीं आग कोई लग जाए—सहसा कुछ बढ़ गया।

बिना किसी हिचक के कह सकता हूँ कि चीनी हमले पर अभी तक जितनी कविताएँ सामने आई हैं उनमें यह सर्वोत्तम है! यदि इसमें कोई कमजोरी है तो हिन्दी कविता के वर्तमान 'समय' या 'कन्वेंशन' की, जैसे प्रतीक-पद्धति। परन्तु प्रतीक-बोध से मुक्त होकर भी एक 'विषयान्तर' के रूप में पूरी कविता का आस्वाद लिया जा सकता है—खासतौर से 'हवा का रुख और मौसम का रंग किन्तु बदल गया' के आगे। कहने की आवश्यकता नहीं कि कविता के सम्पूर्ण भाव या अर्थ को ग्रहण करने के लिए बराबर 'विषयान्तर' के सन्दर्भ को ध्यान में रखना होगा। कहाँ अन्य कवियों का भावावेश और कहाँ इस कविता का परिपक्व स्वर : 'यह कुछ नहीं था जो हुआ!' पूरी कविता के लय-विन्यास में स्वर की यह परिपक्वता व्याप्त है। चीनी आक्रमण से स्थिति में जो परिवर्तन आया, उसके बारे में जहाँ दूसरे लोग कयामत की तुरही बजा रहे थे वहाँ मद्धिम स्वर कुमारेन्द्र केवल इतना कहते हैं : 'चाँदनी के धरती पर पड़ने में फर्क जरा पड़ गया' और 'कणिका का ताप सहसा कुछ बढ़ गया!' कौन कह सकता है कि इस 'अंडर-स्टेटमेंट' में तार स्वर से कम शक्ति है—शक्ति और समझ! शीर्षक इसका 'सत्यमेव जयते' भले न हो किन्तु यहाँ सत्य की जीत होती है, वास्तविकता कविता के कथ्य का समर्थन ही नहीं करती, बल्कि इस काव्य-सत्य को पुनः प्राप्त करके हमारी दृष्टि में कहीं अधिक निखर उठती है। इससे स्पष्ट हो जाता है कि सत्य का ढोल न पीटते हुए भी कवियों की नई पीढ़ी आज सत्य के कथन में कहीं अधिक समर्थ है। जितनी सीधी-सादी यह भाषा है, उतनी ही सीधी-सादी दृष्टि। इसके मूल में निश्चय ही एक निर्भीक नैतिकता अथवा नैतिक साहस है!

सवाल केवल इस एक विषय तक ही सीमित नहीं है। चीनी हमला तो उन ऐतिहासिक घटनाओं में से एक है जो कविता के लिए अग्निपरीक्षा प्रमाणित होती है। यह आकस्मिक नहीं है कि इस अग्निपरीक्षा में अनेक प्रतिष्ठित कंठ झुलस गए, सच्चाइयों के चित्रकार छाती पीट-पीटकर केवल अपनी सच्चाई का इजहार करते रह गए, सत्यान्वेषी गोता लगा गए और शब्द माँगनेवाले जिह्वा फैलाए रहे और काव्य

के रूप में कुछ सामने आया तो नई पीढ़ी के ही बीच से! इसके पीछे जीवन और काव्य-सम्बन्धी एक नई समझ है जो अन्य क्षेत्रों में भी सक्रिय दिखाई पड़ती है। जब कोई कहता है कि सत्य कहने के लिए वैसी भाषा चाहिए तो उसे स्वयं ही आगे बढ़कर यह भी पूछना चाहिए कि वह भाषा कहाँ से आती है? कबीर की बेलाग-बेलौस भाषा किसी मौलवी के 'लुगात' या पंडित के 'शब्दकोश' से नहीं, स्वयं उनके अपने 'सुच्छमवेद' अर्थात् स्व-संवेद से आई थी जिसका एक रूप सामाजिक-नैतिक निर्भीकता भी थी!

'सत्य की बात आरम्भिक प्रयोगवादी भी करते रहे हैं लेकिन उनकी दृष्टि में सत्य 'अन्वेषण' की चीज थी और अन्वेषण के लिए एक विशेष प्रकार की अन्तर्दृष्टि अपेक्षित थी। सत्य के प्रसंग में 'जोखिम' की बात वे भी करते थे किन्तु वह जोखिम अन्तर-सागर के पनडुब्बे का था। इस प्रकार वह सत्य एक बहुमूल्य 'मोती' था। प्रमाण उस कविता के शब्द देते हैं जिनको देखकर स्पष्ट हो जाता है कि यहाँ कुछ शब्द कभी नहीं आ सकते। उदाहरण के लिए 'सड़क' शब्द अज्ञेय के यहाँ शायद ही मिले। लगता है कि वे हजार कविताएँ और क्यों न लिखें, यह शब्द आ ही नहीं सकता और कहीं आ भी गया तो उसका प्रयोग अटपटा या बेमेल होगा, जैसा कि इस तरह के कुछ दूसरे ठेठ शब्दों के साथ हुआ है। स्पष्ट है कि वे 'राजमार्ग' के कवि हैं। किसी कविता में वे शायद 'कमरा' शब्द भी इस्तेमाल नहीं कर सकते। बात यह बहुत छोटी-सी है किन्तु यदि ध्यान से देखें तो इससे बड़े संकेत मिल सकते हैं। ऐसे कवि और भी हैं। दूसरी ओर त्रिलोचन, मुक्तिबोध और रघुवीर सहाय जैसे कवि हैं जिनके बारे में निस्संकोच कहा जा सकता है कि इनके यहाँ कोई भी शब्द आ सकता है—हमेशा उसका प्रयोग काव्यात्मक न हो किन्तु यदि कहीं उसको काव्यात्मक संस्कार प्राप्त हो सकता है तो एक स्थान यहाँ भी होगा। पुराने कवियों में इस तरह की बात हम केवल निराला या फिर तुलसी और कबीर के बारे में ही सोच सकते हैं। यह तथ्य अनिवार्य रूप से किसी कवि के बड़े होने का प्रमाण नहीं है, लेकिन यह शब्दगत साहस कवि के नैतिक साहस का सूचक अवश्य है।

कहना न होगा कि आज हिन्दी कविता इस स्थिति में है अथवा इस अवस्था तक पहुँच चली है कि इसमें किसी भी शब्द का प्रयोग हो सकता है, सवाल सिर्फ प्रयोग करनेवाले के दायित्व का है। इसका अर्थ यह है कि यदि आज का कवि कोशिश करे तो किसी भी बात को कह सकता है यानी उस सत्य को भी जिसे शोर के बीच सब दूसरों से छिपाते हैं, कम-से-कम उसकी समझ में। इस कथन में यह तथ्य निहित है कि आज के कवि की दृष्टि में सत्य अन्वेषण की वस्तु नहीं है बल्कि उसे कह भर देने के साहस की जरूरत है, क्योंकि वह दिन के उजाले की तरह स्पष्ट है और उसे सभी जानते हैं—केदारनाथ सिंह के शब्दों में 'हम चुप हों, पर वह मौन

बच्चे सुनते हैं।' अर्थात् बच्चे तक! कठिनाई है तो सिर्फ इतनी कि लोग उस सत्य को दूसरों से छिपाते हैं। ऐसी स्थिति में स्वाभाविक है कि सत्य की खोज के लिए किसी अन्तर्देश की गूढ़ यात्रा अनावश्यक है, यहाँ तो दृष्टि की दिशा लोगों की ओर, बल्कि लोगों के बीच है। इसलिए सवाल उस छिपाए जानेवाले सत्य को बाहर निकालकर नंगा खड़ा कर देने का है! कह सकते हैं कि आज का आदर्श नंगी कविता है—नंगी, भाषा में भी और भाव में भी।

इस दृष्टि से आज की कविता अपनी प्रकृति में अब तक की बिम्ब-प्रधान कविता से सर्वथा भिन्न है अथवा उसका झुकाव बिम्ब-भिन्न है। कवियों का सम्भवतः कुछ ऐसा विश्वास हो चला है कि बिम्ब-विधान सीधे सत्य-कथन के लिए बाधक है। इधर की अधिकांश बिम्बवादी कविताओं को देखते यह आशंका एकदम असंगत भी नहीं लगती। इसे विरोधाभास ही कहना चाहिए कि जब से कविता में बिम्बों की प्रवृत्ति बढ़ी, सामाजिक जीवन के सजीव चित्र दुर्लभ हो चले। सुन्दर बिम्बों के चयन की ओर कवियों की ऐसी वृत्ति हुई कि प्रस्तुत गौण हो गया और अप्रस्तुत प्रधान! इस तरह कवि की दृष्टि ही संकुचित नहीं हुई, कविता का दायरा भी सीमित हो गया—पहले जीवन से खिंचकर प्रकृति की ओर और फिर प्रकृति में भी विशेष प्रकार के रमणीय की ओर; यहाँ तक कि वातावरण का संकेत देनेवाले बिम्ब भी एक कमरे की वस्तुओं के रूप में रह गए और बाहरी दुनिया एक खिड़की की तकदीर के सहारे बैठ गई! कविता को चित्र बनाने का नतीजा क्या होता है, यह बात पिछले पन्द्रह वर्षों के अनुभव से स्पष्ट हो गई। यही हाल प्रतीक-संकेत पद्धति का भी हुआ। सांकेतिकता भीरुता का बाना ही नहीं बनी, अज्ञान का कवच भी बन गई। जहाँ कुछ स्पष्ट न हो, वहाँ संकेत। अँधेरे में जैसे हर किसी को तीर चलाने का मौका मिल गया और हर कवि को ज्ञानी की तरह पहेली बुझाने की छूट मिल गई! देखते-देखते कविता भी उसी दुनिया का आईना बन गई जिसमें 'सब दूसरों से छिपाते हैं!' यदि इतने पर भी इस कविता के विरुद्ध प्रतिक्रिया न होती तो विनाश निश्चित था—विनाश सामाजिकता और मानवीयता का ही नहीं, बुद्धि, हृदय और सृजनशीलता का भी!

आज के कवियों की स्पष्टवादिता, सच्चाई और ईमानदारी इसी ऐतिहासिक सन्दर्भ में बोधगम्य है। यही वह वातावरण है, जिसमें स्पष्टवादिता भी एक मूल्य हो गया है। जब किसी के मुँह से साफ दो-टूक बात सुनने को मिल जाती है तो जैसे एक राहत मिलती है। आज किसी की तारीफ में इतना ही कह देना काफी समझा जाता है कि वह स्पष्टवादी है, ध्यान इस ओर नहीं जाता कि वह स्पष्ट कथन सही है या गलत, विवेकपूर्ण है या अविवेकपूर्ण। बहरहाल खरी बात असर कर रही है, तासीर में वह खतरनाक ही क्यों न हो। इसके चलते कुछ कवि-लेखकों ने तो रंग

जमाया ही, राजनीति में भी कई महाजन सिर्फ इस एक गुण के कारण लोकप्रिय नेता बने बैठे हैं और उनके पीछे नौजवानों की एक पार्टी है। आडम्बर और ढोंग के वातावरण में ही 'स्पष्टवादिता' सबसे बड़ा मूल्य बन सकता है। अब 'स्पष्टवादिता' को मूल्य की सत्ता प्राप्त हो या नहीं, इससे बाज़ार-भाव का पता जरूर चलता है।

जो हो, इस स्पष्टवादिता के कारण साहित्य का वातावरण काफी दिलचस्प हो उठा है। अभी जिनके दूध के दाँत भी नहीं टूटे हैं, वे भी बातचीत के दौरान दो-एक तेज फिकरे बोल जाते हैं। यहाँ तक कि एक निहायत ऊबड़-खाबड़ कविता में भी एक-आध पंक्ति तेज-तर्रार मिल ही जाती है। आज यहाँ हर चौराहे पर लुकाठा लिये एक कबीर खड़ा है और चाय या कॉफी की हर मेज पर दो-चार अफलातून डटे हैं। कहा नहीं जा सकता कि किसकी जबान से कब स्वयं देवी सरस्वती बोल पड़ेंगी। कौन है जो जीनियस नहीं है? निस्सन्देह जहाँ इतने जीनियस एक साथ पैदा हुए हों उस देश का भगवान ही मालिक है! पाउंड ने एक बार कहा था कि सोना अँधेरे में ही ज्यादा चमकता है, समाज-व्यवस्था के अन्दर जरूर कोई भारी गड़बड़ी होनी चाहिए। पिछली पीढ़ी के शब्द-शिल्पी पुराने शब्दों में नए अर्थ भरते ही रह गए, नई पीढ़ी के लापरवाह कवियों ने जैसे मामूली शब्दों को ही सान पर चढ़ाकर धार दे दिया! लगता है, जैसे हर कवि पीठ पर सान धरने की मशीन लिये घूम रहा है और अकसर कोई काम न रहने पर अपनी ही जबान को—बल्कि अपने आपको ही सान पर चढ़ा रहा है। लिहाजा, हर शब्द चाकू है और हर कवि लहूलुहान। फिजा नेजों से भरी है। फिर भी सारा कारोबार ज्यों-का-त्यों चल रहा है और प्रशासन निश्चिन्त है! और कविता? कविता में 'वोल्टेज' ऊँचा भले न हो, हर लाइन बिजली का एक जिन्दा तार है। धक्का लगना निश्चित है।

और ऐसा क्यों न हो? मुल्ला की दौड़ मस्जिद तक और स्पष्टवादिता की दौड़ वक्तव्य तक। सीधी बात को सपाट होते कितनी देर लगती है। जैसा कि श्री गिरिजाकुमार माथुर ने एक जगह कहा है, कविता में इधर वक्तव्य देने की प्रवृत्ति बढ़ रही है, यद्यपि उसी साँस में वे यह भी कह गए कि कविता वक्तव्य नहीं है जिसे उनका निजी विचार समझना चाहिए (क्योंकि वक्तव्य कविता हो सकता है और जरूरत पड़ने पर इसे सोदाहरण साबित भी किया जा सकता है)। दिक्कत तब पैदा होती है, जब वक्तव्य 'प्रेस-वक्तव्य' हो जाता है और सत्य को नंगा खड़ा करने की जगह असफल कवि झुँझलाकर स्वयं नंगा खड़ा हो जाता है! उदाहरण के लिए कलकत्ते से ही प्रकाशित होनेवाले एक नितान्त नए मासिक 'समानान्तर' में द्रष्टव्य श्री श्रीकान्त वर्मा की कविता 'प्रेस-वक्तव्य' की अन्तिम पंक्तियाँ :

(क्षमा करें महिलाएँ)
मैं अपने कमरे में

खड़ा
हूँ
नग्न
हे ईश्वर! मुझे कशाघातों से
छील-छील
दो
इतनी बेचैनी—
मैं इस तरह निर्वसन
सड़क से
गुजर जाऊँ।

यह सब इसलिए कि 'हे ईश्वर! सहा नहीं जाता है मुझसे अब।' सुना है, पिछले महायुद्ध में कपड़े पर कंट्रोल से घबराकर नागार्जुन ने भी कुछ ऐसा ही लिखा था कि 'जी करता है मैं बिलकुल नंगा हो जाऊँ।' जाने कैसे नागार्जुन ने उस इच्छा का दमन कर लिया, लेकिन यहाँ तो कवि नग्न खड़ा है, बेशक अपने कमरे में, फिर भी निर्वसन सड़क से गुजर जाने का हौसला तो है ही! कविता का सटीक अर्थ तो शायद कोई मानसिक-चिकित्सक ही बता सकता है, काव्य-समीक्षा केवल इसी का निर्णय कर सकती है कि यह प्रेस-वक्तव्य कोरा आत्म-प्रदर्शनवाद (एक्सहिबिशनिज्म) है या किसी सच्ची अनुभूति का वस्तुनिष्ठ सम्प्रेषण? और फिलहाल सिर्फ इतना कि मूलतः यह कविता आत्म-प्रदर्शनवादी है!

तात्पर्य यह कि स्वयं नंगे हो जाने से सत्य नंगा नहीं होता। ऐसा मुगालता उसी कवि को हो सकता है जो अपने आपको मूर्तिमान सत्य समझ ले। कहना न होगा कि यह मसीहाई अन्ततः कविता के लिए घातक साबित होती है और शायद कवि के लिए भी! आवेश में वसन उतारनेवाले सत्यव्रती को यह देह उतारते कितनी देर लगती है! उसके सामने तो स्वयं गीता का प्रमाण है—वासांसि जीर्णानि यथा विहाय...। इस प्रकार आत्महत्या नंगेपन का ही अगला कदम है! पिछली पीढ़ी के सत्यद्रष्टा तो 'मौन' की ओर मुड़ गए लेकिन इस पीढ़ी के महान सत्यार्थी तो महामौन के पथ की ओर अग्रसर हो रहे हैं और अभी तक यदि वे उस महासत्य तक नहीं पहुँचे हैं, तो यही समझना चाहिए कि फिलहाल उनमें उस सत्य के साक्षात्कार का साहस नहीं जुट सका है। सत्य ही नहीं, साहस भी पूर्ण सुसंगति माँगता है और शक है कि पिछले सत्यार्थियों की तरह ये नए सत्यार्थी भी इस सत्य की तर्कसंगत परिणति के प्रति सुसंगत होने का साहस दिखा पाएँगे। ऐसी स्थिति में यदि अन्ततः असंगति को अपनाना ही है तो पहले ही सत्य की मसीहाई के मुगालते से बाज़ क्यों न आएँ? इसके बाद भी कविता में कहने के लिए बहुत-कुछ बच जाता है। स्वयं नंगा होकर

घूमने में सुख हो सकता है, लेकिन सवाल तो सम्राट को नंगा कहने का है—खासतौर से ऐसे समय जबकि सभी लोग उसे एकदम नंगा देखते हुए भी किसी अपडर से ऐसा न कह पाते हों और जाहिर है कि इसके लिए किसी दिव्य-दृष्टि की जरूरत नहीं है और न दिव्य-वाणी की ही, चाहे वह दिव्य-दृष्टि और दिव्य-वाणी स्वयं नंगे होने से ही क्यों न प्राप्त होती हो। यहाँ एक बच्चे सीधी-सादी मामूली भाषा भी काम कर सकती है।

यह सही है कि सच कहने में कभी-कभी परम्परा से प्राप्त भाषा भी बाधक हो जाती है, लेकिन इसके साथ ही यह भी सच है कि अन्ततः सत्य को कहते समय परम्परा से प्राप्त उस भाषा की ही सहायता लेनी पड़ती है। आवश्यकता नैतिक साहस की है और अनुभव कहता है कि नैतिक साहस के सक्रिय होने पर वह भाषा भी बड़े सहज ढंग से बदल जाती है। जब बेपढ़े-लिखे कबीर को अपनी बात कहने के लिए भाषा मिल गई और तुलसी की अवधी भी पंडितों की संस्कृत के सामने तनकर खड़ी हो गई तो आज की काव्य-भाषा की चर्चा ही क्या, जो हजार वर्ष की परम्परा की सुदृढ़ नींव पर खड़ी है।

अगर ऐसा नहीं है तो नंगी और बेलौस आवाज सिर्फ आवाज है—एक चीख या शोर जिसमें स्वर-व्यंजन तो क्या गीत के उपयुक्त कोई आरोह-अवरोह या लोच भी नहीं! और जाहिर है कि कविता शोर नहीं है—चाहे वह नंगी और बेलौस ही क्यों न हो!

(ज्ञानोदय, सितम्बर, 1963)

मुक्त छन्द की रूढ़ि से मुक्ति

छन्दोबद्ध कविता की सम्भावनाओं पर विचार करने का समय अब आ गया है। वैसे यथास्थिति ही बनाए रखना हो, तो नई कविताओं में लय भी है और संगीतात्मकता भी। लय का क्या? कहीं भी मिल सकती है, बशर्ते वह आपके मन में हो। फूल-पत्ती तक में लोगों को लय दिखाई पड़ती ही है। किसी रहस्यवादी या गायक से पूछिए : सारी सृष्टि संगीतमय है। जिसे गाना है उसके लिए कोई जरूरी है कि सूर का पद ही हो, अखबार की खबर भी काम दे सकती है। फिर नई कविता की पंक्तियों के लिए लय का क्या भय! 'अर्थ की लय' तक जाने की जरूरत? मुझे उन लोगों से पूरी सहानुभूति है जिन्हें नई कविता को लयमय साबित करने के लिए इतना कष्ट उठाना पड़ा! ऐसे गूढ़ सिद्धान्तों के निर्माण और उदाहरणों के सूक्ष्म अन्वेषण के लिए जितना श्रम किया गया उतना श्रम उन कविताओं को पढ़ने की विधि में हुआ होता तो ज्यादा काम बनता। कम-से-कम 'मुद्दई सुस्त गवाह चुस्त' का नजारा तो सामने न आता! यदि नई कविता में लय के होने का इतना ही विश्वास है, तो अपोलोनेयर की तरह हटा दें ये कवि भी तमाम विराम-चिह्न और लिखें पूरी कविता गद्य की तरह! लय होती तो अपने आप पढ़ते समय पकड़ में आ जाएगी। पुरानी कविता की पांडुलिपियाँ आखिर छन्दोबद्ध नहीं पढ़ ली जातीं? वह तो मुरजबन्ध आदि चित्रकाव्य थे जिनके छन्दों को सचित्र लिखना पड़ता था और सभी जानते हैं कि चित्रकाव्य को अधम काव्य समझा जाता था! अस्तु, इस स्तर पर विचार-चर्चा करने से लाभ की जगह हानि ही अधिक है। यहाँ से एक रास्ता रहस्यवाद की ओर जाता है और दूसरा रास्ता चित्रकाव्य की ओर! बेहतर है, काव्यचर्चा को वस्तुगत और व्यावहारिक स्तर पर ही रखें!

वस्तुस्थिति यह है कि अब नई कविता ने प्रायः तथाकथित मुक्त छन्द को ही वरण कर लिया है। मुक्त छन्द और नई कविता पर्याय जैसे हो चले हैं। कुछ ऐसी धारणा-सी बन चली है कि नई कविता मुक्त छन्द ही में हो सकती है और आधुनिकता है, तो मुक्त छन्द ही में! जो स्थिति किसी समय छन्द की थी, वही आज मुक्त छन्द की है। छन्द पहले कविता के लिए अनिवार्य था, फिर वैकल्पिक हुआ और

अब सर्वथा त्याज्य! छायावाद क्या उसके बाद तक हिन्दी कविता में छन्द की स्थिति वैकल्पिक थी, अब छन्द को सिर्फ गीतों के हवाले कर दिया गया है—इस ख़याल से कि गीत नई अनुभूतियों के अनुपयुक्त हैं। खैर! हालत यह है कि छन्द की रूढ़ियों से मुक्त होते-होते आधुनिक कविता एक दूसरी रूढ़ि का शिकार हो गई है। निश्चित है कि मुक्त छन्द की यह रूढ़ि छन्द की रूढ़ि से किसी भी तरह कम नहीं है। विरोधाभास भले ही लगे लेकिन 'स्वतन्त्रता' भी कभी-कभी परतन्त्रता हो जाती है। कट्टर विद्रोही प्रायः कट्टर रूढ़िवादी भी होता है। शक होता है कि 'फ्री वर्स' की यह स्वतन्त्रता भी 'फ्री वर्ल्ड' की स्वतन्त्रता जैसी तो नहीं? जो हो, नई कविता का मुक्त छन्द को नियति के रूप में स्वीकार कर लेना खटकने लगा है। ऐसी स्वतन्त्रता भी क्या जिसमें सारे विकल्प खारिज कर दिए जाएँ! क्या ये लक्षण कविता के विकास के हैं? ऐसे ही में याद आता है कि ''कभी पाबन्दियों से छूट के भी दम घुटने लगता है।''

इस मुक्त छन्द के चलते बहुत-सी नई कविताएँ कविता के नाम पर कविता की व्याख्या होती जा रही हैं। एक पंक्ति कविता तो दस पंक्तियाँ व्याख्या। व्याख्या नहीं तो 'पैराफ्रेज'! जैसे बिहारी के दोहे पर पठान सुलतान की कुंडलियाँ। फर्क है तो इतना ही कि यहाँ बिहारी लाल स्वयं ही अपने पठान सुलतान भी हैं। मुक्त छन्द का खुला मैदान क्या मिला, कविता एकदम सपाट हो गई। अब इसे भी कोई अनुभूति की आवश्यकता साबित करे तो फिर विवशता किसे कहेंगे और किसे असमर्थता? इस तरह तो हर असमर्थता को आवश्यकता प्रमाणित किया जा सकता है। मेरा खयाल है कि इस प्रसंग में उदाहरण देना अनावश्यक है। यहाँ केवल इतना ही कहना काफी होगा कि ऐसी कविताएँ छन्दोबद्ध होकर चुस्त-दुरुस्त ही नहीं, प्रभावशाली भी हो सकती हैं और इस प्रयत्न में उनकी 'आधुनिकता' का सोना भी न झड़ने पाएगा! नए कवियों में जो अपेक्षाकृत वाक्सिद्ध हैं, वे कला के इस रहस्य को अच्छी तरह जानते हैं। देखिए, 'छोटी कविता : भाव-संहति और भाव-समुच्चय' पर अज्ञेय के विचार! लेकिन यहाँ तो अब 'हाइकू' भी हिन्दी में सव्याख्या होने लगी है। पाँच पंक्तियों की कविता में भी तीन-चार पंक्तियाँ 'पैराफ्रेज' के एवज आ जाती हैं। छन्द का बन्धन नहीं तो कथ्य भी काबू से बाहर होता चला जाता है।

सिवा, ऐसी भी कविताएँ हैं जो एक तुक से बचने की कोशिश में दमतोड़ बहती चली जाती हैं। तुक होता तो शायद यति होती; तुक नहीं रहा तो अबाध गति जैसे 'गति के पागलपन से प्रेरित चलती रहती संसृति महान्!' 'संसृति' के स्थान पर 'कविता' रख दें तो पूरी पंक्ति ऐसी कविताओं पर चस्पाँ बैठ जाए। 'कवि' पत्रिका में कुछ समय पहले भवानी प्रसाद मिश्र पर स्वयं उन्हीं के से मुक्त छन्द में एक लेख लिखकर, हजारीप्रसाद द्विवेदी ने जैसे उनकी कविताओं की सटीक समीक्षा प्रस्तुत कर दी थी। अपनी ओर से उन्होंने सिर्फ इतना ही विनोद किया था कि लिखने में उसे

गद्यात्मक निबन्ध का रूप दे दिया था। विडम्बना यह कि इसे लोग बोलचाल के लहजे की सहजता कहते हैं। स्थिति यह है कि ऐसे मुक्त छन्द का आधार किसी पुराने छन्द की ही लय होती है, नहीं होती तो पुराने छन्द की यति और उससे सम्बद्ध तुक। परम्परा से आधा लेने और आधा छोड़ने का नतीजा यह होता है कि कविता हर दूसरी-तीसरी पंक्ति पर 'कि-कि-याने' लगती है—'कि' 'कि' की झड़ी लग जाती है। इस तरह की सैकड़ों नई कविताएँ लिखी गई हैं—एक-दो नहीं, कई कवियों के द्वारा और जो कवि किसी तरह इस 'कि' को बचा ले जाते हैं, वे भी लय की एकरसता से कविता को मुक्त करने में असमर्थ रहते हैं। विस्तार-भय से ही यहाँ के उदाहरण का लोभ संवरण किया जा रहा है। इतना संकेत काफी है कि लम्बी कविताएँ प्रायः इस सुविधा का उपयोग करती हैं। अज्ञेय ने इन कविताओं को गद्य-कविताओं से भी 'गर्ह्य' कहकर उचित ही किया है। पुराने संस्कारोंवाले लोग नई कविता लिखने का प्रयास करते हैं तो प्रायः इसी सुभीते के रास्ते चलते हैं। नई कविता की शक्ल में पुरानी कविता यानी अकविता लिखनेवालों की यह खास पहचान है! नाम बताकर किससे-किससे विरोध मोल लिया जाए, 'खुला रहस्य' है—सब जानते हैं। यह नुस्खा है कम खर्च बालानशीं। 'कोई कवि बन जाए सहज सम्भाव्य है'—कवि ही नहीं, नया कवि!

आज जो मुक्त छन्द को ही आधुनिकता की एकमात्र नियति मानकर चल रहे हैं, उन्हें सम्भवतः इसका ध्यान भी नहीं है कि शुरू-शुरू में आखिर मुक्त छन्द का निर्माण किस आवश्यकता के कारण हुआ। ज्यादातर कवि यही जानते हैं कि कुछ विशेष प्रकार की जटिल अनुभूतियों की मुक्त अभिव्यक्ति के लिए मुक्त छन्द का मार्ग निकाला गया था, लिहाजा वे अपनी हर अनायास अभिव्यक्ति को अनुभूति का आवश्यक परिणाम समझते हैं—समझते ही नहीं, समझाते भी हैं। इस रोमांटिक धारणा का खंडन करना अब आवश्यक नहीं रहा। आन्तरिक अनुभूतियों के हिमायतियों की दृष्टि इस ठोस तथ्य की ओर नहीं जाती कि सबसे पहले कविता में कुछ खास शब्दों को जगह देने के लिए पुराने छन्दों के बन्धन तोड़े गए क्योंकि पुराने छन्द-विधान में वे शब्द खप नहीं सकते थे। मुक्त छन्द का तात्कालिक विधान नई शब्दावली ने किया। प्रत्यक्ष रूप से सक्रिय शब्द हैं, अनुभूतियाँ परोक्ष हैं। जो शब्द कविता में कभी प्रयुक्त नहीं रहा, उसे कविता में लेने के लिए कभी-कभी पूरा छन्द-विधान बदल देना पड़ता है—यहाँ तक कि कभी-कभी अकेला एक ही शब्द निर्णायक हो जाता है। प्रारम्भिक प्रयास में ऐसे शब्दों के लिए छन्द-विधान में किंचित् स्वतन्त्रता अपरिहार्य मानी जा सकती है। किन्तु कुछ दिनों में जब वे शब्द कविता में रच-पच जाएँ तो रचना-क्रम में उनके अनुकूल किसी छन्दोबद्ध ढाँचे के बनने की उम्मीद ज्यादती न होगी। कोई वजह नहीं कि बीस वर्षों से जो शब्द नई कविता में चल रहे हैं, वे आज

भी आरम्भिक अवस्था की तरह मुक्त छन्द ही के ढाँचे में प्रयुक्त होने के लिए विवश हों। ऐसा लगता है कि प्रयोगशील कविता के पुरस्कर्ता इस तथ्य को जितना जानते हैं उतना बाद में आनेवाले कवि नहीं जानते। इसीलिए बादवाले कवि अनायास भाव से सिर्फ एक लीक पीट रहे हैं—अन्यथा भीतर इतना विद्रोह किन्तु भाषा और छन्द में नितान्त रूढ़ि-पालन का क्या अर्थ हो सकता है? वैसे प्रयोग के पुरस्कर्ता कवियों में भी कुछ भाषा और छन्द के मामले में आज भी अपने आरम्भ-बिन्दु पर ही 'मार्क टाइम' कर रहे हैं, किन्तु मुख्य प्रश्न तो आज की विद्रोही नई पीढ़ी का है जिनके हाथ में कविता का भविष्य है!

उल्लेखनीय है कि मुक्त छन्द के प्रवर्तक निराला ने आगे चलकर प्रायः छन्दोबद्ध गीत ही लिखे! विचित्र बात है कि हिन्दी कविता के इतिहास में जो निराला मुक्त छन्द के प्रवर्तन और प्रयोगशीलता के लिए प्रसिद्ध हैं, उनकी श्रेष्ठ कविताएँ अधिकांशतः छन्दोबद्ध हैं। कहीं ऐसा तो नहीं है कि मुक्त छन्द उनके लिए केवल प्रयोग का क्षेत्र था, प्रयोगों की उपलब्धियाँ छन्दोबद्ध कविताओं में रचित होती रहीं। निराला की काव्य-रचना के इतिहास पर दृष्टिपात करने से यह बात एकदम स्पष्ट हो जाती है। 'राम की शक्ति-पूजा' और 'सरोज-स्मृति' जैसी श्रेष्ठ छन्दोबद्ध कविताओं की पृष्ठभूमि में 'परिमल' और 'अनामिका' के मुक्त छन्द हैं तो 'अणिमा' 'अर्चना', 'आराधना', 'गीत गुंज' आदि संग्रहों के कुछ श्रेष्ठ नए गीतों की पृष्ठभूमि में 'अणिमा' और 'नए पत्ते' के नए मुक्त छन्द! जो हो, यह तथ्य है कि जिस शब्दावली को निराला कविता में लाना चाहते थे, उसे क्रमशः मुक्त छन्दों के माध्यम से प्रयोग करते हुए छन्दोबद्ध रचना में शब्द-पाक की रसवत्ता प्रदान करते गए। बाद के कवियों ने निराला से विद्रोह और मुक्त छन्द तो लिया किन्तु छन्दोबद्ध रचना का काव्य-पाक ग्रहण नहीं किया। निराला ने बहुत पहले कहा था कि मुक्त छन्द की रचना में वही सफल हो सकता है जिसने छन्दोबद्ध रचना में सिद्धि प्राप्त कर ली है। जहाँ अगली पीढ़ी के प्रयोगशील कवियों में से प्रायः सभी छन्दोबद्ध रचना करने के बाद मुक्त छन्द के पथ पर आए वहाँ बाद के कवियों में से अधिकांश ने प्रायः मुक्त छन्द ही से शुरू किया। जैसे इधर के बच्चों ने सीधे 'फाउंटेन पेन' से ही ककहरा लिखना शुरू किया; धूल में अँगुली से लिखने और चाकू से बनाई हुई सरकंडे या मुश्कवेद की कलम से लिखने की अवस्थाओं से वे गुजरे ही नहीं; और नतीजा हमारे सामने है। यह तो न कहूँगा कि इस पीढ़ी के कवि छन्द-रचना कर ही नहीं सकते इसीलिए मुक्त छन्द लिखते हैं, किन्तु यह तथ्य है कि छन्द-रचना की दिशा में उन्होंने अभी तक कोई प्रयास नहीं किया; यहाँ तक कि इस सम्भावना की उन्होंने पड़ताल भी नहीं की कि नई कविता छन्दोबद्ध भी हो सकती है या नहीं। निराला के नए गीतों को देखते हुए भी उन्होंने ऐसा नहीं किया।

उदाहरण के लिए 'बेला के 35वें गीत का यह आरम्भिक अंश :

बाहर मैं कर दिया गया हूँ।
भीतर, पर, भर दिया गया हूँ।

ऊपर वह बर्फ गली है
नीचे यह नदी चली है
सख्त तने के ऊपर नर्म कली है
इसी तरह हर दिया गया हूँ
बाहर मैं कर दिया गया हूँ।

उल्लेखनीय है कि यह कविता उस काव्य-संग्रह की है जिसमें केवल 1942 तक की कविताएँ संकलित हैं जब 'तार सप्तक' प्रकाशित नहीं हुआ था लेकिन शायद उसकी कविताएँ लिखी जा रही थीं। कौन कह सकता है कि इसमें व्यक्त अनुभूति आधुनिक मन की—एकदम आज की नहीं है? कौन कहेगा कि यह छन्दोबद्ध गीत नई कविता नहीं है? यही वह कवि है जो आगे चलकर 1952 ई. में लिखता है :

सुख का दिन डूबे डूब जाए।
तुमसे न सहज मन ऊब जाए।

कहना न होगा कि मुक्त छन्द के व्रती नए कवि छन्द में कसी इन दो पंक्तियों को कम-से-कम दस-एक पंक्तियों में तो 'पैराफ्रेज' करेंगे ही और उसी को गर्व से नई संवेदना की नई कविता कहेंगे और कुछ पूछने पर यह भी साबित कर दिखाएँगे कि किसी भी तरह इससे कम पंक्तियाँ नहीं हो सकतीं और न ढाँचा ही दूसरा हो सकता है।

कुछ लोगों का खयाल है कि अनुशासन की कमी से ही नई कविता में व्यापक रूप से छन्दहीनता आई है। अपनी इसी समझ के कारण वे कवियों को 'आन्तरिक अनुशासन' का उपदेश पिलाया करते हैं। आज हर रोग का निदान 'अनुशासनहीनता' है और हर रोग का इलाज अनुशासन। विद्यार्थियों को स्कूल-कॉलेज में अनुशासन की सीख नेता दे जाते हैं तो साहित्य में नए कवियों को अनुशासन की शिक्षा नई कविता के आलोचक! इस शिक्षा की असलियत सभी जानते हैं और जानते हैं कि इसके पीछे क्या उद्देश्य है! जहाँ तक कविता का सम्बन्ध है, आज की व्यापक छन्दहीनता के मूल में एक निश्चित काव्य-सिद्धान्त है। कोई आवश्यक नहीं कि सभी कवि सचेत रूप से उस काव्य-सिद्धान्त से अवगत ही हों। यह काव्य-सिद्धान्त कुछ दिनों के प्रयोग और व्यवहार के कारण बहुत से कवियों के मानस में अनजाने ढंग से बद्धमूल भी हो सकता है, वह काव्य सिद्धान्त है बिम्बवाद। बहुत से कवि ये समझते आए हैं कि एक अछूता नया बिम्ब भी दे दिया जाए, तो अपने आपमें मुकम्मल एक कविता हो

सकती है। और यह समझना कुछ गलत भी नहीं है। कोई छन्द न हो, गद्य में ही सही एक पूरा बिम्ब आ गया तो कविता हो गई; फिर एक से अधिक बिम्ब हों तो क्या कहने! इस प्रकार काव्य-संवेदना और शिल्प का सारा ध्यान बिम्ब-शोध और बिम्ब-निर्माण की ओर चला गया। जब छन्द के बिना भी कविता हो सकती है तो उसके लिए परेशान होने की जरूरत? बिम्ब-विधान ही काफी है। सुविधानुसार प्राप्त एक प्रचलित-सी लय के सहारे कई एक बिम्ब गूँथ दिए गए और कविता तैयार। लय के कारण दिक्कत खड़ी हुई तो गद्य भी काफी है। और वह गद्य भी प्रायः खंडित; क्योंकि बिम्ब वाक्य के रूप में नहीं बल्कि केवल शब्द-समुच्चय के रूप में आते हैं। यह आकस्मिक नहीं है कि बिम्बवादी कवि प्रायः कविता से वाक्य-विरोधी हैं, या यों कहिए कि व्याकरण के सामान्य वाक्य-विन्यास के विरोधी हैं। इस प्रवृत्ति के बीज हम छायावाद से ही देख सकते हैं।

इस प्रकार ऐसी कविताओं की रचना-प्रक्रिया मूलतः छन्द-विरोधी है। इसमें किसी छन्दोबद्ध वाक्यात्मक इकाई के रूप में कविता उत्पन्न ही नहीं होती, बल्कि यह कविता तो सबसे पहले एक बिम्ब के रूप में उठती है और वह बिम्ब भी अब तो प्रायः विचार के रूप में पहले आता है फिर किसी मूर्त वस्तु का आकार और आधार लेता है। कहनेवाले कह सकते हैं कि कविता की वास्तविक रचना-प्रक्रिया यह है ही नहीं। मालार्मे की दृष्टि में सम्भवतः ऐसी ही स्थिति थी जब उसने कहा कि कविता विचारों से नहीं लिखी जाती! बड़े-बड़े विचारों से भरे दिमाग अकसर बड़ी खराब कविताएँ लिखते देखे जाते हैं। कविता मूलतः छन्द के रूप में पैदा होती है चाहे वह एक वाक्य-खंड ही क्यों न हो किन्तु अपने स्फोट-काल से ही वह लय-युक्त होता है। हमारी अपनी काव्य-परम्परा भी यही कहती है। आदि कवि वाल्मीकि के मुख से जो पहला श्लोक निकला था वह जन्मना छन्द था। शायद उनके मन में सबसे पहले 'मा निषाद' या 'मा निषाद प्रतिष्ठां', से ही कोई वाक्यखंड उठा हो और इसके बाद दूसरे झटके में 'त्वमगमः शाश्वती समाः'। यह छन्दोबद्ध आवेग इतना प्रबल था कि इसने व्याकरण के नियम को भी तोड़ दिया। व्याकरण के नियम को तोड़कर निकला यह छन्द-प्रवाह आज भी कविता की रचना-प्रक्रिया का जीवन्त स्मारक है। इसके शब्द-क्रम, छन्द-रचना, भाववेग और काव्य-संघटना में अंकित रचना-प्रक्रिया का आरम्भिक इतिहास आज भी साफ-साफ पढ़ा जा सकता है।

सम्भवतः इस परम्परा-पुष्ट रचना-प्रक्रिया से अलग होने के कारण ही आज की बहुत-सी कविताएँ पढ़ने में अनुवाद मालूम होती हैं। और यह स्थिति कुछ हिन्दी में ही नहीं है। अंग्रेजी की नई कविता के बारे में डोनाल्ड डेवी ने ऐसी ही बात लिखी है और डोनाल्ड डेवी नई कविता के विरोधी नहीं हैं बल्कि एक गम्भीर काव्य-समीक्षक और अध्यापक होने के साथ ही वे एक मँजे हुए नए कवि भी हैं। इससे यही साबित

होता है कि यह प्रवृत्ति व्यापक है और इसके मूल में एक व्यापक काव्य-सिद्धान्त है—सम्भवतः वही बिम्बवाद। इस काव्य-सिद्धान्त के उल्लेख का प्रयोजन यह है कि निदान मालूम होते ही जिस प्रकार अंग्रेजी की वर्तमान कविता पूर्ववर्ती मुक्त-छन्द और वाक्यहीन पद-योजना से मुक्त होकर छन्दोबद्ध सीधे वाक्यों के प्रशस्त पथ पर आ गई, उसी प्रकार उम्मीद है हिन्दी की नई कविता भी पूर्ववर्ती रूढ़ि से मुक्त हो सकती है। यह उल्लेखनीय है कि तीन-चार वर्षों से हिन्दी नई कविता में इस तरह के प्रयास शुरू हो गए हैं।

उदाहरण के लिए कुँवरनारायण की हाल की कविताएँ। सबसे अधिक अनुवाद कुँवरनारायण की ही कविताएँ मालूम होती थीं और आज भी उसके अवशेष उनकी कविताओं में यत्र-तत्र मिल ही जाते हैं; लेकिन सबसे सतर्क इस मुक्ति-प्रयास में कुँवरनारायण ही हैं। उनकी कविताओं से बौद्धिकता की शिकायत की जाती रही है, उसके मूल में शायद यही कारण है। वैसे इस बौद्धिकता के समर्थन में कुछ लोगों ने तो आगे बढ़कर 'बौद्धिक रस' की भी कल्पना कर डाली लेकिन ये वही लोग थे जिन्होंने 'अर्थ की लय' का सिद्धान्त गढ़ा था। इसे राग-बोध और रस-बोध की कमी का विलोम प्रयास समझना चाहिए। यह आकस्मिक नहीं है कि कुँवरनारायण शुरू से ही छन्दोबद्ध और मुक्त छन्द दोनों तरह की कविताएँ लिखते रहे हैं। छन्दोबद्ध कविताओं का भावबोध पुराना है तो मुक्त छन्द की कविताओं का भावबोध नया। ऐसा लगता है कि सतर्क कवि दोरुखे प्रयास से किसी एक समन्वित काव्य-रूप की ओर बढ़ता रहा है और अब वे विषम चरण किन्तु तुकान्त मुक्त छन्द की रचना की अवस्था से गुजर रहे हैं, जो एक तरह से नया प्रयोग कहा जा सकता है। सम्भवतः इस प्रयोग की प्रेरणा भी उन्हें कविता के अनुवादों से मिली है। जैसे जनवरी 1962 की 'कल्पना' में प्रकाशित ग्रीक कवि कवाफी की अनेक कविताओं के सफल अनुवाद : 'परिवेश हम तुम' की अनेक कविताएँ इसी रंग की हैं। जैसे 'यह युग' शीर्षक कविता का यह एक अंश :

इनसान
मगर बेजान
मकानों-सा ढहता
अपने से दूर पास बस्ती के रहता
सभ्यता
लगी नाखूनों पर पॉलिश जैसे
हम ठाठ फकीरी
बिकता जो पैसे-पैसे।

यहाँ टी.एस. इलियट का वह कथन सार्थक होता है कि मुक्त छन्द तक आने

के केवल दो ही रास्ते हैं—परम्परा-प्राप्त ढाँचे से शुरू करते हुए और लगातार उससे मुक्त होते हुए या फिर बिना किसी ढाँचे के शुरू करते हुए और लगातार किसी परम्परा-सिद्ध ढाँचे की ओर अग्रसर होते हुए। फिलहाल शायद दूसरा रास्ता अपनाना होगा।

सोचने की बात है कि इधर की इतनी बेलाग-बेलौस और दिल पर सीधी चोट करनेवाली कविताएँ भी क्यों सपाट मालूम होती हैं? क्या वजह है कि ये कविताएँ चोट करके दिमाग से एकदम निकल जाती हैं, याद से बिलकुल फिसल जाती हैं? विचार करें तो इसका एकमात्र कारण छन्दहीनता है। साधारण गद्य के समान इन कविताओं में भी केवल इकहरा ढाँचा होता है—एकमात्र वाक्य-विन्यास का। इनके विपरीत सीधे-सादे वाक्यों की छन्दोबद्ध कविताएँ टिकाऊ होती हैं, क्योंकि उनमें दुहरा ढाँचा होता है : एक तो वाक्य-विन्यास का, दूसरा छन्द-विधान का। इस प्रकार छन्द-विधान की लय और वाक्य-विन्यास के तनाव से इन कविताओं में एक विशेष प्रकार का प्रभाव उत्पन्न होता है। कुशल कवि वाक्य-विन्यास और छन्द-विधान के पारस्परिक द्वन्द्व के बीच यथास्थान एक के विपरीत दूसरे को उभारते और दबाते हुए नए-नए चमत्कार उत्पन्न करता जाता है। तुलसीदास के मानस की चौपाइयाँ इसीलिए लोगों की जबान पर अनायास आ जाती हैं। एकदम सीधी-सादी चौपाइयों में वाक्य-विन्यास और छन्द-विधान का काफी जटिल सामंजस्य है। कभी-कभी एक वाक्य चौपाई के एक चरण की सीमा को तोड़ता हुआ दूसरे चरण के बीच में कहीं विराम लेता है, फिर भी छन्द-विधान इस वाक्य-प्रवाह में बाधा नहीं देता। तुलसीदास की अनेक चौपाइयाँ विषम चरण तुकान्त मुक्त छन्द के रूप में लिखकर पेश की जा सकती हैं। वाक्य-विन्यास बोलचाल के लहजे के नजदीक है किन्तु छन्द-विधान उसे बोलचाल की साधारणता से उबारकर एक कलात्मक रचाव प्रदान कर देता है। दूसरी, आज की नई कविता है कि बोलचाल के लहजे के अनुसार वाक्य-विन्यास तो करती है किन्तु उसे किसी जातीय छन्द के साँचे में ढालकर कलात्मक स्थायित्व प्रदान नहीं कर पाती। यह विडम्बना ही है कि जो कविताएँ किसी परम्पराप्राप्त छन्द की लय अपनाती हैं, वे बोलचाल के वाक्य-विन्यास को छोड़ देती हैं और जो बोलचाल के वाक्य-विन्यास को अपनाती हैं, वे परम्पराप्राप्त छन्द से उदासीन रहती हैं। विकास की सम्भावना निस्सन्देह इस दूसरे विकल्प में ही है किन्तु इसके लिए एक साहसिक कदम की आवश्यकता है—सिर्फ एक साहसिक कदम और वह यह कि मुक्त छन्द के मोह-पाश से मुक्ति, बिना इस परवाह के कि लोग इसे अतीत की ओर प्रत्यावर्तन कहेंगे। आज जातीय परम्परा की ओर मुड़ना भी नैतिक साहस का काम है और छन्द भी एक प्रकार का नैतिक प्रयास है!

(ज्ञानोदय, अक्टूबर 1963)

आत्म-संघर्ष के कवि : गजानन माधव मुक्तिबोध

जो अपने आपको पूरे परिवेश के सन्दर्भ में जानने-समझने-खोजने और पाने की ईमानदार कोशिश कर रहे हैं उनके लिए नए कवियों में यदि कोई एकदम 'अपना कवि' है, तो गजानन माधव मुक्तिबोध।

सवाल यह है कि आज कितने लोग कविता को इतने गहरे-गम्भीर रूप में ग्रहण करने को प्रस्तुत हैं? एक लम्बे अरसे तक कविता आनन्दित और आह्लादित करने की वस्तु समझी जाती रही है। और कुछ कवि तथा अनेक पाठक आज भी इस परम्परा को निभाए चल रहे हैं। यहाँ तक कि जीवन को गम्भीरता से ग्रहण करने वाले चिन्तनशील लोगों ने भी कविता को 'सुकुमार' कला ही समझा है। अपने आपको जानने का सवाल प्रायः दर्शन का ही विषय माना जाता रहा है। (यह दूसरी बात है कि दर्शन के इतिहास में ऐसे अनेक युग आए हैं जब इस आदि प्रश्न को छोड़कर सारी मनीषा किसी गौण प्रश्न में ही उलझी रह गई!) परन्तु दर्शन के इस आदि प्रश्न को कविता के क्षेत्र में आज सम्भवतः पहली बार उठाया गया है। 'अन्वेषण' के उद्घोष से नई कविता का आरम्भ होना आकस्मिक नहीं है।

निस्सन्देह, आरम्भ में 'अन्वेषण' का अर्थ प्रायः कविता में रूप-सम्बन्धी अन्वेषण ही लिया गया, परन्तु जागरूक कवियों को इस बारे में कोई भ्रम नहीं था। अन्वेषण से उनका तात्पर्य अपने व्यक्तित्व के अन्वेषण से ही रहा है और अभिव्यक्तिगत अन्वेषण उस बुनियादी अन्वेषण का ही एक पहलू है! 'तार सप्तक' युग में मुक्तिबोध ने जब लिखा था कि—

क्यों न विद्रोही बनें ये प्राण जो
सतत अन्वेषी सदा प्रद्योत हैं!

तो स्पष्ट ही उनके 'सतत अन्वेषी प्राण' अभिव्यक्ति की अपेक्षा अपने व्यक्ति को खोज रहे थे।

हो सकता है कि पिछले युगों के काव्य-प्रयत्न भी अपने आपको जानने की दिशा में हुए हों, किन्तु सचेत भाव से यह प्रश्न तथाकथित प्रयोगशील कविता में ही उठाया गया, और किसी प्रश्न के प्रति सचेत हो जाना अथवा सचेत रूप से किसी प्रश्न को

उठाना अपने आपमें नया प्रयत्न है—नए मोड़ का सूचक है। जिस प्रकार किसी वस्तु को जानना एक बात है और यही जानना कि मैं जानता हूँ बिलकुल दूसरी बात, उसी तरह आत्मबोध सम्बन्धी अचेत और सचेत प्रयत्नों में भी अन्तर है। तात्पर्य यह कि कविता के क्षेत्र में सचेत रूप से अपने आपको जानने-समझने-खोजने और पाने की कोशिश करना अपने आपमें बहुत महत्वपूर्ण है, बल्कि यों कहें कि कविता के क्षेत्र में यह एक नई प्रवृत्ति है।

आत्मबोध की इस प्रवृत्ति ने कविता में अनेक भाव स्थितियों को जन्म दिया है, इसलिए इसे केवल विचार या जीवन दृष्टिमात्र समझना भूल होगी। इसलिए इसे हम एक नया भावबोध भी कह सकते हैं : 'नया' इसलिए कि इसका समावेश काव्यशास्त्र में परिगणित स्थायी तथा संचारी भावों के ढाँचे में नहीं हो सकता। जीवन-दृष्टि के परिवर्तन के साथ अन्तर्वृत्तियों के 'पैटर्न' में परिवर्तन अनिवार्य है और कहना न होगा कि आत्मबोध की प्रवृत्ति ने हमारी अन्तर्वृत्तियों का 'पैटर्न' काफी बदल दिया है।

इस परिवर्तन की ऐतिहासिक सार्थकता का विचार एक दूसरे स्तर पर भी किया जा सकता है। माना कि आत्मबोध और जगद्‌बोध का विचार काफी पुराना है, किन्तु हर सामाजिक परिवर्तन के साथ एक नए सन्दर्भ में बार-बार इस प्रश्न को उठाने की आवश्यकता महसूस होती है। सामाजिक परिवर्तन के साथ समाज की इकाइयों का गठन बदलता है। पुरानी संस्थाएँ टूटती हैं। नई संस्थाएँ पैदा होती हैं। जो पुरानी संस्थाएँ बच जाती हैं उनका भी ढाँचा बदल जाता है। व्यक्ति-व्यक्ति के बीच के आपसी सम्बन्ध बदल जाते हैं। परन्तु उसी क्रम से व्यक्ति के भावों और विचारों में परिवर्तन नहीं होता। लिहाजा परिस्थितियों के साथ मन का मेल मिलाने में कठिनाई होती है। निस्सन्देह वे लोग धन्य हैं जिनका मन परिस्थितियों के बदलने के साथ ही अपने आप बदल जाता है। परन्तु सच्चाई यह है कि बहुत से लोग अपने पूर्ववर्ती भावों और विचारों से ही चिपके रहते हैं। अपने संस्कारों से संघर्ष करने वाले जागरूक व्यक्ति बहुत थोड़े होते हैं। अपने परिवेश के बीच अपने आपको जानने की कोशिश ऐसे ही जागरूक व्यक्ति करते हैं। अपने आपको जो परिवेश का एक हिस्सा समझते हैं और जो उसे बदलने में भी हिस्सा लेते हैं, उनके लिए अपने आपको जानने का प्रश्न सबसे महत्वपूर्ण होता है। उनकी ईमानदारी बार-बार आत्म-समीक्षा के लिए विवश करती है और इस प्रकार व्यक्ति और समाज के पारस्परिक सम्बन्धों के पुनर्गठन का प्रश्न एक नए सन्दर्भ में प्रायः उठा करता है। यह एक ऐतिहासिक आवश्यकता है। इसलिए समय आने पर जो साहित्यकार या विचारक इस प्रश्न को उठाता है वह इतिहास का कार्य करता है।

पहला सवाल प्रश्न को ठीक ढंग से उठाने का ही है! शुरुआत हमेशा मुश्किल

होती है और इसीलिए महत्वपूर्ण भी। इसलिए सवाल यह है आप शुरू कहाँ से करते हैं? किस ओर से शुरू करते हैं? सारी समस्याएँ तो मिल-जुलकर एक ग्लोब हैं और उसके केन्द्र का पता लगाने के लिए कहीं भी सुई चुभाई जा सकती है, फिर भी ठीक बिन्दु की तलाश कर लेना ज्यादा बुद्धिमानी है। इसीलिए सवाल की शुरुआत महत्वपूर्ण होती है।

विचारकों ने विचार अपने आप से भी शुरू किया है और समाज की ओर से भी। सन् 1936 के बाद हमारे साहित्य में यह विचार समाज की ओर से शुरू किया गया। छायावाद की व्यक्तिवादी कविता की सम्भवतः स्वाभाविक प्रतिक्रिया यही थी। 'विशाल भारत' में उठाया हुआ 'कस्मै देवाय?' प्रश्न इस प्रवृत्ति का सूचक है। परन्तु समाज की ओर से उठा हुआ यह प्रश्न समाज के 'सामान्य' रूप के ही इर्द-गिर्द चक्कर लगाकर रह गया। 'सामान्य' के सामने 'विशेष' की ओर ध्यान ही नहीं गया। लिहाजा सारी चर्चा हवाई रह गई। एक प्रकार के झूठे आदर्शवाद ने उसे ग्रस लिया। सार्वजनिक उत्साह में लोग यह भूल ही गए कि जिस सजीव इकाई को बदलना है, वह बहुत नाजुक है। समाज की बात तो बहुत की जाती थी लेकिन अपनी बात करने को कोई तैयार नहीं था। निगाहें दूसरों पर ही थीं, अपने अन्दर नहीं गई। ऐसे जगद्‌बोध के बीच आत्मबोध का प्रश्न उठाना इतिहास की आवश्यकता थी। आवश्यकता अपनी ओर से शुरू करने की थी। ईमानदारी की भी यही माँग थी और वास्तविकता की भी। ऐसे समय 'अन्वेषी' कवियों ने इस प्रश्न को उपस्थित करके ऐतिहासिक कार्य किया, उन्होंने कविता को बचा लिया। उत्साह की आँधी में उन्होंने विवेक का परिचय दिया। मुक्तिबोध का नाम इन कवियों में सबसे पहले आता है। और इस ऐतिहासिक सन्दर्भ में उनकी निम्नलिखित पंक्तियों का महत्व समझा जा सकता है—

पर उसके मन में बैठा वह जो समझौता कर सका नहीं,
जो हार गया, यद्यपि अपने से लड़ते-लड़ते थका नहीं।

अपने से लड़नेवाले कवि तो इस पीढ़ी में कई हुए, किन्तु 'वह जो समझौता कर सका नहीं' और 'अपने से लड़ते-लड़ते थका नहीं' ऐसा कवि यदि कोई है तो सम्भवतः वह है मुक्तिबोध!

यह 'आत्म-संघर्ष' कविता के क्षेत्र में एकदम नया स्वर है। कविता में नए भाव-बोध तलाश करनेवाले भाव-शास्त्रियों से निवेदन है कि यह 'आत्म-संघर्ष' स्वयं एक नया भाव है, जिसकी गणना पुराने रस-शास्त्र में नहीं की गई है। आत्म-संघर्ष केवल 'भावसन्धि' या 'भाव-शबलता' नहीं है और सामान्य रूप से यदि ऐसी प्रतीति भी हो तो विशेष रूप में यह अधिक जटिल है क्योंकि इसमें आधुनिक मानव-मन की जटिलताएँ हैं।

कविता के क्षेत्र में इस 'आत्म-संघर्ष' के महत्व को समझने के लिए हम पिछली पीढ़ी की छायावादी कविता की 'भावुकता' का स्मरण कर सकते हैं। छायावाद यदि भावोच्छ्वास से शुरू हुआ तो तथाकथित प्रयोगवाद 'आत्म-संघर्ष' से। छायावादी भावोच्छ्वास और प्रयोगवादी आत्म-संघर्ष की तुलना करते समय निस्सन्देह निराला की 'तुलसीदास', 'राम की शक्ति-पूजा', 'सरोज-स्मृति' तथा प्रसाद की 'कामायनी' को नजरअन्दाज करना अति सरलीकरण होगा। किन्तु एक तो ये सभी रचनाएँ छायावाद के अन्तिम दिनों की हैं, दूसरे इनके अन्तर्द्वन्द्व का रूप भी दूसरा है, अर्थात् उस अन्तर्द्वन्द्व का ऐतिहासिक सन्दर्भ भिन्न है। वस्तुतः छायावाद की ये प्रतिवर्ती रचनाएँ प्रगति-प्रयोग युग के आत्म-संघर्ष की पूर्ण पीठिका हैं। तात्पर्य यह कि व्यक्ति और उसके परिवेश को लेकर आत्म-संघर्ष का आरम्भ कवि के मन में सन् 1936 के आस-पास ही शुरू हो गया था परन्तु वह आत्म-संघर्ष जिस स्तर पर था वहाँ संघर्ष की वह तीव्रता नहीं थी जो बाद की कविता में दिखाई पड़ती है। सम्भवतः इसीलिए छायावाद की उन कविताओं में आत्म-संघर्ष का स्वर बहुत उभरकर व्यक्त नहीं हुआ है। आदर्शवाद का कवच उन्हें घेरे हुए है और यह आदर्शवाद आरम्भिक भावुकता का ही दूसरा रूप है।

कविता के लिए इस आत्म-संघर्ष की पहली महत्वपूर्ण देन यह है कि इसने कविता को आत्मीयता प्रदान की। प्रगतिवादी आन्दोलन की कविता बहुत-कुछ 'सार्वजनिक' या 'सामाजिक' थी। आत्म-संघर्ष के द्वारा कविता हमारे एकान्त क्षणों की सहचरी बन गई। वह हमारी 'अपनी' कविता हो गई। इससे कविता को 'निजता' प्राप्त हुई। पिछली पीढ़ी की जो कविता एक साथ ही सबकी थी (इसलिए किसी की नहीं थी) वह 'एक' की और सम्भवतः अनेक एक-एक की कविता हो गई। समय-समय पर इसी ढंग से कविता को पुनर्जीवित किया जाता है। इस सदी के आरम्भ में जब कविता पर-उपदेश-कुशल होने के सार्वजनिक कार्य में व्यस्त थी तो छायावादी कवियों ने इसी प्रकार आत्म-निवेदन के भावुक साधनों द्वारा कविता को आत्मीय बनाया था। आत्म-संघर्ष की कविता इसी अर्थ में निजी कविता है और इस दृष्टि से मुक्तिबोध की कविता को 'निजी कविता' कहा जा सकता है।

परन्तु यहाँ यह स्पष्ट कर देना जरूरी है कि आत्मीयता या निजता कविता का साध्य नहीं हो सकती, क्योंकि अन्ततः कविता कोई निजी वस्तु नहीं है। आत्म-संघर्ष की कविता अनिवार्यतः निजी नहीं होती। ऐसी भी कविताएँ निजी होती हैं तथा हो सकती हैं जिनमें आत्म-संघर्ष बिलकुल न हो। नई कविता पर प्रायः आरोप के रूप में कहा जाता है कि यह बहुत-कुछ निजी कविता है और इस आरोप में एक हद तक सच्चाई है। प्रेम की अनेक ऐसी अनुभूतियों को इधर कविता में व्यक्त किया गया है जो नितान्त निजी हैं। इसके अतिरिक्त भी कुछ ऐसी विक्षिप्त

मनःस्थितियों का चित्रण किया गया है, जो असामान्य है और कुछ कवियों ने ऐसी समस्याएँ भी प्रस्तुत की हैं जिनका महत्व स्वयं उन कवियों के लिए चाहे जितना हो परन्तु व्यापक समाज के लिए गौण या नगण्य है। स्वयं कवि-कर्म अथवा रचना-प्रक्रिया कहाँ तक कविता का विषय हो सकती है, इसमें मुझे भारी सन्देह है। शब्द और अर्थ के सम्बन्ध को लेकर लिखी हुई इधर की बहुत-सी कविताएँ कवि के लिए ऐसी ही निजी कविताएँ हैं। इस प्रकार कविता में निजीपन दुधारी तलवार है और आत्म-संघर्ष दो भिन्न दिशाओं की ओर ले जा सकता है। आत्म-संघर्ष अन्तर्मुख भी बनाता है जिसके फलस्वरूप कवि किसी 'मात्र अपने से' ही आत्म-निवेदन करने तक सीमित रह सकता है। वर्तमान परिस्थितियों में इस संकट की आशंका इतनी अधिक है कि मुक्तिबोध की कविताएँ भी कहीं इस छोर को छूने लगती हैं और ऐसा लगता है कि उनकी कविताएँ 'सिद्ध' काव्य की अपेक्षा रचना-प्रक्रिया का ही मार्मिक चित्र है।

परन्तु मुक्तिबोध का आत्म-संघर्ष मुख्यतः लोकोन्मुखी तथा वस्तोन्मुखी है और यही वह विशेषता है जो उन्हें अपने समकालीन अनेक आत्मवादी कवियों से अलग करती है। 'तार सप्तक' के कवियों के परवर्ती विकास से यह बात स्पष्ट हो सकती है। 'तार सप्तक' के अनेक कवियों में संशय, सन्देह, प्रश्न, द्वन्द्व और राह खोजने की प्रवृत्ति दिखाई पड़ती है किन्तु अधिकांश का आरम्भिक युयुत्सु-भाव क्रमशः 'दर्द' या 'मौन' में समाहित हो गया। नई कविता के इतिहास की दृष्टि से यह प्रश्न अत्यन्त महत्वपूर्ण है और इसके कारणों की छानबीन होनी चाहिए।

'तार सप्तक' के कवियों में केवल मुक्तिबोध ही हैं जिनमें आज भी 'आत्म-संघर्ष' का बोध जीवन्त है। क्यों? उन्होंने भी रामविलास शर्मा की तरह सुविधानुसार किसी 'आस्था' का वरण करके आत्म-संघर्ष समाप्त क्यों नहीं कर दिया? अज्ञेय की तरह उन्होंने भी आत्म-संघर्ष से ऊबकर किसी दर्द पर आधारित 'आस्था' के सामने घुटने क्यों नहीं टेक दिए? और नहीं तो नेमिचन्द्र जैन की तरह उन्होंने भी मौन क्यों नहीं साध लिया? क्या इसका कारण यह नहीं है कि मुक्तिबोध का आत्म-संघर्ष इन कवियों की अपेक्षा अधिक व्यापक तथा गहरा था?

वस्तुतः लोकोन्मुखी आत्म-संघर्ष ही टिकाऊ होता है। आत्मोन्मुखी आत्म-संघर्ष प्रायः अपने आपको समाप्त कर डालता है। जहाँ 'तार सप्तक' के कवियों ने प्रश्न-सूचक संशय के द्वारा ऐतिहासिक महत्व का कार्य किया, वहाँ थोड़े ही दिनों बाद उन प्रश्नों को जहाँ का तहाँ छोड़ सुविधानुसार अपनी-अपनी अन्तर्गुहाओं में भागकर उन्होंने इतिहास के साथ विश्वासघात किया, सम्भवतः इसका कारण बहुत कुछ उनकी आत्मनिष्ठ जीवन-दृष्टि ही थी।

जिस प्रकार 'वेस्टलैंड' के बाद अपनी कविता एक-दूसरे स्तर पर बचाने के लिए

इलियट ने ईसाइयत की आस्था को अपना लिया और अपने ही द्वारा उठाए हुए तमाम सवालों को जहाँ का तहाँ छोड़ दिया, सम्भवतः वैसा ही कार्य 'तार सप्तक' के अधिकांश कवियों ने किया! इस दृष्टि से अज्ञेय का परवर्ती काव्य बहुत दिलचस्प है। 'तार सप्तक' युग तक की रचनाओं का 'इत्यलम्' नाम ही इस बात का सूचक है। 'इत्यलम्' के बाद 'हरी घास पर क्षण भर', 'बावरा अहेरी', 'इन्द्रधनु रौंदे हुए ये' आदि भाव-संवेदन के एक निचले स्तर पर अपनी कविता को सुरक्षित रखने के सफल प्रयास हैं। आत्म-संघर्ष यहाँ नहीं है, है भी तो केवल प्रणय-क्षेत्र सम्बन्धी, अन्यथा सर्वत्र एक हारे हुए योद्धा का दर्द भरा विश्वास—जो विश्वास से अधिक सन्तोष है—ही प्रतिध्वनित होता है। वैसे 'व्यक्तित्व की खोज' की बात तो वे उसके बाद भी करते रहे, परन्तु वह खोज से अधिक अपने अन्दर टूटे हुए व्यक्तित्व को किसी तरह जोड़ने अथवा उनमें से किसी एक टुकड़े को सुरक्षित रखने की कोशिश है। अपने पूरे परिवेश के बीच अपने व्यक्तित्व के पुनर्निर्माण का प्रयत्न यहाँ नहीं है।

मुक्तिबोध के समस्त काव्य-प्रयास पर विचार करने के लिए इस ऐतिहासिक पृष्ठभूमि को स्पष्ट करना आवश्यक है। सामाजिक परिवेश के बीच अपने व्यक्तित्व के पुनर्निर्माण का जो प्रश्न मुक्तिबोध ने 'तार सप्तक' युग में उठाया था, उसे वे आगे भी निभाते रहे और जीवन के हर पल, हर क्षण वे इस प्रश्न को लेकर अपने आपसे लड़ते रहे हैं। 'सहर्ष स्वीकारा है', 'डूबता चाँद कब डूबेगा' (संकेत), 'चाँद का मुँह टेढ़ा है' (विविधा), 'मेरे सहचर मित्र' (निकष 3-4), 'कल जो हमने चर्चा की थी' (हंस : अर्धवार्षिक संकलन) आदि कविताएँ इस संघर्ष की विभिन्न मंजिल हैं।

2

नई कविता यदि द्वन्द्व से पैदा हुई है तो मुक्तिबोध इस ऐतिहासिक द्वन्द्व के प्रतिनिधि कवि हैं। द्वन्द्व को उन्होंने ऐतिहासिक आवश्यकता समझकर स्वीकार किया है, इसलिए उन्होंने अपनी कविता के लिए सम्पूर्ण वास्तविकता को आत्मसात् करने का प्रयत्न किया है।

जीवन में जो कुछ है, जो भी है सहर्ष स्वीकारा है,
इसलिए कि जो कुछ भी मेरा है वह तुम्हें प्यारा है।

निषेधों के इस युग में स्वीकार का यह बोध यों भी बहुत बड़ी बात है, परन्तु अनुभव और विश्लेषण के लिए सब कुछ को स्वीकार करना उससे भी बड़ी बात है। इसका मतलब है कि मुक्तिबोध जीवन को उसकी सम्पूर्णता में देखते हैं। खंड-दृष्टि उनकी नहीं है। वे क्षणों के कवि नहीं हैं और न ही हैं खंडों के कवि। उनके लिए "जीवन में हर पहलू, दूसरे पक्ष का अविच्छिन्न अंग है, वे परस्पर समाविष्ट हैं,

परस्पर-प्रविष्ट। वैचारिक सुविधा की दृष्टि से ही एक-दूसरे से अलगाए जाते हैं। ऐसी वैचारिक सुविधा जीवन पर थोपना ठीक नहीं है।" (साहित्यिक की डायरी, वसुधा, अक्टूबर '57) 'वसुधा' के ही अगले अंक की डायरी में वे लिखते हैं कि "मैं जिस दुनिया में प्रवेश करता हूँ, वह स्वप्नकथा का ही एक रूप है। वह एक विशाल उपन्यास है। वह एक चित्रकथा है। उसमें कितने ही मनोहर और सुकुमार, भयंकर और विषादपूर्ण दृश्य हैं। अगर मैं अपनी तात्कालिक जीवनगाथा के प्रसंग उठाकर लिखूँ तो भी बहुत-कुछ हो सकता है।"

मुक्तिबोध के ये विचार आकांक्षा भर नहीं हैं बल्कि उनकी किसी भी कविता में विशाल जीवन के इन घने सम्बन्ध-सूत्रों को देखा जा सकता है। उनके लिए प्रेम की व्यक्तिगत अनुभूति भी असंख्य सामाजिक कारण-कार्य परम्परा की एक कड़ी है, इसलिए परिवेश का यह सतत बोध उनकी छोटी-से-छोटी अनुभूति को भी घनत्व प्रदान कर देता है। 'सहर्ष स्वीकारा है' सम्भवतः मुक्तिबोध की सबसे छोटी कविता, बल्कि गीत है। उस गीत के इस एक टुकड़े से अनुभूति के घनत्व का आभास मिल सकता है।

गरबीली गरीबी यह, ये गँभीर अनुभव सब
यह विचार वैभव सब,
दृढ़ता यह, भीतर की सरिता यह, अभिनव सब
मौलिक है, मौलिक है,
इसलिए कि पल पल में
जो कुछ भी जाग्रत् है, अपलक है—
संवेदन तुम्हारा है।

जीवन के विविध सम्बन्ध-सूत्रों से मुक्तिबोध की दृष्टि एक क्षण के लिए भी ओझल नहीं होती, इसका प्रमाण है उनकी कविताओं में प्रायः आनेवाला 'बरगद' का प्रतीक। सैकड़ों बरोहोंवाला यह जटिल वृक्ष वस्तुतः मुक्तिबोध के काव्य का प्रतीक बन गया है और उनकी कविताओं के बारे में जब भी सोचता हूँ तो मेरे सामने जटिल बरगद का पेड़ खड़ा हो जाता है। अनुभवों की जटिलता का इससे समर्थ प्रतीक और क्या होगा?

अनुभूतियों की जटिलता के साथ ही मुक्तिबोध की कविता में संवेदनाओं की तीव्रता भी है और उस वृक्ष के प्रतीक को आगे बढ़ाते हुए वे कहते हैं—

अन्तर के तरु की शाखा-शाखा पर
प्रतिपल
चाकू से काट-काट, चित्रित करती हैं
गहरा संवेदन।

इस प्रकार जीवन की जटिलता और गहनता के अनेक प्रतीक मुक्तिबोध की रचनाओं में प्रायः आते हैं। जीवन की गहराई का पता देने के लिए कुछ पनडुब्बे कवि इधर सागर से मोती निकालने का प्रतीक अपनाते दिखाई पड़ते हैं किन्तु मुक्तिबोध जिस गहराई में उतरने का अनुभव करते हैं, वह पृथ्वी के अन्दर ज्वालामुखी का गर्भ है जिसमें 'जीवन की सच्चाई के स्तर, सही बात के चौड़े पत्थर, जहरीली गैसें और अंगारी रस गंगा' की प्राप्ति होती है।

इस व्यापक जीवन-दृष्टि के कारण ही मुक्तिबोध की 'पीड़ा' आत्मनिष्ठ कवियों के दर्द से कहीं अधिक घनीभूत प्रतीत होती है। जिस मन में बरगद की सैकड़ों शाखाओं से उलझे हुए भाव और विचार हैं तथा जिसके सीने पर एक-एक अक्षर खोदे गए हैं, उसकी 'छाती में मधुमक्खी का छत्ता फैला है' जिनमें दंशतत्परा मधुमक्खियों के दल-के-दल भरे हैं और इस प्रकार 'छाती मधुपूरित अनगिनत छेदों का जाल' हो गई है। दर्दवादियों की अपेक्षा मुक्तिबोध की पीड़ा घनी ही नहीं तेजस्विनी भी है। 'कल जो हमने चर्चा की थी' के अनुसार मुक्तिबोध की पीड़ा 'सूर्यकन्या' है और पृथ्वी के भीतर ज्वालामुखी की तरह रहती है, साथ ही वह 'भव्य कर्मनिष्ठा जन-जन्या' भी है। इस पीड़ा में इतनी शक्ति इसलिए है कि वह नितान्त वैयक्तिक नहीं बल्कि 'ऐतिहासिकी' है—

ऐतिहासिकी पीड़ाओं के उन सत्यों की बातें की थीं,
कल जो हमने बात-बात में रातें की थीं।

पीड़ा-बोध के साथ प्रायः कटुता का उदय होता है, जो कविता को प्रायः रसाभास बना देता है। मुक्तिबोध की पीड़ा की आग और धुआँ दोनों ही चन्दन हैं क्योंकि जीवन के प्रति उनका दृष्टिकोण स्वीकार का है—

मैंने छोटे निज जीवन में
जी ली हैं अनगिन जिन्दगियाँ
जिन्दगी हरेक...
प्रज्वलित चन्दन का ईंधन,
मेरी धमनी में जलते चन्दन का धुआँ।

ये संवेदन और ये अनुभूतियाँ कविता की निस्सन्देह महत्वपूर्ण उपलब्धियाँ हैं किन्तु नई कविता की सत्यनिष्ठता ने इन्हें आवश्यकता से अधिक महत्व दे डाला है। कवि-कर्म मनःस्थिति चित्रण तक सीमित नहीं है। बल्कि कहानी-उपन्यास की भाँति वस्तुस्थिति-चित्रण भी उसका लक्ष्य होना चाहिए। बिम्ब-प्रतिमा का विधान सम्भवतः इसी क्षति की पूर्ति के लिए किया गया है। अनुभूति-विशेष के लिए जब हम वस्तुजगत से कोई बिम्ब चुनते हैं तो कविता में आकर वह बिम्ब उस अनुभूति- विशेष के अतिरिक्त वस्तुजगत की भी झाँकी दिखाता है। इस प्रकार बिम्बों के साथ

अनायास ही वस्तुस्थितियाँ भी लिपटी चली आती हैं। इसलिए किसी कवि के वस्तुस्थिति के ज्ञान का पता उसके बिम्बों के कोष से लगाया जाता है। इस दृष्टि से नए कवियों में मुक्तिबोध का बिम्ब-कोष सबसे समृद्ध कहा जा सकता है। यही नहीं बल्कि उनके बिम्ब विज्ञान युग की वास्तविकता से लिये जाने के कारण आधुनिक भी हैं। परन्तु नौसिखिए कवियों की तरह उन्होंने वैज्ञानिक बिम्बों का प्रयोग असमंजस या अनगढ़ रूप में कहीं नहीं किया है। ज्यामिति, गणित, ज्योतिष, रसायन-शास्त्र, भूगर्भ-शास्त्र आदि की स्थापनाओं द्वारा उन्होंने कविता में संवेदनों की अभिव्यक्ति का विस्तार किया है। कहीं पीड़ा की तीव्रता जताने के लिए–

पीड़ा भरे विचारों की जल-मुर्ग
मछलियों की उछाल
बेचैन कोण जब बना रही।
और कहीं
मैं स्याह-चन्द्र का फ्यूज बल्ब
जल्दी निकाल
पावन-प्रकाश का प्राण बल्ब वह
लगा सकूँ
जो बल्ब तुम्हीं ने श्रमपूर्वक तैयार किया
विक्षुब्ध जिन्दगी की अपनी
वैज्ञानिक प्रयोगशाला में।

वैज्ञानिक बिम्बों के अतिरिक्त मुक्तिबोध ने धड़ल्ले से पौराणिक कथाओं का भी प्रतीकवत् प्रयोग किया है 'डूबता चाँद, कब डूबेगा' कविता में इन पौराणिक बिम्बों का प्रयोग प्रचुर है।

इतनी जटिलता, सघनता और विविधता के बीच बहुत पैनी निगाह और आन्तरिक दृढ़ता की अपेक्षा रहती है और यह देखकर प्रसन्नता होती है कि मुक्तिबोध इसके लिए सतत प्रयत्नशील हैं। उनके 'बरगद' के ऊपर प्रायः तेज आँखोंवाला 'घुग्घू' बैठा रहता है, जो भीतर-ही-भीतर डरता तो रहता है परन्तु अपनी दृष्टि से बचकर किसी चीज को जाने नहीं देता। इसी तरह जिन्दगी के डबरे में भी मुक्तिबोध को चमकते हुए सूरज का प्रतिबिम्ब दिखाई पड़ता है। वे दोनों ही बिम्ब मुक्तिबोध की कविता में प्रायः आते रहते हैं। यह सूरज कवि की दृष्टि का प्रकाश है और आत्मा की उष्णता है! मुक्तिबोध का समस्त काव्य इस पावन आलोक से आलोकित है। संवेदनों और अनुभूतियों को चिन्तन की आँच में तपाने के बाद जैसी-जैसी परिपक्व कविता हो सकती है, वही मुक्तिबोध की वाणी है।

3

परन्तु इतना समर्थ कवि बीस वर्षों की काव्य-साधना के बाद भी सहृदयों में प्रिय नहीं हो सका। यह प्रश्न मेरे मन में बराबर उठता रहा और बार-बार विचार काव्य-शिल्प पर जाकर अटक जाता है। मुक्तिबोध की अधिकांश कविताएँ आत्म-संवाद शैली में लिखी गई हैं। अपनी बात कहने के लिए प्रायः वे अपने भीतर के ही दूसरे खंड को सामने रख लेते हैं और आत्मा के उस मित्र को सम्बोधित करते हुए तमाम बातें सुना जाते हैं। नाटकीयता के अभाव में यह शैली एक प्रकार विरक्ति कर एकरसता उत्पन्न करती है और अब तो लगता है कि मुक्तिबोध अत्यधिक अन्तर्मुखता के कारण इस काव्य-शिल्प में बँध से गए हैं।

इसी प्रकार मुक्तिबोध की लय भी एक ही है वही प्रलम्बित वाक्य विन्यास वाली दमतोड़ लय! लय की दृष्टि से प्रयोगशील कवियों में मुक्तिबोध ही ऐसे हैं जिन्होंने कोई प्रयोग नहीं किया।

कविता में बिम्ब-पैटर्न की दृष्टि से मुक्तिबोध बहुत-कुछ अंग्रेजी के 'मेटाफिजिकल' कवियों के निकट दिखाई पड़ते हैं। उनकी कविता में हर बिम्ब प्रायः सांग-रूपक की तरह प्रलम्बित हो जाता है। एक बिम्ब को वे समस्त सम्भावनाओं तक खींचने का बौद्धिक आयास करते हैं और इस आयास का साथ देने में सहज मन पिछड़ जाता है। काव्य-शिल्प में यह प्रयोग आधुनिक रुचि के अनुकूल नहीं प्रतीत होता।

'मेटाफिजिकल' कवियों की ही तरह मुक्तिबोध प्रायः परस्पर विरोधी बिम्बों का साथ-साथ प्रयोग करते हैं। किसी कोमल चित्र में मन रमा नहीं कि सहसा कोई कठोर चित्र उपस्थित करके मुक्तिबोध हतप्रभ कर देते हैं। सम्भवतः यह शिल्प भी अब पुराना पड़ गया है और 'तार सप्तक' युग के बाद अनेक सतर्क कवियों ने इसे छोड़ देने में ही कल्याण समझा। आश्चर्य है कि मुक्तिबोध आज भी उससे मुक्त होते नहीं दीखते।

मुझे ऐसा लगता है कि मुक्तिबोध जितना बड़ा विषय लेते हैं उसके लिए उनके पास गहरी चिन्तन शक्ति तो है परन्तु उतनी ही समर्थ कलात्मक शक्ति नहीं है। "सुबह से शाम तक लगातार इकट्ठा होने वाले मानसिक आघातों के बिखरे तत्वों का यथायोग्य संकलन या संयोजन" करने के लिए और अधिक कलात्मक क्षमता अपेक्षित है। इन मनःस्थितियों और वस्तुस्थितियों की कलात्मक-नमूनों में पुनर्रचना करने के लिए किसी अन्य काव्य-रूप का पथ निकालना होगा। लम्बी कविताएँ अत्यधिक संक्षेपण के द्वारा बहुत-सी अस्पष्ट भी रह जाती हैं और उलझ भी जाती हैं।

मुक्तिबोध की कविता के उलझाव पर विचार करते हुए मेरे सामने प्रायः

कोलरिज के विचारधारात्मक निबन्ध याद आ जाते हैं जिनके उलझाव का कारण बताते हुए एक पत्र में उसने लिखा था कि मुझसे छोटी चीज लिखी ही नहीं जाती। किसी छोटी-से-छोटी चीज पर भी विचार करते समय नए-नए सम्बन्ध-सूत्र निकलने लगते हैं और मेरी बौद्धिक ईमानदारी उनमें से किसी भी शाखा-सूत्र को छोड़कर आगे बढ़ने से इनकार कर देती है।

सम्भवतः मुक्तिबोध की काव्यगत जटिलता का कारण भी उनकी गहन-चिन्तन शक्ति ही है। इसलिए कलात्मक परिष्कार के लिए भी उन्हें सबसे पहले अपनी चिन्तन-पद्धति को ही परिष्कृत करना पड़ेगा। मुझे ऐसा लगता है कि मुक्तिबोध की चिन्तन-पद्धति में जितनी संश्लिष्टता है, उतनी विश्लेषण-क्षमता नहीं है। सम्भवतः अपने परिवेश से अत्यधिक बँधे रहने और परिवेशजनित बौद्धिक विकारों से मुक्त न हो पाने के कारण ही उनकी चिन्तन शक्ति एक हद के बाद कुंठित हो जाती है। परन्तु यह भी सच है कि इस संघर्ष में मुक्तिबोध लगभग अकेले हैं। हिन्दी कविता में दूसरा कोई कवि नहीं है, जो इस स्तर पर उनका समानधर्मा सहयोगी हो सके! फिर भी यही क्या कम है कि हमारा समकालीन एक ऐसा कवि है तो—

...जिसके उच्च भाल पर
विश्व-भार, औ' अन्तर में
निःसीम प्यार!

(कृति, अंक, 2 नवम्बर, 1958)

शमशेर की रचना-प्रक्रिया

कविता को भाषण से अलग करते हुए जॉन स्टुअर्ट मिल को भी कहना पड़ा था कि वह सुनने की नहीं, बल्कि ऊपर से सुनने की चीज है। (नॉट मेंट टु बी हर्ड बट ओवर हर्ड) दुर्भाग्य से हमारे यहाँ अभी भी भाषण-युग चल रहा है, इसलिए भाषणों के अभ्यस्त कानों को शमशेर की कविताओं की ओर मोड़ने से पहले इस चेतावनी को दुहरा देना जरूरी है।

भाषणों की उपयोगिता से इनकार नहीं लेकिन अपने मन की बात सुनने की भी फुरसत होनी चाहिए। इससे भले ही कुछ लोग घबराएँ और अपने को निरन्तर व्यस्त रखने के लिए भाषण को ही अपना जीवनचर्या बना लें लेकिन अपने भीतर की आवाज को तमाम लोग तो नहीं दबा सकते! भाषण की भीषणता जब चरम पर पहुँच जाती है तो कविता प्रायः ऐसे ही स्वगत-भाषण में शरण लेती है! एक तरह से यह कविता का 'अंडर ग्राउंड' होना है! और यदि कोई सचमुच ही मन की आवाज सुनना चाहता है तो उसे 'ओवर हीयरिंग' का कष्ट उठाना पड़ेगा।

'कविता की तीन आवाजों' की चर्चा करते हुए जैसा कि इलियट ने कहा है, कवि हमेशा किसी पाठक-समूह या श्रोता मंडली से बात नहीं करता, कभी-कभी वह केवल अपने आपसे ही बात करता है और कभी अपनी कल्पना से दो या अधिक व्यक्तियों को खड़ा करके आपस में उनसे बातें करवाने लगता है। परन्तु सच पूछा जाए तो ये तीनों बातें कवि के स्वगत-संलाप के ही विविध रूप हैं, क्योंकि जब वह किसी एक पाठक अथवा पाठक-समूह को सम्बोधित करते हुए कुछ कहता है, तब भी वह स्वगत-संलाप की ही मनःस्थिति में हो सकता है। जैसा कि नए कवि की स्थिति है। हर हालत में पाठक या श्रोता के लिए वह पार्श्व-स्वर ही है। यों तो यह बात सामान्यतः सभी नए कवियों के लिए लागू होती है किन्तु सच्चे अर्थों में स्वगत-संलाप शमशेर की ही कविताएँ हैं।

सीधे पाठक-समूह को सम्बोधित करने का प्रलोभन कुछ इतना विकट है कि बड़ा-से-बड़ा अन्तर्मुखी कवि भी अपने को रोक नहीं पाता। अज्ञेय, भारती आदि भी स्वधर्म छोड़कर कभी-कभी कविता के नाम पर भाषण दे बैठते हैं और शासक

'रेटारिक' का उपयोग कर डालना चाहते हैं और यहाँ तक कि उनके स्वर का आवेग उनकी आरोपित नागरता को जहाँ-तहाँ मसका देता है। किन्तु शमशेर का आत्मसंयम उनकी कविता को स्वगत-संलाप के स्वर से कहीं भी ऊँचा नहीं उठने देता! 'अमन का राग' और 'ग्वालियर गोली-कांड', 'वर्ली-किसान' जैसी राजनीतिक कविताओं में भी उनका आवेश भाषण अथवा उद्‌बोधन की सीमा तक नहीं जाता।

शमशेर का यह स्वगत-संलाप केवल शिल्प की साधना नहीं है। कवि के ही शब्दों में वह "सच्चाई का अपना खास रूप" है। आत्म-समीक्षा का अत्यधिक बोध होने पर ही बार-बार अपने दिल को टटोलते रहने की जरूरत महसूस होती है और यही सच्चाई है जो कवि को पर-उपदेश उद्‌बोधन तथा भाषण से रोकती है। इस सच्चाई का निर्वाह कितना कठिन है। इसका उल्लेख येट्स ने 'बचपन और जवानी की स्मृतियों' में किया है। अपने भावों को अधिक सुन्दर, अधिक उग्र बनाने का लोभ किस कवि को नहीं होता? इन भावों के चौतरफा वातावरण को ज्यादा-से-ज्यादा रंगीन बनाने का मोह किसे नहीं होता? ऐसे लोभ और मोह को दबाकर भाव तथा वातावरण को यथातथ रूप में उपस्थित करना सचमुच कठिन है। इसी यथातथता का नाम सच्चाई है और येट्स ने इसीलिए सच्चाई के निर्वाह को कठिन कहा है। शमशेर की सच्चाई स्वर-संयम में ही नहीं बल्कि प्रशस्ति, आक्रोश, शोक आदि तीव्र आवेशों के चित्रण में भी देखी जा सकती है। 'निराला के प्रति', 'ग्वालियर गोली-कांड' और 'सुभद्रा जी की मृत्यु पर' कविताएँ प्रमाण हैं।

'निराला' की प्रशस्ति में एक ओर अन्य कवियों के भावोच्छ्‌वेसित सैकड़ों विशेषण और दर्जनों अतिशयोक्तिपूर्ण उपमाएँ हैं, किन्तु शमशेर के 'अरथ अमित अति आखर थोरे' ये हैं :

भूलकर जब राह—जब-जब राह...भटका मैं
तुम्हीं झलके, हे महाकवि,
सघनतम की आँख बन मेरे लिए—
अखिल क्रोधित प्रकृति का विश्वास बन मेरे लिए—
जगत के उन्माद का
परिचय लिये—
और आगत-प्राण का संचय लिये, झलके प्रमन तुम,
हे महाकवि, सहजतम लघु एक जीवन में
अखिल का परिणय लिये—

पूरी कविता में निराला केवल 'झलके' हैं, 'अखिल' के साथ सम्बद्ध हैं तो जीवन भी सहजतम 'लघु' है। वे महाप्राण नहीं बल्कि 'आगत-प्राण' का संचय लिये हैं। प्रशस्ति यदि कवि के आत्मानुशासन की कसौटी है तो शमशेर का अनुशासन नई

कविता में आदर्श है।

सच्चाई और यथातथता को शमशेर ने यहीं तक नहीं छोड़ा। यथातथता के आग्रह से उन्होंने कविता में अपना मत व्यक्त करने से इनकार कर दिया। सम्भवतः वे इस आदर्श को मानते हैं कि कविता को कभी मत प्रकट नहीं करना चाहिए। इस दृष्टि से वे आज के अनेक नए कवियों से अलग हैं, क्योंकि अनेक मतवाले कवियों के आग्रह से नई कविता का एक बहुत बड़ा अंश बौद्धिकता-बोझिल है। बौद्धिकता के इस अभाव के कारण कभी-कभी ऐसा प्रतीत होता है कि शमशेर की कविता यथेष्ट 'आधुनिक' नहीं है क्योंकि उनमें वर्तमान सामाजिक संकट का शोरगुल नहीं है और नहीं है अधकचरी दार्शनिकता का आरोप! छोटे मुँह बड़ी बात कहने वाले कवियों के बीच एक शमशेर ही मितभाषी कहे जा सकते हैं (वैसे कविता के बाहर जीवन में मितभाषी शायद दूसरे भी मिल जाएँ!) उनका मोटो है : 'बात बोलेगी हम नहीं।'

विचारों का निषेध और भावनाओं का अनुशासन करने के बाद इन्द्रिय-बोध ही बचते हैं; जहाँ तक यथातथता का निर्वाह सम्भव है और शमशेर की कवित्व-शक्ति के प्रसार का यही प्रकृत क्षेत्र है। विचारों की बकवास और भावों की भड़ास से बचकर उन्होंने सूक्ष्म-से-सूक्ष्म मूर्त इन्द्रिय-बोधों के दृढ़ आधार पर कविता का ढाँचा खड़ा किया। 'छायावाद' में जो कविता फेन तथा फूल थी, उसे उन्होंने तराशकर हीरे की तरह कठोर बना दिया। शमशेर की कविता के गठन की यह कठोरता ही है जो बहुतों को लोहे का चना मालूम होती है। अज्ञेय को छोड़कर गठन में ऐसी कठोर कविताएँ शायद ही किसी की हों। परन्तु इन्हीं कठोर कविताओं में आद्योपान्त एक अत्यन्त संवेदनशील चेतना का स्पर्श मिलता है। विविध इन्द्रिय-बोध सूचक चित्रों की संवेदनशीलता में शमशेर बेजोड़ हैं, दूसरा नाम गिरिजाकुमार माथुर का लिया जा सकता है।

शमशेर की इस सफलता के साधन हैं बिम्ब। यों तो बिम्बों का प्रयोग कमोबेश सभी नए कवि करते हैं, लेकिन बिम्ब शमशेर की भाषा है—वे बिम्बों के सिवा किसी दूसरे माध्यम से बात ही नहीं करते। इस प्रकार शमशेर बिम्बवादी (इमैजिस्ट) कवि हैं—हिन्दी के एकमात्र बिम्बवादी कवि। उनकी 'चित्रकल्पी प्रतिभा' को पारखियों ने स्वीकार किया है और इसके साथ ही जापानी कविता का भी नाम लिया है, जिसे संज्ञा की स्पष्टता के लिए 'बिम्बवाद' कहना समीचीन होगा। शमशेर की कविता उसी प्रकार बिम्बवादी है जिस प्रकार बीसवीं सदी के प्रथम दशक में अंग्रेजी की टी. ई. हुल्मे, फ्लिट, एजरा पाउंड आदि की कविताएँ 'बिम्बवादी' कही गई थीं। शमशेर की कविताएँ भी मुख्यतः भिन्न-भिन्न स्पष्ट बिम्बों की चयनिका हैं, जिन्हें संगीत का सूक्ष्म स्वर एकसूत्रता प्रदान करता है। एक बिम्ब के विधायक के कुछ शब्द सहसा सामने

आते हैं और थोड़ा अवकाश देकर दूसरे बिम्ब के विधायक शब्द छिटक उठते हैं, शब्दों के समाप्त होते ही लय के सहारे अर्थ आगे बढ़ता है और इस लय का सहारा लेकर नया बिम्ब खड़ा होता है। चीनी और जापानी कविता में इसे 'स्टॉप-शार्ट' कहते हैं। संक्षेप में शमशेर के बिम्बवाद का यही व्याकरण है, जिसमें डूबी हुई लय ही क्रिया है, लय की परसर्ग, सम्बन्ध-बोधक निपात और संयोजक अव्यय है।

प्रश्न यह उठता है कि इन्द्रिय-बोध के यथातथ आकलन और बिम्ब में क्या सम्बन्ध है? बिम्ब इन्द्रिय-बोध के साधन किस प्रकार हैं? स्पष्ट है कि वस्तुओं का बोध इन्द्रियों से ही होता है और इस बोध का शब्द-विधान ही बिम्ब है। इस प्रकार बिम्ब किसी वस्तु की निकटतम संज्ञा है। इसीलिए बिम्बवादी कवि किसी वस्तु के यथातथ रूप को उतारने के लिए अधिक-से-अधिक उपयुक्त शब्द की खोज करता है और भाषा की परम्परा में उचित शब्द न मिलने पर या तो किसी दूसरी भाषा से शब्द लेता है अथवा ध्वनियों के आधार सर्वथा एक नए शब्द का निर्माण करने को विवश होता है। बिम्बवादी के लिए प्रत्येक वस्तु एक अनाम और मूक सत्ता है जिसे नाम देने और वाणी देने की समस्या निरन्तर उसके सामने खड़ी रहती है।

शमशेर ने स्वयं स्वीकार किया है : "अपनी कविता में मेरी खास कोशिश यह रही है कि हर चीज की, हर भावना की, जो एक अपनी भाषा होती है, जिसमें वह कलाकार से बातें करती है, उसी को सीखूँ।" (दूसरा सप्तक) संवेदन के तीव्र क्षणों में बिम्बवादी कवि को ऐसा लगता है कि हर चीज उससे बात कर रही है और वह उस बात को समझकर उसे कविता में उतारने की कोशिश करता है। वस्तु के मूल रूप को पकड़ने के लिए बिम्बवादी शमशेर का इतना अधिक आग्रह है कि वे अनुभूतियों तक को 'सेकंड हैंड' समझते हैं। उनके अनुसार "आत्मसत्य का अन्वेषण सच्चा कलाकार अपनी अनुभूतियों में नहीं, उनके मूलों में करता है।" (आलोचना 3) सम्भवतः वस्तु के मूल का अन्वेषण करने के कारण ही शमशेर नए कवियों में सबसे अधिक मौलिक हैं। अनुभूतियों और विचारों की टोह में रहनेवाले कवियों की रचनाओं में यत्र-तत्र विदेशी कवियों की छायाएँ प्रायः मिलती रहती हैं, यहाँ तक कि उनके सीप, द्वीप, सेतु आदि बिम्ब भी उधार लिये हुए हैं। इसके विपरीत अपनी पहुँच के अनुसार मैं कह सकता हूँ कि शमशेर की कविताओं में ऐसी छाया न्यूनतम है। शमशेर के ही शब्दों में आज की अधिकांश नई कविताएँ विदेशी कविताओं का अनुवाद मालूम होती हैं। शमशेर की कविताएँ अपवाद हैं क्योंकि वे वस्तु के अनुवादक हैं, अन्य कवियों की तरह वस्तु सम्बन्धी अनुभूतियों और विचारों के अनुवादक नहीं।

विचारणीय यह है कि यह बिम्बवाद केवल वस्तुओं का ऊपरी ऐन्द्रिय चित्र है अथवा इसके मूल में भी कोई मनोवृत्ति अथवा विचारधारा है? आन्तरिक स्वगत-संलाप की

तर्कसंगत परिणति बिम्बों में ही क्यों होती है? वस्तुतः आन्तरिक स्वगत-संलाप एक प्रकार की अतिशय अन्तर्मुखता का परिणाम है। एकदम अपने अन्दर सिमटकर ही व्यक्ति अपने आपसे बात करता है। शमशेर का स्वयं कहना है कि "मेरी रुझान ज्यादातर क्या बिलकुल अपनी ही अकेली दुनिया के अन्दर खिंचते चले जाने की तरफ रही।" (दूसरा सप्तक) सवाल यह है कि अपने अन्दर रहते हुए जिया कैसे जाए? स्वयं वस्तुजगत के साथ जीना मुश्किल है और अपने अन्दर की दुनिया इतनी बड़ी नहीं है। लिहाजा वस्तुजगत के बिम्बों से ही अपने अन्दर की दुनिया आबाद करनी पड़ती है। बिम्बवादी कवि इन्हीं बिम्बों के सहारे जीता है और कवि कर्मवश प्रायः बिम्बों की दुनिया में ही रमता है। बिम्ब अन्ततः शब्द ही है, इसलिए वह शब्दों में जीता है। यही नहीं बल्कि धीरे-धीरे उसके अन्दर शब्दों का एक नया व्यक्तित्व बन जाता है और क्रमशः वह इसी माध्यम से दुनिया की हर चीज को देखने-सुनने-अनुभव करने का अभ्यासी हो जाता है। इस प्रकार आरम्भ के स्पष्ट बिम्ब उलझते-उलझते रहस्य-रूप बन जाते हैं। निस्सन्देह यह चरम स्थिति है, किन्तु शमशेर की आत्मस्वीकृति है कि उनमें "उलझे हुए भावों के लिए हुए सपनों की-सी चित्रकारी भी है।" (दूसरा सप्तक) बिम्बवाद की इस परिणति का नाम साहित्य में प्रतीकवाद है।

बिम्बों की सम्पूर्ण रचना-प्रक्रिया, फलस्वरूप, नितान्त निजी और जटिल भाषा में बात करने के लिए बाध्य है। यह आकस्मिक नहीं है कि 'कैंटोज' के एजरा पाउंड, 'वेस्टलैंड' के इलियट, 'यूलिसीज' तथा 'फिनेगन्स वेक' के जेम्स ज्वाइस की तरह शमशेर भी संसार की विभिन्न भाषाओं की शरण लेने को आकुल हैं। गनीमत इतनी ही है कि अभी तक शमशेर अपनी कविताओं में विदेशी भाषाओं का उपयोग न करके रुचि के लिए व्यक्तिगत रूप में भी संसार की भाषाएँ सीख रहे हैं और दूसरों को भी सीखने की सलाह दे रहे हैं। उनकी दुरूहता और उलझन का यही रहस्य है।

इन कविताओं के साथ शमशेर हिन्दी की नई कविता में सर्वथा एकाकी हैं, परन्तु इसका अर्थ यह नहीं कि वे हिन्दी कविता की परम्परा से अलग हैं। विरोधाभास तो यह है कि सबसे अलग होते हुए भी परम्परा का बोध नए कवियों में सबसे अधिक शमशेर ही में है। 'निराला के प्रति' कविता में जब वे कहते हैं–

हाँ, तुम्हीं हो, एक मेरे कवि :
जानता क्या मैं–
हृदय में भरकर तुम्हारी साँस–
किस तरह गाता,
(ओ विभूति परम्परा की!)
समझ भी पाता तुम्हें यदि मैं कि जितना चाहता हूँ
महाकवि मेरे!

तो यह केवल जबानी-जमा खर्च नहीं है। इस अमरत्व में परम्परा के साथ जीवित सम्पर्क स्थापित करने की सच्ची आकांक्षा है। इसी प्रकार शमशेर ने अपने समकालीन कवियों को जिस प्रकार अपनी कविताओं में स्मरण किया है, उससे पता चलता है कि 'समसामयिकता' का राग-बोध उनकी काव्य-चेतना में कितना रचा हुआ है : इतना जितना किसी नए कवि में नहीं है।

सच तो यह है कि नई कविता का सूत्रपात उसी बिम्बवाद से हुआ है, जिसके प्रवर्तकों में शमशेर मुख्य हैं। जिस समय दिनकर-बच्चन-नरेन्द्र के उत्तर छायावादी काव्य की भाषा से कविता को युक्त करने के लिए, उनतालीस के आस-पास निराला 'नासमझी', 'ढूँढ़' (अनामिका), 'स्नेह निर्भर' (अणिमा) आदि बिम्ब-प्रधान छोटी-छोटी कविताएँ लिख रहे थे, शमशेर ने नए ढंग की कविताएँ लिख डाली थीं। जिस अज्ञेय को नई कविता का प्रवर्तक माना जाता है, वे तो उन दिनों ब्राउनिंग और डी.एच. लारेंस के रंग में रूमानी कविताएँ लिख रहे थे। आशा है, ठीक से विचार करने पर नई कविता के इस आरम्भिक संक्रान्ति युग पर और भी नए तथ्य सामने आएँगे और मेरा दृढ़ विश्वास है कि उस समय शमशेर के ऐतिहासिक कार्यों का उचित मूल्यांकन होगा। वस्तुतः अंग्रेजी की आधुनिक कविता की तरह हिन्दी की नई कविता का आरम्भ भी बिम्बवाद से हुआ है और इसका श्रेय अधिकांशतः शमशेर को है।

शमशेर का उचित मूल्यांकन न होने का मुख्य कारण यह है कि अभी तक उनकी कविताओं का कोई संग्रह सामने नहीं आया है। उनकी कविताएँ पत्र-पत्रिकाओं में बिखरी हुई हैं। एक तो स्वयं हर कविता अलग-अलग बिम्बों में बिखरी हुई है, दूसरे वे सभी कविताएँ भी इधर-उधर बिखरी हुई हैं—सामूहिक प्रभाव पैदा हो तो कैसे? जून, 1955 के 'आजकल' में प्रकाशित कविता 'टूटी हुई, बिखरी हुई' वस्तुतः उनकी सम्पूर्ण कविताओं का उपयुक्त शीर्षक है। संग्रह तो मुक्तिबोध का भी प्रकाशित नहीं हुआ है और शमशेर की तरह उनकी कविताएँ भी दुरूह समझी जाती हैं अथवा उन्हीं की तरह वे भी अपेक्षित हैं, परन्तु अन्तर यह है कि मुक्तिबोध के बिम्ब जहाँ ठेठ भाषा के वाक्य-विन्यास में बँधकर शृंखलाबद्ध हैं, वहाँ शमशेर के बिम्ब आपाततः विशृंखल हैं—वस्तुतः विशृंखल नहीं हैं। इन दोनों कवियों को समझने के लिए इनसे बढ़कर परस्पर-विरोधी युग्मक मिलना कठिन है। एक ही इकाई के जैसे ये दो विरोधी तत्व हों और वह इकाई स्वयं बिम्ब-विधान है।

यदि 'टूटी हुई, बिखरी हुई' को ही शमशेर की प्रतिनिधि रचना मान लें तो अनुभव हो सकता है कि उनकी कविताओं में वस्तुतः स्थापत्य शिल्प की भाँति कितना दृढ़ गठन है। यह आकस्मिक नहीं है कि शमशेर की कविता में सर्वाधिक दृश्य और सर्वाधिक श्रव्य है। स्पष्ट बिम्ब यदि उन्हें सफलता के दृश्य बनाते हैं तो संगीत की सूक्ष्म लयमयता श्रव्य! इन बिम्बों और लयों की विविधता प्रमाणित करने के लिए

यहाँ उदाहरण देना सम्भव नहीं है। संक्षेप में शमशेर की रचना-प्रक्रिया के मूलाधार को यथाशक्ति स्पष्ट करने के साथ ही इस निबन्ध को समाप्त किया जा रहा है, मूल्यांकन का प्रयत्न जान-बूझकर स्थगित कर रहा हूँ, क्योंकि शमशेर की वह पंक्तियाँ रह-रहकर मस्तिष्क में गूँज रही हैं–

"मेरी कविता की तुमने खूब दाद दी : मैंने समझा, तुम अपनी ही बातें सुना रहे हो। तुमने मेरी कविता की खूब दाद दी।"

(कृति (प्रवेशांक) अक्टूबर, 1958)

शमशेर की शमशेरियत

शमशेर की आत्मा ने अपनी अभिव्यक्ति का जो एक प्रभावशाली भवन अपने हाथों तैयार किया है, उसमें जाने से मुक्तिबोध को भी डर लगता था—"उसकी गम्भीर प्रयत्नसाध्य पवित्रता के कारण।" इस पवित्रता का एहसास मुझे भी है और डर भी कम नहीं। अन्दर जाने से उस पवित्रता में शायद ख़लल पड़े। इसलिए बाहर-बाहर की ही परिक्रमा। बाहर से अन्दर की जो भी झलक मिल जाए, उसी से सन्तोष करना पड़ेगा। फ़िलहाल।

यह पवित्रता किसी मन्दिर की नहीं है। यह कोई और भवन नहीं, आत्मा की अभिव्यक्ति का भवन है। कवि की कार्यशाला। अपना घर। बड़े जतन से बनाया हुआ। अपनी हड्डियाँ गलाकर। अपना ख़ून जलाकर। 'ओ मेरे घर' शीर्षक कविता का घर। जिसने "इनसान के अँखौटे में डालकर मुझे/सबकुछ तो दे दिया/जब मुझे मेरे कवि का बीज दिया कटु-तिक्त।" कितना अलग है यह घर शमशेर का। सबसे।

वह 'आलीशान गुम्बद' बाहर से ही दिख जाता है जिसमें बक़ौल मलयज "सिर्फ एक व्यक्ति की आवाज़ गूँजती रहती है।" वह आवाज़ शमशेर की है। बाहर से भी साफ़ सुनी जा सकती है। इसलिए नहीं कि ऊँची है। इसलिए कि गूँजती है—मद्धिम होने के बावजूद। कभी-कभी एकदम ख़ामोश भी। यह किसी पुजारी की प्रार्थना नहीं। कवि का एकालाप है। शमशेर की प्रायः सभी कविताएँ एकालाप हैं—आन्तरिक एकालाप। "बक रहा हूँ जुनूँ में क्या कुछ/कुछ न समझे खुदा करे कोई" के अन्दाज़ में। "उसने मुझसे पूछा, इन शब्दों का क्या/मतलब है? मैंने कहा : शब्द/कहाँ हैं?" राग। यह एक नए ढंग का 'लिरिक' है। एकालाप में संलाप और संलाप में एकालाप।

यह कोई चिर-परिचित गीत नहीं। गद्य है। बोलचाल की लय का गद्य। रुक-रुककर आगे बढ़ता हुआ। विलम्बित। विपर्यस्त। फिर भी कविता। 'टूटी हुई बिखरी हुई' नहीं, जैसा कि कुछ लोग समझ बैठे हैं। अत्यधिक सुगठित। हर तरह के झोल को हटाकर, फालतू शब्दों को निकालकर जतन से रचा हुआ। साबित करते हुए कि कविता को गद्य की तरह ही सुलिखित होना चाहिए। एकदम ठोस। लेकिन ठस नहीं। कहीं-कहीं शोखी भी। शमशेरियत लिये हुए।

स्वर में दर्द है। निस्सन्देह। आह, ओह भी कम नहीं। लेकिन मैथिलीशरण गुप्त की 'हाय-हाय' नहीं। अजीब है यह दर्द। प्रेम की पीड़ा लेकिन वही नहीं। अकेलेपन का अवसाद लेकिन कुछ और भी। जीवन की विडम्बना। जगत की विषमता और भी बहुत-कुछ। रोमांटिक विषाद से अलग। रुलाता नहीं, सोच में डाल देता है। 'सोच लें और उदास हो जाएँ।' "अब गिरा अब गिरा वह अटका हुआ आँसू/सान्ध्य तारक-सा/अतल में।" खास बात यही है कि वह आँसू अन्त तक अटका ही रहता है। 'पतझर का जरा अटका हुआ पत्ता।' 'जब आँसू छलक न जाकर/आकाश का फूल बन गया हो।' आर्षवाणी में कहें तो 'शोक' 'श्लोक' बन गया हो। वस्तुतः यह करुणा है—मानवीय करुणा। जीवन का गहरा 'ट्रैजिक' बोध।

इस करुणा का मर्म समझने के लिए जरूरी है यह सोचना कि शमशेर ने इतने शोकगीत क्यों लिखे?—इतने शोकगीत कि एक जगह इकट्ठा कर दें तो पूरी एक किताब बन जाए!

और शोकगीत भी किस-किस पर? कोई गुमनाम-सा कम्युनिस्ट साथी। कोई कम्युनिस्ट नेता। कोई समशील साहित्यकार। एक माई जो अपनी माँ नहीं।

मृत्यु से यह मुठभेड़ अन्यत्र भी है। उन अनेक कविताओं में जो ठेठ शोकगीत नही हैं। मृत्यु का साक्षात्कार शमशेर को जैसे शुरू में ही हो गया था। 'स्थिर है शव-सी वात' कविता सन् 1937 की है, जिसकी 'वात' आज भी सिहरन पैदा करती है, तब की हिन्दी कविता में तो अनूठी थी ही। यह अस्तित्ववादी 'मृत्युबोध' नहीं है और न ही 'मरण सुन्दर बन आय री' की रोमांटिक कल्पना! शमशेर के लिए मृत्यु ख़याल नहीं, हक़ीकत है। प्रेम की तीव्र अनुभूति के क्षण में भी साक्षात् उपस्थिति। कीट्स की कविताओं की तरह। प्रेम और मृत्यु। आजू-बाजू। साथ-साथ।

शमशेर के लिए मृत्यु स्वयं काल है जिससे कतराकर निकल जाना गवारा नहीं है कवि को। इसीलिए "काल, तुझसे होड़ है मेरी : अपराजित तू—तुझमें अपराजित मैं वास करूँ।" यह होड़ है कला की काल से। इस होड़-मुठभेड़ से ही शमशेर ने कालजयी कला उपलब्ध की है। कला कालजयी, कालातीत नहीं।

अपनी कार्यशाला में शमशेर अकेले चाहे जितने हों, लोग-बाग से वह काफी भरी-पूरी है। कितनी कविताएँ सिर्फ व्यक्तियों पर हैं। इतने व्यक्तियों पर शायद ही किसी कवि ने कविताएँ लिखी हों। ये व्यक्ति क्या वे सूत्र हैं जिनके माध्यम से वे दुनिया के इनसानों से जुड़ने की कोशिश करते हैं? समाज अमूर्त संकल्पना है। ऐसे अमूर्त समाज से जुड़नेवाले कवि और होंगे। शमशेर के लिए तो जैसे हाड़-मांस के जीते जागते इनसान ही समाज हैं जिनका अपना चेहरा है, अपनी पहचान है, अपना सुख-दुःख है, छोटा ही सही पर सच्चा। शमशेर ऐसे ही व्यक्तियों को 'अपने पास' 'इतने पास अपने' खींच लाते हैं कि उनके व्यक्तित्व का हिस्सा बन जाए और इस

तरह अन्त में एक कविता—मुजस्सिम कविता! क्या ये लक्षण किसी आत्मग्रस्त अन्तर्मुखी असामाजिक कवि के हैं?

अपनी एक कविता की शुरुआत ही शमशेर ने इन पंक्तियों से की है—

मैं उर्दू और हिन्दी का दोआब हूँ
मैं वह आईना हूँ जिसमें आप हैं।

इस कविता का शीर्षक है 'बाढ़ 1948'। पहली बार 'संकेत' में प्रकाशित हुई थी। किसी काव्य-संकलन में फिर नहीं आई। अब इस चयन में पढ़ी जा सकती है। इस विषयान्तर को छोड़ दें तो कहना यह है कि उर्दू-हिन्दी के इस 'दोआब' की कविताओं में 'आईना' अकसर आता है। हिन्दी के किसी कवि में 'आईना' की इतनी पूछ नहीं। शमशेर के काव्यलोक में घूमते हुए लगता है कि "आईनाख़ाने में कोई लिये जाता है मुझे।" यह आईना हैरान होता नहीं, हैरान करता है। यह स्तेंधाल का 'शहर में घूमता आईना' नहीं है, एक कवि की चमकती हुई तरल-तरल आँख की पुतली है जिसमें सारी कायनात बन्द है। "सूर्य मेरी पुतलियों में स्नान करता।"

शमशेर की कार्यशाला सचमुच एक विशाल चित्रशाला है। रंगों का महोत्सव। कहीं 'धूप आईने में खड़ी' है, कहीं 'धूप थपेड़े मारती है थपू थपू/केले के हातों से पानी से/केले थम्बों पर।' और कहीं 'उषा के जल में सूर्य का स्तम्भ हिल रहा है।' अकेले एक धूप के ही कितने-कितने रूप!

वैसे शमशेर का अपना प्रिय रंग साँवला है, जो कभी-कभी 'केसरिया साँवलापन' भी हो जाता है, कभी 'साँवला संगमरमरी आबशार' और कभी देखिए तो 'एक नीला दरिया बरस रहा है।'

इस चित्रशाला में इतने रंगों की लीला है, तरह-तरह के रंगों की इतनी घुलावट है कि सबका विवरण देना लगभग असम्भव है। हिन्दी-कविता में रंगों का ऐसा महोत्सव अन्यत्र दुर्लभ है। सचमुच ही 'कवि घंघोल देता है/हिला-मिला देता/कई दर्पनों के जल।'

ये सभी चित्र अनिवार्यतः 'इंप्रेशनिस्टक' ही नहीं हैं, कुछ 'सुर्रियललिस्ट' भी हैं, कुछ सरल रेखांकन-मात्र और कुछ पत्थर की तराशी हुई मूर्ति की तरह ठोस भी।

जो शमशेर को 'शुद्ध सौन्दर्य का कवि' मानने के आग्रही हैं उनकी आँख खोलने के लिए उन छवियों की ओर संकेत करना पर्याप्त होगा जिनमें अकुंठ मन से शरीर का उत्सव रचा गया है। शमशेर के लिए सौन्दर्य' 'एक ठोस बदन अष्टधातु का-सा' है, जिसमें 'जंघाएँ ठोस दरिया/ठैरे हुए से।' कवि की 'पहली प्रेमिका' 'जो आईने की तरह साफ़' है और 'बदन के माध्यम से ही बात करती है।' और 'वह काँसे का चिकना बदन हवा में हिल रहा है।' हिन्दी-कविता में कहाँ है ऐसी सघन ऐन्द्रियता!

कलाकृतियाँ भी शमशेर की संवेदनशील ऐन्द्रिय चेतना को उसी प्रकार उद्बुद्ध

करती हैं जैसे सुडौल नारी-शरीर और सन्ध्या या उषा की लाली। वान गॉग और पिकासो के चित्र देखकर, बाख़ का संगीत सुनकर जो कविताएँ उन्होंने लिखी हैं उनसे हिन्दी-कविता में एक नई वृत्ति की शुरुआत हुई। बाद में इस तरह की कविताएँ औरों ने भी लिखीं लेकिन अनुकरण अन्ततः अनुकरण ही है। चीनी भाषा की चित्रलिपि और ग्रीक वर्णों के रूपाकार का आकर्षण भी इसी सौन्दर्य-वृत्ति की काव्यात्मक अभिव्यक्ति है। भाषा का रूपाकार भी शमशेर के लिए एक आश्चर्यलोक रहा है। यह कोरी प्रयोगशीलता नहीं, बल्कि कवि की कलानुभूति का अतिरिक्त आयाम है। कभी-कभी ऐसा लगता है कि नारी-शरीर भी शमशेर के लिए जैसे एक कलाकृति है—अपने रूपाकार-मात्र के लिए आकर्षक। कविता में कला का ऐसा संयोजन और यह वैभव कालिदास के बाद शमशेर के ही काव्य में सम्भव हो पाया है। शब्द रंग भी हैं, रेखा भी और सुर भी—शब्द में निहित इन सम्भावनाओं की तलाश जैसी शमशेर में है, अन्यत्र विरल है।

लेकिन शमशेर सौन्दर्य के ही नहीं, प्रेम के कुछ विलक्षण अनुभवों के भी चित्रकार हैं। ''थरथराता रहा जैसे बेंत/मेरा काय.../कितनी देर तक/आपाद-मस्तक।'' स्वयं कवि के अनुसार यह ''एक विचित्र अनुभूति'' है। लेकिन उससे किसी तरह कम विचित्र वह अनुभूति नहीं है जब वे कहते हैं : ''तुमने मुझे और गूँगा बना दिया/अपनी भाषा तो भूल ही गया जैसे/चारों तरफ की भाषा ऐसी हो गई/जैसे पेड़ों-पौधों की होती है।''

विचित्र बात यह है कि उम्र के साथ कवि में प्रेम की यह तीव्रता, पार्थिवता बढ़ती गई है और चढ़ता गया है सघन ऐन्द्रियता का ज्वार। साठ की उम्र के बाद शमशेर ने ज़्यादा अच्छी प्रेम-कविताएँ लिखी हैं। कुछ और तरह की भी अच्छी कविताएँ। अंग्रेजी-कवि विलियम बटलर येट्स की तरह। अपने ही कवि रवीन्द्रनाथ ठाकुर की तरह। काल पर कला की विजय का एक और प्रमाण नहीं है यह क्या?

कला की इस विजय का स्रोत क्या है कवि की निष्कम्प प्रतिबद्धता के सिवा? इस विषय में सन्देह या भ्रम औरों को चाहे जितना हो, स्वयं शमशेर अपनी आस्था में अडिग हैं। जिस कवि ने अपनी काव्य-यात्रा के प्रथम चरण में 'वाम वाम वाम दिशा/समय साम्यवादी' जैसा ओजस्वी गीत लिखा, वही पचास वर्ष बाद 'काल, तुझसे होड़ है मेरी' शीर्षक कविता में सहज भाव से स्वीकार करता है : ''क्रान्तियाँ, कम्यून, कम्युनिस्ट समाज के/नाना कला विज्ञान और समाज के/जीवन्त वैभव से समन्वित व्यक्ति मैं!'' ज़ाहिर है कि मार्क्सवाद और कम्युनिज़्म शमशेर की कविता के हाशिए पर न तब था, न अब है। हमेशा वह उस कवि-व्यक्तित्व का अभिन्न अंग रहा है जो कविता का केन्द्र है।

आज शमशेर के इस पक्ष को गौण बताकर उन्हें महान बनाया जा रहा है लेकिन

स्वयं शमशेर को इस विषय में कोई मुग़ालता नहीं। लम्बी उपेक्षा जिसे तोड़ न सकी, उसे बासी सम्मान क्या झुकाएगा! नेरुदा के 'मेमायर्स' पढ़ने के बाद शमशेर ने जो विडम्बना-विद्ध कविता लिखी है उसकी ये पंक्तियाँ द्रष्टव्य हैं :

'सीधे-सादे नेरुदा को/ख़ामख़ाह/पश्चिम ने और नितान्त कल्पनाहीन/नई दुनिया की मशीनी शक्तियों ने/ महान बना दिया/बना दिया/तो बना दिया.../फिर तो वह बन ही गया!/अब क्या हो?/अब कुछ नहीं हो सकता!!'

क्या इन पंक्तियों के लेखक का कोई कुछ बना सकता है?

शमशेर तो समझे बैठे हैं कि "मैं बहुत कामयाब कवि शायद नहीं बन पाया हूँ, लेकिन सम्भवतः एक jenuine कवि अपने आपको कह सकता हूँ। अगर यह ठीक है तो मेरे लिए सन्तोष की बात कम नहीं है।" इसके बाद भी अगर कोई कवि 'कामयाब' होना चाहता है तो फिराक़ के शब्दों में—"है इससे बढ़ के भले आदमी की क्या तौहीन!"

इसलिए शमशेर के लिए इतना ही काफी है कि वे कवि हैं—सिर्फ कवि। न 'शुद्ध कविता' का कवि, न 'कवियों का कवि' न प्रयोग का कवि और न प्रगति का ही कवि! कुछ कवि ऐसे होते हैं जिन्हें हर विशेषण छोटा कर देता है।

(27 जुलाई, 1990, 'शमशेर : प्रतिनिधि कविताएँ' की भूमिका)

ज़मीन की कविता और कविता की ज़मीन

नागार्जुन स्वाधीन भारत के प्रतिनिधि जनकवि हैं। 'तरल आवेगोंवाला, अति भावुक, हृदयधर्मी जनकवि।' एहसास उन्हें जनकवि होने का भी है और जनकवि होने की जिम्मेदारी का भी। कहते हैं : 'जनता मुझसे पूछ रही है, क्या बतलाऊँ। जनकवि हूँ मैं साफ़ कहूँगा, क्यों हकलाऊँ?' और फिर 'जनकवि हूँ मैं, क्यों चाटूँ मैं थूक तुम्हारी/श्रमिकों पर क्यों चलने दूँ बन्दूक तुम्हारी?' अग्रज गोर्की की सौवीं वर्षगाँठ आती है तो कहते हैं : 'करता है भारतीय जनकवि तुमको प्रणाम!' और तुरन्त यात्री नागार्जुन को गोर्की में अपनी घुमक्कड़ी के कड़वे अनुभव याद आ जाते हैं : 'बाध्यतामूलक घुमक्कड़ी ने भर दिया था रग-रग में कड़वापन/तभी तो दे गए हो तिक्ततम अनुभूतियों का रसायन/मात है करेला, मात है नीम! गोर्की मखीम!' और स्वयं नागार्जुन?

नागार्जुन में भी इसी कड़वाहट का 'रसायन' है। कहते हैं : 'प्रतिहिंसा ही स्थायीभाव है मेरे कवि का।' यह प्रतिहिंसा ही नागार्जुन की शक्ति है; क्योंकि यह प्रतिहिंसा जितनी अपनी है उससे ज़्यादा उस जनता की है, जिसके वह प्रतिनिधि हैं। इसीलिए अगली ही साँस में वे संकल्प करते हैं कि 'जन-जन में जो ऊर्जा भर दे, मैं उद्गाता हूँ उस रवि का।' इस जन-प्रतिहिंसा की रोशनी में ही उनके लिए यह देख सकना सम्भव हुआ कि 'हिंसा की छत्रच्छाया में/सुरक्षित है अहिंसा।' स्वाधीन भारत में इस अहिंसा के हिंसात्मक रूप पर नागार्जुन ने जितनी कविताएँ लिखी हैं, शायद ही किसी कवि ने लिखी हों। नागार्जुन के काव्य का एक बहुत बड़ा हिस्सा पिछले पैंतीस वर्षों में हुए हजारों अतर्क्य और बर्बर गोलीकांडों से प्रेरित है। ये कविताएँ कवि की आँखों के आँसू नहीं, खून हैं। क्रौंचवध से उद्वेलित आदिकवि की परम्परा में।

कवि की इस प्रतिहिंसा की मार से न गांधी बच पाए हैं, न नेहरू—फिर दूसरे छुटभैये राजनीतिक नेताओं और पुलिस की तो बात ही क्या! सन् 1945 की लिखी 'गांधी' शीर्षक कविता में ग्यारह साल बाद गांधी को फिर देखने पर जहाँ कवि को उस खर्वकाय और कृश शरीर महापुरुष, महावीर के प्रति श्रद्धा जगती है वहीं वह यह भी कहने के लिए अपने को विवश पाता है : 'हे धनकुबेर के अतिथि...नहीं हे

जननायक!' स्मरणीय है कि इसी गांधी की हत्या पर नागार्जुन ने 'तर्पण' और 'शपथ' जैसी सात्त्विक क्रोध की कविताएँ भी लिखीं। कवि की वर्गचेतन दृष्टि दोनों ही स्थितियों में अपलक और जाग्रत् है। इसी प्रकार जहाँ नेहरू की मृत्यु पर 'झुकती स्वराज्य की डाल और/तुम रह जाते दस साल और' जैसी कविता लिखी, वहाँ इमर्जेन्सी लागू होने पर 'भूल गईं बाप को' कहकर परोक्षतः नेहरू के जनवाद को भी याद भी किया! प्रतिहिंसा कवि को एकदम अन्धा नहीं बना देती, इसका प्रमाण है 'जनता-राज' कायम होने पर लिखी हुई ये पंक्तियाँ : 'शासक बदले, झंडा बदला, तीस साल के बाद/नेहरू-शास्त्री और इन्दिरा हमें रहेंगे याद।' इस याद के बावजूद कवि की वर्ग-दृष्टि नहीं बदली! समाजवाद का स्वप्न देखनेवाले नागार्जुन इस दौर में जनवाद की रक्षा के लिए बराबर खड्गहस्त रहे—यहाँ तक कि निरंकुशता के विरोध की कीमत चुकाने में भी वे अपने समानधर्मा कवियों में सबसे आगे रहे।

नागार्जुन की यह वर्ग-प्रतिहिंसा कविता में व्यंग्यों के रूप में प्रकट हुई है बिना और हिचक के कहा जा सकता है कि कबीर के बाद हिन्दी में नागार्जुन से बड़ा दूसरा व्यंग्यकार पैदा नहीं हुआ। अपनी एक कविता में वे स्वयं कहते हैं : 'हमने कबीर का पद ही तो धोखा है।' शासक वर्ग का कोई भी तबका इस व्यंग्य की मार से बचने नहीं पाया। व्यंग्य के विषय ही विविध नहीं हैं, व्यंग्य के काव्य-रूप भी विविध हैं। नागार्जुन के ये व्यंग्य भारतीय जनता की प्रखर राजनीतिक चेतना के साथ ही, उसके सहज बोध और जिन्दादिली के भी अचूक प्रमाण हैं। इन व्यंग्यों में वे बेजोड़ हैं जो लोकधुन की तर्ज़ पर रचे गए हैं। उदाहरण के लिए एक है : तीनों बन्दर बापू के! 'बापू के भी ताऊ निकले तीनों बन्दर बापू के।' दूसरा है 'भूदान' आन्दोलन के समय का लिखा 'हर गंगे' टेकवाला गीत : 'ऊसर बंजर और श्मशान/सन्त विनोवा पावैं दान...हर गंगे!' इसी क्रम में सन् 1954 के लिखे उस झंडा गीत का भी उल्लेख किया जा सकता है जिसकी टेक है : 'दस हज़ार, दस लाख मरें, पर झंडा ऊँचा रहे हमारा!/ कुछ हो, कांग्रेसी शासन का झंडा ऊँचा रहे हमारा!'

ऐसे शासन के जन-प्रतिनिधियों का व्यंग्य-चित्र नौटंकी की परिचित धुन और शब्दावली में इस प्रकार खींचा गया है : 'स्वेत-स्याम-रतनार अँखियाँ निहार के/ सिंडकेटी प्रभुओं की पग धूर झार के/लौटे हैं दिल्ली से कल टिकट मार के/खिले हैं दाने ज्यों अनार के/आए दिन बहार के/।'

राजनीतिज्ञों के साथ-साथ नागार्जुन के व्यंग्य के लक्ष्य सामन्ती-पुरोहिती अवशेषों के अलावा नए उभरते हुए पूँजीपति वर्ग के लोग भी हैं जिनके चक्कर में कभी-कभी बुद्धिजीवी भी आ जाते हैं। ऐसे ही हैं एक प्राध्यापक मित्र जो इस बात पर मगन हैं कि मुलुंड में एक व्यवसायी ने सौरभ-द्रव्यों का एक नया उत्पादन केन्द्र आरम्भ किया है जिससे इर्द-गिर्द बीसियों किलोमीटर ही उठते हैं मुअत्तर! उन्हें कवि पर

झुँझलाहट है कि आपकी गन्ध-चेतना ठस तो नहीं हुई? अन्त में उन्होंने स्वयं ही 'नथने फुला-फुला के वो मुअत्तर हवा भर ली अन्दर।' इसी तरह कहीं बतर्ज़े उर्दू ग़ज़ल 'पैसा चहक रहा है', कहीं शादी के नाम पर 'वैभव का उन्मत्त प्रदर्शन' हो रहा है, जहाँ 'कवियों की चिकनी वाणी में दूर्वादल हिलते हैं।' नागार्जुन को इस भद्र वर्ग के धन-वैभव से अधिक गुस्सा उसके संस्कृति-प्रेम के ढोंग पर है, जिसका चुभता चित्र 'प्लीज़ एक्सक्यूज़ मी...' शीर्षक कविता में है। कवि की 'कदन्न-दग्ध निगोड़ी जीभ' को आइसक्रीम खिलाकर मध्यवयसी डबल एम.ए. मिसेज़ गुप्ता अपनी कन्या की कॉपी पर कविता लिख देने का अनुरोध करती हैं; साथ ही अपनी प्रगतिशीलता का भी प्रमाण देना नहीं भूलतीं : 'जी हाँ, मार्क्स का भी पूरा सेट है अपने पास... कैपिटल पर तो भिड़ ही गए थे बाबूजी!' ऐसे छद्म प्रगतिशीलों में कुछ कवि भी हैं, जो नागार्जुन के व्यंग्य के निशाने बने हैं, जो एक ओर तो गरम-गरम कविताएँ लिखते हैं और दूसरी ओर लिमिटेड कम्पनी के रूप में कागज की नैया बनाने में रत हैं। नागार्जुन के शब्दों में दरअसल वे 'पढ़ुआ खाऊ' और 'तिकड़म के ताऊ' हैं। इसी पंक्ति में वे आधुनिकतावादी कवि भी हैं जो 'पढ़ते हैं एज़रा पाउंड-इलियट। बाकी सबको समझते हैं इडियट।' इनमें कुछ निम्न-मध्य वर्ग के हैं, जिनके बारे में नागार्जुन थोड़ी सहानुभूति के साथ यह टुकड़ा जोड़ते हैं : 'नाम है भारी, आमदनी हलकी/चिन्ता है कल की।' इस बोध के कारण वे आधुनिकतावाद से साफ़-साफ़ अछूते रहकर भी आधुनिक हो सके।

शहराती भद्रवर्ग के इन चित्रों में एक ग्राम कवि की सहज स्वच्छ दृष्टि स्पष्ट दिखाई पड़ती है जो सारे आडम्बर को तार-तार कर देने में मज़ा लेती है। ऐसी ही एक अत्यन्त मार्मिक कविता है : 'घिन तो नहीं आती!' बोझा ढोते, ठेला खींचते कुली मजदूर जब ट्राम में ऐसे लोगों के पास आकर बैठ जाते हैं, जिनका 'दूध-सा धुला सादा लिबास है' तो नागार्जुन गोया होंठों में मुस्कराते हुए पूछते हैं : 'सच-सच बतलाओ/घिन तो नहीं आती है? जी तो नहीं कुढ़ता है?'

गाँव से आए हुए इन कुली-मजदूरों को देखकर स्वयं नागार्जुन को कैसा लगता है, इसका सबसे मर्मस्पर्शी चित्र 'खुरदरे पैर' शीर्षक कविता में मिलता है। ये खुरदरे पैर एक रिक्शा चलाने वाले के हैं—पैडल मारते, फटी बिवाइयों वाले, मुट्ठल घट्ठों वाले कुलिश कठोर पैर। ऐसे प्रसंग आते ही नागार्जुन की प्रतिहिंसा करुणा में बदल जाती है, जैसे आदिकवि का शोक। जिस हृदय से व्यंग्य के विष बुझे तीर निकलते हैं, उसी से आत्मीयता का कोमल स्पर्श भी प्रवाहित होता है। यह करुणा वस्तुतः वर्ग-प्रतिहिंसा का ही दूसरा पहलू है। यह करुणा उच्चवर्ग द्वारा निम्नजनों के प्रति दिखाई गई दया से भिन्न है। जनसाधारण के लिए नागार्जुन की इस करुणा का प्रसार देखना हो तो उस प्राइवेट बस के ड्राइवर का चित्र देखें जिसके सामने बच्ची ने हुक

से काँच की चार 'गुलाबी चूड़ियाँ' लटका रखी हैं; जेल के साथी छोटे-से बच्चे 'चन्दू' को याद करें जिसके छूटने का सपना कवि देखता है; और फिर जेल के ही साथी मोतिया नामक नेवले की क्रीड़ा भी। कहने की आवश्यकता नहीं कि हिन्दी में 'नेवला' जैसी कम ही मर्मस्पर्शी कविताएँ हैं, शायद एक भी नहीं। 'नेवला' में जो क्रीड़ाशीलता है उसी का एक और रूप है ग्राम-जन सुलभ शुद्ध विनोद जो 'खटमल' शीर्षक कविता में व्यक्त हुआ है। कविता का आधा से ज्यादा सौन्दर्य उसकी धुन में है : 'उमड़-उमड़ आए खटमल, मैं जागा सारी रात।' पर अन्ततः करुणा ही नागार्जुन के व्यंग्य को गहरी मानवीयता प्रदान करती है और उसे कोरे निषेधात्मक भाव के स्तर से ऊपर उठाकर काव्य की उच्च भूमि पर रख देती है। अन्ततः यह करुणा व्यंग्य को पुष्ट करती है।

इसके साथ ही नागार्जुन के व्यंग्य को विश्वसनीय बनाता है उनका आत्म-व्यंग्य। हम देखते हैं कि जितने निर्मम नागार्जुन दूसरों के प्रति हैं उससे किसी तरह कम निर्मम अपने प्रति नहीं हैं। 'पछाड़ दिया मेरे आस्तिक ने' शीर्षक कविता में बहुत दिनों के बाद गाँव में उगते सूरज को देखकर कहते हैं : 'सोते ही बिता देता हूँ शत-शत प्रभात/छूट-सा गया है जनपदों का स्पर्श/(हाय रे आंचलिक कथाकार!)' अन्तिम पंक्ति का व्यंग्य आत्मग्लानि की भावुकता को और ही रंग दे देता है।

वैसे, गाँव और विशेषतः अपने गाँव की प्रकृति के लिए नागार्जुन की आरम्भिक कविताओं में एक प्रकार का 'नास्टेल्जिया' का भाव भी मिलता है, किन्तु ज्यादातर कविताओं में वे प्रकृति के यथार्थ के बीच सहज हो जाते हैं। सहज यानी जैसे एक किसान अपनी सभी जाग्रत् इन्द्रियों के साथ साधारण भाव से देखता है। कुतूहल का भाव वहाँ भी है, किन्तु वह किसी पर्यटक का कुतूहल नहीं है। वहाँ अपनी ही जानी-पहचानी चीज़ को नए सिरे से देखने का भाव है। 'अब के इस मौसम में/कोयल आज बोली है/पहली बार।' से शुरू होने वाली कविता में जिस अन्दाज़ से कोयल को 'कलमुँही' कहा गया है उसका अपनापा नागार्जुन की अपनी चीज़ है। फिर 'झपटी पछिया/दरक गए केलों के पात' और 'लेते ही करवट/तेजाब की फुहारें छिड़कने लगा सूरज' का कटु यथार्थ ठेठ किसानी दृष्टि का सूचक तो है ही, हिन्दी कविता में एक नए यथार्थवाद का जयघोष भी है।

नागार्जुन को ऋतु परिवर्तन का आभास एक किसान के समान सहज-इन्द्रिय बोध के स्तर पर होता है—खासतौर से पावस के आगमन का। इस ऐन्द्रियता का सबसे सूक्ष्म चित्र 'ऋतु-सन्धि' की इन पंक्तियों में मिलता है : 'लग रहा था आज प्रातःकाल पानी सर्द/गंगा नहाने के वक्त/आया खयाल/हिमालय में गल रही है बर्फ/आज होगा ग्रीष्म ऋतु का अन्त।' नागार्जुन की ये कविताएँ यह विश्वास जगाती हैं कि सारी अमानुषिकता के बावजूद गाँव के साधारणजन का प्रकृति-साहचर्य एकदम

समाप्त नहीं हो गया है और न उसका इन्द्रियबोध--सौन्दर्यबोध ही मर पाया है। जेल की लिखी कविता 'सिंके हुए दो भुट्टे सामने आए/तबीयत खिल गई/ तबीयत स्वाद मिला दूधिया दानों का/ताजा खिल गई/दाँतों की मौजूदगी का सुफल मिला/तबीयत खिल गई।' इस किसानी बोध का पक्का प्रमाण है। किन्तु इस वर्ग की सबसे अच्छी और मुकम्मल कविता है : 'सुबह-सुबह'। कविता इतनी कसी हुई है कि उसे पूरा-का-पूरा देना उचित है : 'सुबह-सुबह/तालाब के दो फेरे लगाए। सुबह-सुबह/रात्रि-शेष की भीगी दूबों पर नंगे पाँव चहलकदमी की। सुबह-सुबह/हाथ पैर ठिठुरे, सुन्न हुए/माघ की कड़ी सर्दी के मारे। सुबह-सुबह/अधसूखी पतइयों का कौड़ा तापा/आम के कच्चे पत्तों का/जलता, कड़वा कसैला सौरभ लिया। सुबह-सुबह/गँवई अलाव के निकट/घेरे में बैठने-बतियाने का सुख लूटा। सुबह-सुबह/आंचलिक बोलियों का मिक्स्चर/कानों की इन कटोरियों में भरकर लौटा/सुबह-सुबह।' अपने प्राकृतिक परिवेश के प्रति नागार्जुन की यह कच्ची और अ-संस्कृत प्रतिक्रिया अनायास ही ऋक् की आदिम ऋचाओं और 'आदिकाव्य' की वन्य अभिव्यक्तियों की याद ताज़ा कर देती है। हिन्दी में नागार्जुन से पहले और पीछे भी ग्राम प्रकृति के प्रति उत्सव और उल्लास का यह स्वर सुनने को नहीं मिलता।

कहने की आवश्यकता नहीं कि यह उत्सवधर्मिता जनकवि नागार्जुन की वर्गचेतना का ही एक अंग है—अभिन्न अंग। यदि इस सौन्दर्य-बोध में किसी प्रकार की कुंठा नहीं है तो इसलिए कि नागार्जुन की वर्गचेतना का आधार कोई अमूर्त विचार प्रणाली या राजनीति का फौरी कार्यक्रम नहीं, बल्कि ठेठ जनजीवन है—जीवन्त 'लोकधर्म'! लेनिन की तरह नागार्जुन के लिए भी 'सत्य ठोस है' : जीवन की छोटी-से-छोटी घटना में व्यक्त, आस-पास की हर चीज़ में मूर्त और इन सबके बीच स्वयं जनगण के क्रिया-कलाप में जीवन्त। जैसा कि वे स्वयं कहते हैं : 'कवि हूँ, सच है/किन्तु क्षणिक तथ्यों को यों अवहेलित करके/शाश्वत का सीमान्त कभी क्या छू पाऊँगा?' इसीलिए अपने ठोस यथार्थ-बोध के कारण नागार्जुन विचार-प्रणाली के फीते से हर कविता को नापनेवाले सिद्धान्तशास्त्रियों के लिए कभी-कभी असमंजस खड़ा कर देते हैं और उन्हें नागार्जुन अनेक असंगतियों के पुंज प्रतीत होने लगते हैं। यही नहीं, कुछ लोगों को वे अराजकतावादी भी मालूम होते हैं। उदाहरण के लिए उनकी एक कविता है : 'मन करता है/नंगा होकर मैं खड़ा रहूँ सागर तट पर/यों भी क्या कपड़ा मिलता है।' इसे पढ़कर आपाततः एक अराजकवादी विद्रोह का आभास हो सकता है; किन्तु ध्यान से देख तो इस पागलपन में भी एक पद्धति है। इसी आत्मविश्वास के साथ नागार्जुन एक ही साँस में कहते हैं : 'प्रतिबद्ध हूँ/सम्बद्ध हूँ/आबद्ध हूँ।' प्रतिबद्ध—'अपने आपको भी व्यामोह' से बारम्बार उबारने की खातिर। सम्बद्ध—'सबसे और किसी से नहीं/और जाने किस-किस से।' आबद्ध—

'रूप-रस-गन्ध और स्पर्श से, शब्द से...नाद से, ध्वनि से, स्वर से, इंगित-आकृति से...सच से, झूठ से, दोनों की मिलावट से...विधि से, निषेध से...।' इस प्रकार नागार्जुन का काव्य इस धारणा का जैसे प्रत्याख्यान है कि कविता विचारों से लिखी जाती है।

जनकवि नागार्जुन की जीवन्तता काव्योपयोगी विषयों के चयन से लेकर काव्य-रूपों के सृजन की विविधता तक में प्रकट हुई है। यदि वे एक ओर 'मेघ बजे', 'घन-कुरंग', 'फूले कदम्ब' जैसे चुस्त-दुरुस्त गेय गीत रचते हैं, तो दूसरी ओर 'वह कौन था' और 'प्रेत का बयान' जैसी नाट्य कविताएँ भी लिखते हैं; दोहे और कुंडलिया जैसे पुराने छन्दों को नई अन्तर्वस्तु से संवलित करके पुनर्नवता देते हैं तो 'चना जोर गरम' शैली की अनेक लोकधुनों को संस्कार देकर लोककाव्य को जनकाव्य का दर्जा देते हैं। प्रयोगवादियों ने तो प्रयोग का नारा भर दिया था, वस्तुतः अकेले नागार्जुन ने कविता के रूपविधान में जितने प्रयोग किए हैं, सारे प्रयोगवादी मिलाकर भी उसका दशमांश कर दिखाने में असमर्थ साबित हुए हैं। कविता में वाचिक परम्परा का गुणगान करनेवाले और हैं, जबकि नागार्जुन से वह वाचिक पुनर्जीवित हुई है बेहतर रूप में।

जनकवि के रूप में नागार्जुन की सबसे बड़ी उपलब्धि है, कविता के कलात्मक सौन्दर्य की बलि चढ़ाए बिना कविता को सर्वजन सुलभ बना देना। जैसा कि डॉ. रामविलास शर्मा ने कहा है, "नागार्जुन ने लोकप्रियता और कलात्मक सौन्दर्य के सन्तुलन और सामंजस्य की समस्या को जितनी सफलता से हल किया है, उतनी सफलता से बहुत कम कवि–हिन्दी से भिन्न भाषाओं में भी–हल कर पाए हैं।"

इसे जनकवि के दायित्व का निर्वाह ही कहना चाहिए कि नागार्जुन ने अपनी काव्य-रचना को अपनी प्रिय मातृभाषा मैथिली तक ही सीमित न रखकर हिन्दी जाति की व्यापक जन-भाषा हिन्दी को मुख्य माध्यम के रूप में वरण किया। केवल मैथिली में लिखते रहकर नागार्जुन बहुत-कुछ अवधी के जायसी बनकर रह जाते जो स्वयं कम महत्वपूर्ण सिद्धि नहीं है, लेकिन उनके सामने तो तुलसी का आदर्श है! नागार्जुन की हिन्दी उनकी मातृभाषा मैथिली से अपेक्षित शक्ति लेकर जिस जनभाषा हिन्दी का ठाट खड़ा करती है उसमें सीखने के लिए बहुत कुछ है।

(आलोचना, जनवरी मार्च अप्रैल जून, 1981)

नागार्जुन की काव्यभूमि

नागार्जुन की काव्यभूमि विपुल है और विषम भी। विषम इतनी कि इस ऊँची-नीची भूमि में समतल की अभ्यस्त आँखें अकसर धोखा खा जाती हैं। ऊपर-ऊपर से देखने पर जो अत्यन्त सपाट वर्णन है वह भी अपने समूचे असर में इतना कवित्वपूर्ण होता है कि काव्यत्व की किसी एक जगह पर उँगली रखना कठिन है। उदाहरण के लिए एक कविता है 'नेवला'। कविता काफी लम्बी है। जेल का वातावरण। कैदियों के लिए नेवले के बच्चे की छोटी-से-छोटी हरकत भी महत्वपूर्ण है। नागार्जुन उसका ब्योरेवार वर्णन करते हैं रस ले-लेकर। ताज़ा गोश्त का टुकड़ा सुतरी में टँगा है और नेवला बार-बार छलाँग रहा है और गुस्से से चीख रहा है—किर्र...किर्र...किर्र। अब कोई पूछ सकता है कि इसमें कविता कहाँ है! नेवला अन्ततः नेवला ही रहता है, कोई प्रतीक नहीं बनता; फिर भी जेल की ऊब और अमानवीय वातावरण में उस छोटे-से प्राणी का क्रीड़ा-कलाप कुछ ऐसा मानवीय प्रभाव पैदा करता है कि उसे कविता के अलावा और कोई नाम देना असम्भव है। इसी तरह एक और कविता है 'लालू साहू', जिसमें 63 वर्षीय लालू 60 वर्षीया पत्नी की चिता में अपने को डालकर 'सती' हो गया। इस अनहोनी घटना में ही शायद वह कवित्व है, जिस पर नागार्जुन की दृष्टि गई, वरना स्वयं उसके वर्णन में न कहीं भावुकता है, न किसी तरह की कविताई ही। कवित्व की इसी कोटि में मैथिली की 'जोड़ा मन्दिर' शीर्षक कविता भी आती है, जिसमें बेटा अपने बूढ़े माँ-बाप के मरने पर खेत में दोनों की याद में 'जोड़ा मन्दिर' बनवा देता है।

जो वस्तु औरों की संवेदना को अछूती छोड़ जाती है वही नागार्जुन के कवित्व की रचना-भूमि है। इस दृष्टि से काव्यात्मक साहस में नागार्जुन अप्रतिम हैं। उन्हीं की बीहड़ प्रतिभा एक मादा सूअर पर 'पैने दाँतोंवाली' कविता रच सकती थी, जिसमें "जमुना किनारे/मखमली दूबों पर/पूस की गुनगुनी धूप में/पसरकर लेटी है/भरे-पूरे बारह थनोंवाली/छौनों को पिला रही है दूध।" नागार्जुन अपने खास अन्दाज़ में कहते हैं : 'यह भी तो मादरे हिन्द की बेटी है।'

इसी तरह 'कटहल' भी कविता का कोई विषय है? लेकिन नागार्जुन हैं कि पके

हुए कटहल को देखकर पिहक उठते हैं : "अह, क्या खूब पका है यह कटहल/अह, कितना बड़ा है यह कटहल/अह, कैसा मह-मह करता है यह कटहल/अह, किस तरह पड़ा है चारों खाने चित्त!"

यही कटहल उनकी एक अन्य कविता में अनूठे उपमान के रूप में इस तरह आया है : "दरिद्रता कटहल के छिलके जैसी जीभ से मेरा लहू चाटती आई।" यह 'कटहल के छिलके जैसी जीभ' नागार्जुन की ही बीहड़ कल्पना में आ सकती थी।

नागार्जुन की यही कल्पना रिक्शा खींचनेवाले, फटी बिवाइयोंवाले, गुट्ठल घट्ठोंवाले, कुलिश कठोर खुरदरे पैरों के चित्र भी आँकती है और उसकी पीठ पर फटी बनियाइन के नीचे "क्षार-अम्ल, विगलनकारी, दाहक पसीने का गुण-धर्म" भी बतलाती है। मनुष्य के ये वे रूप हैं जो नागार्जुन न होते तो हिन्दी कविता में शायद ही आ पाते।

इसी तरह यथार्थ के वे रूप जिन्हें शिष्ट और सुरुचिपूर्ण कवि बीभत्स समझकर छोड़ देना ही उचित समझते हैं, नागार्जुन की साहसिक कल्पना से काव्य का रूप प्राप्त करते हैं। "प्रभु, तुम कर दो वमन। होगा मेरी क्षुधा का शमन।" जैसी पंक्तियाँ लिखने का साहस नागार्जुन ही कर सकते थे। इसी प्रकार ग्राम्य, अश्लील और भदेस कहलाने का खतरा उठाकर भी वे "फैल गया है दिव्य मूत्र का लवण-सरोवर" तथा "एक दूसरे का गुह्य अंग सूँघ रहे हैं" जैसी पंक्तियों के द्वारा आज की कुत्सा को मूर्तिमान करने का साहस रखते हैं। वैसे संस्कृत काव्यशास्त्र में नौ रसों के अन्तर्गत बीभत्स की भी गणना की गई है और खानापूरी के लिए थोड़ी-बहुत बीभत्स रस की रचनाएँ भी हुई हैं किन्तु नागार्जुन पहले कवि हैं जिन्होंने सामाजिक-राजनीतिक सन्दर्भ में बीभत्स को एक नई शक्ति प्रदान की है।

नागार्जुन की इसी साहसिक प्रतिभा की अमर सृष्टि है 'मन्त्र कविता', जो कलात्मक प्रयोग में भी अप्रतिम है। यदि निराला की 'कुकुरमुत्ता' सन् 1940 की मनःस्थिति की ऐतिहासिक दस्तावेज़ है तो सन् 1969 की मनःस्थिति को सशक्त वाणी नागार्जुन की 'मन्त्र कविता' में ही मिली। विडम्बना यह कि 'ओ हमेशा हमेशा करेगा राज मेरा पोता'—यह उक्ति जैसे भविष्यवाणी की तरह सच होने को आ गई!

किन्तु इसका यह अर्थ नहीं कि नागार्जुन असाधारण के औघड़ कवि हैं। उनकी कविता का संसार वस्तुतः वह लोक सामान्य जीवन ही है, जिसे अति सामान्य समझकर अन्य कवि आँखें मूँद लेते हैं। यदि आज की कविता में 'दंतुरित मुस्कान', 'सिंदूर तिलकित भाल' और एक बस के ड्राइवर के सामने उसकी बच्ची द्वारा टाँगी गई 'गुलाबी चूड़ियाँ' देखनी हों तो नागार्जुन की कविता की दुनिया में ही जाना होगा। वे जिस ललक से "निशा शेष ओस की बूँदियों से लदी अगहनी धान की दुद्धी

मंजरियाँ'' देखते हैं और हुलसकर कहते हैं कि ''सिंके हुए दो भुट्टे सामने आए, तबीयत खिल गई।'' वह अपने गँवई प्राकृतिक परिवेश के साथ मनुष्य के लगाव की उस अनुभूति का व्यंजक है जो आज दुर्लभ है।

नागार्जुन के काव्य-संसार का एक बहुत बड़ा भाग अनूठे प्रकृति-चित्रों से सजा है, जिनसे कवि की गहरी ऐन्द्रियता और सूक्ष्म सौन्दर्य-दृष्टि का एहसास होता है। वर्षा और बादलों पर इतनी अधिक कविताएँ निराला के बाद नागार्जुन ने ही लिखी हैं। एक ओर यदि यात्री के रूप में उन्होंने ''अमल धवल गिरि के शिखरों पर बादल को घिरते देखा है'' तो दूसरी ओर किसान की तरह ''धिन धिन धा धमक धमक मेघ बजे'' का गीत भी मस्त होकर गाया है। वस्तुतः वर्षागम के अवसर पर ऋतु-सन्धि का सहज बोध नागार्जुन को एक किसान की तरह होता है और कविता में उनके पूर्वसंचित संस्कार उसी सहजता के साथ फूट पड़ते हैं। इसी प्रसंग में उनकी जुगुनुओं पर लिखी हुई कविता याद की जा सकती है : ''गीली भादों, रैन अमावस...कैसे ये नीलम उजास के/अच्छत छींट रहे जंगल में।''

अपनी मातृभाषा मैथिली में नागार्जुन ने वर्षा पर एक अद्भुत गीत लिखा है जो पदावली में विद्यापति की याद दिलाने के साथ ही ठेठ नागार्जुनपन को बड़ी खूबी से उजागर करता है। टेक है : श्याम घटा, सित बीजुरि रेह। गोया विद्यापति की पंक्ति हो। इसके बाद आते हैं स्वयं नागार्जुन :

फाँक इजोतक तिमिरक थार
निविड़ विपन अति पातर धार
दारिद उर लछमी जनु हार
लोहक चादरि चानिक तार।

तिमिर के थाल में ज्योति की फाँक। निविड़ विपिन में पतली-सी धारा। दरिद्रता के गले में मानो लक्ष्मी का हार। लोहे की चादर पर चाँदी का तार। यह है श्याम घटा में उजली बिजली की रेखा।

प्रकृति की तरह ही नारी-सौन्दर्य को भी नागार्जुन उसी खुली दृष्टि से देखते हैं और वैसे ही अकुंठ भाव से उसका वर्णन भी करते हैं। मैथिली की ही एक कविता है ''एक फाँक आँख, एक फाँक नाक'' जिसमें पल भर के लिए खिड़की से गोरे गोल मुखचन्द्र का अर्धांश दिख जाने के बाद कवि कहता है : ''कितनी देर तक रही नाचती कपाल के भीतर की कटोरी में/धारण किए क्रमशः तकली का रूप/एक फाँक आँख/एक फाँक नाक''। इसके अतिरिक्त 'तन गई रीढ़' और 'यह तुम थीं' जैसी कुछ कविताएँ भी हैं जहाँ किसी स्त्री के दरस-परस से उत्पन्न होनेवाली अनिर्वचनीय अनुभूति को शब्दों में साकार किया गया है।

नागार्जुन ने अपने बारे में भी कई कविताएँ लिखी हैं। ये ऐसी कविताएँ हैं जिनमें

कवि ने पारदर्शी ईमानदारी के साथ अपनी दुर्बलताओं, अपने सन्देहों, अपनी व्यथा और अपनी निष्ठा को वाणी दी है। इस दृष्टि से 'खिचड़ी विप्लव देखा हमने' कविता संग्रह की 'इन सलाखों से टिकाकर भाल', 'थकित-चकित-भ्रमित-भग्न मन' और 'प्रतिबद्ध हूँ' शीर्षक तीन कविताएँ विशेष रूप से उल्लेखनीय हैं। जब कवि जेल की सलाखों से भाल टिकाकर सोचता है तो उसे तुरन्त याद आता है कि इससे जाने किस-किसकी दाल गलेगी। इसी प्रकार जब मन थकित-चकित-भ्रमित-भग्न होता है तो उसे आशंका होती है; "तो क्या मुझे भी बुढ़ापे में 'पुष्टई' के लिए/वापस नहीं जाना है किसी मठ के अन्दर?" इस क्रम में सबसे दिलचस्प है अपनी प्रतिबद्धता की घोषणा। नागार्जुन प्रतिबद्ध ही नहीं हैं, सम्बद्ध भी हैं और आबद्ध भी। प्रतिबद्ध हैं अपने आपको भी 'व्यामोह' से बारम्बार उबारने की खातिर। सम्बद्ध हैं "सबसे और किसी से नहीं और न जाने किस-किससे।" आबद्ध हैं "स्वजन-परिजन के प्यार की डोर में, बहुरूपा कल्पना रानी के आलिंगनपाश में, तीसरी-चौथी पीढ़ी के दंतुरित शिशु सुलभ हास में।" कहने की आवश्यकता नहीं कि नागार्जुन के ये विचार आचार से पुष्ट हैं, इसीलिए इनमें सच्चाई की ताकत है।

किन्तु नागार्जुन की सबसे अधिक मोहक और आत्मीय कविताएँ वे हैं जिनमें वे स्वयं अपने ऊपर हँसते हैं और कहते हैं—"यह बनमानुष/यह सत्तर साला उजबक/उमंग में भरकर सिर के बाल/नोचने लग जाता है/अकेले में बजाने लगता है सीटियाँ/आए दिन।"

जो कवि अपने प्रति इतना निर्मम है उसे दूसरों के प्रति भी निर्मम होने का पूरा अधिकार है और कहने की आवश्यकता नहीं कि नागार्जुन इसी अधिकार के साथ आज की व्यवस्था पर प्रहार करते हैं। इस प्रहार में धार वहाँ आती है जहाँ आवेश संयत होकर व्यंग्य का रूप लेता है और "कत्थई दाँतों की मोटी मुस्कान बेतरतीब मूँछों की थिरकन" बन जाती है। जब वे देखते हैं कि कांग्रेसी नेता "दिल्ली से लौटे हैं कल टिकट मार के/खिले हैं दाँत ज्यों दाने अनार के" तो नागार्जुन 'आए दिन बहार के' गाते हुए नाचने लगते हैं। इसी तरह भारत में ब्रिटेन की रानी के आने पर स्वागत की धूमधाम देखकर नागार्जुन ने गाया—"आओ रानी, हम ढोएँगे पालकी/यही हुई है राय जवाहरलाल की।" एक जगह नौटंकी के गीत की और दूसरी जगह लोकगीत की छौंक लगाकर नागार्जुन ने व्यंग्य को अनूठी धार दे दी है।

व्यंग्य की इस विदग्धता ने ही नागार्जुन की अनेक तात्कालिक कविताओं को कालजयी बना दिया है, जिसके कारण वे कभी बासी नहीं हुईं और अब भी तात्कालिक बनी हुई हैं। अन्य कवियों की तात्कालिक कविताओं से नागार्जुन की तथाकथित तात्कालिक कविताओं की यही विशेषता है। इसलिए यह निर्विवाद है कि कबीर के बाद हिन्दी कविता में नागार्जुन से बड़ा व्यंग्यकार अभी तक कोई नहीं हुआ।

नागार्जुन के काव्य में व्यक्तियों के इतने व्यंग्यचित्र हैं कि उनका एक विशाल अलबम तैयार किया जा सकता है।

नागार्जुन की गिनती न तो प्रयोगशील कवियों के सन्दर्भ में होती है, न नई कविता के प्रसंग में; फिर भी कविता में रूप सम्बन्धी जितने प्रयोग अकेले नागार्जुन ने किए हैं, उतने शायद ही किसी ने किए हों। कविता की उठान तो कोई नागार्जुन से सीखे और नाटकीयता में तो वे जैसे लाजवाब ही हैं। जैसी सिद्धि छन्दों में, वैसा ही अधिकार बेछन्द या मुक्तछन्द की कविता पर। उनके बात करने के हजार ढंग हैं। और भाषा में भी बोली के ठेठ शब्दों से लेकर संस्कृत की संस्कारी पदावली तक इतने स्तर हैं कि कोई भी अभिभूत हो सकता है। तुलसीदास और निराला के बाद कविता में हिन्दी भाषा की विविधता और समृद्धि का ऐसा सर्जनात्मक संयोग नागार्जुन में ही दिखाई पड़ता है। वैसे, नागार्जुन में ऊबड़-खाबड़पन भी कम नहीं है और इसके कारण कवि-कोविदों के बीच उन्हें प्रतिष्ठा प्राप्त होने में भी विलम्ब हुआ, किन्तु भाव स्थिर होने और सुर सध जाने पर ऐसी ढली-ढलाई कविता निकली है कि बड़े-से-बड़े कवि को भी ईर्ष्या हो। कहना न होगा कि नागार्जुन में ऐसी कलापूर्ण कविताएँ काफी हैं।

नागार्जुन की इन कविताओं की विशेषता यह है कि ये कलात्मक होने के साथ ही लोकप्रिय भी हैं और जैसा कि डॉ. रामविलास शर्मा ने कहा है, ''नागार्जुन ने लोकप्रियता और कलात्मक सौन्दर्य के सन्तुलन और सामंजस्य की समस्या को जितनी सफलता से हल किया है, उतनी सफलता से बहुत कम कवि–हिन्दी से भिन्न भाषाओं में भी–हल कर पाए हैं।'' इस बात में तनिक भी अतिशयोक्ति नहीं है कि तुलसीदास के बाद नागार्जुन अकेले ऐसे कवि हैं जिनकी कविता की पहुँच किसानों की चौपाल से लेकर काव्यरसिकों की गोष्ठी तक है।

नागार्जुन सच्चे अर्थों में स्वाधीन भारत के प्रतिनिधि जन-कवि हैं।

(नागार्जुन : 'प्रतिनिधि कविताएँ' भूमिका)

बाबा की ऐसी-तैसी

नागार्जुन सबसे अच्छे लगते हैं जब वह अपनी ऐसी-तैसी करते हैं। इस क्रिया में उन्हें खुद भी मजा आता है। उनके जन्मदिन की उस शाम देवीप्रसाद मिश्र ने जब उनकी 'स्वगत : अपने को सम्बोधित' कविता पढ़कर सुनाई तो बाबा की खिली बत्तीसी देखने लायक थी। कविता की ये पंक्तियाँ नागार्जुन ही लिख सकते थे :

आदरणीय,
अब तो आप
पूर्णतः मुक्त जन हो।
कम्प्लीटली लिबरेटेड
जी हाँ, कोई ससुरा
आपकी...नहीं
उखाड़ सकता, जी हाँ!!

यह बुढ़भस नहीं है। आगे भी बाबा का यही रंग रहा है। इसी तरह की एक कविता है—'आए दिन', 1976 की, जब वह पैंसठ साल के थे। वैसे, कविता में वह अपने आप को 'सत्तर साला' बताते हैं :

यह बनमानुस
यह सत्तर साला उजबक
उमंग में भरकर सिर के बाल
नोचने लग जाता है यह व्यक्ति
अपने ही सिर के बाल
अकेले में बजाने लग जाता है सीटियाँ
आए दिन।

मार्च, 1963 'सारिका' में मोहन राकेश के आग्रह पर बाबा ने 'आईने के सामने' स्तम्भ के अन्तर्गत अपने बारे में जो कुछ लिखा था वह उनकी इसी बेबाकी की एक और मिसाल है :

'सच्चाई की सारी खटास किस तरह कलई खोलती है तथाकथित व्यक्ति

की'—इसे देखना हो तो नागार्जुन का यह आत्मविश्लेषण देखिए, उन्होंने साफ-साफ स्वीकार किया है कि 'मैं उतना सीधा-सादा नहीं हूँ जितना दिखता हूँ। यह सिधाई—यह सादगी तो बल्कि दुहरी-तिहरी ढोंग हो सकती है।'

साफगोई की रौ में उन्होंने प्रेमचन्द से भी असहमति प्रकट करने का साहस दिखाया और लिखा : 'मेरा जीवन सपाट मैदान है—प्रेमचन्द अपने बारे में कह गए हैं...मगर मेरा जी नहीं मानता कि किसी साहित्यकार का जीवन सचमुच 'सपाट' होता होगा। दरअसल यह भी एक फैशन है व्यक्तित्व की छाप छोड़ने का कि हम अपनी सादगी, सिधाई, भोलापन, विनम्रता आदि का लेखा-जोखा आहिस्ता से औरों तक पहुँचा दिया करें। प्रकृति खुद ही चमत्कारमयी है, वह सपाट नहीं हुआ करती। तो फिर हमारी और आपकी जिन्दगी ही कैसे सपाट होगी, साहब?'

और तो और वह अपनी सूरत-शक्ल और वेशभूषा पर ही हँसने से बाज नहीं आते। उसी 'आईने के सामने' अपनी सूरत देखकर वह कहते हैं : 'यह क्या धज बना रखी है तुमने अपनी। नुची मूँछों का ठूँठ आलम तुम्हारे मुखमंडल को प्राकृत और अपभ्रंश के संयुक्त व्याकरण जैसा सजा रहा है। कपड़ों का यह हाल कि भद्देपन और कंजूसी का सनातन इश्तहार बने घूमते हो।'

रंग में आने पर वह अपना प्रगतिवादी लबादा भी उतार फेंकने पर उतारू हो जाते हैं : 'अरे हाँ, तुम तो प्रगतिशील हो न। बड़बोला प्रगतिवादी। जरा देर के लिए अपनी 'प्रगति' के रंगीन और गुनगुने झागों को हटा दो न। नागा बाबा, प्लीज...!'

निस्सन्देह, नागार्जुन को 'बाबा' कहलाना अच्छा लगता है। वह केशवदास नहीं हैं जो 'बाबा' सम्बोधन सुनकर बुरा मान जाएँ। स्वीकार करते हैं : 'कसम ईमान की, शपथ जनता-जनार्दन की, मुझे तो अपना यह 'बाबा' सम्बोधन बेहद प्रिय है। किशोरी हो चाहे युवती, कोई भी चन्द्रवदना-मृगनयनी अपने राम को 'बाबा' कहती है तो वात्सल्य के मारे इन आँखों के कोर गीले हो जाते हैं। अपनी प्रथम पुत्री जीवित रहती तो सत्रह साल की होती...शादी करने के बाद घर से भागा न होता, तो हमारी यह चन्द्रवदनी-मृगलोचनी तीस-बत्तीस की होती...'

किन्तु बाबा बूढ़े होकर भी बूढ़ों के वर्चस्व के खिलाफ हैं। नई पीढ़ी के ऊपर न वह भार बनना चाहते हैं और न ही उनके रास्ते में रोड़ा बनकर अड़े रहना चाहते हैं। इस दृष्टि से उनका 'दादाजी, आप रिटायर हों!' शीर्षक लेख (नई धारा, जुलाई 1968) बहुत दिलचस्प है। लिखते हैं : 'स्नेह-प्रदर्शन के लिए अति आतुर और व्यवहार में लद्दू स्वभाव के किसी बुजुर्ग से आज का नवयुवक कहेगा—जी हाँ, बैठिए, आपके लिए आरामकुर्सी रखी है। इतमीनान से बैठना हो तो इसी पर बैठिए, मेरे सीने पर मत बैठिए। सीना और बाप के लिए खाली रहेगा।...वस्तुतः कोई किसी के सीने पर बैठता नहीं। परन्तु देखने में आता है कि बहुधा बुजुर्ग अपने अधीनस्थ युवक पर

इसी तरह हावी हो जाते हैं कि लगता है, वे उसके सीने पर जम गए हैं। कहते हैं, बड़े वृक्ष की छाँह दूसरे पौधे के लिए घातक होती है। कन्धे पर पीपल उग आता है तो मन्दिर की आयु तीन-चौथाई रह जाती है। जलकुम्भी का जाल बिछता है तो नया से नया पोखर बर्बाद हो जाता है।'

ऐसे ही सोच के कारण नागार्जुन आज भी अपनी पीढ़ी के लेखकों के बीच सबसे युवा हैं और साथ ही साथ युवा से युवतर पीढ़ी के अति आत्मीय भी।

नागार्जुन की पीढ़ी के कई कवि और लेखक ऐसे हैं जो उम्र के साथ धीरे-धीरे आत्ममुग्ध होते गए, जबकि आत्मसजग नागार्जुन में आत्मसमीक्षा का स्वर लगातार प्रखर होता गया है। यशलोलुप बुजुर्ग लेखकों के बीच नागार्जुन ही यह कहने का साहस रखते हैं कि 'मैं ऊब गया हूँ इस अतिरिक्त यश से। जी करता है, कभी-कभी कि कोई ऐसा तगड़ा कुकर्म करूँ जिससे पिछली सारी शोहरत धुल-पुँछ जाए।'

गरज कि 'नाकरद : गुनाहों की भी हसरत की मिले दाद!'

अपने लेखन में इतने पारदर्शी कम ही लेखक दिखाई पड़ते हैं। इस समय मुझे सिर्फ तुलसीदास याद आते हैं—खासतौर से 'कवितावली' और 'विनयपत्रिका' के तुलसीदास।

औरों के लिए जो बातें नितान्त गोपनीय प्रतीत होती हैं, नागार्जुन उन प्रसंगों को भी प्रायः कह देने में नहीं हिचकते। उनके यात्रा वृत्तान्तों में एक ऐसा ही प्रसंग है तिब्बत-यात्रा का। शीर्षक है—'आतिथ्य सत्कार'। *हुंकार* (दीपावली अंक, 1945) में प्रथम बार प्रकाशित और अब *बम भोलेनाथ* (1987) में संकलित। पूरा विवरण नागार्जुन के ही शब्दों में सुनिए :

'थकावट ज्यादा थी, बड़ी गहरी नींद में सोया था। नम-ग्यल और उसके नौकर दूसरी छोलदारी में सोए पड़े थे। राम में एक बार मैंने महसूस किया कि किसी ने मेरे मोटे-मोटे दो कम्बलों पर भारी-भरकम नम्-दा (बहुत मोटा तिब्बती कम्बल) डाल दिया है। थोड़ी देर बाद लगा, मेरे कम्बलों के नीचे एक नग्न स्त्री शरीर घुस आया है। फिर ऐसा मालूम हुआ कि किसी ने मुझे अपनी गरम छाती से कसकर सटा लिया है और सिकुड़ गया हूँ। इसके बाद स्वस्थ और उष्ण स्पर्श का अनुभव हुआ। भोर हुई, तो मैं आश्चर्य में डूबा हुआ रात्रि की घटना को स्वप्न समझकर अपने को फ़ुसलाने की कोशिश करने लगा। मुझे चुपचाप देखकर शे-रब् बोली—रात में इतनी सर्दी पड़ी कि तुम ठिठुर गए, मैं न गरमाती तो क्या हाल हुआ होता? नम्-ग्यल ने यह सुनकर मुस्करा दिया और मेरे कन्धे पर हाथ रखते हुए कहा—छोटी माँ बड़ी दयालु है, जाड़े के दिनों में जो भी कोई हमारे यहाँ अतिथि होकर रात-बिरात पहुँचता है, उसे यह ठिठुरने नहीं देती!'

अन्त में नागार्जुन ने यह संक्षिप्त टिप्पणी की : 'शे-रब् का निश्छल और सहज

स्नेह क्या कभी मैं भूल सकूँगा। पहले उसे समझने में मेरे इस भारतीय हृदय को भ्रम हुआ, सदाचार और नैतिकता के अपने ही मानदंड से दूसरों को नापते समय यही गलती तो हम कर बैठते हैं।'

ठीक ही कहते हैं बाबा—बाहर से जैसा कुछ दिखाई देता हूँ, वैसा ही नहीं हूँ। 'आईने के सामने' खड़े होने से पहले उन्होंने जो मंगल श्लोक पढ़ा वह ध्यान देने योग्य है :

नमस्ते स्तु पिशाचाय,
वैतालाय नमो नमः।
नमो बुद्धाय मार्क्साय
फ्रायडाय च ते नमः।

मार्क्स और बुद्ध की वन्दना तो जगत-विदित ही है किन्तु बाबा के सन्दर्भ में पिशाच और वैताल के साथ फ्रायड का नाम कुछ लोगों के लिए चौंकानेवाला हो सकता है।

नागार्जुन जब कहते हैं कि वह उतने सीधे-सादे नहीं जितने दिखते हैं तो इस उक्ति से सिर्फ उन्हीं लोगों के हृदय को ठेस लगेगी जो 'फेनिल श्रद्धा' का कलश लिये खड़े हैं। कभी सीधे-सादे कवि कहीं हुए होंगे पर इस टेढ़े जमाने से निपटने के लिए कवि या रचनाकार को टेढ़ा होना ही पड़ेगा। घी टेढ़ी अँगुली से ही निकलता है। फिर *वक्र चन्द्रमा ग्रसै न राहू* का रक्षा-कवच भी है।

नागार्जुन की घुंची-घुंची आँखों में जो शरारत भरी चमक है, वही उनकी ताकत है और कविता का बिन्दु भी। यह देखकर अच्छा लगता है कि आज इस उम्र में भी वह चमक मद्धिम नहीं पड़ी है। आँखों की उस शरारती चमक को प्रणाम!

(आजकल, जून, 1996)

एक नया काव्यशास्त्र त्रिलोचन के लिए

त्रिलोचन की कविता एक नए काव्यशास्त्र की माँग करती है। शास्त्रीयता की गन्ध के कारण 'काव्यशास्त्र' शब्द से परहेज़ हो तो जी चाहे काव्यदृष्टि कह लीजिए। फ़र्क नहीं पड़ता। नई काव्यदृष्टि से तात्पर्य है कविता सम्बन्धी चालू धारणाओं के दायरे से बाहर निकलना। अंग्रेजी में जिसे 'कैनन' कहते हैं उसे चुनौती देना, बदलना। इस काव्यदृष्टि के सूत्र, सौभाग्य से, स्वयं कवि के काव्य में सुलभ हैं। न भूलें कि त्रिलोचन कवि ही नहीं, शास्त्री भी हैं। कवि ने स्वयं कहा है–

मैं बहुत अलग कहीं और हूँ
खोज लो मैं कहाँ हूँ
...   ...
मुझे शब्द शब्द में देखो
मैं कहाँ हूँ।

ये पंक्तियाँ 'मैं-तुम' शीर्षक कविता की हैं। सन् 1980 में प्रकाशित 'ताप के ताए हुए दिन' संकलन से। आग्रह 'शब्द' पर है। विशेष। उनके एक काव्य-संकलन का नाम ही है 'शब्द'। जैसे सार्त्र की आत्मकथा का नाम। रचनाकार की सर्वश्रेष्ठ कृति भी उसी तरह। वैसे, 'शब्द' से मोह अज्ञेय को भी रहा है। त्रिलोचन का भाव भिन्न है। यह शब्द-मोह नहीं, लगाव है। लगाव भी इसलिए कि–

शब्दों में भी हाड़-मांस है, जीवन धरकर
वे भी जीवधारियों के स्वर-यन्त्र सँभाले
स्फुट, अस्फुट दो धाराओं में प्रवहमान हैं।

इसी जीवन्त शब्द की तलाश है कवि को। न काव्यात्मक शब्द की, न सुन्दर शब्द की।

इस प्रसंग में त्रिलोचन का 'जन-भाषा और काव्य-भाषा' शीर्षक लेख (पूर्वग्रह-75, जुलाई-अगस्त, 1986) उल्लेखनीय है। उनकी स्पष्ट मान्यता है कि "पुरानी भाषा जिसे काव्य-भाषा कहकर पढ़ा या पढ़ाया जा रहा है, वर्तमान रचनाधर्मी के प्रयोजन की वस्तु कम ही है।" इस काव्य-भाषा की पूरी परम्परा पर उनकी

टिप्पणियाँ दिलचस्प हैं। "छायावाद में काव्य का स्तर ऊँचा हुआ है किन्तु भाषा घायल दिखाई देती है। संस्कृत-गर्भित वाक्यों में हिन्दी का स्वरूप खुलता नहीं दिखाई देता।...प्रगतिवाद ने भाषा की सरलता का आग्रह किया जो उथलेपन से कम बचा। विद्रोह भी बहुधा शब्दमय ही मिलता है।...

प्रयोगवाद में वैयक्तिक आग्रह और शालीनता का विशेष मोह छायावादी प्रवृत्तियों से अधिक दूर नहीं है। 1950 के बाद के कवियों ने कुछ सँभलकर डग भरने का प्रयास किया।"

सबसे महत्वपूर्ण टिप्पणी द्विवेदी-काल के कवियों पर है। "काव्य की दृष्टि से तो नहीं पर भाषा के अर्थों की दृष्टि से द्विवेदी-युग के कवियों ने हिन्दी के सहज रूप को रखा है।...किसान जीवन की मार्मिक व्यंजना में रामनरेश त्रिपाठी जितने समर्थ मिलते हैं उतने मैथिलीशरण गुप्त नहीं। त्रिपाठी ने सहानुभूति के कारण किसानों पर कृपा नहीं की; बल्कि अभिन्न भाव से उनमें जीवन देखा। ध्यान देने की बात है कि अभिन्न भाव ही कविता को कविता बनाता है।"

इस प्रकार "शब्द-शब्द से व्यंजित जीवन की तलाश में/कवि भटका करता है।" (शब्द, 45)।

यह तलाश त्रिलोचन को उन जड़ों तक ले गई, जहाँ न तथाकथित 'आधुनिकता' की पहुँच है और न जिससे 'प्रगति' और 'प्रयोग' के उस 'आधुनिकतावादी' कर्मकांड का कोई सरोकार है। इसीलिए त्रिलोचन गैर-आधुनिक ही नहीं बल्कि प्राग्-आधुनिक प्रतीत होते हैं।

बहुत पहले सन् 1951 के एक सॉनेट में, जो 'उस जनपद का कवि हूँ' में संकलित है, उन्होंने स्पष्ट शब्दों में अपनी यह आकांक्षा व्यक्त की है—

यह तो सदा कामना थी, इस तरह से लिखूँ
जिन पर लिखूँ, वही यों अपने स्वर में बोलें,
परिचित जन पहचान सकें, फिर भले ही दिखूँ
अपनापन थोपने में विफल। आकर खोलें
आमन्त्रित जड़-चेतन अपने मनोभाव को,
उस स्वभाव को जो अभिन्नतम अभिव्यक्ति है
पूरी सत्ता की।

त्रिलोचन की शब्द-साधना यह है कि उन्होंने अपनी कविता के लिए कोई नई भाषा गढ़ी नहीं बल्कि पहले से मौजूद जीवित भाषा को उसकी जीवन्तता में ग्रहण किया—उस भाषा में उन लोगों को अपने आप बोलने दिया जिन्हें अभी तक बोलने का मौका नहीं मिला था। कविता की इस दुनिया में चेतन के साथ जड़ भी आमन्त्रित हुए—पूरी सत्ता की अभिन्नतम के लिए। 'पूरी सत्ता की अभिन्नतम अभिव्यक्ति'

वस्तुतः वह स्वभाव है जिसे त्रिलोचन कविता में पकड़ने का प्रयास करते रहे हैं—सभी स्तरों पर।

'चम्पा काले-काले अच्छर नहीं चीन्हती' शीर्षक कविता इस तरह का पहला प्रयास है। यह कविता सन् 1940-41 के आस-पास की है। हिन्दी कविता के लिए उस समय यह एकदम नई भाषा थी। हर तरह की चालू काव्य भाषा से अलग। क्योंकि इसमें चम्पा स्वयं बोलती है—वह चम्पा जो 'काले-काले अच्छर नहीं चीन्हती' और जिसे 'बड़ा अचरज होता है : इन काले-काले चिह्नों से कैसे ये सब स्वर/निकला करते हैं।'

और कविता का कथ्य? स्वयं चम्पा के ही शब्दों में—"तो मैं अपने बालम को सँग साथ रखूँगी/कलकत्ता मैं कभी न जाने दूँगी। कलकत्ते पर बजर गिरे।"

स्मृति पर जरा-सा ज़ोर डालें तो कासी-कोसल में प्रचलित एक लोकगीत की ये पंक्तियाँ याद आ जाएँगी—

रेलिया न बैरी, जहजिया न बैरी, पइसवा बैरी हो
सइयाँ के ले गै बिदेसवा, इ पइसवा बैरी हो।

सच पूछिए तो त्रिलोचन की चम्पा कविता पढ़ते समय यह लोकगीत स्वतः याद नहीं आता और क्या यही इस कविता की विशेषता नहीं है? लोकगीत को आधुनिक कविता में इस खूबी से रूपान्तरित किया गया है कि मूल लोकगीत का आभास भी नहीं मिलता। कहनेवाले यह भी कह सकते हैं कि यह कविता किसी लोकगीत का कायाकल्प नहीं, बल्कि एकदम स्वतन्त्र नई कविता है। वही लोग यह भी कह सकते हैं कि कविता का मुख्य कथ्य तो है पढ़ने की सार्थकता, क्योंकि ध्रुवक के समान जिस पंक्ति की बार-बार आवृत्ति होती है वह है : चम्पा पढ़ लेना अच्छा है। यह भ्रम भी कविता की विशेषता—सर्जनात्मकता की ओर संकेत है। सृजन-प्रक्रिया में लोक-बोली का भी संस्कार हुआ है। लोकगीत के छन्द का भी और लोकगीत के कथ्य का भी। भाषा खड़ी बोली है लेकिन उसमें 'अच्छर' 'अक्षर' नहीं हुआ न 'बजर' 'वज्र' और 'चीन्हती' क्रिया भी अपनी सहजता के साथ डटी हुई है। वाक्य-विन्यास गद्य का है लेकिन उसमें एक अन्तर्निहित लय है—वर्णन में भी और संलाप में भी। चम्पा के लहजे में गँवई गाँव के एक बेपढ़े-लिखे आदमी की स्वाभाविक सहजता और प्रामाणिकता है—धूमिल के मोचीराम से कहीं अधिक। बातचीत के क्रम में पढ़े-लिखे कवि की भाषा भी 'हारे-गाढ़े काम सरेगा।' वाली ठेठ मुहावरेदानी अपना लेती है और कथ्य में चोट भी अन्ततः उस कलकत्ता—शहर पर है जो गाँव के रहनेवालों को बेधर बनाकर हजम किए जा रहा है। कविता हर तरह से गैर-आधुनिक है, बल्कि प्रति-आधुनिक, आधुनिकता-विरोधी। शहर के विरुद्ध गाँव, पैसे के खिलाफ इनसानी रिश्ता। किन्तु उस दौर की आधुनिकतावादी कविताओं के

साथ इसे रखकर देखें तो प्रयोग और प्रगति के नाम पर लिखी जाने वाली कविताओं से कितनी अलग। हर तरह की अंग्रेज़ियत के खिलाफ़। भाव में भी और भाषा में भी। यह है ठेठ हिन्दी की कविता। हिन्दी की नई कविता—हिन्दी की अपनी परम्परा से निकली हुई। आधुनिक लेकिन भारतीय। न पश्चिम से आयातित, न आतंकित। यहाँ वह चौंकानेवाला प्रयोग नहीं जिसमें—"मूत्र-सिंचित मृत्तिका के वृत्त में/तीन टाँगों पर खड़ा नवग्रीव/धैर्यधन गदहा" है। वह प्रगति भी नहीं जहाँ निराला के शब्दों में "श्रीयुत गिडवानी जी/बहुत बड़े सोश्यलिस्ट/'मास्को डायेलाग्स' लेकर आए हैं" लेकिन उनकी हिन्दी का यह हाल है कि लिखते हैं : "पृथ असनेहमयी स्यामा मुझे प्रेम है।"

त्रिलोचन ने शुरू से ही इस पश्चिमी आधुनिकता को पीठ देकर अपनी काव्य-यात्रा की।

'नगई महरा' इसी काव्य-यात्रा की प्रौढ़ कृति है। रचना-काल चम्पा के लगभग तीस-बत्तीस साल बाद। 'ताप के ताए हुए दिन' में संकलित। भाषा में लोक-बोली का पुट कहीं गहरा। कहीं-कहीं अवधी शब्दों का आग्रह अतिरिक्त। गद्यात्मकता पर भी जोर ज्यादा। सायास। किन्तु बातचीत का लहजा और भी स्वाभाविक। लय भी सुरक्षित, सन्तुलित। विषय एक परम्परित रिवाज के सहज नैतिक बोध का प्रकाशन। नगई जात का कहार। घरनी सेन्दुर से नहीं मिली थी। घरौवा कर लिया था। पति रिश्ते में अपनी घरनी का दमाद। बिरादरी की पंचायत बैठी और जात गंगा ने उसे पावन कर दिया। धन्य हुआ और फिर भोज हुआ। नाच और नाटक हुए। अपने ऊँची जाति का समझने वालों के लिए जो काम अनैतिक था उसे छोटी कही जानेवाली जाति के लोगों ने नैतिकता की सहज ही मर्यादा दे दी! प्रसंगवश बड़ों पर एक छींटा भी : "अपनी ओर ही निगाह करो!"

कुल मिलाकर 'नगई महरा' चम्पा से अधिक सघन, समृद्ध और जीवन्त कविता है। हर तरह से। हर स्तर पर। कविता तो क्या कहानी में भी इतने कम शब्दों में ऐसा जीवन्त चित्र दुर्लभ है। नैसर्गिक जीवन के साथ नैसर्गिक भाषा। आधुनिक सभ्यता इन दोनों को प्रदूषित कर रही है, इसलिए त्रिलोचन शब्द की पवित्रता की रक्षा के लिए उस प्राग्-आधुनिक जीवन-प्रणाली की जड़ों में जाते हैं, जहाँ सब कुछ के बावजूद सामाजिक जीवन की लय खंडित नहीं हुई है और मानवीय सामाजिक सम्बन्धों की गरमाई के बीच मनुष्य की वैयक्तिकता भी अक्षुण्ण है। यह कोरा परम्परावाद नहीं है। इसमें परम्परा की समीक्षा भी सक्रिय है। यह समीक्षा स्वयं परम्परा के अन्दर से ही उभरती है। परम्परा की अन्तःसमीक्षा का सबसे प्रखर रूप 'महाकुम्भ' सम्बन्धी 25 सॉनेटों के कविता-क्रम में मिलता है। ये सॉनेट 'अरधान' नामक संकलन में प्रकाशित हैं। 'महाकुम्भ' के प्रति त्रिलोचन का दृष्टिकोण अंग्रेजी

पढ़े-लिखे आधुनिक प्रगतिशील बुद्धिजीवियों से अलग है। वे धर्मान्धता कहकर इसका मजाक नहीं उड़ाते। वे 'महाकुम्भ' में आनेवाले जनसमूह को 'सहसशीर्ष पुरुष' मानकर नमन करते हैं और कहते हैं—"महाकुम्भ में देखा मैंने मानव कानन। मानचित्र था भारत का रेखांकित आनन।" कवि का स्पष्ट मत है कि "आने दो, यदि महाकुम्भ में जन आता है। कुछ तो अपने मन का परिवर्तन पाता है।"

इसीलिए कविता-क्रम के शुरू के पाँच सॉनेटों में इस रंगारंग जन-महोत्सव का सोल्लास वर्णन है। इस वर्णन में तन्मयता है। यह किसी तमाशबीन की रिपोर्ट नहीं। एक अन्तरंग जन की अभिव्यक्ति है। लेकिन यह सब जैसे महाकुम्भ की लोमहर्षक त्रासदी की पृष्ठभूमि है। त्रासदी का चित्रण बीस सॉनेटों में हुआ है। संकेत स्पष्ट है कि यह त्रासदी मानवकृत है, कोई दैवी अभिशाप नहीं। न कहीं आँसू, न करुणा का प्रदर्शन और न आक्रोश। नागा साधुओं के नंगे नाच पर टिप्पणी अवश्य है और सुलफे का दम लगाने वाले साधुओं पर भी। लाखों की प्रदर्शनी लगाने वाली पुलिस पर और सहानुभूति प्रकट करने के लिए दौरे पर आए राजनीतिक नेताओं पर भी। इस प्रकार 'महाकुम्भ' कविता-क्रम अन्ततः एक अन्धविश्वास का महिमामंडन नहीं, बल्कि परम्परा और आधुनिक व्यवस्था के वर्तमान सम्बन्ध पर मार्मिक टिप्पणी है। 'महाकुम्भ' में एक जीती-जागती संस्कृति भी है, उसकी बीभत्स विकृति भी और अन्त में सामूहिक संहार भी। यह महाकाव्यात्मक गरिमा की ऐसी त्रासदी है जिसमें कवि ने करुणा और भय का अप्रतिम संयोग घटित किया है।

अन्धविश्वास साधारण जन का ही क्यों न हो, त्रिलोचन के चाबुक से वह बच नहीं सकता। 'दिगन्त' का एक सॉनेट है 'मूर्तिपूजा'। वराहावतार की प्रतिमा औंड़िहार में। आए कुछ ग्रामीण, नत हुए। लेकिन पता नहीं कि कौन देवता हैं ये। कवि की टिप्पणी—"मैंने देखा प्रणति-भक्ति दोनों हैं छूछी/इनमें भाव कहाँ जो मूर्तिकार में जागे।" यदि यह दृष्टि आधुनिक है तो इसका जन्म स्वयं परम्परा की कोख से हुआ है—परम्परा की अन्तःसमीक्षा से।

परम्परा के साथ इस द्वन्द्वात्मकता में ही त्रिलोचन के सृजन का बीज है। इसी प्रक्रिया में त्रिलोचन की काव्य-भाषा विशिष्टता ग्रहण करती है। शिष्टता नहीं, न अशिष्टता ही। विशिष्टता। निजता।

त्रिलोचन जायसी के उत्तराधिकारी नहीं हैं। नागार्जुनजी के कथन में सिर्फ आधी सच्चाई है। त्रिलोचन लोक-बोली का संस्कार करते हैं और इस मामले में वे तुलसी के अनुयायी हैं। त्रिलोचन अवध के चिरानीपट्टी गाँव के लोककवि नहीं, बल्कि काशी के जनकवि हैं—और उनकी कविता हिन्दी की जातीय कविता है।

चिरानीपट्टी त्रिलोचन की जन्मभूमि भले हो, रंगभूमि और कर्मभूमि तो काशी ही है—वह काशी जो बहुत-सी बातों में गाँव ही है। चिरानीपट्टी की तरह। त्रिलोचन

ने काशी पर अनेक कविताएँ लिखी हैं। आरम्भिक दिनों यानी सन् 1951 की लिखी एक कविता है—

काशी मुझे गाँव-सी लगती है, शहराती
हवा यहाँ कम-से-कम है। सब आसपास से
घुले-मिले रहते हैं। अपना रंग दिखाती
प्रकृति मनुष्यों में है, धरती से अकास से
सहज मुक्त सम्बन्ध बना है। चोरी-डाका
यहाँ न हो, यह बात नहीं है। दुर्गण सारे
कम-बेशी हैं। जाग रही है इसकी साका,
तीन लोक से न्यारी होने में। जो हारे
हैं वे जन भी मस्त मिलेंगे। ऐसी मस्ती
और कहीं तो नहीं मिलेगी। चना-चबेनी
और गंगजल के मस्ताने हैं। यह हस्ती
और कहाँ है! झंखें तीरथराज त्रिबेनी।
रोज़-रोज़ ताज़ा है कभी नहीं है बासी
आन-बान में, कबिरा तुलसी की यह काशी।

यह काशी आज का सच भले न हो लेकिन त्रिलोचन की 'काशी' यही है और वे इसी काशी की सृष्टि हैं। अच्छा हुआ जो वे चिरानीपट्टी से चलकर इलाहाबाद नहीं गए। वहाँ जाते तो वे अधिक-से-अधिक शमशेर हुए होते! या शमशेर जैसे। आधुनिक कवि। प्रयोगशील कवि। प्रगतिशील भी।

काशी में त्रिलोचन सुखी न थे। कष्ट कम न दिया काशी ने उन्हें। सताया भी। दुत्कारा भी। अन्ततः ठुकराया और भगाया भी। भैरों का सोंटा उन्हें भी लगा। अन्ततः। लेकिन उनके मन में जैसे एक और काशी थी। वही उन्हें अपनी ज़मीन से जोड़े रही। अपनी परम्परा से जुड़ने का एहसास कराती रही।

काशी त्रिलोचन के लिए वैसे ही थी जैसे गांधीजी के लिए भारत का गाँव। गाँव की असलियत का पता था। गाँव की गन्दगी का, दरिद्रता का, बर्बरता का, छुआछूत और जात-पाँत का, जहालत का। फिर भी मन में एक गाँव बसा था। बसा ही नहीं था। सपनों का रूप ले रहा था। यह सपनों का गाँव अकसर वास्तविक गाँव में घुल-मिल जाता था। यही गाँव गांधीजी की ताकत था। अंग्रेजी राज से लड़ने की ताकत। पश्चिमी सभ्यता के दूषित प्रभाव से बचने की ताकत। पूँजीवादी अभिशाप से मुक्त होने की ताकत। और अन्ततः भारतीय सभ्यता के विश्वव्यापी ऐतिहासिक मिशन को पूरा करने की ताकत। कविता की दुनिया में त्रिलोचन के लिए काशी का बहुत कुछ यही महत्व है।

इस प्रसंग में 'चिरानीपट्टी' पर लिखी हुई कविता का उल्लेख आवश्यक है। यह कविता भी उन्हीं दिनों की है। सन् 1951 की। 'अनकहनी भी कुछ कहनी है' में संकलित।

हारे खीझे मन से मैंने कभी कहा था,
'अगर जन्म लेने से मैं लाचार न होता
मुझे चिरानीपट्टी से कुछ प्यार न होता'
पहला असन्तोष जो कुछ भी रहा-सहा था
आज नहीं है। क्यों, इसका तो समुचित उत्तर
दे पाना आसान नहीं है।

फिर भी अन्तत–

लूटे सताए हुए आदमी जहाँ पड़े हों
अच्छा हो जाग्रत् जन उनके लिए खड़े हों।

काशी के लिए भी यही बात कही जा सकती है। थोड़े हेर-फेर के साथ। लेकिन बात सिर्फ काशी या चिरानीपट्टी की नहीं है। बात अपनी ज़मीन और अपनी परम्परा की है। इन दोनों से अपने सम्बन्ध की। लगाव की। त्रिलोचन के लिए अपनी ज़मीन और परम्परा दो नहीं, एक हैं। इसके साथ उनका 'प्रणय कलह' है और इस 'प्रणय-कलह' में ही उनके काव्य का बीज है।

त्रिलोचन के काव्य में सिर्फ गाँव नहीं है। गाँव के साथ शहर भी है। गाँव और शहर का द्वन्द्व भी। किन्तु द्वन्द्व में भी मनुष्य और प्रकृति के बीच जैसे खून का रिश्ता है। इसीलिए प्रकृति सम्बन्धी उनकी अनेक श्रेष्ठ कविताएँ काशी की गंगा के इर्द-गिर्द ही लिखी गई हैं। 'शब्द' के तेरह सॉनेट इसी दृश्य के विविध रूप प्रस्तुत करते हैं और सभी एक-से-एक बढ़कर हैं। बतौर बानगी यहाँ सिर्फ एक–

देख रहा हूँ गंगा के उस पार धूल की
धारा बहती चली जा रही है, चढ़-चढ़कर
वायु तरंगों पर, अपने बल से बढ़-बढ़कर
धूसर करती हुई क्षितिज को, वृक्ष-मूल की
शोभा हरित सस्य की निखरी, विषम कूल की
अखिल शून्यता हरती है, छवि से मढ़-मढ़कर
मानव आकृतियाँ निःस्वन गति पढ़-पढ़कर
जीवन मन्त्र कहानी देतीं शूल-फूल की।
मैं इस पार नहीं हूँ, आँखें उसी पार को
दौड़-दौड़ जाती हैं, लहर-लहर से होकर
तट की सतत वक्र रेखाओं का अनुधावन

करती हुई, धूल धारा को, कृषि उभार को
पुनः क्षितिज की वृक्षशीर्ष रेखा को टोकर
नील व्योम में करती है अनुभव-सम्भावन।

इस चित्र में न बिम्ब है, न प्रतीक। रंगा मेजी भी नहीं। हैं तो कूँची के करतब। प्रकृति का अलंकार नहीं। बस एक अनुभव। ऐसा अनुभव जिसमें प्रकृति से मनुष्य अलग नहीं है। प्रकृति-चित्रण अवश्य है, पर वाल्मीकि जैसा, कालिदास जैसा नहीं। अनलंकृती पुनः क्वापि।

त्रिलोचन की प्रकृति-सम्बन्धी कविताएँ आभास देती हैं आदिम संवेदना का, लेकिन चित्रों के मूल में दृष्टि है आधुनिक। यह दृष्टि प्रायः अपने आस-पास के अतिपरिचित और साधारण दृश्यों पर टिकती है और रमती भी है। जैसे दो छोटे-छोटे चित्र—

1. *आँख मूँदे, पेट पर सिर टेक*
   गाय करती है घमौनी बँधी जड़ से
   पेड़ की छाया खड़ी दीवार पर।
2. *मेमने कुदकते हैं*
   जाड़े की धूप को जीवन के खेल से
   आँक-आँक देते हैं।

जीवन के प्रेमी त्रिलोचन प्रकृति में भी जीवन ही देखते हैं, बल्कि प्रकृति में उनकी दृष्टि वहीं जाती है जहाँ जीवन दिखता है। वस्तुतः त्रिलोचन के काव्य का एक बड़ा भाग जीवन का महोत्सव है।

कभी-कभी यह उत्सव-भाव नागरिक जीवन की कृत्रिम वर्जनाओं को तोड़कर अकुंठ स्वर में फट पड़ता है—निश्चय ही किंचित् ब्रीड़ा के साथ; जैसे 'शब्द' एक सॉनेट की पहली दो पंक्तियाँ—

तुमको अगर सदेह चाहता हूँ तो कहते
कहते आकर शब्द लाज से रुक जाते हैं।

फिर भी त्रिलोचन यह लिखे बिना नहीं रहते कि "मेरे इस सुख को/ अन्तःस्पन्दन नित्य रक्त से सींच रहा है।"

त्रिलोचन की बाहरी धजा देखकर यह समझना ठीक नहीं कि वे बारीक काम करने वाले सुनार नहीं बल्कि अनगढ़ लुहार हैं। लोक में भी सिर्फ लुहार ही नहीं होते। दस्तकारी के महीन काम करने वाले कारीगर भी होते हैं। अकसर मशीन से काम करनेवालों से बेहतर और कुशल। त्रिलोचन की लोक-जीवन-सम्भवा भाषा कभी-कभी ऐसी सूक्ष्म कारीगरी का करिश्मा भी दिखा जाती है। जैसे—

और, थोड़ा और, आओ पास
मत कहो अपना कठिन इतिहास

मत सुनो अनुरोध, बस चुप रहो
कहेंगे सब कुछ तुम्हारे श्वास। (अरधान)

त्रिलोचन की यह तेज़ नज़र आपसी रिश्तों की जटिलता को भी तार-तार करना जानती है। अकसर बड़ी निर्ममता के साथ। जैसे 'शब्द' के एक सॉनेट का आरम्भिक अंश—

डर लगता है जीवन में उनसे जो अपने
होते हैं, अपनेपन का ज्ञापन करते हैं,
भावों और अभावों का मापन करते हैं,
तुलना द्वारा और अनंजित दृग के सपने
मुखरेखा से जान लिया करते हैं; छपने
से पहले ही उसका विज्ञापन करते हैं।

शायद कुछ लोग इसे आधुनिक भावबोध की संज्ञा देना चाहें। लेकिन सच्चाई यह है कि त्रिलोचन अपनी परम्परा के अन्दर से अन्तःसमीक्षा करते हुए ही कविता को आधुनिक बनाने का प्रयास करते रहे हैं। इस मामले में उनकी राह अपने हमउम्र और हमदम मुक्तिबोध से एकदम अलग है। मुक्तिबोध नई कविता की आधुनिकता के अन्दर आत्मसंघर्ष करते हुए अपनी काव्य-सर्जना करते हैं, जबकि त्रिलोचन यही काम अपनी परम्परा के अन्दर रहकर करते हैं। अलगाव का यह बोध त्रिलोचन में इतना दृढ़ है कि मित्र होते हुए भी मुक्तिबोध के बारे में अजीब ढंग से ठंडे दिखते हैं।

मुक्तिबोध पर न उन्होंने कोई कविता लिखी, न कोई पुस्तक ही उन्हें समर्पित की; जबकि नागार्जुन और केदार पर उन्होंने कविताएँ भी लिखीं और एक काव्य-संग्रह भी समर्पित किया। त्रिलोचन के प्रति स्वयं मुक्तिबोध के अनुकूल रुख को देखते हुए यह बात और भी हैरान करनेवाली लगती है। त्रिलोचन की 'धरती' का स्वागत करनेवालों में मुक्तिबोध पहले व्यक्ति हैं, जबकि केदार और नागार्जुन का रुख कुछ-कुछ आलोचनात्मक ही रहा है। फिर भी त्रिलोचन यदि मुक्तिबोध की अपेक्षा नागार्जुन और केदार से अधिक निकटता महसूस करते हैं तो निश्चय ही कोई बड़ी बात होनी चाहिए। प्रस्थान-भेद ही शायद वह बड़ी बात है। त्रिलोचन की ज़मीन अलग है। नितान्त गैर-आधुनिक।

गैर-आधुनिक होते हुए भी त्रिलोचन में अपनी अस्मिता का—निजता का—बोध मुक्तिबोध से किसी तरह कम नहीं है। कविता के अन्दर स्पष्ट शब्दों में अपनी जितनी चर्चा त्रिलोचन ने की है, मुक्तिबोध तो क्या, किसी अन्य समकालीन कवि ने भी नहीं की। इतनी आत्मचर्चा इससे पहले या तो निराला ने की या फिर तुलसीदास ने। संयोग से ये भी अवध के ही हैं। यह आत्मचर्चा इतनी है कि कोई चाहे तो सिर्फ कविताओं

के ही आधार पर त्रिलोचन का आत्म-चरित लिख सकता है। लेकिन इसके साथ-साथ यह भी सच है कि इतना अनात्म और निर्वैयक्तिक कवि भी दूसरा नहीं है। वे अपनी कविता के विषय भी हैं और विषयी भी। विषयी से अधिक विषय। उसी तरह जैसे नगई महरा, भोरई केवट तथा अन्य दर्जनों जन। कुल मिलाकर उनकी कविता का विषय वह जीवन है, वह समाज है, जिसमें व्यक्ति और समाज के बीच कोई आत्यन्तिक अलगाव नहीं है। फिर भी हर एक का अपना अनुभव है, अपनी दृष्टि है और अपना मत। 'मैं-तुम' शीर्षक कविता का कथ्य यही है।

इसलिए विरोधाभास प्रतीत होते हुए भी यह सच है कि त्रिलोचन की निपट निर्वैयक्तिकता में भी गहरी वैयक्तिकता है। निर्वैयक्तिकता ठोस यथार्थ का निर्मम बोध कराती है तो वैयक्तिकता आत्मीयता का भाव जगाती है। इस प्रकार त्रिलोचन विडम्बना और तन्मयता एक साथ पैदा करते हैं। उनके काव्य-शास्त्र का एक धरातल यह भी है।

काव्य-भाषा के स्तर पर यह वैयक्तिक निर्वैयक्तिकता कई रूपों में व्यक्त होती है। एक ओर वह बोलचाल की सामान्य सार्वजनिक भाषा है तो दूसरी ओर उसमें निजी सृजन का पुट भी है। कहीं-कहीं 'यह सियनि सुहावनि टाट-पटोरे' का अनूठा सौन्दर्य स्पष्ट झलकता है। कहीं 'अमृतस्पन्दी बोल' हैं तो कहीं 'जीवन संचित मैल साज ये सुर बहार के'। 'आँखों देखी है दौर्वीण झलक जीवन की' पंक्ति लिखकर झलक के साथ 'दौर्वीण' के प्रयोग का साहस शब्दाकार त्रिलोचन ही कर सकते हैं। 'कपोताभ बादल', 'प्रतीकाश है यह परिचय का', 'गति आकाशस्नुत' और 'सायंकालिक संगायन' जैसे पदों की शब्द-सर्जना पर त्रिलोचन की अपनी छाप स्पष्ट है। यदि 'एनस्वित् है विश्व, अपाप विद्धता जी की मनोराज्य है' जैसे प्रयोग में शास्त्रीजी की संस्कृत चेतना मुखर हुई है तो 'मृत्स्ना के अनुबन्ध तप्त हैं' और 'जिसमें नूतन मेघ रिरिक्षिषु घहराते हैं' जैसे प्रयोगों में अपने कोश-ज्ञान का कहीं प्रदर्शन भी निहित है। इन विलक्षण संस्कृत प्रयोगों के साथ 'हरियायन्ध की गन्ध निराली' और 'कहने दो कहनाव कभी क्या कहीं रुका है' जैसे ठेठ देशी शब्द भी त्रिलोचन के यहाँ ही मिल सकते हैं। ये सारे प्रयोग सिर्फ एक काव्य-संकलन 'शब्द' से अनायास चुने गए हैं। इन शब्दों से कवि के भाषा-संसार के विस्तार-प्रसार का पता चलता है। इस दृष्टि से त्रिलोचन का 'शब्द' काव्य-भाषा की 'विनयपत्रिका' है, जिसके अन्दर आज की हिन्दी देसी बोली से लेकर वैदिक भाषा तक यात्रा करती है और इस साहसिक अभियान में क्लासिकी संस्कृत से भी शब्द लेना नहीं भूलती। 'प्रभामंडलित तुम्हें रोदसी में स्थित लखकर' लिखने की धड़क संस्कृत-काव्य सृजन समर्थ नागार्जुन में भी कम ही मिलेगी।

जैसा कि त्रिलोचन ने लिखा है, "कैसे और कहाँ से शब्द अनाहत पाऊँ", उनका

प्रयास 'अनाहत शब्द' की दिशा में रहा है। यह 'अनाहत शब्द' कबीर के 'अनहद' का आभास देता हुआ भी कोई रहस्यवाद नहीं है। अनाहत वह शब्द है जो कहीं से आहत न हुआ हो। आज की राजनीति के हाथों कितने ही शब्दों को आहत होते देखकर हम 'अनाहत शब्द' के प्रति कवि की लगन को सहज ही समझ सकते हैं। शायद इसीलिए ठेठ राजनीतिक कविता की ओर कम ही प्रवृत्त होते हैं।

नागार्जुन जी की राय है कि कविता में स्पष्ट राजनीति के अभाव ने त्रिलोचन का बहुत नुकसान किया है। नुकसान से आशय यदि सामयिक लोकप्रियता से है तो नागार्जुनजी की बात ठीक है। त्रिलोचन को नागार्जुन जैसी लोकप्रियता तो निश्चय ही नहीं मिली। लेकिन यदि काव्य के स्तर पर देखें तो स्पष्ट राजनीति के प्रभाव से नुकसान तो नागार्जुन को ही हुआ है, त्रिलोचन से अधिक; बल्कि त्रिलोचन बहुत-कुछ बच गए हैं। फिर भी हिन्दी में सर्वश्रेष्ठ राजनीतिक कविताएँ अगर किसी ने लिखी हैं तो नागार्जुन ने ही। यह भी उतना ही सच है।

दरअसल अच्छी राजनीतिक कविता बहुत कठिन कला है, क्योंकि राजनीतिक काव्य रचना के स्पष्ट खतरे हैं। एक खतरा तो 'क्लीशे' और 'जार्गन' का ही है। इसलिए राजनीतिक भाषा के विरोध या विडम्बनापूर्ण प्रयोग द्वारा ही अच्छी राजनीतिक कविता की रचना सम्भव है। इसके अलावा तो वही रास्ता बच रहता है जो त्रिलोचन ने अपनाया। रोज़मर्रा की राजनीति पर टिप्पणी करने के बजाय जीवन में गहरे पैठी हुई राजनीति का आलोचनात्मक अंकन। त्रिलोचन की शब्द-चेतना को यह रास्ता शायद रास आया। कविता की क्षति भी कुछ कम ही हुई। यहाँ भी त्रिलोचन के व्यक्तित्व की निजी विशेषता देखी जा सकती है।

नागार्जुन की तरह यदि त्रिलोचन की स्पष्ट पक्षधरता हर क्षण प्रकट नहीं होती और वे गुस्सा करने के अवसर पर गुस्सा पी जाते हैं तो एक तरह से वे भारतीय किसान के अधिक निकट हैं। इस मामले में वे प्रेमचन्द के होरी की परम्परा में हैं। सहिष्णुता और धैर्य के आगार। करुणा उनका स्थायी भाव है और शायद एक प्रकार शान्त पर्यवसायी निर्वेद भी। संघर्ष के गहरे अनुभव से ही यह पीड़ा-बोध, यह त्रासद चेतना उपलब्ध होती है। नागार्जुन को यदि इस पर मैत्रीपूर्ण सात्त्विक क्रोध आता है तो यह समझ में आनेवाली बात है। नागार्जुन का स्थायी भाव है घृणा—वर्ग घृणा। यह घृणा भी कम सर्जनात्मक नहीं। कभी यह सात्त्विक क्रोध का रूप लेती है और कभी मानवीय करुणा का। व्यंग्य इस भाव की सबसे सर्जनात्मक अभिव्यक्ति है। कविता में नागार्जुन इस व्यंग्य के एकच्छत्र अधिपति हैं। त्रिलोचन के यहाँ यह पक्ष दबा हुआ है। लेकिन इस भाव के कारण नागार्जुन जहाँ हड़बड़ी के शिकार हो जाते हैं और कभी-कभी एक अच्छी कविता को बिगड़ जाने देते हैं, त्रिलोचन का धैर्य उन्हें रोके रखता है।

ऐसा नहीं कि त्रिलोचन कभी खराब या कमज़ोर कविता नहीं लिखते। कमज़ोर कविताएँ उनके यहाँ भी कम नहीं हैं लेकिन उस कमज़ोरी का कारण हड़बड़ी नहीं, बल्कि अतिरिक्त सावधानी है। त्रिलोचन का धैर्य एक विशेष प्रकार की गँवई या कि किसानी समझदारी प्रदान करता है। इस समझदारी की झोंक में वे कभी-कभी उपदेश देने पर उतर आते हैं और कविता के स्थान पर सूक्ति और सुभाषित लिखने लगते हैं। कहीं इन सूक्तियों में अनुभव का मर्म होता है, कहीं नहीं होता। जहाँ नहीं होता वहाँ ठूठ उपदेश रह जाता है और कविता सूखा गद्य मालूम होने लगती है।

इस गद्यात्मकता की शिकायत त्रिलोचन के बारे अकसर की गई है। लेकिन सर्वत्र यह गद्यात्मकता नहीं है। कविता के अन्दर लोगों की बोली-ठोली में, वस्तुओं के यथातथ्य ब्योरे में और कहानी कहने में यह जीवन का गद्य अपनी पूरी सामर्थ्य के साथ प्रकट होता है। लेकिन कभी-कभी इस गद्य से जीवन खिसक भी जाता है। इसके बाद रह जाता है द्विवेदी-युगीन सीधा-सरल पूरा सही वाक्य। व्याकरण और इतिवृत्त। सॉनेट के अन्दर अरुद्धान्त वाक्य-रचना-निर्वाह के कारण ऐसी दुर्घटना अकसर घटित होती। तुक मिलाने की दयनीय कोशिश में फालतू वाक्य भी काफी आते हैं। कारण वही पूरा वाक्य लिखने का हठ। ग़नीमत है, त्रिलोचन कभी-कभी यह प्रतिज्ञा भूल भी जाते हैं—खासतौर से सॉनेट से इतर छोटे प्रगीतों में। वहाँ उनका गद्य कविता में नई सर्जनात्मकता के साथ प्रकट होता है। कुछ कविताएँ तो आद्यन्त निरे गद्य में ही हैं लेकिन काव्य की अनुभूति कराने में तनिक भी कमी नहीं आती। जैसे 'अरधान' की 'क्या-क्या नहीं चाहिए' शीर्षक कविता। कविता की अन्तिम पंक्ति है : "प्यार, घृणा, उदासीनता, सहानुभूति मुझे क्या-क्या नहीं चाहिए।" यह पंक्ति समूची कविता के गद्य को एक झंकार के साथ काव्य-संगीत में बदल देती है। इस प्रकार काव्य में यह गद्यात्मकता भी त्रिलोचन के काव्यशास्त्र का एक महत्वपूर्ण तत्व है।

किन्तु जैसा कि मुक्तिबोध ने 'धरती' के प्रसंग में कहा है, यह "पाश्चात्य प्रोज़ टेकनीक" नहीं है। कविता में पश्चिम की जो आधुनिक गद्य टेकनीक है, उससे त्रिलोचन के ठेठ देसी गद्य का कोई मेल नहीं है। 'धरती' की 'जीवन का एक लघु प्रसंग' शीर्षक कविता में जो गद्य है उसका द्वन्द्व बेपढ़ी-लिखी बुआ की ठेठ बोलचाल की भाषा से बँधा है और त्रिलोचन ने उसे अपनी देसी परम्परा से अर्जित किया है। इस गद्य का निखरा रूप अकसर उनके सॉनेटों में मिलता है, जो वस्तुतः तुकान्त और छन्दोबद्ध है। सॉनेट जैसे यूरोपीय काव्य रूप में देसी गद्य का विधान—यह भी एक विरोधाभास ही है, पर कोई जरूरी है कि चौदह पंक्तियों की उस कविता को 'सॉनेट' माना ही जाए! विश्वसनीय कवि है या उसकी कविता? कायदे से अन्तिम निर्णय तो कथन-व्यापार से ही होना चाहिए। दरअसल देसी त्रिलोचन के लिए सॉनेट वैसा ही

जैसे स्वर्गीय पंडित रामअवतार शर्मा के सिर पर सोला हैट! आशा है त्रिलोचन इस उपमा पर रीझेंगे, खीझेंगे नहीं। वैसे उनके तथाकथित सॉनेट, बगैर सॉनेट कहलाए भी, अधिकांशतः सुन्दर काव्य हैं।

यह तो त्रिलोचन भी जानते हैं कि आधुनिक कवि होने के लिए सॉनेट लिखना जरूरी नहीं है और न सॉनेट लिखकर कोई आधुनिक होता ही है! जिस कवि ने पश्चिमी आधुनिकता के समस्त आकर्षणों को त्यागकर अपनी धरती और अपनी परम्परा का दामन दृढ़ता से पकड़े रखा, वह सॉनेट के मोह में केवल इसीलिए पड़ा, विश्वास योग्य नहीं है। त्रिलोचन का काव्य यदि कोई विश्वास जगाता है तो यह कि स्वयं अपनी देसी परम्परा के अन्दर से आत्मसमीक्षा की प्रक्रिया से गुज़रकर जो नई काव्यसर्जना हुई, वही सार्थक है और सच्ची भी। उसका नाम 'आधुनिकता' हो या न हो! कहना न होगा कि समकालीन कवियों में त्रिलोचन परम्परा के इस सहज स्वाभाविक विकास के अग्रदूत हैं और काव्योपलब्धि की दृष्टि से अन्यतम भी।

"नहीं हूँ किसी का भी प्रिय कवि मैं" त्रिलोचन ने जब कहा था तब कहा था। यह बात सन् 1964 की है। आज वे अच्छी तरह जानते हैं कि वे कितनों के ही प्रिय कवि हैं—बल्कि कुछ के तो सबसे प्रिय कवि।

(आलोचना अंक-82, जुलाई-सितम्बर 1987)

'साधारण' का असाधारण कवि : त्रिलोचन

त्रिलोचन सत्तर के हो गए—मेरे लिए यह खबर है। मेरा खयाल था कि वे सौ पार कर चुके हैं या फिर अभी पचास के ही आस-पास होंगे। अपनी उम्र वे बड़ी खूबी से छिपाते रहे हैं। आगे प्रौढ़ा की तरह, अब सन्त महात्मा की तरह। ऐसे ही एक जन और हैं। डॉ. महादेव साहा। कोई नहीं जानता कि वे कब पैदा हुए। बातें सुनिए तो लगेगा कि ईश्वरचन्द्र विद्यासागर के समकालीन हैं। त्रिलोचन शास्त्री भी अपने युवा श्रोताओं पर कुछ ऐसा ही रंग जमाते हैं। बहरहाल जब वे कह रहे हैं कि सत्तर के हो गए तो हम मान लेते हैं। इस बहाने कुछ कहने-सुनने का मौका तो मिला।

त्रिलोचन की एक कविता है : 'प्रगतिशील कवियों की नई लिस्ट निकली है/उसमें कहीं त्रिलोचन का तो नाम नहीं था। शुद्धिपत्र देखा, उसमें नामों की माला/छोटी न थी, यहाँ भी देखा, कहीं त्रिलोचन / नहीं।' यह बात सन् '50-51 की है। अब पैंतीस साल बाद प्रगतिशील कवियों की एक 'मेरिट लिस्ट' निकली है। पहला स्थान केदारनाथ अग्रवाल का है, दूसरा नागार्जुन का। तीसरा स्थान खाली है। त्रिलोचन उस योग्य भी नहीं। कविता की गली शायद प्रेम गली से कम सँकरी हैं। इसलिए दो कवि समा गए। वरना समाई तो एक ही की थी।

इस बीच इतिहास भी निकले हैं। पर इतिहासकारों को भी त्रिलोचन याद न आए। निराला के बाद कविता अज्ञेय से शुरू हुई तो खत्म भी अज्ञेय पर ही।

इस प्रकार त्रिलोचन न 'विचारधारा' के फीते पर फिट न 'सुरुचि' के साँचे में। हर चौखट में अनफिट। हर शिविर से बाहर। 'धरती और दिगन्त' के कवि की समाई कहीं नहीं। त्रिलोचन की कविता में ऐसा क्या है जो इनके लिए भी असुविधाजनक है और उनके लिए भी? न यह प्रगतिवाद है, न प्रयोगवाद, न नई कविता और न साठोत्तरी कविता ही। त्रिलोचन की अपनी पहचान यही है शायद।

हिन्दी कविता की दुनिया में त्रिलोचन ने 'धरती' के कवि के रूप में प्रवेश किया। 'धरती' उनका पहला कविता संग्रह है। मार्च/अप्रैल '46 में प्रकाशित हुआ, केदारनाथ अग्रवाल की 'युग की गंगा' (47) से साल भर पहले और नागार्जुन की 'युगधारा' (53) से सात साल पहले। फिर भी उन दिनों प्रगतिवादी खेमे में केदारनाथ अग्रवाल

और नागार्जुन की जितनी चर्चा हुई, त्रिलोचन की नहीं। शायद इसलिए कि त्रिलोचन की कविता स्पष्टतः युग की कविता न थी, बल्कि सीधे-सीधे धरती की कविता थी।

'धरती' की पहली और सम्भवतः एकमात्र समीक्षा जुलाई '46 के *हंस* में प्रकाशित हुई। समीक्षक मुक्तिबोध। 'तार सप्तक' के कवि। प्रगतिवाद से तिरस्कृत त्रिलोचन के सहकर्मी। समानधर्मी, समानवय। लेकिन कविता की प्रकृति में सर्वथा भिन्न। मुक्तिबोध ने लक्षित किया : 'कवि की प्रगतिशीलता अट्टाहासपूर्ण आन्तरिक क्षतिपूर्ति के रूप में नहीं आई है, वरन् कवि के अपने जीवन संघर्ष से मँज-घिसकर तैयार हुई है।' मुक्तिबोध को यह बात पसन्द आई कि 'इस संघर्ष की वास्तविकता उसके (कवि के) मन में इतनी गहरी है कि न वह प्रलयवादी रोमेंटिक स्वप्नों में डूबता है, और न किसी समझौते की भावना से परिचालित हो आदर्शवादी तलैया को अपना समुद्र समझता है।' त्रिलोचन की जो बात मुक्तिबोध को सबसे अच्छी लगी, वह यह थी कि कवि त्रिलोचन में 'सेंटिमेंटेलिटी' का लेश भी नहीं है। वे यह भी लक्षित किए बिना न रह सके कि त्रिलोचन टेकनीक के प्रति सचेत अधिक हैं। कुल मिलाकर 'प्राच्य क्लासिकल स्ट्रेन' और पाश्चात्य 'प्रोज टेकनीक' का वे समन्वय करना चाहते हैं।' कहीं ऐसा तो नहीं कि त्रिलोचन का यह क्लासिकी संयम और गद्यात्मकता ही तत्काल स्वीकृति में आड़े आई, क्योंकि ये दोनों ही चीजें उन दिनों फैशन के खिलाफ थीं।

'धरती' की ही कविता है : 'चम्पा काले-काले अच्छर नहीं चीन्हती।' मुक्तिबोध की समीक्षा में भी इसका जिक्र नहीं है। मुझे याद है, सन् 41-42 के दिनों में जब त्रिलोचन यह कविता सुनाते थे तो लोग हँसते थे, गोया कोई हास्यरस की कविता हो। 'कलकत्ता मैं कभी न जाने दूँगी / कलकत्ते पर बजर गिरे' की चोट को समझनेवाले न थे। 'जिमि मुँह मुकुर मुकुर निज पानी। गहि न जाई अस अद्भुत बानी।' तुलसीदास। दर्पण में मुँह। हाथ में दर्पण। मुँह फिर भी हाथ से बाहर। यह वह अद्भुत वाणी है। सरल जरूर है, पर सपाट नहीं। तहदार, तहाई हुई। 'तुलसी बाबा, भाषा मैंने तुमसे सीखी/मेरी सजग चेतना में तुम रमे हुए हो।' त्रिलोचन ने यों ही नहीं कहा है। उनकी कविता में हिन्दी कविता की पूरी परम्परा बोलती है—कबीर-तुलसी दोनों की। सहज भाव से। अनायास।

इस भाषा में ही त्रिलोचन की निजी विशेषता निहित है। इसे उन्होंने अर्जित किया। सायास। इसीलिए त्रिलोचन जब कहते हैं कि 'सब कुछ, सब कुछ, सब कुछ, सब कुछ, सब कुछ भाषा' तो वह 'शुद्ध कवितावादी' कवियों की 'भाषा' नहीं होती क्योंकि...

भाषा की लहरों में जीवन की हलचल है।
ध्वनि में क्रिया भरी है और क्रिया में बल है।

स्वयं कवि को प्रमाण मानें तो 'सब कुछ पाया/शब्दों में। देखा सब कुछ ध्वनि-रूप हो गया।'

त्रिलोचन अपने आस-पास के जीवन को ध्वनियों से पकड़ते हैं। 'ध्वनिग्राहक हूँ मैं। समाज में उठनेवाली/ध्वनियाँ पकड़ लिया करता हूँ।' इसी बल पर वे यह कहने का साहस रखते हैं कि 'मेवा से वरंब्रूहि न कहूँगा और न चुप रहने का।'

'धरती' की जिस भाषा से 'चम्पा' की कली फूटी है, उसी से आगे चलकर त्रिलोचन ने 'नगई महरा' शीर्षक लम्बी कविता की सृष्टि की, जिसमें गाँव की पूरी संस्कृति मूर्तिमान हो उठती है। त्रिलोचन की कविता में साधारण जनों के बीच से उठाए हुए ऐसे चरित्र बहुत आए हैं। प्रेमचन्द ने अपने उपन्यासों और कहानियों में जैसी दुनिया रची है, कविता के क्षेत्र में बहुत-कुछ वही काम त्रिलोचन ने किया है। यहाँ अमूर्त जीवन नहीं, हाड़-मांस के जीते-जागते इनसान हैं। चित्र नहीं, चरित्र हैं। लड़ते-झगड़ते, हँसते-खीझते, नाचते-गाते, गिरते-पड़ते, फिर भी जीते-जागते।

'चम्पा' और 'नगई महरा' के कविता होने में ही कुछ लोगों को सन्देह है। सन्देह इसलिए कि वे साधारण हैं। साधारण होने में ही उनकी असाधारणता है। त्रिलोचन 'साधारण' के असाधारण कवि हैं। उनका विशेष यही है।

कवि की इस क्षमता का चरम रूप, मेरी दृष्टि में, महाकुम्भ (1953) पर लिख गए 52 सॉनेट की माला में मिलता है। ये सभी सॉनेट अरघान नामक काव्य-संग्रह में संकलित हैं। सहज ही 'कवितावली' के लंकादहन सम्बन्धी कवित्त याद आ जाते हैं। लेकिन यह विभीषिका कुछ और है। इस सॉनेट-पुंज में त्रिलोचन महाकाव्यात्मक प्रतिभा के साथ सामने आते हैं। वही विराटता। वही गरिमा। वही मानव त्रासदी। किसी एक सॉनेट या चुने हुए उद्धरणों के द्वारा इस काव्य की महत्ता का आभास देना सम्भव नहीं। फिर भी बानगी के लिए कुछ टुकड़े—

आँखों ने देखा कि, एक जन लाँग चढ़ाए
कीचड़ से लथपथ आता है, चिल्लाता है—
'लाशों पर चढ़कर मानव आता-जाता है'।

... .

लानत है, लानत, विराग को राग सुहाए
साधू होकर मांस मनुज का भरमुँह खाए।

... .

लाशों का सुखवन पुलीस ने फैलाया है,
इसी के लिए तो उसने पैसा खाया है
सुप्रबन्ध का कहना ही क्या है, कमाल था,
समाचार-पत्रों ने गली-गली गाया है।

विस्मय की बात तो यह कि महाकाव्यात्मकता सम्भव हुई है उस गीतात्मक काव्य रूप में जिसे 'सॉनेट' कहते हैं। वही सॉनेट जिसके लिए नागार्जुन कई बार त्रिलोचन को डाँट चुके हैं—बन्द करो यह सॉनेटबाजी।

लेकिन त्रिलोचन की जिद। 'धरती' के बाद लगभग बीस वर्षों तक ज्यादातर उन्होंने सॉनेट ही लिखे। लगभग एक हजार। बस सनक। अन्तर्वस्तु नितान्त भारतीय और रूप-विधान अंग्रेजी, बल्कि यूरोपीय। क्या विडम्बना है! वही रोला छन्द की लय। वही अरुद्धान्त वाक्य-विन्यास। वाक्य-विन्यास के अनुसार पंक्तियों को तोड़ दें तो अच्छा-खासा मुक्त छन्द। फिर भी जिद यह कि इसे सॉनेट ही कहें। कभी-कभी एकरस लगते हैं। ऊब भी होती है। खीझ भी। लेकिन तुलसीदास की चौपाइयों से जी नहीं ऊबता? एक चौपाई छन्द में भी बाबा कितनी विविधता पैदा करते हैं? किस खूबी से एकरसता तोड़ते हैं। क्या त्रिलोचन भी अपने इस रोला-रेला में विविधता पैदा नहीं करते?

शुक्र है, इस एकतान सॉनेट-सृजन के प्रवाह के बीच त्रिलोचन ने कुछ मुक्त गीत भी लिखे। 'धरती' के रंग के। लेकिन नए ढंग से। कभी-कभी अति संक्षिप्त गोया हाइकू। लेकिन हाइकू नहीं। जैसे—

पीछे ऊषाएँ हैं
और आगे सन्ध्याएँ पंक्तिबद्ध
बीच में मैं मेरा आकाश

कहने को जी होता है कि यह कविता त्रिलोचन ही लिख सकते थे—आज हिन्दी में। ऋग्वेद की गूँज लिये हुए। लेकिन आज की ऋचा, जिसके बीच 'मैं' भी है और 'मेरा' आकाश भी।

यह त्रिलोचन ही हैं जो 'मेहँदी की अरघान' और 'करौंदी की अरण्यनी' को रात गहराते ही महामोद लुटाते महसूस कर सकते हैं। अकसर महसूस होता है कि त्रिलोचन प्रकृति को किसान की आँखों से देखते हैं—स्वतःस्फूर्त! उस प्रकृति को जो मनुष्य के साथ उसके परिवार की तरह एकमेव है—दुख-सुख की सहभागी। लेकिन क्या रूप-रस-गन्ध की संवेदना भी वही है? ध्यान से देखें तो त्रिलोचन के 'ताप के ताए हुए दिन' में किसी पिछड़े किसान की अपेक्षा आधुनिक समाज के झुलसे हुए इनसान की इन्द्रियाँ खुल खेलती हैं—

ताप के ताए हुए दिन ये
क्षण के लघु मान से
मौन नपा किए।

चौंध के अक्षर

पल्लव-पल्लव के उर में
चुपचाप छपा किए।

फिर भी त्रिलोचन न कोरी किसान चेतना के कवि हैं और न इतने अति आधुनिक ही कि उन्हें 'मगध' के कवि श्रीकान्त वर्मा के साथ इतिहास-विरोध अथवा प्रतिइतिहास का कवि कहा जाए।

'दिगन्त' पढ़ने के बाद मलयज ने कभी त्रिलोचन को 'औसत भारतीयता' का कवि कहा था। यह बात उन्होंने प्रशंसा के रूप में कही थी। फिर भी वह प्रशंसा मिश्रित थी। कुछ दिनों बाद अपनी डायरी में इस प्रश्न पर पुनर्विचार करते हुए उन्होंने लिखा : "मुझे यह साफ दीख पड़ रहा है कि आज त्रिलोचन, केदारनाथ अग्रवाल और नागार्जुन की भारतीयता को लेकर हम नहीं चल सकते, इनकी भारतीयता में बौद्धिक ऊर्जा की कमी है। नितान्त कमी है। ये हद से हद लिरिकल किस्म के भारतीय हैं। इनमें टकराहट नहीं है। ये बस अपने को सुरक्षित रखे हुए हैं, अपनी अस्मिता बचाए हुए हैं, बह नहीं गए हैं। एक जमीन इनके पास है, उस पर बस टिके हुए हैं। हमें रामचन्द्र शुक्ल की भारतीयता चाहिए, प्रेमचन्द की भारतीयता चाहिए; गांधी जी की भारतीयता चाहिए, जिनमें एक ओर अपनी जमीन का विवेक था तो दूसरी तरफ पश्चिम से टकराने की अदम्य बौद्धिक ऊर्जा और ललकार और उससे टकराने का खुलापन। त्रिलोचन की भारतीयता जैसा बँधा-बँधापन उनमें न था, एक जगह टिके रहने की भारतीयता उनमें न थी।"

मलयज अब नहीं हैं। इसलिए अब बहस भी सम्भव नहीं। लेकिन लगता है कि इस धारणा में कहीं बुनियादी गलतफहमी है। यदि आज हमारे देश के अन्दर पश्चिम का अर्थ शहर, शहर की सभ्यता, उद्योग और प्रौद्योगिकी, विज्ञान और बौद्धिकता आदि है तो यह कहना गलत होगा कि नागार्जुन और केदारनाथ अग्रवाल के साथ त्रिलोचन इन सबसे बेखबर हैं। त्रिलोचन निरे लोककवि नहीं हैं, न गाँवों की प्रकृति और समाज के स्थिर रूप के चितेरे मात्र। न त्रिलोचन की प्रकृति वैदिक युग की है, न उनका समाज मध्ययुगीन गाँव। उनकी कविता का भारत रामचन्द्र शुक्ल, प्रेमचन्द और गांधी के बाद का भारत है और इस भारतीयता में उन पूर्व पुरुषों से कम बौद्धिक ऊर्जा नहीं है। यदि किसी का खयाल है कि वास्तविक बौद्धिक ऊर्जा आधुनिकतावाद के रंग में रँगी नई कविता की छद्‌म भारतीयता में है, तो यह शुद्ध भ्रम है। इस बीच पश्चिम की आधुनिकता के मोहभंग से प्रतिक्रियास्वरूप जो भारतीयता पनपी है—वह वस्तुतः प्रतिक्रिया है : सच्ची संवेदना नहीं, छद्‌म चेतना, जिसमें कविता का सृजन सम्भव ही नहीं।

प्रसंगवश मुझे त्रिलोचन की 'रैन बसेरा' शीर्षक कविता याद आ रही है। कविता के नायक कोई परमानन्द हैं। शहर में आए हैं। आए हुए कुछ दिन हो चुके हैं। अभी

तक कोई ठिकाना नहीं मिल सका, जहाँ सोकर रात काट लें। कविता उन्हीं की व्यथा है। लेकिन उससे ज्यादा अपनी पीड़ा की। परिचित को अपने यहाँ जगह न देने की पीड़ा—

कमरा एक और रहनेवाले तीन
पत्नी, बच्चा और मैं
चौथे की गुंजाइश यहाँ नहीं
मेरी अनकही चिन्ता
मेरी बिथा बना की।

इस 'बिथा' का संश्लिष्ट रूप तो पूरी कविता ही बन सकती है, लेकिन सवाल यह है कि इसे किस भारतीयता की कोटि में रखा जाएगा?

यही बात त्रिलोचन की 'महाकुम्भ' वाली कविता शृंखला को लेकर उठती है। समस्या को स्पष्ट करने के लिए महाकुम्भ पर ही लिखे निर्मल वर्मा के यात्रावृत्त अथवा रिपोर्ताज 'सुलगती टहनी' को बरक्स रखा जा सकता है। न इन दोनों का महाकुम्भ एक है और न भारतीयता ही। क्या एक 'औसत' भारतीयता है और दूसरी 'विशिष्ट' भारतीयता? 'एक जगह टिके रहने', 'अस्मिता बचाए रखने' की जिद किसमें ज्यादा है—त्रिलोचन में या निर्मल वर्मा में? आधुनिकतावाद की चुनौती से त्रिलोचन बेखबर न थे। सबूत में 'महाकुम्भ' कविता क्रम के ठीक बाद का 'इलाहाबादी' शीर्षक सॉनेट उद्धृत करना पर्याप्त होगा :

काफी रेस्त्राँ में हिल-मिलकर बैठे। बातें कीं
कुछ व्यंग्य-विनोद और कुछ नए टहोके
लहरों में लिए दिए। अपनी-अपनी घातें
रहे ताकते। यों भीतर-भीतर मन दो के
एक न हुए, समीप टिके, अपनाया खोके,
जीवन से अनजान रहे, पर गाना गाया
जन का जीवन का, लेकिन दुनिया के होके
दुनिया में न रहे। दुनिया को बुरा बताया,
उससे तन बैठे जिसने कुछ दोष दिखाया।
इस प्रकार से ढले नवीन इलाहाबादी
कवि साहित्यकार, जिनको भाती है छाया,
नहीं सुहाती, आँखों को भू की आबादी।

जीवन जिस धरती का है, कविता भी उसकी
सूक्ष्म सत्य है, तप है, नहीं चाय की चुस्की।

पहले चित्र, फिर निष्कर्ष। कविता में सूक्ति। कवि त्रिलोचन की यह अपनी विशेषता है। सूक्ति को सामान्यतः काव्य नहीं मानते। बावजूद इसके कि तुलसी का मानस सूक्तियों से भरा पड़ा है। वस्तुतः सूक्ति और सूक्ति में अन्तर है। दोहे में सूक्तियाँ वृंद ने भी लिखीं, रहीम ने भी। रहीम की सूक्तियाँ मर्म को छूती हैं, वृंद की नहीं छूतीं। मर्मस्पर्शी सूक्तियाँ वे हैं जिनमें जीवन का संचित अनुभव बोलता है। प्रेमचन्द की रचनाओं में ऐसी सूक्तियाँ मिल जाती हैं। गाँव के बेपढ़े-लिखे किसान इन सूक्तियों के जीते-जागते कोश हैं। इस परम्परा का निर्वाह आज के कवियों में सिर्फ त्रिलोचन करते दिखते हैं। एक भारतीयता यह भी है। त्रिलोचन की कविता को क्लासिकी मर्यादा प्रदान करने का एक आधार यह भी।

त्रिलोचन अपनी उम्र बताएँ तो, न बताएँ तो कोई फर्क नहीं पड़ता। हमें उनकी कविता की उम्र से मतलब है। लिखे जाने के तीस वर्ष बाद प्रकाशित होने पर भी यदि वह आज की कविता है तो कोई कारण नहीं कि कल भी आज की न समझी जाए। 'कहीं त्रिलोचन नहीं' उन्हें कहने दीजिए। कहाँ त्रिलोचन नहीं? यही सच है।

(1987)

शताब्दी के अन्त में ब्रेष्ट

बटोल्ट ब्रेष्ट : एकोत्तरशती। हिन्दी में ब्रेष्ट की कविताओं का एक चयन और। सिर्फ यह याद दिलाने के लिए कि ब्रेष्ट की जन्म शताब्दी भले ही बीत चुकी हो, बीसवीं शताब्दी अभी खत्म नहीं हुई है—भारत के आकाश में फासिज्म का प्रेत सिर उठा रहा है जबकि गर्दन मरोड़ने के लिए आज समाजवाद के मजबूत हाथ टूटे हुए हैं। नहीं लुप्त हुई है तो वह आवाज जिसने एक समय उस अमानुषिक आतंक को चुनौती दी थी। कहना न होगा उस आवाज में सबसे ऊँचा स्वर था बर्टोल्ट ब्रेष्ट का, ऊँचा ही नहीं बल्कि धारदार और असरदार भी; फिर वह नाटक हो या कविता!

फिलहाल कविता ही। इसलिए भी कि हमारे दौर का फासिज्म, संयोग से, कविता का ही मुखौटा लगाकर आया है। ब्रेष्ट का साबका तो एक मामूली 'रंगसाज' से पड़ा था। मालूम होता है, फासिज्म को भी अब राजनीति के रंगमंच पर कविता की जरूरत पड़ती है, साज-सज्जा के लिए। इस सन्दर्भ में ब्रेष्ट की कविता 'कलाकार के रूप में सरकार' (1937) बेहद मौजूँ है। प्रस्तुत हैं आखिरी दो टुकड़े बानगी के तौर पर—

...कहते हैं रेम्ब्राँ के बारे में
ऐसी ही तस्वीरें बनाई होतीं उसने, अगर उसके हाथ भी न रहे होते,
वैसे ही
कहा जा सकता है सरकार के बारे में, उसने
बिना सर के भी राज चलाया होता ऐसे ही।
...अर्थनीति से
कलाकार को सिर्फ नफ़रत है, उसी तरह
सरकार को भी नफ़रत है अर्थनीति से। बेशक
उसके कुछ मालदार भक्त हैं। और हर कलाकार की तरह
जीती है वो भी, उनसे
पैसे लेकर।

इस कविता के आरम्भ में यह भी बताया गया है कि फासिस्ट सरकार महल, स्टेडियम वगैरह बनाने पर ज्यादा धन खर्च करती है, गरीबी हटाने की कोशिश कम

करती है। गरज कि इस मामले में भी वह कलाकार की ही भूमिका अदा करती है। लोगों की बुनियादी जरूरतों से आँख मूँदकर दुनिया को सुन्दर बनाने के लिए वह चिन्तित रहती है—खासतौर से ऊपरी रंग-रोगन पोतकर।

एक ओर 'सुन्दरता' का यह अभियान और दूसरी ओर जगह-जगह नर-संहार का सुनियोजित आयोजन। इन योजनाबद्ध हत्याओं का प्रयोजन यह होता है कि धीरे-धीरे लोग इसे 'प्राकृतिक' मानकर इसके अभ्यस्त हो जाएँ। ब्रेष्ट ने 1935 की एक कविता 'जब पापकर्म बारिश की झड़ी की तरह होते हैं' में इसी सच्चाई की ओर इशारा किया है। दुर्भाग्य से यह कविता प्रस्तुत चयन में नहीं है—इस कविता के एक अंश से फासिस्ट प्रवृत्ति का अन्दाजा लगाया जा सकता है :

जब पहली बार यह खबर दी गई कि हमारे दोस्तों की
हत्या हो रही है तो आतंक की एक चीख उठी।
फिर सौ लोगों की हत्या हुई।
लेकिन जब एक हजार हलाक हो गए और हत्याओं का
सिलसिला जारी रहा तो घना सन्नाटा छा गया।

जब जुल्मों की बारिश होने लगती है तो कोई
नहीं बोलता : 'बन्द करो'।

जब जुर्म जमा होने लगते हैं, वे अदृश्य हो जाते हैं।
जब दर्द असह्य हो जाता है तो चीख कभी नहीं सुनाई पड़ती।
चीख भी गरमियों की बारिश की तरह गिरती है।

कहना होगा कि रोज़मर्रा की ऐसी वारदातों का अभ्यस्त जनमानस चुपचाप यथास्थिति को स्वीकार कर लेता है। इस मनःस्थिति को तोड़ने के लिए ही ब्रेष्ट ने प्रसिद्ध 'अलगाव प्रभाव' (फ़ेरफ़्रेमडुंग) नामक सिद्धान्त का निर्माण किया, जिसका सफल प्रयोग रंगकर्म में तो सुपरिचित है ही, कविता में भी उसी का विस्तार देखा जा सकता है।

वस्तुतः यह एक प्रकार की 'आलोचनात्मक' दृष्टि है, जिसका स्थान ब्रेष्ट के काव्यकर्म में केन्द्रीय है। उनकी दृष्टि में 'समानुभूति' एक प्रकार की 'बर्बरता' है। उनकी कविता तन्मय करने के स्थान पर झकझोरकर जगाने का प्रयास करती है। इसी बात को वे 1945 की एक छोटी-सी कविता में इस प्रकार कहते हैं :

इनसान तभी बनता है जब वह खुद को बदलता है
और तभी बनती है हमारे मन में तसवीर उसकी
जब वह हम जैसा होता है और जब वह हमसे अलग होता है।

इस कविता में 'हम जैसा और हमसे अलग' किसी को भले ही परस्पर विरोधी प्रतीत हो, किन्तु वस्तुतः यह मार्क्सवादी ब्रेष्ट की 'डायलेक्टिक्स' है। हिन्दी में इसी को 'द्वन्द्ववाद' कहते हैं। यह द्वन्द्ववाद एकाश्म दिखाई देनेवाली चीजों में भी निहित फाँक को, अन्तर्विरोधों को देखने की दृष्टि देता है और अपराजेय प्रतीत होती हुई फासिस्ट सत्ता के अन्दर सूराख करके पलीता लगाता है और उसे उड़ा भी देता है। उदाहरण के लिए 'जर्मन युद्ध प्रवेशिका' शीर्षक कविता-शृंखला का यह अंश :

जनरल, तुम्हारा टैंक एक मजबूत गाड़ी है।
रौंद सकता है एक जंगल को और पीस डालता है सैकड़ों इनसानों को।
लेकिन उसमें एक नुक्स है
उसे एक ड्राइवर चाहिए।

इस तरह ब्रेष्ट 'सहते रहने की कला' के अभ्यस्त लोगों को 'न सहने की कला' की ओर उन्मुख करते हैं।

वे द्वन्द्ववाद का उपयोग करते हैं हर चीज में शक पैदा करने के लिए और हर बात को सवालों के घेरे में ले आने के लिए। उनकी कविता में 'शक' और 'सवाल' की जगह इतनी ज्यादा है कि अकसर ध्यान भी नहीं जाता। यह द्वन्द्ववाद ही उन्हें बार-बार बदलने पर जोर देने के लिए प्रेरित करता है।

ब्रेष्ट के काव्य-संसार में जिस क्रिया का प्रयोग सबसे ज्यादा हुआ है, वह है 'बदलना'। 'सब कुछ बदलता है' यह तो उनकी प्रसिद्ध कविता है ही जो 1944 की है। इसके बाद 1953 की 'पहिया बदलना' शीर्षक में भी एक नए सन्दर्भ और नए अर्थ के साथ बदलने की क्रिया आती है। यह कविता ब्रेष्ट के सर्जन-कर्म के अन्तिम दौर की है जब वे 'बुको' के एकान्त में विश्राम कर रहे थे और कुछ लोगों की नजर में थक भी चुके थे। इधर ब्रेष्ट हैं कि "पहिया बदल रहा है ड्राइवर लेकिन बेताबी से देख रहा है, वह आदमी जिसे पसन्द नहीं है जहाँ जाना है।"

ब्रेष्ट की 'आलोचनात्मक दृष्टि' इतनी बेमुरौवत थी कि उन्होंने अपने सबसे प्रिय स्वप्न 'समाजवाद' को भी नहीं बख्शा। जिस पूर्वी बर्लिन को उन्होंने अन्ततः अपने आवास के लिए वरण किया वहाँ 17 जून, 1953 की बगावत के बारे में 'समाधान' शीर्षक तीखी व्यंग्य कविता लिखी जिसे समाजवाद के दुश्मन आज भी दुहराते पाए जाते हैं। समाजवादी लोकतन्त्र की इससे बड़ी विडम्बना क्या होगी कि सरकार की नजर में जनता ही सरकार का विश्वास खो दे और 'समाधान' यह पेश हो कि जनता को ही भंग करके दूसरी चुनने के लिए कदम उठाया जाए। वैसे, इस कविता के अन्दर भी 'स्तालिन मार्ग' के बहाने 'स्तालिन' को भी व्यंग्य के दायरे में घसीट लिया गया है, फिर भी 'स्तालिन' की अधिनायकवादी प्रवृत्तियों को लेकर अलग से भी कुछ कविताएँ ब्रेष्ट ने लिखी हैं।

अन्तिम दौर की ही एक और कविता है 'जनता की रोटी' जिससे ब्रेष्ट के समाजवादी सपने की मुकम्मल तस्वीर सामने आती है :

जिस तरह रोटी की जरूरत रोज़ है
इनसाफ की जरूरत भी रोज़ है
बल्कि दिन में कई-कई बार भी उसकी जरूरत है।
... ...
दूसरी रोटी की तरह
इनसाफ की रोटी भी
जनता के हाथों ही पकनी चाहिए
भरपेट, पौष्टिक, रोज़-ब-रोज़।

एक ओर हिटलर के खिलाफ लड़ाई और दूसरी ओर स्तालिन की आलोचना—यह सिर्फ कवि ब्रेष्ट की निष्पक्षता नहीं है, बल्कि उनके द्वन्द्ववाद का अमली रूप है। द्वन्द्ववादी दृष्टि के कारण ही ब्रेष्ट सिक्के के दोनों पहलुओं को देखने में समर्थ हो सके और एकान्तता और एकांगिता के दोष से बच गए।

इतना होते हुए भी ब्रेष्ट की प्रतिबद्धता और पक्षधरता में कहीं कोई कसर न थी। मार्क्सवाद के सम्पर्क में आने के पहले वे निश्चय ही कुछ-कुछ अराजकतावाद और साथ ही निराशावाद की गिरफ्त में थे जैसा कि 1920 की 'उत्तरजन्मा' अथवा 'अनुजों को' शीर्षक कविता में दिखाई पड़ता है। उस समय उन्होंने साफ शब्दों में कहा था कि 'मुझे कोई उम्मीद नहीं है' और यह भी कि—

उबरने के रास्ते की बात अन्धे करते हैं
मुझे तो दिखाई देता है।

मार्क्सवाद से परिचय के बाद भी ब्रेष्ट ने आँखें खुली रखीं—हमेशा लेकिन अब उन खुली आँखों में एक सपना भी था और वह सपना मरते दम उनकी आँखों में बना रहा। इसका सबसे पुष्ट प्रमाण है अन्तिम दिनों यानी 1954 की 'मज़े' शीर्षक कविता जिसमें सुबह-सुबह खिड़की से बाहर दिखाई देनेवाली चीजों की लम्बी सूची में 'पुरानी किताब का फिर से मिल जाना' के साथ जोशीले चेहरे, बर्फ, बदला हुआ मौसम, पुराना संगीत, नया संगीत, अखबार, कुत्ता, दोस्तनवाजी वगैरह के साथ-साथ 'समझना' भी है और 'द्वन्द्ववाद' भी।

इसीलिए ब्रेष्ट की 'आलोचनात्मक दृष्टि' (1938) शीर्षक कविता में सर्जनात्मक कर्मों का भी समावेश है। लिखते हैं :

...आलोचना को हथियार दो
और इसके द्वारा राज्य ध्वस्त हो सकते हैं।
नदी से नहर निकालना

फलदार पेड़ लगाना
किसी इनसान को शिक्षित करना
किसी राज्य का कायाकल्प करना
फलदायी आलोचना के ये उदाहरण हैं
और साथ ही कला के उदाहरण भी।

वस्तुतः 'आलोचनात्मक दृष्टि' और 'द्वन्द्ववाद' ब्रेष्ट के लिए अमूर्त सिद्धान्त मात्र न थे। इनका एक निश्चित ठोस भौतिक आधार था। इस दृष्टि का विकास खुली आँखों उस जीवन और जगत को देखते रहने के दौरान हुआ था जो लगातार बदलता रहता है। इसीलिए ब्रेष्ट 'सत्य ठोस है' (ट्रुथ इज कांक्रीट) को अपना आदर्श वाक्य मानते थे। इस प्रकार उनका द्वन्द्ववाद भौतिकवाद की ठोस और गतिशील भूमि पर टिका हुआ था।

इस द्वन्द्वात्मक और भौतिकवादी दृष्टि का आभास ब्रेष्ट की काव्यभाषा से भी मिलता है। वे चीजों को उनके असली नाम से पुकारते हैं और बिना लाग-लपेट, बनाव-सिंगार के सीधे शब्दों में बात करते हैं। उत्तेजना की जगह एक खास तरह का 'ठंडापन' उनके स्वर की पहचान। न स्वयं भावावेश में आते हैं और न पाठक या श्रोता को भावोत्तेजित करते हैं। सारा जोर देखने-दिखाने, समझने और समझाने पर है। कविताएँ छन्दोबद्ध भी हैं और छन्दमुक्त यहाँ तक कि कभी ठेठ गद्य के निकट। फिर भी लय के साथ। कुल मिलाकर सरल और सुघड़।

जर्मन मूल से अनभिज्ञ होने के कारण सिर्फ हिन्दी अनुवाद के आधार पर मेरे लिए ब्रेष्ट के विभिन्न काव्य रूपों और विधाओं के क्षेत्र में किए गए नए प्रयोगों पर कुछ भी कहना सम्भव नहीं है पर उनकी कविता की भाषा और संरचना का आकर्षण अचूक है।

'एक चीनी काष्ठसिंह को देखकर' शीर्षक कविता में ब्रेष्ट ने अपनी कविता की जिन विशेषताओं की ओर इशारा किया है, उससे ज्यादा सटीक समीक्षा और कोई हो नहीं सकती—बुरों के लिए डरावनी, भलों के लिए लुभावनी : भयावह और सुघड़ साथ-साथ!

तुम्हारे पंजे देखकर
डरते हैं बुरे आदमी
तुम्हारा सौष्ठव देखकर
खुश होते हैं अच्छे आदमी
यही मैं चाहूँगा सुनना
अपनी कविता के बारे में।

जहाँ तक उज्ज्वल के इस अनुवाद का सवाल है, उसके विषय में जर्मन और

हिन्दी दोनों भाषाओं के विज्ञ और काव्य-मर्मज्ञ ही कुछ कहने के अधिकारी हैं। दर्म्यानी भाषा अंग्रेजी के सहारे मेरा कुछ भी कहना अनुचित होगा। इस सन्दर्भ में स्वयं ब्रेष्ट की इस राय का उल्लेख अप्रासंगिक न होगा : ''कविताओं का अनुवाद जब किसी अन्य भाषा में किया जाता है तो सबसे ज्यादा नुकसान उन लोगों के द्वारा होता है जो कुछ ज्यादा ही अनुवाद करने की कोशिश करते हैं। कवि के विचारों और भंगिमाओं के अनुवाद तक ही वे अपने आपको सीमित रखें तो बेहतर।''

भंगिमाओं के अनुवाद का मामला जरूर टेढ़ा है—खासतौर से रंगाचार्य ब्रेष्ट के मामले में। अभिनय की तरह वे कविता में भंगिमा या मुद्रा को लेकर बेहद सतर्क रहते थे। उसके लिए वे प्रायः जर्मन शब्द 'गेस्ट' का प्रयोग करते थे। इसलिए जहाँ तक ब्रेष्ट के विचारों के अनुवाद का सवाल है उसमें मुझे कहीं एतराज लायक कोई चीज नहीं मिली। मेरे जैसे अल्पज्ञ के सन्तोष के लिए इतना काफी है।

पाब्लो नेरुदा

पाब्लो नेरुदा ने इस वर्ष का नोबेल पुरस्कार प्राप्त कर संसार के काव्य-प्रेमियों का ध्यान एक बार फिर अपनी ओर आकृष्ट किया है। नेरुदा सम्भवतः पहले कम्युनिस्ट कवि हैं जिन्हें नोबेल पुरस्कार दिया गया है। लैटिन अमेरिका और स्पेनी भाषा-भाषी दुनिया में तो वे निर्विवाद रूप से बीसवीं सदी के सर्वश्रेष्ठ कवि माने ही जाते हैं, शेष संसार भी कविता के क्षेत्र में उनकी महानता को एक अरसे से स्वीकारता आ रहा है। हिन्दी-जगत नेरुदा की प्रतिभा से 1950 के आस-पास परिचित हुआ जब केदारनाथ अग्रवाल ने उनकी रेलमज़दूरों के आह्वान से सन्बन्धित विश्वप्रसिद्ध लम्बी कविता का हिन्दी रूपान्तर 'रेल भंजकों (?) को जगने दो' शीर्षक से प्रकाशित किया था। संयोग से उन दिनों नेरुदा भारत आए भी थे और वे यहाँ के कुछ प्रगतिशील लेखकों से मिले थे। नेरुदा के प्रभाव में उन दिनों हिन्दी में खास तरह की लम्बी कविताएँ भी लिखी गईं जिनमें नरेश मेहता की 'समय देवता' और 'चीन' शीर्षक कविताएँ उल्लेखनीय हैं। किन्तु परिस्थितियों ने कुछ ऐसा मोड़ लिया कि हिन्दी में नेरुदा का आगमन आई-गई सी बात होकर रह गया। आज बीस वर्षों के बाद ऐसा लगता है जैसे पाब्लो नेरुदा से नए सिरे से परिचित होने की आवश्यकता है क्योंकि अब नेरुदा एक अपरिचित देश के निर्वासित कवि नहीं बल्कि जाग्रत् लैटिन अमेरिका के मान्यताप्राप्त कवि हैं और आज सम्भवतः उनके बारे में हम कुछ अधिक जान सकने की स्थिति में भी हैं।

पाब्लो नेरुदा की कविता उनके अपने जीवन और अपने देश से इतनी जुड़ी हुई है कि उस पृष्ठभूमि के बिना उनकी कविता को पूरा-पूरा समझना कठिन है। जीवनवृत्त तो संक्षेप में यह है कि वे 12 जुलाई, 1904 को चिली के पराल नामक स्थान में रेल-मज़दूर के घर पैदा हुए। जन्म के 3-4 साल बाद ही माँ चल बसी और पिता ने दूसरी शादी कर ली। इसी बीच पिता पूरे परिवार के साथ पराल छोड़कर तेमुको के घने जंगलों वाले दक्षिणी प्रदेश की ओर जा बसे। यह वही तेमुको है, जो किसी-न-किसी रूप में नेरुदा की कविताओं में रह-रहकर आता रहता है। यहीं यह भी उल्लेखनीय है कि पाब्लो नेरुदा कवि का असली नाम नहीं बल्कि छद्म नाम है। असली नाम था

नेफ्ताली रिकार्डो रेयेस इ बासोआल्तो। नेरुदा नाम उन्होंने एक चेक लेखक से ग्रहण किया। उन दिनों एक चेक लेखक यान नेरुदा की कृति 'मला स्त्राना की कहानियाँ' स्पेनी भाषा में अनूदित होकर आई थी। जैतूनी हरे रंग के आवरण की उस पुस्तक के लेखक की ओर किशोर नेफ्ताली इतना आकृष्ट हुआ कि उसने अपना नाम ही नेरुदा रख लिया। कविता लिखने का शौक बचपन से ही था जिसे लेकर वे 16 वर्ष की वय में चिली की राजधानी सांतियागो पहुँचे। यहाँ स्टूडेंट्स फेडरेशन ने वसंतोत्सव के अवसर पर नेरुदा की कविताओं को पुरस्कृत किया और उसे फिर 1921 में 'उत्सव गीत' नाम से प्रकाशित भी किया। इसके बाद 1924 में 'बीस प्रेम कविताएँ और एक हताश गीत' शीर्षक काव्य-संकलन के प्रकाशन के साथ नेरुदा सारे चिली में सबसे प्रतिभाशाली कवि के रूप में विख्यात हो गए। चिली की सरकार ने अपने देश की सांस्कृतिक परम्परा का अनुसरण करते हुए कवि नेरुदा को 1927 में कॉन्सल बनाकर दक्षिण-पूर्व एशिया के देशों में भेजा जिस पद पर वे क्रमशः रंगून, कोलम्बो, सिंगापुर, बटाविया आदि नगरों में 1932 तक रहे। 1933 में वे थोड़े समय के लिए स्वदेश वापस आए। 1934 में उन्हें फिर ब्यूनस एयर्स और वहाँ से माद्रिद भेजा गया। माद्रिद-प्रवास नेरुदा के जीवन का सबसे महत्वपूर्ण दौर है। यहाँ रहते उन्होंने 'कविता का हरा घोड़ा' नाम से एक कविता-पत्रिका निकाली और 1935 में 'धरती पर आवास' नामक काव्य के दो भाग प्रकाशित किए। इसी समय स्पेन में गृहयुद्ध शुरू हुआ जिसमें नेरुदा ने अपने सरकारी पद का खयाल न रखते हुए जनवादी मोर्चे का पक्ष लिया। इन्हीं घटनाओं के क्रम में नेरुदा ने 1943 में सांतियागो वापस आकर कम्युनिस्ट पार्टी की सदस्यता ग्रहण की और सक्रिय राजनीति में भाग लेने का फैसला किया। 1945 में वे सिनेट के लिए चुनाव में खड़े हुए और विजयी हुए। किन्तु द्वितीय महायुद्ध की समाप्ति के बाद लैटिन अमेरिकी देशों में परिस्थितियों ने कुछ ऐसा मोड़ लिया कि चीले में कम्युनिस्ट पार्टी ग़ैर-कानूनी घोषित कर दी गई। फलतः नेरुदा को सिनेट का पद ही नहीं, बल्कि देश भी छोड़ना पड़ा। 1950 में नेरुदा लुकते-छिपते मैक्सिको पहुँचे। मैक्सिको-प्रवास में ही उन्होंने अपना महान काव्य 'सामान्य गीत' (कैंटो जनरल) प्रकाशित किया। निर्वासन की स्थिति में लगभग दो-ढाई साल तक इटली, फ्रांस, सोवियत संघ, चीन तथा एशिया के अन्य देशों का भ्रमण करने के बाद 1953 में नेरुदा चिली वापस आए। उसी वर्ष उन्हें स्तालिन पुरस्कार से सम्मानित किया गया। तब से यदा-कदा विदेश-यात्रा के बावजूद वे सामान्यतः चीले में ही रहे। नोबेल पुरस्कार से पहले नेरुदा को लेनिन शान्ति पुरस्कार का गौरव प्राप्त हो चुका है। अपने देश में नेरुदा का इतना सम्मान है कि राष्ट्रपति पद के लिए उनका नाम प्रस्तावित हुआ था, जिसे उन्होंने वर्तमान कम्युनिस्ट राष्ट्रपति अलेंदे के लिए त्याग दिया। नेरुदा सम्प्रति पेरिस में अपने देश की समाजवादी सरकार के राजदूत हैं।

इस कर्मसंकुल जीवन में नेरुदा ने अपने प्रकृत कवि-कर्म की उपेक्षा कभी नहीं की। 1950 के बाद उन्होंने क्रमशः प्रकृति-सम्बन्धी 'ओड्स', 'मन की तरंगें', 'यात्राएँ और घर-वापसी', 'चीले के पत्थर' आदि लगभग आधे दर्जन से अधिक काव्य-संग्रह प्रकाशित किए, जिनमें 'माच्चु-पिच्चु' सम्बन्धी ऐतिहासिक लम्बी कविता भी है।

पाब्लो नेरुदा आधुनिक युग के एक महान कवि ही नहीं, बल्कि महान युगान्तरकारी कवि हैं। उन्होंने बीसवीं सदी के विश्व काव्य को एक नया मोड़ दिया है। नेरुदा का काव्य वस्तुतः पश्चिम की 'आधुनिकतावादी' काव्यधारा के लिए वज्राघात है। जिनके लिए 'आधुनिक कविता' फ्रांसीसी प्रतीकवादियों से चलकर इलियट-पाउंड में निःशेष हो जाती है, पाब्लो नेरुदा का काव्य-संसार उनके सम्मुख एक नए आधुनिक विश्व का उद्घाटन करता है। निस्सन्देह परम्परा के अनुरोध से आरम्भ में स्वयं पाब्लो नेरुदा भी उसी आधुनिकतावाद के प्रभाव में थे, पर उनके देश की धरती, जंगल और जनता ने उन्हें पाश्चात्य आधुनिकतावाद के संकुचित दायरे में देर तक रहने न दिया। नेरुदा ने 'शुद्ध कविता' के विरुद्ध 'अशुद्ध कविता' का एक घोषणा-पत्र लिखा और उनकी मुक्त कल्पना ने जल्द ही उस विराट विश्व को अपने पंखों में समेट लिया जिसमें एक मुक्तिकामी राष्ट्र अपनी सम्पूर्ण प्राकृतिक एवं मानवीय गरिमा के साथ ही ऐतिहासिक और मिथकीय तत्वों के साथ अभिव्यक्ति पाने के लिए छटपटा रहा था। नेरुदा के काव्य-संसार की विराटता की उपमा प्रायः माइकेल एंजेलो के विशाल भित्तिचित्रों से दी गई है। कुछ लोगों को नेरुदा में वाल्ट ह्विटमैन की 'घास की पत्तियों' की यायावरीयता, नग्नता, कच्ची दैहिकता और रहस्यमयता दिखती है, तो कुछ को गोया के चित्रों की व्यंग्यपूर्ण विरूपता और भयावहता। किन्तु ये सभी तुलनाएँ अन्ततः नेरुदा के उस विराट काव्यलोक की अपरिमेयता की ओर संकेत करने के सुविधाजनक साधन-मात्र हैं। ऊपर से देखने पर नेरुदा की कविता वस्तुओं, स्थानों, ऐतिहासिक नामों, मिथकों आदि का विस्तृत सूची-पत्र मालूम होती हैं किन्तु काव्य-मर्मज्ञ अच्छी तरह जानते हैं कि नेरुदा ने अद्भुत कौशल से इन्हीं में कवित्वमय विन्यास रच दिया है। इसीलिए नेरुदा के नकलचियों के हाथों जो कविता निरा भूगोल या इतिहास बनकर रह जाती है, वही नेरुदा के विशाल भौगोलिक-ऐतिहासिक विज़न में ढलकर महाकाव्य की गरिमा प्राप्त करती है। वस्तुतः नेरुदा को आधुनिकतावादी बुद्धि-विलास से बेहद चिढ़ थी। उस बौद्धिक अमूर्तता से कविता को बचाने के लिए उन्होंने कविता को ठोस पदार्थमयता प्रदान की। कविता को मांसल और ऐन्द्रिय बनाने के लिए उन्होंने वन्य-प्रकृति की गन्ध से लेकर मानव-देह की गन्ध तक उसे सुवासित किया। उनकी कविता में जैसे पदार्थ का उत्सव रचा गया है। इसी कारण कुछ आलोचकों ने उन्हें 'अन्तःप्रज्ञ पदार्थवादी' कहा है। नेरुदा का यही पदार्थवाद उन्हें अन्ततः मानव-जीवन के उन भौतिक आधारों की खोज की ओर ले

गया जिसकी परिणति एक क्रान्तिकारी जनवादी कवि के रूप में हुई। इसी कारण नेरुदा एक ओर लैटिन अमेरिका की क्रान्तिकारी राष्ट्रीय भावना के कवि हैं तो दूसरी ओर वे विश्व मानवता की मुक्ति के गायक भी हैं। नेरुदा की कविता में प्रकृति, प्रेम, क्रान्ति आदि इतने घुल-मिल गए हैं कि किसी कविता के अन्तर्गत इनमें से किसी एक को अलगाना लगभग असम्भव है; यह ऐसा जीवन्त काव्य है जिसमें प्रेम और क्रान्ति विरोधी नहीं, बल्कि प्रायः पर्याय प्रतीत होते हैं। नेरुदा का काव्य जैसे समग्र लैटिन अमेरिका की देह और आत्मा—अतीत, वर्तमान और भविष्य की साकार प्रतिमा है। उनकी कविताओं की भ्रान्तिकर सादगी में कला की कठोर साधना छिपी है, इसीलिए उनका अनुवाद कठिन है। अनुवाद की एक कठिनाई यह भी है कि नेरुदा अपने देश की मिट्टी और उसके इतिहास तथा मिथकीय परम्परा से अत्यन्त घनिष्ट रूप में सम्पृक्त हैं।

वैश्विक जड़ों वाला लातीनी-अमेरिकी वट-वृक्ष

पाब्लो नेरुदा की कविताएँ पढ़ने और अनुवाद करने के दौरान उनके रूसी मित्र इलिया एह्रेनबुर्ग को उनकी कविता में 'जड़' और 'जड़ें' इतनी संख्या और मात्रा में मिलीं कि उन्होंने कवि को प्यार से झिड़कते हुए पूछा : आख़िर इतनी क्यों?

वर्षों बाद अन्तिम घड़ियों में नेरुदा को पुरानी यादों का लेखा-जोखा करते हुए वह बात याद आई। उन्होंने जो सफ़ाई दी वह काफ़ी दिलचस्प और काव्यात्मक तो है ही, महत्वपूर्ण भी है। लिखा है :

''यह सच है। सीमान्त प्रान्तों ने मेरी कविता में अपनी जड़ें धँसाई थीं और उन जड़ों ने अपने आपको फिर कभी विलग नहीं किया। मेरा जीवन एक लम्बी तीर्थयात्रा है जिसका अन्त हमेशा दक्षिण के उन्हीं जंगलों में होता रहा है और मैं अपने से चलकर अपने आपमें ही लौटता रहा हूँ। उन्हीं जंगलों में जिनसे कुछ देर के लिए बिछुड़ गया था।

''वहाँ विशाल वृक्ष हैं, जो अपनी सात सौ वर्षों की शानदार ज़िन्दगी से कभी-कभी कट जाते थे। कभी तूफ़ानों से उखड़े। कभी बर्फ़ से क्षत-विक्षत हुए या फिर आग से भस्मीभूत हुए। मैंने गहन वन में दैत्याकार वृक्षों को अरराकर गिरते हुए सुना है और सुनी है धराशायी होते ओक वृक्ष की मद्धिम प्रलयंकर चीख, जैसे किसी दानवी हाथ ने धरती के दरवाज़ों पर दस्तक दी हो और दफ़्न करने की गुहार लगाई हो।

''लेकिन जड़ें तो खुले मैदान में पड़ी हैं : एकदम अनावृत अपने शत्रु-काल के सम्मुख, नमी के सम्मुख, काई के सम्मुख यानी एक के बाद एक विनाश के सम्मुख!

''उन विशाल, खुले किन्तु घायल या जले हाथों से बढ़कर सुन्दर कुछ भी नहीं। जब वन्यपथ पर चलते हुए उनसे हमारा साक्षात्कार होता है तो वे बतलाते हैं दफ़्न हुए पेड़ों के मर्म, वे रहस्य जिनसे पत्तियाँ पुष्ट हुईं; वे वनस्पति-राज्य की अन्तर्भेदी मांसपेशियाँ हैं, वे उदास हों या झबरी, वे एक नए सौन्दर्य का दर्शन कराती हैं। वे पृथ्वी की गहराइयों द्वारा गढ़ी गई प्रस्तर-प्रतिमाएँ हैं, प्रकृति की रहस्यमयी श्रेष्ठ कृतियाँ!

"कुछ दिनों बाद जब मैं अर्जेंटीना से लगे हिस्से की ओर जा रहा था, भीमकाय वृक्षों के हरे गुम्बदों की छाया में, सामने भयावह अवरोध का धुँधला-सा आभास हुआ। उन पेड़ों में से एक की दृष्टि ने देखा : पत्थरों की इस सीढ़ी पर शहर में जहाँ देखो वहीं हैं : पत्थर का पराग।...पत्थर की रोटी।... पत्थर का गुलाब।... पत्थर का सोता।... पत्थर की रोशनी।... पत्थर की भाप।...पत्थर की किताब! फिर इन सबके अलावा है : खामोशी का गुम्बद, निर्मल मातृभूमि...हाथों का ज्वालामुखी, गहरे रंग का झरना। चाँदी की लहर, समय का रुख!"

कहना न होगा कि इन पत्थरों के बीच खुद भी पत्थर बन जाने का खतरा था! फिर भी सहसा कवि के अन्दर से एक चीख उठती है :

पत्थर के भीतर पत्थर, और वह मनुष्य, कहाँ था वह?
काल के भीतर काल, वह मनुष्य, कहाँ था वह?

और चमत्कार यह कि यह वाणी सुनकर वह मनुष्य—वह इन्का जन जी उठता है। वही पत्थर जैसे मनुष्य बनकर खड़े हो जाते हैं। अन्ततः कवि अपनी ओजस्वी वाणी में उनका आह्वान करता है :

उठो, लो मेरे साथ जन्म, मेरे भाई
दो मुझे अपना हाथ
अपने फैले हुए दर्द के अन्तस्तल से!

....

मैं आ रहा हूँ बोलने तुम्हारे मृत मुख से
समूची ज़मीन पर एक हो जाओ
तमाम बिखरे ख़ामोश होंठों!

....

दे दो मुझे वह ख़ामोशी, वह जल, वह आशा।
दे दो मुझे वह युद्ध, वह लोहा, वे ज्वालामुखी।

....

आ जाओ मेरी शिराओं में, मेरे मुँह में।
बोलो मेरे शब्दों में, मेरे लहू में!

कहने की आवश्यकता नहीं कि नेरुदा की जड़ों में से एक जड़ दक्षिण अमेरिका के इतिहास की उस गहराई में भी जाती है और उस अँधेरे की गहराई से खुराक ग्रहण करती है।

शायद यहीं से कवि को वह ताक़त मिली जिससे आगे चलकर 'जनता' शीर्षक कविता की रचना सम्भव हुई। कवि के लिए यह भी एक अनुभव था कि दक्षिण चीले के आदिवासी को सिनेटर चुना उत्तर चीले की जनता ने! कहाँ दक्षिण के घने जंगल

और कहाँ उत्तर के वनस्पति-शून्य रेगिस्तान! 'स्मृति लेखा' में नेरुदा ने इस विषमता का चित्र इन मार्मिक शब्दों में प्रस्तुत किया है :

"मेरा बचपन बारिश और वर्फ़ से भरा था। इस चान्द्र मरुभूमि के साथ साक्षात्कार-मात्र मेरे जीवन के लिए एक निर्णायक मोड़ साबित हुआ। न कोई पौधा, न कहीं पानी की एक बूँद—यह नंगी धरती तो एक विराट मरीचिका है! जंगलों में तो नदियों के साथ, हर चीज़ मनुष्य से बातें करती है; जबकि यह रेगिस्तान तो बिलकुल चुप है। यह चुप्पी—यह भाषा—समझना मेरे वश के बाहर है।"

लेकिन 'माच्चु-पिच्चु' के खामोश पत्थरों के समान ही एक दिन इस चुप रेगिस्तान का भी मुँह खुल ही गया और वह कवि के कंठ से अन्ततः बोल उठा।

इसका यह अर्थ नहीं कि प्रकृति का कवि सहसा राजनीतिक कवि हो गया। अर्थ सिर्फ़ यह है कि नेरुदा धीरे-धीरे प्रौढ़ और परिपक्व होते गए।

यह सही है कि 1924 में जब उनकी कविताओं का संग्रह 'बीस प्रेम कविताएँ और निराशा का एक गीत' प्रकाशित हुआ तो वह किशोर प्रेम की 'बाइबिल' सी हो गई। उस समय नेरुदा सिर्फ़ 20 की वय के थे। अब कोई यदि उम्र भर कवि से किशोर प्रेम की वैसी ही कविताओं की फ़रमाइश करता रहे तो यह कवि के साथ ज़्यादती है।

फिर भी यह कहना सच से ज़्यादा दूर न होगा कि नेरुदा ज़िन्दगी भर प्यार के कवि बने रहे। यह और बात है कि उस प्यार के कई पहलू थे—भिन्न-भिन्न रूप और भिन्न-भिन्न नाम! हृदय एक ही था जिसके एक कोने से कभी 'अलविदा' गीत फूटा था तो किसी दूसरे कोने से मातिल्दे के लिए प्रेम का प्लावन उमड़ा। 'स्पेन मेरे हृदय में' की तथाकथित राजनीतिक कविताएँ भी एक और तरह के प्रेम की अभिव्यक्तियाँ हैं।

इस प्रसंग में नेरुदा के इस आत्मस्वीकार में कहीं अधिक ईमानदारी है : "उसके बाद जब-तब के अन्तराल के साथ राजनीति मेरी कविता और ज़िन्दगी का हिस्सा बन गई। अपनी कविताओं में जिस तरह प्यार, जीवन, खुशी या ग़म के लिए मैं दरवाज़ा बन्द नहीं कर सकता, उस तरह सड़क के लिए भी कविता का दरवाज़ा बन्द नहीं हो सकता।"

इसलिए आश्चर्य नहीं कि जिस पृथ्वी में नेरुदा को अपनी जड़ें दिखाई पड़ीं वही पृथ्वी प्रणयानुभूति के एक तीव्र क्षण में अपने प्रेमपात्र में भी मिली। 'तुममें पृथ्वी' शीर्षक कविता इसकी सबसे अच्छी मिसाल है। यहाँ प्रस्तुत हैं सिर्फ़ अन्तिम पंक्तियाँ;

उठ रहे हैं तुम्हारे कन्धे जैसे दो पहाड़ियाँ,
तुम्हारी छातियाँ करती हैं चहलक़दमी मेरी छाती पर,
मेरा बाज़ू पहुँचता है बमुश्किल लिपटने उस पतली-सी

दूज के चाँद की रेखा-सी तुम्हारी कमर से :
उन्मत्त हो तुम प्यार में, जैसे समुद्र का पानी :
नापती हैं बमुश्किल मेरी आँखें आकाश के और अधिक विस्तार को
और मैं झुकाता हूँ अपने को तुम्हारे होंठों पर पृथ्वी को चूमने।

ज़ाहिर है कि यह सघन ऐन्द्रिय और मांसल प्रणयानुभूति किशोरावस्था के अशरीरी प्रेम से काफ़ी दूर है। ऐन्द्रियता वही है जिसे नेरुदा जंगली हवाओं और समुद्री तरंगों के दरम्यान महसूस करते रहे हैं।

नेरुदा की कविता की जड़ें वस्तुतः समूची पृथ्वी को घेर लेने के लिए आकुल थीं। 'स्मृतिलेखा' में ही उन्होंने लिखा है : 'मैं सर्वभक्षी हूँ, वश चले तो मैं पूरी पृथ्वी को निगल जाऊँ और सम्पूर्ण समुद्र को पी जाऊँ।''

इस मामले में वे उत्तरी अमेरिका के उन्नीसवीं शताब्दी के कवि वाल्ट ह्विटमैन को अपना पूर्वपुरुष मानते थे। नेरुदा के लिए आत्मरूप होने का एक ही अर्थ था : आत्मविस्तार, दिक् में भी, काल में भी। पेड़ अपनी जड़ें धरती के गर्भ में ही नहीं फेंकता, वह अपनी टहनियाँ आकाश में भी चारों ओर फैलाता है। स्वयं नेरुदा के ही शब्दों में—''मैं उसी भूमि की तरह फैलना चाहता हूँ जहाँ मैं पैदा हुआ!'' इसीलिए उनकी कविता केवल चीले तक सीमित नहीं है, बल्कि उसका विस्तार पेरू में भी है और क्यूबा में भी। इस तरह वे पूरे लातीनी अमेरिका के कवि हैं—यहाँ तक कि लोर्का और अलबेर्ती के स्पेन के भी।

ज़ाहिर है, ऐसा विशाल-वक्ष कवि उस भाषा को भी खींचतान कर फैलाने से बाज़ नहीं आ सकता, जिसमें कविता आकार ग्रहण करती है। नेरुदा के 'स्मृतिलेखा' में इस भाषा-विस्तार पर भी टिप्पणियाँ हैं। इन्हें पढ़ने से साफ़ मालूम होता है कि स्पेनवालों की स्पानी भाषा लातीनी अमेरिकी नेरुदा को माफ़िक़ नहीं आ रही थी। एक तरह से यह 'भाषा की विचारधारा' का भी मामला था। और बहुत-सी बातों के अलावा इस कारण भी लातीनी अमेरिकी 'स्पानी भाषा' अपनी मूल भूमि से अलग हो गई। नेरुदा के अनुसार, ''गोंगोरा का हिमजड़ जमा हुआ सौन्दर्य हमारे अक्षांशों के लिए नहीं बना था। हमारी अमेरिकी ज़मीन की परतें उन खुरदरी चट्टानों और पिघले लावा की बनी हैं, जो खून-सनी हैं। स्फटिक पर किस तरह काम किया जाता है, यह हम नहीं जानते। इसीलिए हमारे चारुशिल्पी कवि भी खोखले मालूम होते हैं।''

इसलिए प्रदत्त भाषा के साथ छेड़छाड़ ज़रूरी हो गई। इस छेड़खानी का ब्योरा नेरुदा ने अपने खास अन्दाज़ में इस तरह दिया है :

''किसी भाषा के साथ आप ज़िन्दगी भर यों ही नहीं रह सकते। उसे इधर-उधर खींचना, जहाँ-तहाँ टटोलना, बालों से खेलना, पेट में कोंचना आदि अन्तरंग हरकतें आदत बन जाती हैं। बोली जानेवाली भाषा के और आयाम हैं। लिखित भाषा

अप्रत्याशित लचीलापन हासिल करती है। भाषा को अपने शरीर-त्वचा या पहनावे की तरह इस्तेमाल करने का अर्थ है उसकी बाँहों, पैबन्दों, खून-पसीने के धब्बों आदि सबके साथ अपनाना। और यहीं किसी लेखक की क्षमता और साहस की परीक्षा होती है।''

मुझे स्पानी भाषा का कोई ज्ञान नहीं, इसलिए भाषा के विषय में नेरुदा के साहस की जाँच करने की गुस्ताखी मैं नहीं कर सकता। फिर भी इतना तो कहा ही जा सकता है कि भाषा में क्रान्ति किए बिना नेरुदा वह नहीं हो सकते थे जो कि वे अन्ततः हुए और जिसके लिए वे बीसवीं शताब्दी की स्पानी कविता ही नहीं बल्कि विश्व-कविता में विशेष रूप से जाने जाते हैं।

सच पूछिए तो राजनीति या प्रेम में नेरुदा जितने डूबे हुए दिखते हैं उससे कहीं अधिक 'शब्द' में उलझे हुए प्रतीत होते हैं। किन्तु उनकी शब्द-चिन्ता अब आधुनिक कवियों के शब्द-रोग से एकदम भिन्न है, जो शब्द के 'रहस्य' की थाह लगाते गूँगे हो जाते हैं। वस्तुतः वे शब्दशंकी लोग हैं। नेरुदा की शब्द-चिन्ता का कुछ अन्दाज़ा उनके 'स्मृतिलेखा' के इस एक उद्धरण से लगाया जा सकता है :

''आप जो चाहें कह सकते हैं, जी हाँ, लेकिन वह शब्द ही हैं जो गाते हैं, जो ऊँची उड़ान भरते हैं...और नीचे भी उतरते हैं...मैं उनके सामने नतमस्तक हूँ... मैं उन्हें प्यार करता हूँ, उनसे चिपकता हूँ, धक्के भी देता हूँ, दाँत गड़ाता हूँ और पुचकारता भी हूँ...शब्दों को मैं कितना प्यार करता हूँ...अप्रत्याशित शब्द...ऐसे शब्दों पर घात लगाए रहता हूँ...मुझे स्वरों से प्यार है...वे रंगीन पत्थरों की तरह चमकते हैं...चाँदी की मछली की तरह उछलते हैं...इतने सुन्दर हैं कि सबको कविता में फ़िट कर देने को जी चाहता है...शब्द बहुत प्राचीन हैं और अति नवीन भी...ताबूत में या फूल के कोष में बन्द...कितनी महान भाषा है मेरे पास...वह सुन्दर बर्बर विजेताओं से हमें विरासत में मिली है...शब्द उन बर्बरों के बूटों से, घोड़ों के नाल से, टोप से, दाढ़ियों से रोड़े की तरह लुढ़क पड़े थे।...वे सब कुछ लूट ले गए...सिर्फ़ शब्द छोड़ गए...हमारे लिए।''

भावोच्छ्वास के बावजूद इस कथन से स्पष्ट है कि नेरुदा में ज़िन्दगी की तरह शब्द के लिए भी बहुत भूख थी और यह भूख कभी कम नहीं हुई। उनके अनुसार शब्द 'शीशे को शीशे का गुण' और 'लहू को लहू' प्रदान करता है। और कवि जब किसी चीज़ को नाम देता है तो नामकरण की क्रिया के साथ ही विश्व में एक नई चेतना का भी उदय होता है। इस तरह नेरुदा ने एक 'बड़ी भाषा' की ताक़त की खोज की।

बीसवीं शताब्दी की कविता को नेरुदा की सम्भवतः सबसे बड़ी देन यह है कि उन्होंने 'लिखित कविता' और 'कथित कविता' के अन्तर को भली-भाँति समझते हुए

और उस अन्तर की पूरी तरह रक्षा करते हुए कविता को 'वाचिक' दिशा की ओर मोड़ने का अनुकरणीय सफल प्रयोग किया। उस सच्चे लोक-हृदय कवि ने कविता को सही मायने में लोक-हृदय और लोक-कंठ में प्रतिष्ठित किया। वह स्थिति उसे स्वीकार्य नहीं थी जिसमें एक कवि दूसरे कवियों के लिए लिखता और प्रकाशित करता है। इस कवियाई दुनिया को छोड़कर उनका मन जंगलों, चट्टानों, समुद्र की लहरों के बीच भाग जाने को होता था। उन्हें इस बात की गहरी चिन्ता थी कि कविता का सम्बन्ध उसके पाठक से टूट गया है और वह पाठक की पहुँच से बाहर चली गई है। वे कविता को अपनी जगह वापस लाने के लिए चिन्तित थे। उनके अनुसार इसके लिए कविता को अँधेरे की यात्रा करनी पड़ेगी, उसे मनुष्य के हृदय का साक्षात्कार करना होगा, उसे सभी की आँखों में झाँकना होगा, सड़क से गुज़रनेवाले उस अपरिचित से जान-पहचान करनी होगी, जो शाम के धुँधलके या तारों भरी रात की छाया में कम-से-कम कविता की एक पंक्ति के लिए तरस रहा है। निरक्षर और अर्द्धसाक्षर हज़ारों-लाखों लोगों के बीच घुल-मिलकर नेरुदा ने कविता की इस भूली-बिसरी आत्मा को ढूँढ़ निकाला था। निस्सन्देह इस प्रक्रिया में नेरुदा ने कुछ ऐसी कविताएँ भी लिखीं जिनमें शुद्ध वाग्मिता है, फिर भी उन्होंने पश्चिम की आधुनिकतावादी कविता का एक जीवन्त और ताक़तवर विकल्प तो प्रस्तुत किया ही।

किन्तु इसी प्रक्रिया में नेरुदा ने कुछ ऐसे सीधे-सादे 'लिरिक' या प्रगीत भी रचे जो अपनी सादगी और लघुता में आदिम कविता की सरलता को छू लेते हैं। ये कविताएँ हमें कभी-कभी कुछ वैदिक ऋचाओं और निराला के अणिमा-अर्चना-आराधना के गीतों की याद दिलाती हैं। यह भी एक प्रकार से अपनी जड़ों की ओर लौटना ही है। नेरुदा के अन्तिम दिनों की कविताएँ प्रायः इसी रंग में जीवन का उत्सव मनाती मिलती हैं। इसी तरह की एक कविता है : 'यही है सादगी।'

ख़ामोशी है ताक़त (मुझे बताते हैं पेड़)
और गहराई (मुझे बताती हैं जड़ें)
और शुद्धता (मुझे बताता है आटा)
किसी पेड़ ने नहीं कहा मुझसे
"मैं सबसे ऊँचा हूँ।"
किसी जड़ ने नहीं कहा मुझसे
"मैं ही आती हूँ सबसे अधिक गहराई से।"
और कभी नहीं कहा रोटी ने
"कुछ भी नहीं है रोटी जैसा।"

नेरुदा का लिखा हुआ काव्य विपुल है। बीसवीं शताब्दी के शायद ही किसी कवि ने इतनी कविताएँ लिखी हों। सभी कविताएँ भले ही उच्च कोटि की न हों लेकिन

कठोर चयन के बाद भी ऐसी कविताएँ काफ़ी मिलेंगी जिनसे एक महान कवि की रचना-शक्ति का एहसास होता है। इसमें कोई शक़ नहीं कि नेरुदा का काव्य-संसार वस्तुतः कविता का एक उभरता हुआ महाद्वीप है।

अपनी कविताओं के बारे में स्वयं नेरुदा ने यहाँ जो कुछ कहा है उसमें तनिक भी अतिशयोक्ति नहीं है :

''मेरी कविता और मेरी ज़िन्दगी एक अमेरिकी की तरह अग्रसर हुई। चीले के पानी की यह धारा दक्षिणी पहाड़ों के प्रच्छन्न हृदय में जनमी और समुद्र की ओर अनवरत बढ़ती चली गई। मेरी कविता अपने साथ जो कुछ भी ले जा सकती थी उसमें से किसी का तिरस्कार उसने नहीं किया। भावावेग को उसने स्वीकार किया। रहस्य को उसने अनावृत किया, और जनता के दिलों में उसने जगह बनाई।

''मुझे संघर्ष करना पड़ा, दुःख झेलना पड़ा फिर भी मैंने प्यार किया और गाया। मैंने रोटी का स्वाद भी लिया और ख़ून का भी। इससे ज्यादा कोई कवि क्या चाहेगा? सारे चुनाव, आँसू या चुम्बन, अकेलापन या भाईचारा—सबके सब मेरी कविता में बचे रह गए हैं और उसके अनिवार्य अंग हैं क्योंकि मैं जिया तो कविता के लिए और मुझे कविता ने ही ताक़त दी हर प्रयास में। यदि मुझे अनेक पुरस्कार मिले तो वे तितलियों की तरह क्षणभंगुर हैं, फिर भी मुझे सबसे बड़ा एक पुरस्कार मिला जिसका चाहे जितना उपहास किया जाए लेकिन उसे ज़्यादा लोग पा नहीं सकते। कठिन साधना, लम्बी खोज और लिखित शब्द की भूलभुलैया से गुज़रने के बाद मैं अपनी जनता का कवि हो सका। मेरा पुरस्कार यही है, न कि वे पुस्तकें और कविताएँ जिनका अनुवाद हुआ और न वे पुस्तकें ही जिनमें मेरी कविताओं की या तो चीर-फाड़ हुई या फिर व्याख्या!''

जिस कवि के विचार इस ऊँची भूमि के हों, उसके लिए और अनुवादों की तरह इस हिन्दी अनुवाद का भी कुछ विशेष अर्थ नहीं रह जाता। फिर भी हमारे लिए—हम भारतीयों के लिए—नेरुदा की कविताओं को अपनी भाषा में ढालने का एक विशेष अर्थ है।

विश्व कुतूहली नेरुदा के लिए भारत अपरिचित नहीं। वह यहाँ दो बार आए। पहली बार तीस के दशक में, आज़ादी की लड़ाई के दौरान। फिर सन् 1950 में आज़ादी मिलने के बाद। पहली बार वे एक दर्शक थे। कांग्रेस का अधिवेशन देखा। गांधी, नेहरू और सुभाष को देखा। भारतीय जनता के मुक्ति संघर्ष का उत्साह देखा। अच्छा अनुभव लेकर गए। दूसरी बार प्रधानमन्त्री नेहरू से मिले—ठंडे-ठंडे। ज़ायका ख़राब गया। कुछ हमख़याल भारतीय लेखकों से भी बम्बई में मुलाकात हुई। एक तरह से क्षतिपूर्ति! जो हो, भारत की मिट्टी से उनका स्पर्श हुआ, यही क्या कम है?

पर भारत के लिए कवि नेरुदा कहीं ज़्यादा परिचित हैं। सन् 1950 में ही उनकी कविताओं का हिन्दी, उर्दू, बांग्ला आदि भारतीय भाषाओं में अनुवाद शुरू हो गया था। सन् 1971 में जब उन्हें साहित्य का नोबेल पुरस्कार मिला तो आलोचना में मैंने उनकी छह कविताओं का अनुवाद प्रकाशित किया था और एक छोटा-सा परिचयात्मक लेख भी लिखा था। फिर अगले ही अंक में उसी वर्ष कवि कमलेश कृत 'माच्चु-पिच्चु' जैसी विश्वप्रसिद्ध कविता का भी अनुवाद आया। शीघ्र ही इस कविता ने कवि नीलाभ को भी एक और अनुवाद के लिए प्रेरित किया और वह पुस्तकाकार प्रकाशित हुआ।

प्रभाती नौटियाल द्वारा नेरुदा की बत्तीस कविताओं का यह हिन्दी अनुवाद उसी परम्परा का अगला चरण है—किन्तु एक विशेषता के साथ। यह अनुवाद सीधे स्पानी भाषा से किया गया। इससे पहले के सभी अनुवाद अंग्रेज़ी पाठ से हुए थे—यानी वे अनुवाद के अनुवाद थे।

प्रभाती स्पानी भाषा पर अधिकार रखने के साथ ही प्रतिभाशाली कवि भी हैं यानी सोने में सुगन्ध। इन काव्यानुवादों के बारे में कुछ कहने का अधिकारी मैं नहीं। ख़ासतौर से इसलिए भी कि बन्धुवर केदारनाथ सिंह जैसे समर्थ कवि के हाथों का स्पर्श इन्हें प्राप्त हो चुका है।

प्रभाती वैसे भी नेरुदा के अधिकारी अध्येता हैं। चाहते तो भूमिका के रूप में वे स्वयं ही आलोचनात्मक लेख भी लिख सकते थे। सहयोगी प्रयास के रूप में इस ग्रन्थ को प्रस्तुत करने के इरादे से ही सम्भवतः उन्होंने मुझे भी अपने साथ ले लिया। मेरे लिए उनका यह अहेतुक स्नेहानुरोध ही है।

नेरुदा की कविताओं के इस हिन्दी अनुवाद की सबसे बड़ी सार्थकता मेरी दृष्टि में यह है कि इससे पश्चिमी 'आधुनिकतावादी' कविता की मृग-मरीचिका से हिन्दी कविता को मुक्त होने में कुछ मदद मिलेगी। इस लातीनी अमेरिकी कवि ने उस आधुनिकतावाद की भूलभुलैया में कुछ दिनों तक भटकने के बाद कविता के लिए एक विकल्प का मार्ग खोज निकाला था। मुक्ति का यह मार्ग नेरुदा को अपनी धरती की जड़ों से मिला था। हमें भी आशा करनी चाहिए कि यह काव्यानुवाद हमारे साथी कवियों को आज की स्थिति में एक बार फिर अपनी जड़ों की ओर लौटने के लिए प्रेरित करेगा।

पृथ्वी का कवि

पाब्लो नेरुदा की कविताओं का यह हिन्दी संचयन कवि की तीसवीं बरसी पर एक विनम्र श्रद्धांजलि है और जन्मशती के उपलक्ष्य में अग्रिम उपहार भी। ऐसे काव्यात्मक स्तबक के लिए हिन्दी जगत अपने वरिष्ठ जनवादी समालोचक चन्द्रबली सिंह के प्रति कृतज्ञ रहेगा।

नेरुदा मेरे भी प्रिय कवि हैं और उनकी कविताओं का हिन्दी अनुवाद करनेवाले डॉ. चन्द्रबली सिंह तो मेरे आदरणीय अग्रज ही हैं, इसीलिए यहाँ कुछ कहने की हिमाकत कर रहा हूँ, वरना स्वयं अनुवादक की विस्तृत भूमिका के बाद कुछ भी कहना ग़ैरज़रूरी है। सबसे पहले तो यही कि इस पुस्तक के प्रकाशन पर व्यक्तिगत रूप से मुझे जो आत्मतोष हुआ वह स्वयं अपनी किसी पुस्तक के प्रकाशन के समय भी नहीं हुआ। कारण यह कि अनुवादक के कठिन जीवन-संघर्ष और आत्मसंघर्ष की गहरी पीड़ा को कुछ-कुछ निकट से देखने का मुझे अवसर मिला है। कोई भी दूसरा व्यक्ति उस संघर्ष में टूटकर बिखर सकता था। शायद यह अनुवाद कर्म की संजीवनी ही है जिसने उन्हें बचाए रखा और आज वे अपनी आँखों अपनी अनवरत साधना को फलीभूत देखने की स्थिति में हैं। वे पक्के परिपूर्णतावादी हैं—इतने कि अन्तिम प्रूफ़ की अवस्था तक काट-छाँट, सुधार-सँवार की ज़िद पर अड़े रहे। मुकम्मल पांडुलिपि भी 'किस तरह खैंच के लाया हूँ कि जी जानता है।' कहना न होगा कि कविता—वह भी नेरुदा की कविता—का अनुवाद चन्द्रबली सिंह के लिए कोई धन्धा नहीं बल्कि गहरी प्रतिबद्धता है।

'शब्द ख़ून में पैदा होता है' जैसा कि नेरुदा ने किसी कविता में कहा है और 'शब्द ही ख़ून को ख़ून और ज़िन्दगी देते हैं।' चन्द्रबली सिंह के इस भाषान्तर के बारे में भी यह बात उतनी ही सच है। उनके अनुवाद की रगों में भी वही ख़ून बहता दिखाई देता है जिसमें नेरुदा के ख़ून की गरमाहट है।

कुल मिलाकर, कविताओं का अनुवाद कैसा बन पड़ा है, यह तो वही बता सकते हैं जिन्होंने इस मैदान में हाथ आज़माए हैं। एक सामान्य पाठक के नाते सरसरी तौर पर फ़िलहाल मुझे यही लगता है कि स्पेनिश मूल से किए हुए अनुवादों से ये अनुवाद

कई जगह बेहतर हैं और अकसर अंग्रेज़ी अनुवादों से टक्कर लेते हैं। यह ज़रूर है कि भाषा उतनी चलती हुई नहीं है बल्कि कुछ-कुछ किताबी-सी हो गई है। एक 'माच्चु-पिच्चु के शिखर' कविता के विभिन्न हिन्दी अनुवादों की तुलना से यह बात स्पष्ट हो सकती है।

वैसे, 'माच्चु-पिच्चु के शिखर' नेरुदा की कविता का शिखर भले ही हो, समूचा काव्य संसार नहीं है। इस शिखर के सम्मुख नतमस्तक मैं भी हूँ, लेकिन नीचे की घाटियों में ऐसी अनेक जगह हैं, जो कहीं अधिक रम्य और मनोज्ञ हैं। यह विविधता और बहुलता ही नेरुदा की कविता की प्रकृति है। नेरुदा इतने स्वरों और शैलियों में बोलते हैं कि उनकी कविता को किसी एक साँचे में कसना मुश्किल है। इस तरह 'नेरुदावाद' के पहले दुश्मन तो नेरुदा स्वयं हैं।

नेरुदा ने अपनी पचास वर्षों से भी अधिक लम्बी काव्य-यात्रा में कविता को इतनी बार बदला है कि कुछ लोग उन्हें 'कविता का पिकासो' कहते हैं।

उनमें किसी भी चीज़ या विषय पर कविता लिखने की असाधारण क्षमता थी। उनके लिए जिसका भी वजूद हो ऐसी हर चीज़ समान रूप से सम्मान के योग्य है और इस नाते वह कविता का विषय भी हो सकती है। कोई चाहे तो इसे कविता का विलक्षण 'लोकतन्त्र' भी कह सकता है।

इसीलिए नेरुदा ऐसी अनपेक्षित जगहों में भी कविता पा जाते थे जहाँ उसकी कोई सम्भावना नहीं होती। सम्भवतः इसी वजह से उनकी प्रत्येक कृति अप्रत्याशित की तरह आती थी। अपनी कविता में वे अकसर 'काल्पनिक' और 'वास्तविक' के भेद को इतनी सहजता से मिटा देते हैं कि एक अलौकिक काव्यलोक निर्मित हो जाता है। आगे चलकर गार्सिया मारखेस ने यही काम 'एकान्तवास के सौ साल' नामक उपन्यास में किया तो उसे 'जादुई यथार्थवाद' का नाम दिया गया। कहना न होगा, इस जादुई यथार्थवाद का प्रयोग नेरुदा पहले ही कर चुके थे और वह भी कविता में। पर 1925 की लिखी उनकी प्रसिद्ध कविता 'घूमते हुए' को देखें तो उसमें परस्पर विरोधी और बेमेल बिम्ब इतनी तेज़ रफ़्तार से एक-के-बाद-एक आते हैं कि चकित रह जाना पड़ता है। कविता शुरू होती है इस तरह 'ऐसा है कि मैं आदमी होने से थक गया हूँ' और फिर कविता भी घूमते हुए आदमी की तरह ही घूमती रहती है। सहसा यह पंक्ति आती है 'जहाँ हड्डियाँ अस्पताल की खिड़कियों से बाहर उड़ती हैं' और कुछ देर बाद 'कॉफी के प्याले में छूट गए नक़ली दाँत' दिखते हैं। यह एक प्रकार का 'सुर्रियलिज़्म' यानी 'अतियथार्थवाद' है लेकिन जाने-माने 'अतियथार्थवादियों' से बिलकुल अलग। वे अवचेतन के मारे 'सुर्रियलिस्ट' नहीं, बल्कि अपने आस-पास के चिर-परिचित वातावरण के 'अतियथार्थवादी' रूप के ही सहज दर्शक हैं।

नेरुदा की इस तरह की दिलचस्प कविताओं का ज़िक्र इसलिए ज़रूरी है कि उनकी सामान्य छवि केवल एक 'प्रतिबद्ध' कम्युनिस्ट कवि की है, जबकि सच्चाई कुछ और है। नेरुदा की पहली कविता-पुस्तक 'बीस प्रेम कविताएँ और निराशा का एक गीत' है, जो 1924 में प्रकाशित हुई थी। उस समय नेरुदा बीस की वय के एक युवक थे। इसी कविता-संग्रह ने नेरुदा को सहसा यश के शिखर पर पहुँचा दिया था। कुछ लोग आज भी उस संग्रह की कविताओं को नेरुदा की सबसे अच्छी कविताओं में गिनते हैं। 'लिख सकता हूँ सबसे उदास कविताएँ आज की रात' जैसी लोकप्रिय कविता इसी संग्रह की है। प्रेम कविताओं का यह सिलसिला आगे भी चलता रहा, बल्कि अन्तिम वर्षों में तो इस इलाके में बाढ़-सी आ गई। इस्ला नेग्रा (1964) का प्रथम संस्करण तो (उनकी प्रेयसी) मातिल्दे उर्रुतिया को समर्पित भी है और पूरा संकलन ही जैसे प्रेम पर एक प्रलम्बित अनुचिन्तन है।

नेरुदा प्रेम से भी अधिक काम भावना के कवि हैं। वे उन कवियों में से हैं जो 'सेक्स' की वर्जना से सर्वथा मुक्त हैं। कभी-कभी तो ऐसा लगता है कि नेरुदा के लिए काव्य-सर्जना कामभावना का पर्याय जैसा है।

वैसे भी परम स्वच्छन्द नेरुदा सभी प्रकार की वर्जनाओं से पूर्णतः मुक्त हैं। 'पाक-साफ़' और 'शुद्ध' कविता की जगह उन्हें ऐसी कविता पसन्द थी जो देह की तरह ही 'अशुद्ध' हो। वे धुले-धुलाए, कलफ़ लगाए और लोहा किए वस्त्र जैसी कविता के बदले ऐसी कविता के कायल थे जिसके पहिरन पर खाने-पीने के धब्बे भी हों, जो खेत-खलिहान के खर-पात, धूल-धक्कड़ या फिर कल-कारख़ाने की कालिख़-कलौंछ से अलंकृत हों। इसलिए उनकी कविता में रूप के साथ ही उसके लिए भी जगह थी जिसे आमतौर से 'कुरूप' कहा जाता है। इस तरह नेरुदा का एक अपना सौन्दर्यशास्त्र था।

वाल्ट ह्विटमैन नेरुदा के अत्यन्त प्रिय कवि थे, बीसवीं शताब्दी में उत्तरी अमेरिका की कारगुजारियों से ख़फ़ा होने के बावजूद। कुछ लोग तो स्वयं पाब्लो नेरुदा को ही दक्षिणी अमेरिका का वाल्ट ह्विटमैन कहते हैं—निश्चय ही बीसवीं शताब्दी का ह्विटमैन—जनता के लोकतन्त्र की सबसे बुलन्द आवाज़!

नेरुदा की कविता-पुस्तक भी ह्विटमैन की पुस्तक की तरह पुस्तक मात्र नहीं है, इसे भी जो छूता है, उसे एक ज़िन्दा इनसान को छू लेने का एहसास होता है और उसकी रगों में खून की रफ़्तार तेज़ हो जाती है।

नेरुदा की कविताओं में 'पृथ्वी' का ज़िक्र अकसर आता है। उनके एक कविता-संग्रह का नाम ही है 'पृथ्वी पर आवास'। एक कविता है 'ठहरो, ओ पृथ्वी' फिर एक और कविता है 'तुममें पृथ्वी' शीर्षक से, जिसके अन्त की ये दो पंक्तियाँ मन को गहराई तक छू लेती हैं—

नापती हैं बमुश्किल मेरी आँखें आकाश के और अधिक विस्तार को
और मैं झुकाता हूँ अपने आपको तुम्हारे होंठों पर पृथ्वी को चूमने!

नेरुदा के अन्दर 'पृथ्वी' का यह गहरा बोध क्या इसलिए था कि वे ऐसी जगह पैदा हुए जो पृथ्वी के दक्षिणी भाग का आख़िरी छोर है? ऐसा लगता है कि नेरुदा उसी आख़िरी छोर पर खड़े होकर पूरी पृथ्वी को अपनी बाँहों में भर लेने की कोशिश करते रहे हैं—निश्चय ही वे बाँहें इतनी विशाल हैं कि उनके घेरे में पृथ्वी भी आ जाती है और प्रिया भी।

नेरुदा का काव्य-संसार दक्षिणी चीले के जंगलों, पहाड़ों और समुद्र के हरे-भरे वातावरण के साथ-साथ मछुआरों, लकड़हारों तथा दूसरे मेहनतकश लोगों से गुंजान है। इस दृष्टि से नेरुदा ठेठ 'आंचलिक' कवि हैं। यह 'आंचलिकता' ही उनकी कविता की जान है। इस प्रसंग में अन्तिम काव्यकृतियों में 'इस्ला नेग्रा' की कविताएँ विशेष रूप से उल्लेखनीय हैं क्योंकि वह उनका अन्तिम आवास था। वैसे, 'इस्ला नेग्रा' न द्वीव है न ही काला! पुस्तक भी दरअसल एक तरह से 'नोटबुक' की शक्ल में लिखी हुई कविताओं का संग्रह है, जिसे 'स्मृतिलेखा' भी कहा जा सकता है—गद्य में लिखे हुए 'मेम्वार' के बरक्स काव्यात्मक संस्मरण अथवा डायरी। इस संचयन में वह सम्पूर्ण पुस्तक पहली बार हिन्दी में सुलभ हो रही है, जो निश्चय ही एक उपलब्धि है।

यह भी एक विरोधाभास है कि नेरुदा नितान्त 'लोकल' होते हुए भी अपनी विश्व-दृष्टि में 'ग्लोबल' हैं। उनकी चिन्ता के केन्द्र में निश्चय ही अपने देश चीले की नियति है, लेकिन वे स्पेन में लोकतन्त्र की रक्षा के लिए लड़नेवालों के साथ भी खड़े थे और फिर मैक्सिको में भी। उनके सम्बन्ध यदि पेरिस और मास्को से थे तो पूरब में रंगून, कोलम्बो और बम्बई से भी उन्हें परिचित होने का अवसर मिला। इस नाते उनकी कविता की बाँहों के घेरे में पश्चिमी गोलार्द्ध के साथ-साथ पूर्वी गोलार्द्ध भी सिमटा हुआ है। इस तरह नेरुदा एक विश्वकवि हैं—बीसवीं शताब्दी के विश्व कवियों में सबसे अग्रणी और सम्भवतः सबसे लोकप्रिय भी। इसका एक प्रमाण तो यही है कि दुनिया की जितनी भाषाओं में नेरुदा का अनुवाद हुआ है, उतना अनुवाद इस शताब्दी के किसी और कवि का नहीं हुआ।

विश्वकवि नेरुदा का काव्य-सृजन भी उनके व्यक्तित्व के अनुसार ही विपुल है। लगभग चार हजार पृष्ठों की विशाल काव्य सम्पदा वे छोड़ गए हैं और अंग्रेज़ी में वह पूरी सम्पदा इस वर्ष सुलभ भी करा दी गई है। फ़िलहाल हिन्दी को प्रस्तुत संचयन से ही संतोष करना पड़ेगा, जो समग्र न होते हुए भी हिन्दी में अब तक का सबसे बड़ा चयन है और यथासम्भव नेरुदा का उत्तमांश भी।

कॉमरेड पाब्लो नेरुदा को लाल सलाम

पाब्लो नेरुदा जन्मशती पर फिर याद आ रहे हैं तो सबसे पहले याद आते हैं 'माच्चु-पिच्चु के शिखर' और फिर याद आता है कालिदास का हिमालय—'पूर्वापरौ तोयनिधी बगाह्य स्थितः पृथिव्या इव मानदंडः'।

नेरुदा सचमुच ही बीसवीं शताब्दी की कविता की पृथ्वी पर एक मानदंड की तरह खड़े हैं। पूर्व और पश्चिम के समुद्रों का अवगाहन उन्होंने भी किया है और उनकी कविता अपनी बाँहों में जैसे पूरी पृथ्वी को घेरे हुए है। 'ओ पृथ्वी! मेरा इन्तज़ार करो' कहने का हक़ भी नेरुदा को ही हासिल है।

गरज कि नेरुदा के काव्य-संसार में पृथ्वी भी है, समुद्र भी और पर्वत शिखर भी। पृथ्वी का विस्तार, समुद्र की गहराई और एक पहाड़ की ऊँचाई।

गौर से देखें तो इस पहाड़ के अन्दर एक ज्वालामुखी भी है। उस ज्वालामुखी में रह-रहकर विस्फोट होते रहे हैं जिनसे सैलाब की तरह कविताएँ उमड़ती रही हैं। आज नेरुदा का सम्पूर्ण काव्य सृजन एक अतिमानवीय चमत्कार-सा प्रतीत होता है।

जो 'नेरुदा-समग्र' मृत्यु से कुछ पहले प्रकाशित हुआ था वही साढ़े तीन हज़ार पृष्ठों का था। अब मरणोपरान्त प्रकाशित अवशिष्ट रचनाओं की जिल्दों को भी शामिल कर लें तो पाँच हजार पृष्ठों से कम न होंगे। ऐसी विपुल काव्य राशि बीसवीं शताब्दी के कितने कवियों के हिस्से आती है? कहने की आवश्यकता नहीं कि नेरुदा की यह काव्य-सृष्टि मात्रा में विस्मयकारी होने के साथ ही गुणवत्ता में भी अजेय है।

इसके अलावा, परवर्ती पीढ़ी के निकोनार पार्रा जैसे प्रतिभाशाली कवि भी स्वीकार करते हैं कि नेरुदा ने स्पानी कविता की आधी शताब्दी की धारा मोड़ दी।

विपुल विराट का आकर्षण नेरुदा के स्वभाव में था। अपनी पुस्तक 'यादें' में उन्होंने स्वयं कहा है कि 'मेरी कविता का यदि कोई अर्थ है तो वह है अबाध अन्तरिक्ष में फैलने की प्रवृत्ति! इस पथ पर मेरी सहायता की है इसी गोलार्द्ध के एक अन्य कवि वाल्ट ह्विटमैन ने, मैनहटन के, मेरे कॉमरेड ने?'

इसीलिए कुछ लोग उन्हें दक्षिणी अमेरिका का वाल्ट ह्विटमैन भी कहते हैं।

'यादें' में ही उन्होंने यह भी लिखा है कि 'भावनाओं, पदार्थों, पुस्तकों, घटनाओं

और लड़ाइयों—इन सबके लिए मैं सर्वभक्षी हूँ। मैं समूची पृथ्वी को निगल जाना चाहता हूँ। मैं सम्पूर्ण समुद्र को पी जाना चाहता हूँ।'

कहते भी हैं, बड़ा वही जिसकी भूख बड़ी!

नेरुदा के क्रान्तिकारी होने में भी कहीं-न-कहीं इस भूख की भूमिका है।

जैसा कि नेरुदा के स्पानी मित्र कवि गार्सिया लोर्का ने कहा था—नेरुदा की कविता रोशनाई की अपेक्षा ख़ून के ज़्यादा नज़दीक है और वह बीसवीं शताब्दी के क्रान्तिकारी विचार का एक महत्वपूर्ण अंग है।

वस्तुतः नेरुदा के लिए कविता स्वयं विद्रोह है क्योंकि विद्रोह कविता की प्रकृति है। इसलिए सच्चा कवि विद्रोह किए बिना रह नहीं सकता—विद्रोह का क्षेत्र कुछ भी हो सकता है। इसलिए उनके प्रिय नायक भी वही थे जिन्होंने जीवन के किसी-न-किसी क्षेत्र में विद्रोह किया। 'यादें' पुस्तक में नेरुदा ने इस बात का उल्लेख विशेष रूप में किया है कि महान गेरिल्ला नेता चे गुयेरा ने अपनी डायरी में सिर्फ एक कवि का उद्धरण किया है और वह मैं हूँ।

फिलहाल उसी विद्रोह की चर्चा प्रासंगिक है, जो नेरुदा ने कविता की दुनिया में किया और कहना न होगा कि इसकी शुरुआत कविता की भाषा से हुई। इस भाषाई विद्रोह के कुछ सूत्र नेरुदा की पुस्तक 'यादें' में दर्ज हैं।

पहली समस्या तो यही थी—स्पेनवासियों की 'स्पानी' भाषा से दक्षिणी अमेरिकियों की अपनी 'स्पानी' का विच्छेद। एक तरह से यह भाषा की विचारधारा का मामला है और इस बारे में नेरुदा साफ़ कहते हैं कि गोंगोरा का बर्फ जमा सौन्दर्य हमारे अक्षांशों के लिए नहीं है; क्योंकि हमारा दक्षिण अमेरिकी धरातल धूल-धूसर चट्टानों, खून सनी मिट्टी और चूर-चूर लावा का बना है।

सवाल इस क्षेत्रीय भाषा को बरतने का था—भाषा का ऐसा इस्तेमाल जैसे हम शरीर पर पहननेवाले कपड़ों का करते हैं—ऐसे कपड़ों का जो पसीनों से तर हैं, जिन पर खून और पसीने के धब्बे हैं और टँकी हुई थिगलियाँ हैं। इसी के किसी लेखक की दिलेरी का पता चलता है और इसे ही 'शैली' कहते हैं।

इसके अलावा कवि नेरुदा अपने ख़ास अन्दाज़ में भाषा के साथ ख़ानगी सलूक का भी बयान करते हैं। जिस भाषा के साथ सारी ज़िन्दगी गुज़ारनी है उसके साथ अन्तरंगता कायम करने के लिए उसके साथ कुछ छेड़छाड़ और नोक-झोंक किए बिना कैसे रहा जा सकता है। नेरुदा ने अपनी कविताओं में दक्षिण अमेरिकी आम जनता की इसी ऊबड़-खाबड़ स्पानी भाषा को खुलकर बदलने का साहस किया है। लेकिन इस पर ठीक-ठीक राय देने का अधिकार उन्हें ही है, जो भाषा के मर्मज्ञ हैं।

फिर भी यह निश्चित है कि एक सच्चे कवि के नाते भाषा नेरुदा की पहली चिन्ता है क्योंकि भाषा ही कवि का एकमात्र औज़ार है। इसलिए यदि एक रेल मिस्त्री

के उस बेटे को अपने औज़ार से इतना लगाव था तो इसमें आश्चर्य की कोई बात नहीं। इसी दृष्टि से नेरुदा ने कविता को एक पेशा कहा था—न कि धन्धा या व्यवसाय के बाजारू अर्थ में!

कविता में नेरुदा का विद्रोह स्वयं नेरुदावाद के विरुद्ध था। पहले एक छवि जतन से बनाते थे। फिर उसे तोड़कर दूसरी छवि बना लेते थे। 1920 से चलकर, जीवन की अन्तिम घड़ियों तक लगभग पचास वर्षों के सक्रिय सृजन कर्म में यही प्रक्रिया चलती रही। नेरुदा की इस लम्बी काव्य-यात्रा में कम-से-कम मंज़िलें तो स्पष्ट रूप से लक्षित की ही गई हैं। इनमें से प्रत्येक का सोदाहरण विवरण देना यहाँ सम्भव नहीं है फिर भी मोटेतौर से इतना तो कहा ही जा सकता है कि नेरुदा केवल जनक्रान्ति के ठेठ राजनीतिक वैतालिक नहीं हैं। नेरुदा ने प्रगाढ़ प्रेम के अनेक मर्मस्पर्शी गीत लिखे हैं—हताश प्रेम के भी और प्रेम में आकंठ तृप्ति के भी कामोद्दीपक ऐन्द्रियता और मांसलता के चित्रों में तो नेरुदा अकुंठ और अपराजेय हैं। उनके काव्य-संसार का एक अच्छा-खासा हिस्सा मानव शरीर की सुन्दरता का महोत्सव है।

इसी प्रकार उन्मुक्त प्रकृति में भी वे प्रवेश करते हैं तो उनकी दृष्टि पदार्थों पर जाती है, जो सदियों से अनदेखे और अनलिखे रह गए हैं—चाहे वे पेड़-पौधे हों या छोटे-छोटे जीव-जन्तु! वे प्रकृति में भी जड़ों तक जाने का साहस करते हैं और इस प्रक्रिया में ऐसे अप्रत्याशित और अपूर्ण चित्र उभरते हैं जैसे वे पहली बार देखे गए हों। इस दृष्टि से नेरुदा की कविता दुर्लभ वनस्पतियों और वन्य प्राणियों तथा उनके अवशेषों का अद्वितीय संग्रहालय जैसा है। इस प्रकार विश्व कविता में चीले के जंगलों और समुद्र के अनूठे शब्द-चित्रों को स्थान दिलाकर नेरुदा ने अपनी जन्मभूमि का ऋण अदा कर दिया।

इसके साथ ही नेरुदा ने वर्णान्ध लोगों की आँखों में अँगुली डालकर यह भी दिखा दिया कि क्रान्ति का केवल एक ही रंग नहीं होता। सम्पूर्ण क्रान्ति में अनेक रंग होते हैं और वह भी जीवन की तरह ही बहुरंगी होती है, लेकिन 'बहुरूपिया' नहीं।

नेरुदा के व्यक्तित्व का एक और पहलू है जिसकी ओर लोगों का ध्यान कम गया है। वे आत्मचेतस् कवि के साथ-साथ काव्य के मर्मी समीक्षक और सिद्धान्तकार भी थे। अपनी पुस्तक 'यादें' के 'कविता एक पेशा है' शीर्षक ग्यारहवें अध्याय में नेरुदा ने कविता के सन्दर्भ में यथार्थवाद पर संक्षिप्त किन्तु सारगर्भित टिप्पणियाँ की हैं।

प्रसंगवश यहाँ केवल एक टिप्पणी का उल्लेख पर्याप्त है : "जहाँ तक यथार्थवाद का प्रश्न है, कविता में यथार्थवाद से मुझे नफरत है। कविता के लिए न तो अतियथार्थवादी होना जरूरी है, न अर्ध-यथार्थवादी। वैसे, वह चाहे तो प्रति-यथार्थवादी (अर्थात् यथार्थवाद-विरोधी) हो सकती है। वह यथार्थवाद-विरोधी है तो अच्छी तरह सोच-समझकर या बिना सोचे-समझे भी, फिर भी वह अन्ततः कविता है।"

सरसरी तौर से देखने पर नेरुदा का यह वक्तव्य कबीर की उलटबाँसी जैसा लग सकता है; क्योंकि इसी प्रसंग से पहले नेरुदा ने यह भी कहा है कि–"जो कवि यथार्थवादी नहीं है वह मुरदा है और जो यथार्थवादी है वह भी मुरदा है।"

कहना न होगा कि नेरुदा का यह वक्तव्य भी विरोधाभासी ही है। कवि के अभिप्रेत आशय का पता लगाने के लिए यह याद करना जरूरी है कि अपनी काव्य-यात्रा के प्रथम चरण में ही नेरुदा ने कुछ ऐसी कविताएँ लिखी थीं जिन्हें आगे चलकर कुछ लोगों ने 'अतियथार्थवादी' बताकर प्रशंसा की। मज़ा यह कि तब तक फ्रांसीसी साहित्य में अतियथार्थवाद का उदय भी नहीं हुआ था।

इसी के साथ 'माच्चु-पिच्चु के शिखर' शीर्षक प्रसिद्ध कविता को भी लें जो यथार्थवादी भी मानी जाती है और क्रान्तिकारी भी। लेकिन क्या उसमें केवल यथार्थवाद ही है?

इसलिए नेरुदा के उक्त वक्तव्य को उनके अपने कवि-कर्म के समग्र सन्दर्भ में रखकर देखें तो कविता के सन्दर्भ में तथाकथित यथार्थवाद की सार्थकता स्पष्ट हो जाएगी। वैसे, अब तो कथा साहित्य में भी यथार्थवाद की सीमाएँ सामने आ गई हैं।

कहना न होगा कि नेरुदा ने समय से यथार्थवाद से जुड़े विभ्रम का निवारण कर दिया। नेरुदा के कनिष्ठ मित्र गार्सिया मार्खेज़ ने यही कार्य आगे चलकर सम्पन्न किया और इस तरह एक एकांगी तथा अतिवादी साहित्यिक विचारधारा का निराकरण हो गया। यह भी कुछ कम क्रान्तिकारी उपलब्धि नहीं है।

कॉमरेड पाब्लो नेरुदा को लाल सलाम।

(अरुण माहेश्वरी की पुस्तक 'पाब्लो नेरुदा : एक कैदी की खुली दुनिया' की भूमिका से)

●●●